工科 基础物理学

（下）

周雨青 主编

张玉萍 张道宇 黄宏彬 副主编

清华大学出版社

北京

内容简介

本书内容以经典物理的力、热、电磁和光，以及近、现代物理的相对论、量子物理和非线性物理构成，全书以教学基本要求为指导，内容覆盖除“几何光学”之外的所有 A 部分的知识点，并在近、现代物理部分增加了篇幅，加强了深度。同时，用“引子”的形式开启每一章。

本书适用于非物理专业理工科各专业的大学物理课程，亦可用于非课程学习者学习物理之用。

图书在版编目（CIP）数据

工科基础物理学. 下/周雨青主编．—北京：清华大学出版社，2010.12（2017.1 重印）
ISBN 978-7-302-25385-3

Ⅰ. ①工…　Ⅱ. ①周…　Ⅲ. ①物理学—高等学校—教材　Ⅳ. ①O4

中国版本图书馆 CIP 数据核字(2011)第 066618 号

责任编辑：朱红莲
责任校对：王淑云
责任印制：杨　艳

出版发行：清华大学出版社
网　　址：http://www.tup.com.cn，http://www.wqbook.com
地　　址：北京清华大学学研大厦 A 座　　**邮　　编**：100084
社 总 机：010-62770175　　**邮　　购**：010-62786544
投稿与读者服务：010-62776969，c-service@tup.tsinghua.edu.cn
质 量 反 馈：010-62772015，zhiliang@tup.tsinghua.edu.cn
印 装 者：北京中献拓方科技发展有限公司
经　　销：全国新华书店
开　　本：185mm×260mm　　**印　　张**：14　　**字　　数**：336 千字
版　　次：2010 年 12 月第 1 版　　**印　　次**：2017 年 1 月第 5 次印刷
定　　价：30.00 元

产品编号：037472-02

前　言

物理学对人类的科学发展和进步,以及对其他学科的基础作用和意义,再怎么强调也不为过。科学史告诉我们,物理学是科学发展的火车头,当今乃至未来仍将是科学发展的助力器。

本书根据教学基本要求,选择了除"几何光学"之外的所有A类知识点。考虑到物理学的成熟(完善)、系统和发展,本教材仍以物理学系统分类,以经典物理内容(力、热、电磁、光)为主线,阐述物理概念、方法、工具和发展。但是,如果我们只讲传统不讲现代,只讲线性不讲非线性,只讲内容不分层次,那么就体现不出物理的发展和时代的需要。因此,强化近、现代物理内容,特别是强化非线性物理的内容变得非常重要,这部分内容在本书中既独立成章(第16章),又穿插于经典之中(第5、14章)。这样做可以保证学时的"弹性",如学时较多,可以全面介绍非线性(第16章);学时不足,只要在相应章节中选讲非线性即可。

在强化近、现代物理内容的同时,本书在传统内容部分加强了以下内容:

(1) 非惯性力(2-6节);

(2) 固体的弹性(3-2节)和流体力学(3-3节);

(3) 相对论中的"视觉形象"(4-2节)和"四维动量-能量、力"(4-3节);

(4) 振动和波中的"复杂振动的处理理论"(5-1节)、"耦合振子"(5-3节)和"非线性波简介"(5-7节);

(5) 光学中的"光的色散"(14-8节)和"非线性光学"(14-9节);

(6) 在量子物理中,有关"量子力学基本问题的争论"(15-3节)。

本书在内容编排次序上做了如下安排:

(1) 将相对论和振动与波分别放在牛顿力学之后的第4章和第5章,而大多数同类教材的相应内容是分别放在光学之后和电磁学之后的。我们的这种做法是考虑:一方面,从系统上来说,相对论和振动与波仍属于力学范畴;另一方面,从本质上说,相对论是时空变换问题,仍属相对运动范畴,而振动与波就是机械运动的一种形式。

(2) 将光学放在量子物理之前的第14章,而同类教材大多把光学内容放在机械振动机械波之后。我们的考虑是,光本质上属于量子和近代物理范畴。

本书在每一章的开头,以"引子"的形式引入各章主题。"引子"不是一个问题,而是一个现象、一段历史、一种发展趋势或一段猜想,比如,"从Tocama大桥的坍塌看防震减灾技术"、"地球磁场是否会再次发生惊天大倒转"就分别是第5章"振动和波"及第9章"稳恒磁场"开头的"引子",既切题、有趣,又能帮助读者理解相关内容,具有画龙点睛之效果。

本教材的梯度较大、内容相对较深。例如，在力学部分，减少了运动学、动力学的描述，增加了坐标系的表述（直角坐标、极坐标、自然坐标和柱坐标）和例题分析（质点运、动力学部分共15道例题）；在相对论部分，不仅介绍若干实验基础（布拉德雷实验、斐索流水实验、迈克耳孙-莫雷实验），而且给出了洛伦兹变换的推导，还引进了相对论视觉形象；在近代物理部分，加强了物质结构的固体理论；此外，全书多处提到了非线性物理内容。纵观全书，明显加大、加深了近现代物理内容，其内容皆在可教、可学的范围内。

总之，我们觉得，教材是为学生和老师服务的。培养目标和学生的基础决定了教材的起点及其内容的深浅，科学的发展决定了教材的扩展。因此，教材一定要分层次。为此我们在这方面做了一些努力，尽管还存在着许多不足，但明确地传导了我们编写教材的思路。

教材编写分工如下：张玉萍负责第1、2、3章和第14章一部分；黄宏彬负责第4、15、16章；周雨青负责第5、6章和第12、13、14章的引言部分；张道宇负责第7、8、10章；朱明负责第9章；董科负责第11章；王勇刚负责第12、13章；范吉阳负责第14章一部分。周雨青负责全书的策划与统稿工作。

书稿自2006年开始编写，历时4年，经多次修改并试用，终在2010年收笔。在这期间，叶善专老师一如既往地关心和支持着我们，可以这样说，是叶老师的倡导，才有了我们完成这本书稿的动力。在此向叶老师表示深深的谢意！同时感谢清华大学出版社的朱红莲编辑，她耐心细致的工作为本书增色不少。夏桂红老师为本书出版前做最后一次校稿，感谢他为此付出的辛劳。

因编著者经验有限，书稿中错误难免，还请读者多提宝贵意见，在此预先向你们表示感谢！

编　者
2010年9月于东南大学

目 录

第 9 章

稳恒磁场

引子：地球磁场是否会再次发生惊天大倒转

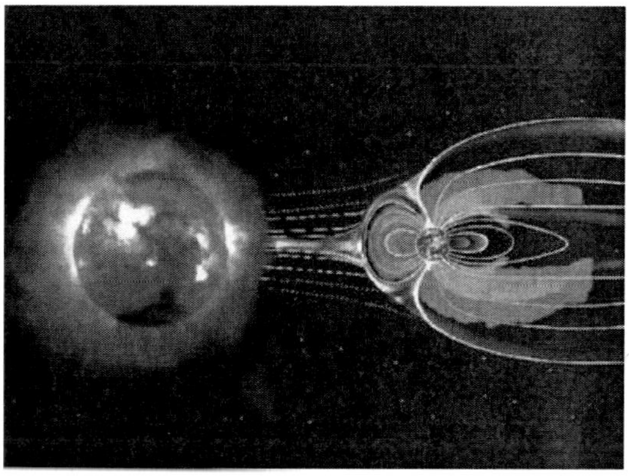

图 1　科学家勾画出的一幅精致的近日地空间的地球磁层图

地球磁极变化的最激动人心的一幕是“磁极倒转”事件。在地球演化史中，“磁极倒转”事件经常发生。美国《国家地理杂志》发表文章解释了地球磁场“南北颠倒”的原因。

仅在近 450 万年里，就可以分出四个磁场极性不同的时期。有两次和现在基本一样的“正向期”，有两次和现在正好相反的“反向期”。而且，在每一个时期里，有时还会发生短暂的磁极倒转现象。地球磁场的这种磁极变化，同样存在于更古老的年代里。从大约6 亿年前的前寒武纪末期，到约 5.4 亿年前的中寒武世，是反向磁性为主的时期；从中寒武世到约 3.8 亿年前的中泥盆世，是正向磁性为主的时期；中泥盆世到约 0.7 亿年前的白垩纪末，还是以正向极性为主。如果把地球的历史缩短成一天，在这期间你会发现手上的指南针像疯了似地乱转，一会儿指南一会儿指北。地球磁极倒转造成的后果相当严重，将影响整个自然界。

专家们指出，最大的灾难莫过于强烈的太阳辐射。平时，宇宙射线在太空中就被地球磁场吞没了。然而地球两极倒转过程中一旦地球磁场消失，这些太阳粒子风暴将会猛击地球大气层，对地球气候和人类命运产生致命的影响。这一天如果真的到来，一些低轨道人造卫星也将完全暴露在太阳电磁风暴的吹打中，不久就会被完全摧毁。另外，许多靠地球磁场导航的生物，诸如燕子、羚羊、鲸鱼、鸽子和趋磁性细菌等，都会迷失方向。有的科学家甚至因此怀疑，地球磁极倒转曾是古人类文明覆灭的原因。

英国《自然》杂志刊登了关于“磁极倒转周期”的文章，再次引起了人们对这一话题的关注。“磁极倒转”是灾难逼近，还是杞人忧“地”？

9-1 磁力、磁场和磁感应强度

在第6章中我们曾研究了静电荷产生的静电场的性质和规律，磁力与电力一样，服从库仑定律的事实以及其他一些考虑促使人们猜想磁现象与电现象之间存在某种联系。

9-1-1 磁力

中国是世界上最早发现并利用磁现象的国家。传说我国在上古时代就发现了天然磁铁，人们在战国末年时期就已会使用古代四大发明之一的指南针的前身——司南来判断方向了。英国人吉尔伯特于1600年发表的著名的《论磁体》(*on the magnet*)被公认为是人类第一部有关磁学的论著。

人们最初是从天然永磁体(Fe_3O_4)上观察到磁力的。早年的观察得到以下结论：①永磁体能吸引铁质物质；②条形磁体的两端吸引铁屑最多，表明这些区域的磁性最强，称为磁极；③可自由转动的水平放置的条形永磁体在达到平衡时总是大致沿南北极取向，指南的磁极称为南极(S极)，指北的磁极称为北极(N极)；④同性磁极相互排斥，异性磁极相互吸引；⑤将一个条形磁体作1/2分割，仍具有N、S极，说明永磁体不存在独立的N极或S极。人们曾经认为存在一种类似电荷的“磁荷”，磁力的起源就是磁荷，磁极就是磁荷集中的区域，所以在历史上很长一段时间里，电学和磁学一直是彼此独立地发展着。直到19世纪初，一系列重要的发现打破了这种局面，人们开始认识到电现象与磁现象之间存在着不可分割的联系。

一般情况下磁力是指电流和磁体之间的相互作用力。磁力很容易用两磁铁棒来进行演示。1819年，丹麦科学家奥斯特(H. C. Oersted)发现通电导线周围的小磁针会发生偏转(如图9-1所示)，奥斯特实验表明了电流可以对磁铁施作用力。反过来，当把通电导线悬挂在蹄形磁铁的两极之间，导线会被吸入或排开(如图9-2所示)，说明通电导线受到了磁铁的作用力。

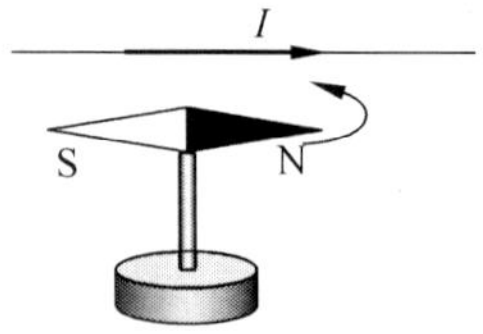

图9-1 奥斯特实验

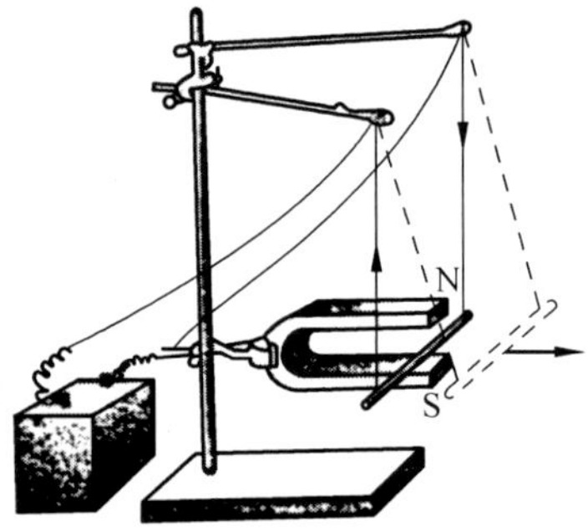

图9-2 磁体对电流的作用

此外，还有一些实验可以演示磁力(如图9-3所示)。

在这些实验中，图9-3(a)说明了磁体对运动电子的作用，图9-3(b)说明了平行电流间

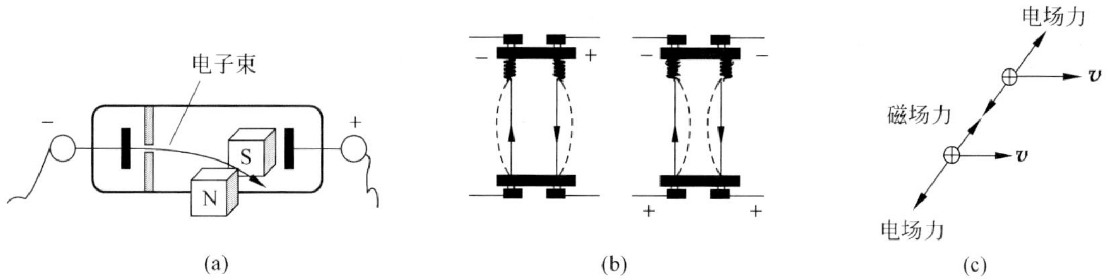

图 9-3 磁力

的作用,图 9-3(c)说明了运动电荷间的作用。这些实验无一例外都说明了**自然界的一切磁力都起源于电荷的运动**。虽然在图 9-1、图 9-2 和图 9-3(a)的实验中涉及的是永磁体,但是在组成永磁体的分子或原子的内部,电子和质子等带电粒子的运动也可以形成微小的电流,叫**分子电流**。目前已经很清楚,当成为磁体时,这些分子电流的方向按照一定的方式排列起来。一个永磁体与另一个永磁体或者电流间的相互作用,实际上是排列好的分子电流之间或它们与导线中定向运动的电荷之间的相互作用。因此永磁体之间或永磁体与电流之间的相互作用都是运动电荷间的相互作用。

总之,**磁力都是运动电荷之间相互作用的表现**。

9-1-2 磁场

在静电场的研究中我们已经知道,在静止电荷周围的空间存在着电场,静止电荷间的相互作用是通过电场来传递的。电流间(包括运动电荷间)的相互作用也是通过**场**来传递的,产生磁力的场叫**磁场**。运动电荷(包括传导电流和永磁体)在其周围空间激发磁场,磁场再作用于运动电荷(或传导电流、永久磁体)。磁场可以脱离产生它的"源"而独立存在于空间中。磁场是存在于运动电荷周围空间除电场之外的另一种特殊物质。

要定量研究磁场就要找到一个描写磁场的适当的物理量。我们可以从电场的定义取得借鉴。第 6 章中用 $\boldsymbol{F}=q\boldsymbol{E}$ 对静电场 $\boldsymbol{E}$ 下了定义,与此类似,可以对磁场定义一个与静电场的 $\boldsymbol{E}$ 对应的物理量,国际上统一记做 $\boldsymbol{B}$,称为磁感应强度。由于磁场对运动电荷施力,所以定义 $\boldsymbol{B}$ 时可以用运动电荷作为试探工具。实验表明,运动电荷在磁场中的受力,不仅与其电荷种类和电量多少有关,而且还与速度的大小和方向密切相关。实验中发现:

(1) 正电荷 $+q$ 以速度 $\boldsymbol{v}$ 经过磁场中某点,可以发现当沿某一特定方向(或反方向)运动时,不受磁力作用。规定此时正电荷的速度方向即为磁感应强度 $\boldsymbol{B}$ 的方向(见图 9-4)。这个方向与将小磁针置于此处小磁针 N 极的指向一致。

(2) 正电荷沿其他方向运动时,所受的磁场力 $\boldsymbol{F}_m$ 的方向总是与 $\boldsymbol{B}$ 的方向垂直,也与 $+q$ 的速度 $\boldsymbol{v}$ 的方向垂直。因此由 $\boldsymbol{v}$ 和相应的 $\boldsymbol{F}_m$ 的方向可以进一步规定 $\boldsymbol{B}$ 的指向满足式(9-1)的矢量乘积关系式:

$$\boldsymbol{F}_m = q\boldsymbol{v}\times\boldsymbol{B} \tag{9-1}$$

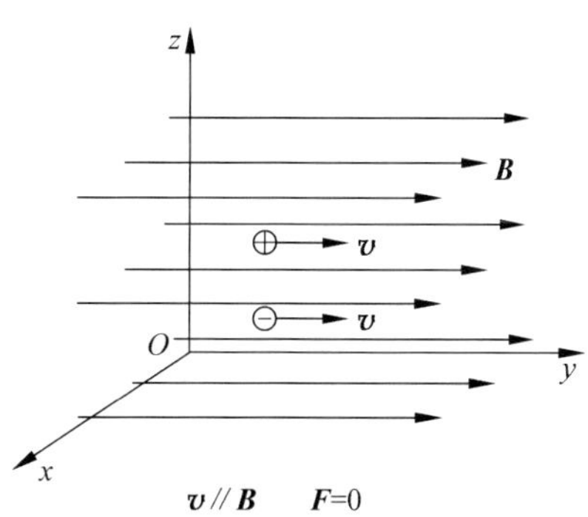

图 9-4

这个表示磁场作用于运动电荷的磁力又称之为

洛伦兹力。式中矢量 $\boldsymbol{B}$ 是由此式定义的描述磁场本身性质的矢量——**磁感应强度**。在磁场中的不同处，磁感应强度的大小和方向可以不同。

(3) 以 α 表示 $+q$ 的速度 $\boldsymbol{v}$ 的方向与 $\boldsymbol{B}$ 的方向之间的夹角，可以发现，磁力的大小 F_{m} 和 $qv\sin\alpha$ 成正比，且比值 $\dfrac{F}{qv\sin\alpha}$ 对于确定的场点有唯一的量值。

由此可见，比值 $\dfrac{F}{qv\sin\alpha}$ 表明了在该场点处磁场的强弱，因此定义：

$$B=\frac{F}{qv\sin\alpha} \tag{9-2}$$

磁场作用于运动电荷 q 的磁力大小：

$$F=qvB\sin\alpha$$

对于以速度 $\boldsymbol{v}$ 运动的负电荷来说，其所受的磁力与正电荷所受的磁力大小相等，方向正好相反。

由上述讨论可知，磁力 $\boldsymbol{F}$、运动电荷的速度 $\boldsymbol{v}$ 和磁感应强度 $\boldsymbol{B}$ 相互构成右手螺旋关系。

在国际单位制中，磁感应强度 $\boldsymbol{B}$ 的单位为 $\mathrm{N\cdot s\cdot C^{-1}\cdot m^{-1}}$ 或 $\mathrm{N\cdot A^{-1}\cdot m^{-1}}$，其名称叫特[斯拉]，符号为 T。即：

$$1\ \mathrm{T}=1\ \mathrm{N\cdot A^{-1}\cdot m^{-1}}$$

几种典型的磁感应强度的大小如表 9-1 所示。

表 9-1 一些磁感应强度的大小 单位：T

原子核表面	约 10^{12}	大型电磁铁	1～2
中子星表面	约 10^{8}	小型条形磁铁	约 10^{-2}
太阳表面	约 10^{-2}	人体磁场	10^{-12}
星际空间	10^{-10}	地球两极附近	6×10^{-5}
超导电磁铁	5～40	地球赤道附近	3×10^{-5}

(目前还常见的)磁感应强度的一种非国际单位制的单位名称叫高斯，符号为 Gs，它与 T 在数值上的关系是

$$1\ \mathrm{T}=10^{4}\ \mathrm{Gs}$$

在电磁学中，表示同一规律的数学形式常常随所采用的单位制不同而不同，式(9-1)只适用于国际单位制。

产生磁场的运动电荷或电流可以称为磁场源。实验指出，在有若干个磁场源的情况下，它们产生的磁场服从叠加原理。以 $\boldsymbol{B}_i$ 表示第 i 个磁场源在某处产生的磁场，则在该处的总磁场大小为

$$\boldsymbol{B}=\sum\boldsymbol{B}_i \tag{9-3}$$

9-2 毕奥-萨伐尔定律

9-2-1 稳恒电流的磁场

恒定电流激发的磁场称为**恒定电流的磁场**，也可以称为**静磁场**或**恒定磁场**。在静磁场中，空间任意一点处的磁感应强度 $\boldsymbol{B}$ 仅是坐标的函数，而与时间无关。

毕奥-萨伐尔定律

第 6 章中求解由若干个点电荷组成的点电荷系中空间某点的电场强度时，采用的方法是首先求出每个点电荷单独存在时在该处的电场强度，然后利用场强叠加原理，即可求出若干个点电荷同时存在时的电场强度。

磁场是由电流产生的，类似于点电荷的概念和它在定义电场强度 $\boldsymbol{E}$ 中的作用，引入电流元 $I\mathrm{d}\boldsymbol{l}$ 的概念。其中，I 为回路导线中的电流，$\mathrm{d}\boldsymbol{l}$ 是闭合回路导线中沿电流方向所取的一个长为 $\mathrm{d}l$ 的矢量线元，电流元中电流的流向就作为线元矢量的方向。这样，就可以将一载流导线看成是由许多个电流元 $I\mathrm{d}\boldsymbol{l}$ 连接而成的。载流导线在磁场中某点所激发的磁感应强度 $\boldsymbol{B}$，就是由这导线的所有电流元在该点的 $\mathrm{d}\boldsymbol{B}$ 的叠加。

电流在其周围所产生的磁场，其规律的基本形式是电流元产生的磁场和该电流元的关系。1820 年毕奥(J. B. Biot)和萨伐尔(F. Savart)等人根据对电流的磁作用的实验结果分析得出电流元所产生的磁场的规律，称为毕奥-萨伐尔定律。其内容如下：

(1) 电流元 $I\mathrm{d}\boldsymbol{l}$ 在空间某点 P 处产生的磁感应强度 $\mathrm{d}\boldsymbol{B}$ 的大小与 P 点相对于电流元 $I\mathrm{d}\boldsymbol{l}$ 的大小成正比，与 P 点相对于电流元 $I\mathrm{d}\boldsymbol{l}$ 的位矢 $\boldsymbol{r}$ 和电流元 $I\mathrm{d}\boldsymbol{l}$ 之间的夹角 θ 的正弦成正比，而与 P 点到电流元距离 r 的平方成反比。

(2) $\mathrm{d}\boldsymbol{B}$ 垂直于 $I\mathrm{d}\boldsymbol{l}$ 与 $\boldsymbol{r}$ 组成的平面，方向用右手螺旋法则确定。

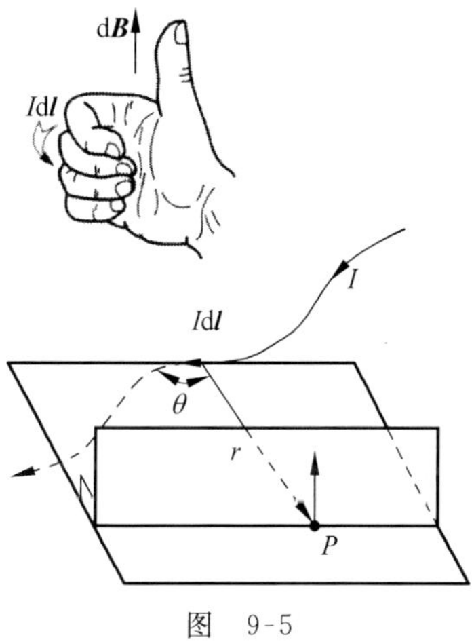

图 9-5

以 $I\mathrm{d}\boldsymbol{l}$ 表示一恒定电流的电流元，以 $\boldsymbol{r}$ 表示从此电流元指向某一场点 P 的矢径(见图 9-5)，则此电流元在 P 点产生的磁场 $\mathrm{d}\boldsymbol{B}$ 由下式决定

$$\mathrm{d}\boldsymbol{B}=\frac{\mu_0}{4\pi}\frac{I\mathrm{d}\boldsymbol{l}\times\boldsymbol{e}_r}{r^2} \tag{9-4}$$

式中，$\mu_0=\dfrac{1}{\varepsilon_0 C^2}=4\pi\times10^{-7}\,\mathrm{N/A^2}$ 为真空磁导率。由于电流元不能孤立地存在，所以式(9-4)不是直接对实验数据的总结。

有了电流元的磁场公式(9-4)，根据叠加原理，任意有限长的线电流的磁场在场点 P 的磁感应强度 $\boldsymbol{B}$ 等于线电流上各个电流元在该场点的磁感应强度 $\mathrm{d}\boldsymbol{B}$ 的矢量和，即可通过积分求得

$$\boldsymbol{B}=\int\mathrm{d}\boldsymbol{B}=\frac{\mu_0}{4\pi}\int\frac{I\mathrm{d}\boldsymbol{l}\times\boldsymbol{e}_r}{r^2} \tag{9-5}$$

如果是体分布电流或者是面分布电流，则可以将它们看成是由许多线电流的集合，再作进一步的计算。

由于电流元本身是矢量，给定一个电流元就相当于给定了一个特殊的方向，因而电流元的磁场与点电荷的电场不同，点电荷的电场具有球对称性而电流元的磁场却没有球对称性。但我们不难想象出，电流元的磁场具有轴对称性，且对称轴应该是把 $I\mathrm{d}\boldsymbol{l}$ 延长所得的直线。设 N 是任一与 $I\mathrm{d}\boldsymbol{l}$ 延长线正交的平面(图 9-6)，O 为平面与 $I\mathrm{d}\boldsymbol{l}$ 延长线的交点，则平面上以

O 点为圆心的任一圆周上各点的 $\mathrm{d}\boldsymbol{B}$ 大小相同，方向沿切向，而且与 $I\mathrm{d}\boldsymbol{l}$ 有右手螺旋关系。令右手拇指代表 $I\mathrm{d}\boldsymbol{l}$ 的指向，则弯曲的四指代表 $\mathrm{d}\boldsymbol{B}$ 的方向(见图 9-6)，由此可知电流元的所有的磁感应线都是同心圆周。

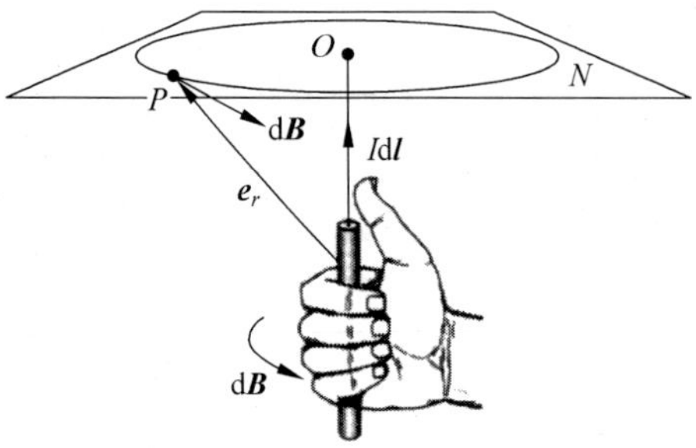

图 9-6

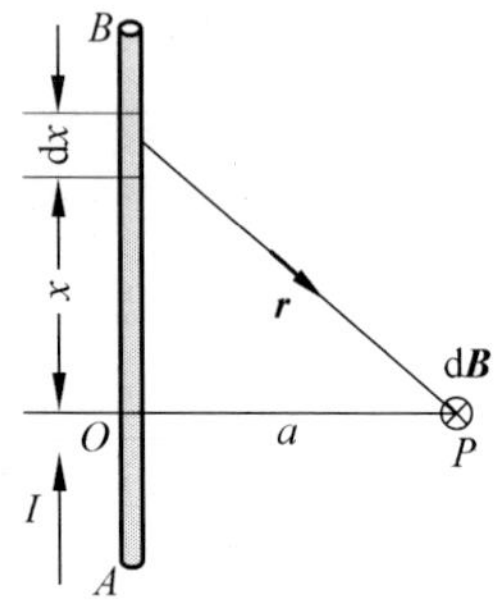

图 9-7

9-2-2 毕奥-萨伐尔定律的应用

应用毕奥-萨伐尔定律原则上可以计算任意电流系统产生的磁场，但在具体计算时应注意式(9-5)中的被积函数是矢量，应对各分量进行积分。现举几个简单的例子如下。

1. 直线电流的磁场

例 1 如图 9-7 所示，直导线中通以电流 I，求长度为 L 的直导线段的电流在它周围某点 P 处的磁感应强度，P 点到导线的垂直距离为 a。

解 以 P 点在直导线上的垂足为原点 O，选取坐标如图所示。由毕奥-萨伐尔定律可知，线段 L 上任意一电流元 $I\mathrm{d}l$ 在 P 点所产生的磁场为

$$\mathrm{d}\boldsymbol{B}=\frac{\mu_0}{4\pi}\int\frac{I\mathrm{d}\boldsymbol{l}\times\boldsymbol{e}_r}{r^2}$$

式中，$\boldsymbol{r}$ 为从 $I\mathrm{d}x$ 到 P 点的矢径。用右手螺旋法则可以判断出 $\mathrm{d}\boldsymbol{B}$ 的方向垂直于纸面向里，大小为

$$\mathrm{d}B=\frac{\mu_0}{4\pi}\cdot\frac{I\mathrm{d}x}{r^2}\cdot\frac{a}{r}=\frac{\mu_0}{4\pi}\frac{aI\mathrm{d}x}{(x^2+a^2)^{\frac{3}{2}}}$$

由于此直导线各电流元在 P 点所激发的磁场方向都相同，所以整根导线在 P 点激发的磁感应强度为

$$B=\int_A^B\frac{\mu_0 aI}{4\pi}\frac{\mathrm{d}x}{(x^2+a^2)^{\frac{3}{2}}}$$

设 A 点的坐标为 x_1，B 点的坐标为 x_2，则由上式可得

$$\begin{aligned}B&=\frac{\mu_0 aI}{4\pi}\left.\frac{x}{a^2(x^2+a^2)^{\frac{1}{2}}}\right|_{x_1}^{x_2}\\&=\frac{\mu_0 I}{4\pi a}\left[\frac{x_2}{(x_2^2+a^2)^{\frac{1}{2}}}-\frac{x_1}{(x_1^2+a^2)^{\frac{1}{2}}}\right]\end{aligned}$$

如果导线无限长，则 $x_1\to\infty$，$x_2\to\infty$，上式变为

$$B=\frac{\mu_0 I}{2\pi a}\tag{9-6}$$

因而，无限长载流导线周围的磁感应线是一系列以导线为中心的同心圆，且与电流成右手螺旋关系。

将一个带孔圆盘水平悬挂在一根竖直的长导线上，沿盘的某一直径对称地放置两个相同的永磁棒，如图 9-8 所示。当直导线通有电流时，每一磁棒的两极都受到导线磁场的磁力，分别记作 F_1，F_2 和 F_1'，F_2'。设两极与中心的距离分别为 a_1，a_2，则圆盘受到两个方向相反的力偶矩，其大小各为 $2F_1a_1$，$2F_2a_2$。实验表明圆盘不因导线通电而出现任何转动迹象，说明圆盘所受总力矩为零，即 $F_1a_1=F_2a_2$。如果直长导线的 B 反比于距离，这一现象就能得到解释。毕奥和萨伐尔最初就是利用这种装置得到直长导线的 B 反比于距离的结论。在圆盘上放置两个磁棒而不是一个磁棒的好处是：(1)使重力得以平衡。(2)按照图 9-8 的方式放置的一对磁棒实际上是一个无定向磁棒，可以消除地磁的影响。(3)与用一根磁棒相比有较高的灵敏度。

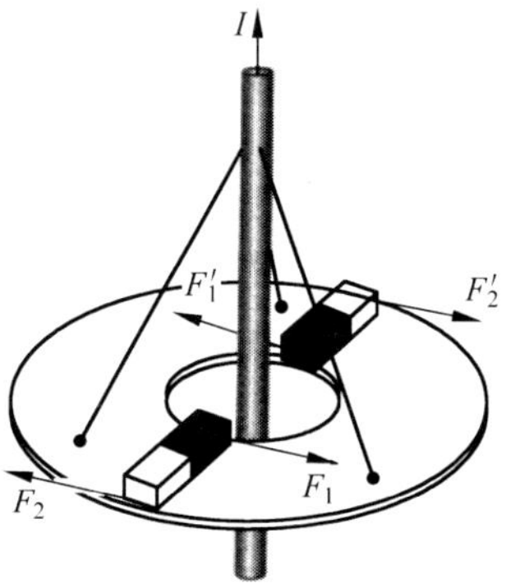

图 9-8　毕奥-萨伐尔实验

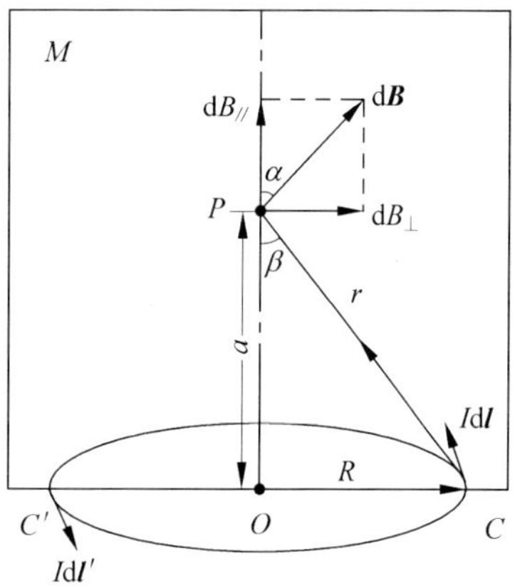

图 9-9　圆形电流轴线上的磁场

2. 圆形载流导线的磁场

例 2　如图 9-9 所示，一半径为 R 的圆形载流导线中电流强度为 I，求圆形导线轴线上的磁场分布。

解　在圆周上任取一点 C，M 为由半径 OC 与轴线决定的平面，则从 C 点到轴线上任一场点 P 的矢量 $\boldsymbol{r}=r\boldsymbol{e}_r$ 必在 M 内(见图 9-9)。C 点的电流元 $I\mathrm{d}\boldsymbol{l}$ 垂直于 M，所以也垂直于 $\boldsymbol{r}$，于是由毕奥-萨伐尔定律知轴线上任一点 P 的 $\mathrm{d}\boldsymbol{B}$ 大小为

$$\mathrm{d}B=\frac{\mu_0}{4\pi}\frac{I\mathrm{d}l}{r^2}$$

设 $\mathrm{d}\boldsymbol{B}$ 与轴的夹角为 α，将 $\mathrm{d}\boldsymbol{B}$ 分解为轴向分量 $\mathrm{d}B_{//}$ 和横向分量 $\mathrm{d}B_{\perp}$。将半径 OC 反向延长交圆周于 C'，可见 C' 的电流元 $I\mathrm{d}\boldsymbol{l}'$ 贡献的 $\mathrm{d}B_{\perp}'$ 满足 $\mathrm{d}B_{\perp}'=-\mathrm{d}B_{\perp}$。由此不难知道整个圆周在 P 点的磁场 B 只有轴向分量，大小为

$$B=\oint \mathrm{d}B_{//}$$

而

$$\mathrm{d}B_{//}=\mathrm{d}B\cos\alpha=\frac{\mu_0}{4\pi}\frac{I\mathrm{d}l}{r^2}\cos\alpha=\frac{\mu_0}{4\pi}\frac{I\mathrm{d}l}{r^2}\sin\beta$$

由

$$\sin\beta = \frac{R}{r}, \quad r^2 = a^2 + R^2 \text{ 与 } \oint \mathrm{d}l = 2\pi R$$

可得：

$$B = \frac{\mu_0 I R^2}{2(a^2 + R^2)^{\frac{3}{2}}}$$

B 的方向可以由右手螺旋法则判断(见图 9-10)。如果线圈是 N 匝密绕在一起，那么

$$B = \frac{\mu_0 I R^2 N}{2\,(a^2 + R^2)^{\frac{3}{2}}}$$

当 $a=0$，在圆心处的磁感应强度为

$$B = \frac{\mu_0 I}{2R} \tag{9-7}$$

当 $a \gg R$，则 $r \approx a$，则在远离圆心 O 的场点 P 处的磁感应强度近似为

$$B \approx \frac{\mu_0 I R^2}{2a^3} = \frac{\mu_0 I \pi R^2}{2\pi a^3} = \frac{\mu_0 IS}{2\pi a^3} \tag{9-8}$$

上面我们讨论了轴线上的磁感应强度，轴线外的磁场计算比较复杂，我们可以通过图 9-10对轴线外的磁场分布有一个大致的了解。

3. 用磁矩表示载流线圈的磁场，磁偶极子

由圆形载流导线的磁场式(9-8)可知，圆形电流轴线上一点 P 的磁感应强度的大小取决于线圈的面积 S 和电流 I 的乘积。在静电学中，我们可将平面载流线圈的磁感应强度用磁矩 $\boldsymbol{m}$ 这一物理量来表示。

磁矩的定义是：

$$\boldsymbol{m} = NIS\boldsymbol{e}_{\mathrm{n}} \tag{9-9}$$

式中，N 是载流线圈的匝数，S 为线圈面积，$\boldsymbol{e}_{\mathrm{n}}$ 为线圈平面的法向单位矢量，其方向与电流成右手螺旋关系(见图 9-11)。

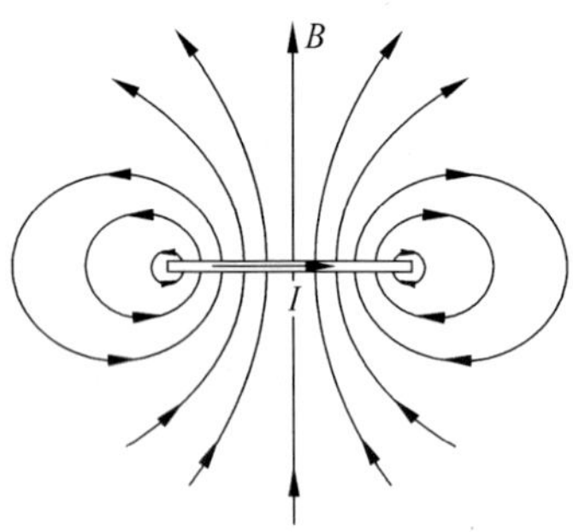

图 9-10　圆形载流导线的磁感应强度分布

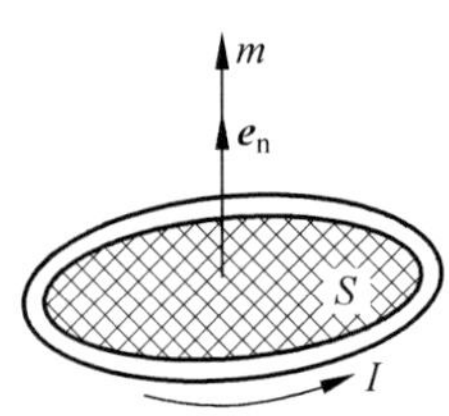

图　9-11

将圆形载流导线的 **B** 线图与电偶极子的 **E** 线图作对比(图 9-12)，就会发现在远离线圈处的 **B** 线分布与远离电偶极子处的 **E** 线分布非常相似。场线图是根据矢量场的定量表达式画出的，场线的类似反映了以下的事实：远离圆形线圈 **B** 场与远离电偶极子的 **E** 场有类似的表达式。第 6 章已经给出了电偶极子远离场区的 **E** 的表达式(6-8)，远离圆形线圈远场区 **B** 的表达式原则上可由毕奥-萨伐尔定律通过积分求得，结果为

$$\boldsymbol{B}(r,\theta) = \frac{\mu_0 p_m}{4\pi r^3}(\boldsymbol{e}_r 2\cos\theta + \boldsymbol{e}_\theta \sin\theta)$$

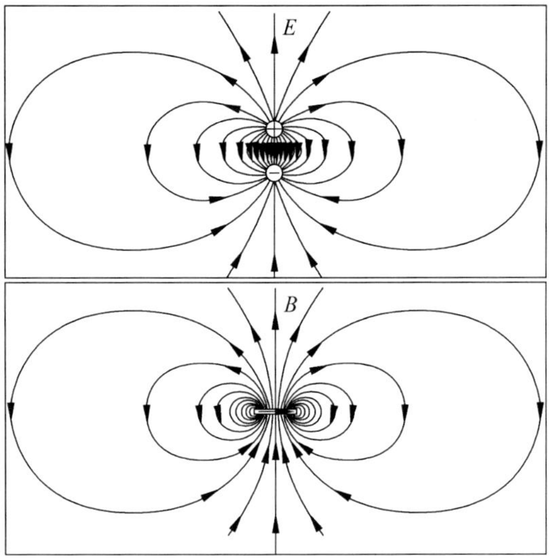

图 9-12 电偶极子的 E 线(上图)和磁偶极子的 B 线(下图)

将上述表达式与电偶极子的 $\boldsymbol{E}$ 的表达式进行对比可以发现两者具有完全相似的表达式，即：$\boldsymbol{E} \leftrightarrow \boldsymbol{B}, \boldsymbol{p} \leftrightarrow \boldsymbol{p}_m, \varepsilon_0 \leftrightarrow 1/\mu_0$，事实上，还可以证明上式对任意形状(不限于圆形)的平面线圈甚至非平面线圈都成立。因为载流线圈与电偶极子十分类似，因此将载流小线圈称为**磁偶极子**。

一个电偶极子产生的电场或在外电场中受到的力和力矩都可以由电偶极子的电矩表示，而一个载流线圈产生的磁场或在外磁场中受到的力和力矩都可由它的磁矩来表示。然而这种类似性只对远区场成立。由于 $\boldsymbol{E}$ 和 $\boldsymbol{B}$ 服从不同的场方程(通量和环流表达式)，如果关心整个 $\boldsymbol{E}$ 和 $\boldsymbol{B}$ 场，两者必然有区别。例如：静电场的 $\boldsymbol{E}$ 线有始有终，而 $\boldsymbol{B}$ 线则既无起点又无终点等。

4. 载流直螺线管轴线上的磁场

例 3 图 9-13 所示为一均匀密绕螺线管，螺线管的长度为 L，半径为 R，单位长度上绕有 n 匝线圈，通有电流 I，求螺线管轴线上的磁场分布。

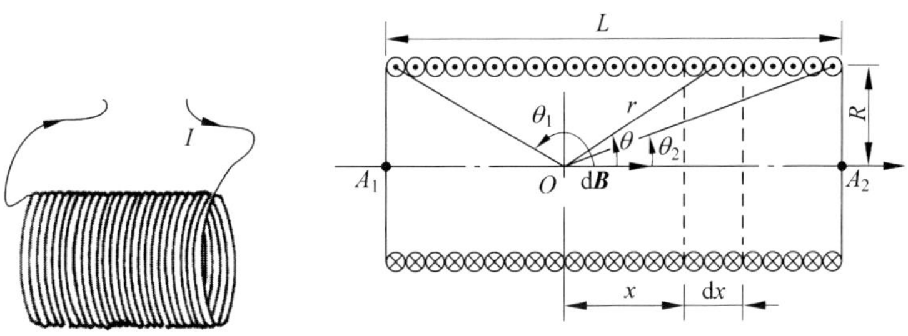

图 9-13 长直螺线管的磁场

解 取螺线管轴线为 x 轴，O 点为 x 轴原点，考虑 x 处 $\mathrm{d}x$ 长度内的 $n\mathrm{d}x$ 匝电流在 O 处激发的磁场，由圆形电流的磁场公式(9-7)可知，该磁场为

$$\mathrm{d}B = \frac{\mu_0}{2} \frac{nIR^2 \mathrm{d}x}{(R^2 + x^2)^{\frac{3}{2}}}$$

方向沿着轴线且与电流成右手螺旋关系。由于各匝电流在 O 点产生的磁场方向均相同，所以整个螺线管在 O 点产生的合磁场为

$$B=\int \mathrm{d}B=\int_{-l_1}^{l_2}\frac{\mu_0}{2}\frac{nIR^2\,\mathrm{d}x}{(R^2+x^2)^{\frac{3}{2}}}$$

由此可得

$$B=\frac{\mu_0 nI}{2}\cdot\frac{x}{\sqrt{R^2+x^2}}\bigg|_{-l_1}^{l_2}=\frac{\mu_0 nI}{2}\left[\frac{l_2}{(l_2^2+R^2)^{\frac{1}{2}}}+\frac{l_1}{(l_1^2+R^2)^{\frac{1}{2}}}\right]$$

$$=\frac{\mu_0 nI}{2}(\cos\theta_2-\cos\theta_1)$$

其中，l_1 和 l_2 为点 O 到两端的距离（注意 l_1 和 l_2 均取正值），θ_1 和 θ_2 所代表的角度如图 9-13 所示。

如果螺线管的长度比半径大得多，并且 O 点离两端较远，这时 l_1，$l_2\gg R$，$\theta_1\to\pi$，$\theta_2\to 0$，故 O 点的磁感应强度为

$$B=\mu_0 nI$$

如果管长比半径大得多，但 O 点位于管的一端，$\theta_1\to\pi$，$\theta_2\to\pi/2$（在右端时），$\theta_1\to\pi/2$，$\theta_2\to 0$（在左端时），对于这两种情形都有：

$$B=\frac{1}{2}\mu_0 nI$$

长直螺线管的磁感应线如图 9-14 所示。

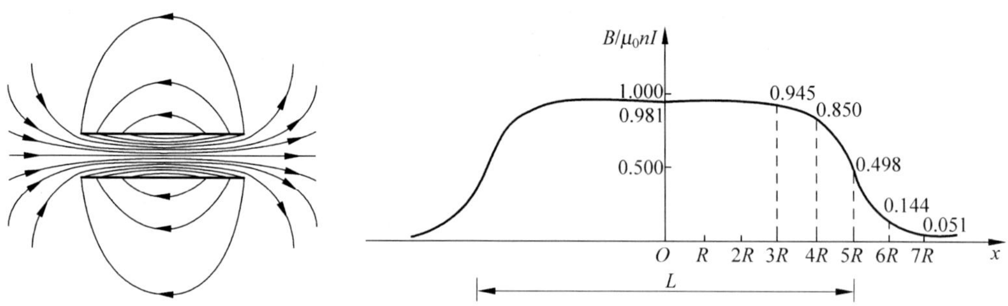

图 9-14　有限长螺线管的磁场

9-2-3　运动电荷的磁场

1. 匀速运动电荷的磁场

由于电流是运动电荷形成的，所以可以从电流元的磁场公式(9-4)导出匀速运动电荷的磁场公式。如图 9-15 所示的电流元，设其截面积为 S，其中的载流子数密度为 n，每个载流子带电量均为 q，均以漂移速度 $\boldsymbol{v}$ 运动，$\boldsymbol{v}$ 的方向与 $\mathrm{d}l$ 方向相同。因此整个电流元 $I\mathrm{d}\boldsymbol{l}$ 在 P 点产生的磁场可以认为是这些以相同速度 $\boldsymbol{v}$ 运动的载流子在 P 点产生的磁场的同向叠加。由于 $I=nqSv$，此电流元中共有 $nS\mathrm{d}l$ 个载流子，所以**每个载流子**在 P 点产生的磁场 $\boldsymbol{B}_1$ 应为 $\frac{\mu_0}{4\pi}\frac{nqSv\mathrm{d}l\boldsymbol{e}_r}{r^2}\Big/nS\mathrm{d}l$，由于 $\boldsymbol{v}$ 和 $\mathrm{d}\boldsymbol{l}$ 的方向相同，所以 $\boldsymbol{v}\mathrm{d}l=v\mathrm{d}\boldsymbol{l}$，因而有

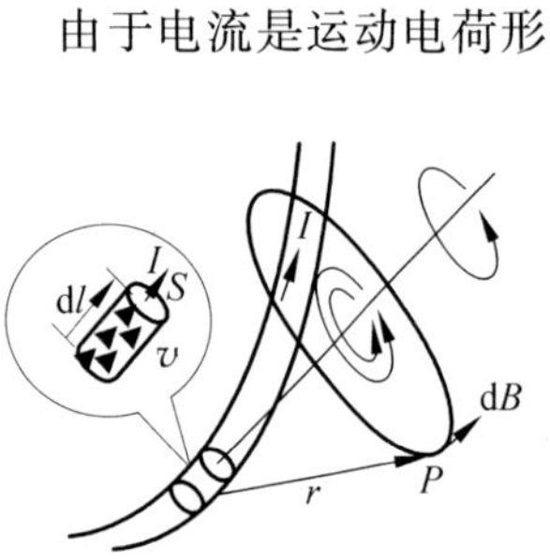

图 9-15　电流元的磁场

$$\boldsymbol{B}_1=\frac{\mu_0}{4\pi}\frac{q\boldsymbol{v}\times\boldsymbol{e}_r}{r^2} \tag{9-10}$$

例 4　按玻尔的氢原子模型，在基态的氢原子中，电子绕核作半径为 0.53×10^{-10} m 的圆周运动(图 9-16)，速度为 2.2×10^6 m/s，求此运动电子在原子核处产生的磁感应强度的大小。

解　由式(9-10)可知，所求的磁感应强度为

$$B=\frac{\mu_0}{4\pi}\frac{ev}{r^2}=\frac{4\pi\times10^{-7}}{4\pi}\frac{1.6\times10^{-19}\times2.2\times10^6}{(0.53\times10^{-10})^2}=12.5(\mathrm{T})$$

由式(9-10)可知，$\boldsymbol{B}_1$ 的方向总是垂直于 $\boldsymbol{v}$ 和 $\boldsymbol{r}$，其大小为

$$B_1=\frac{\mu_0}{4\pi}\frac{qv\sin\theta}{r^2} \tag{1}$$

式中，θ 为 $\boldsymbol{v}$ 和 $\boldsymbol{r}$ 之间的夹角。式(1)说明 B_1 和 θ 有关。当 $\theta=0$ 或 π 时，$B_1=0$，即在运动电荷地点的正前方和正后方，该电荷激发的磁场为零；当 $\theta=\frac{\pi}{2}$ 时，即在运动电荷的两侧与其运动速度垂直的平面内，B_1 有最大值 $B_{1\mathrm{m}}=\frac{\mu_0}{4\pi}\frac{qv}{r^2}$。一个运动点电荷的磁场的磁感应线(如图 9-17 所示)都是在垂直于运动方向的平面内，且圆心在速度所在直线上。

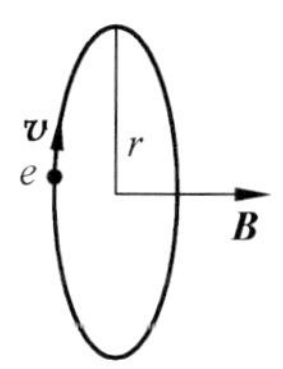

图 9-16　氢原子中电子的磁场

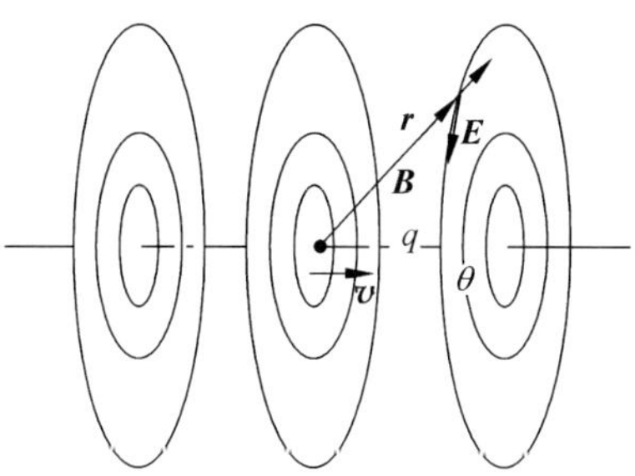

图 9-17　运动电荷的磁感应线

2. 相对论下的运动电荷的磁场

上面我们讨论了稳恒电流的磁场，并由此讨论了运动电荷产生的磁场。所谓稳恒电流，不过是电荷的定向运动；所谓静止和运动，都是相对于一个固定参考系的而言的。如果在静止参考系 S 中观察一个电荷是静止的，但在另一个相对于 S 作匀速直线运动的参考系 S' 系中观察，则电荷是运动的，亦即存在电流(见图 9-18)。这就是说，如果我们在 S 系中观察，仅存在静电场；而在 S' 系中观察，则同时存在电场和磁场；与此相对应，在 S 系中两个静止的电荷之间仅存在静电作用力，而在 S' 系中，这两个电荷之间除了电相互作用外，还存在磁的相互作用。那么，在不同参考系中，电磁规律的形式是否相同？电荷的电量是否相同？在不同参考系中观察到的电场和磁场之间有什么关系？电荷在运动时的电场和磁场有什么不

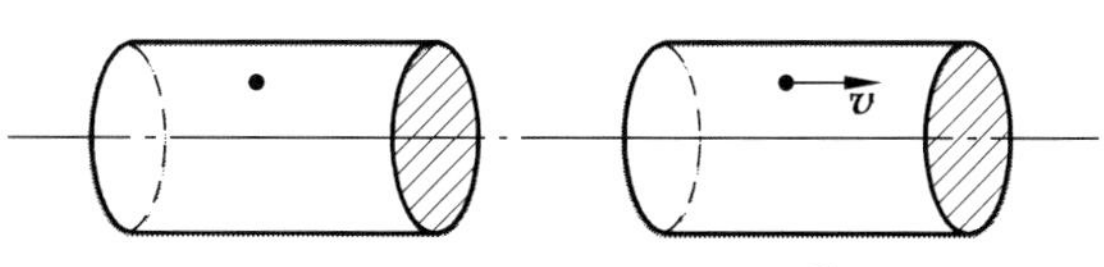

图 9-18　在不同参考系中观察电荷的运动

同？电荷在运动时的磁场有什么规律？有兴趣的读者可以参阅有关参考文献。

一个作匀速直线运动的电荷既激发电场，又激发磁场。如果运动速度比光速小很多，所激发的电场和磁场就由式(6-4)与式(9-10)，或式(9-4)表示。根据习惯，这里的速度指的是相对于实验室参考系的速度。所说的电场和磁场指的是相对于实验室参考系静止的观察者测量到的场。如果观察者始终跟随电荷以相同的速度运动，那么相对这位观察者，电荷是静止的，他只观察到一个静电场而没有磁场。于是我们看到一个极为重要的事情，两位分别相对于两个作相对运动的惯性参考系为静止的观察者，对同一电磁现象的说法有着很大的差别。实际上，电场与磁场并不是相互独立的，它们必须作为**一个完整的电磁场而结合在一起**。从不同的参考系来看，它表现为电场、磁场或两者的混合，这如同从不同取向的坐标系观察同一个物体，物体的长可能变成了宽，宽也就变成了长。

一个静止电荷的电场为

$$\boldsymbol{E}=\frac{q}{4\pi\varepsilon_0 r^2}\boldsymbol{e}_r \tag{9-11}$$

式中，r 为从电荷到场点的距离。在运动电荷速度较小($v\ll c$)时，此式仍然可近似地用来求运动电荷的电场。由式(9-10)和式(9-11)，并利用 $\mu_0=1/\varepsilon_0 c^2$ 的关系，可得

$$\boldsymbol{B}=\frac{1}{c^2}\boldsymbol{v}\times\boldsymbol{E} \tag{9-12}$$

这就是在点电荷运动速度为 $\boldsymbol{v}$ 的参考系内该电荷的磁场与电场的关系。式(9-12)表明的是，点电荷匀速运动下，空间的磁场也是随时间变化的，它总是垂直于 $\boldsymbol{v}$ 与 $\boldsymbol{E}$ 所决定的平面。

一个静止的电荷只产生电场。一个运动的电荷则同时产生电场和磁场。在电流沿导线运动的情况下，我们只观察到磁场而没有电场，这是由于导线中还有固定不动的正离子。由于它们相对于观察者是不动的，它们就不激发磁场，但却激发一个电场，它和电子电场大小相等方向相反，所以净电场为零。然而对于沿直线加速器轴运动的正离子，我们同时观察到磁场和电场，两者的关系就是式(9-12)所示关系。

9-3 磁场中的高斯定理和安培环路定理

9-3-1 磁感应线、磁通量、高斯定理

1. 磁感应线

为了形象地描绘出磁场中磁感应强度的分布，可以仿照电场线引入**磁感应线**(又称磁力线或叫 $\boldsymbol{B}$ 线)。磁感应线可以用实验的方法显示出来。如图 9-19 所示的是实验描绘的载流长直导线、圆电流和螺线管的磁力线的示意图。

由以上几种典型的导线磁感线的图形可以看出，磁感线具有以下性质：

(1) **由于给定磁场中的某一点的磁感应强度 $\boldsymbol{B}$ 的大小和方向是确定的，所以磁场中的磁感线不会相交**，磁感线的这一特性和电场线是一样的。

(2) **载流导线周围的磁感线都是围绕电流的闭合曲线，没有起点，也没有终点**。磁感线的这个特性和静电场中电场线不同，静电场中的电场线起始于正电荷，终止于负电荷。

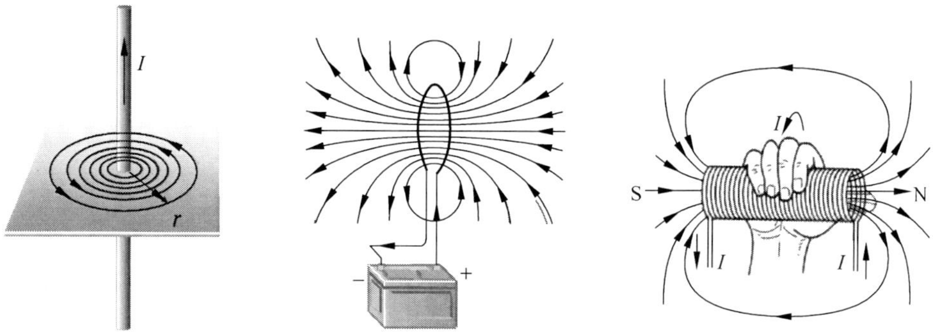

(a) 长直电流　　(b) 圆电流　　(c) 螺线管电流

图 9-19　磁感应线

2. 磁通量

为了使磁感线不但能表示磁场的方向，而且能描述磁场的强弱，就像静电场中规定电场线一样，对磁感线规定如下：(1)曲线上每一点的切线方向就是该点的磁感应强度 $\boldsymbol{B}$ 的方向；(2)磁场中某点处，而垂直于该点 $\boldsymbol{B}$ 的单位面积上的 $\boldsymbol{B}$ 线数目(磁感线密度)等于该处 $\boldsymbol{B}$ 的大小。因此，$\boldsymbol{B}$ 大的地方，磁感线就密集；$\boldsymbol{B}$ 小的地方，磁感线就稀疏。对均匀磁场来说，磁场中的磁感线相互平行，各处磁感线密度相等；对非均匀磁场来说，磁感线相互不平行，各处磁感线密度不相等。

我们将**磁场中通过某一曲面的磁感线数定义为通过该曲面的磁通量**，用 Φ 表示。

如图 9-20(a)所示，在磁感应强度为 $\boldsymbol{B}$ 的均匀磁场中，取一面积矢量 $\boldsymbol{S}$，大小为 S，方向用它的单位法线矢量 $\boldsymbol{e}_n$ 来表示，于是有 $\boldsymbol{S}=S\boldsymbol{e}_n$，在图中 $\boldsymbol{e}_n$ 与 $\boldsymbol{B}$ 之间的夹角为 θ，按照磁通量的定义，通过 S 面的磁通量为

$$\Phi = BS\cos\theta$$

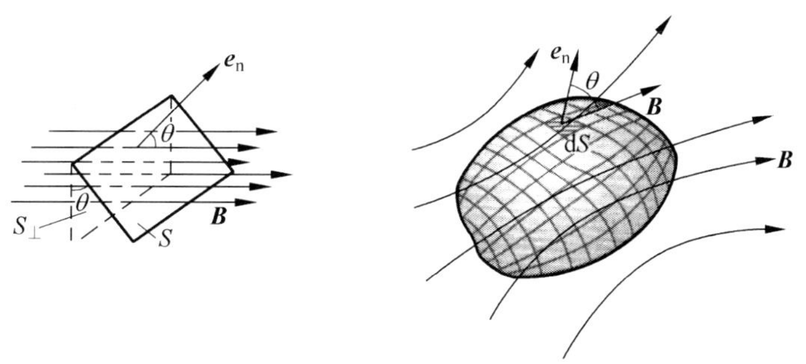

(a)　　(b)

图 9-20　磁通量

用矢量来表示，上式为

$$\boldsymbol{\Phi} = \boldsymbol{B}\cdot\boldsymbol{S} = \boldsymbol{B}\cdot\boldsymbol{e}_n S$$

对于不均匀磁场中的任意曲面的磁通量可以完全仿照电场强度通量的求法，即在图 9-20(b)所示的曲面上取一面积元矢量 $\mathrm{d}\boldsymbol{S}$，它所在处的磁感应强度 $\boldsymbol{B}$ 与单位法线矢量 $\boldsymbol{e}_n$ 之间的夹角为 θ，则通过面积元 $\mathrm{d}\boldsymbol{S}$ 的磁通量为

$$d\Phi = BdS\cos\theta = \boldsymbol{B}\cdot d\boldsymbol{S}$$

对于通过一个有限曲面的磁通量 Φ 就等于通过这些曲面 $d\boldsymbol{S}$ 上的磁通量 $d\Phi$ 的总和，即

$$\Phi = \int_S d\Phi = \int_S B\cos\theta dS = \int_S \boldsymbol{B}\cdot d\boldsymbol{S} \tag{9-13}$$

在 MKSA 制中，磁通量的单位为 $T\cdot m^2$，这个单位的名称叫做韦[伯]，其符号为 Wb。

$$1\ Wb = 1\ T\cdot m^2$$

我们也可以将磁感应强度 $\boldsymbol{B}$ 看成是通过单位面积的磁通量，即磁通密度，所以在 MKSA 单位制中，磁感应强度 $\boldsymbol{B}$ 的单位常写成 Wb/m^2。

3. 磁场的高斯定理

现在来讨论通过一个闭合曲面的磁通量。对于闭合曲面，人们规定其正单位法线矢量 $\boldsymbol{e}_n$ 的方向垂直于曲面向外。

通过一个闭合曲面的磁通量

$$\Phi = \oint_S \boldsymbol{B}\cdot d\boldsymbol{S}$$

根据毕奥-萨伐尔定律，一个电流元 $Id\boldsymbol{l}$ 产生的磁场是以 $Id\boldsymbol{l}$ 为轴对称分布的（如图 9-6 所示），在一个以 $Id\boldsymbol{l}$ 的延长线为轴的圆锥体的底部圆周上，各点的 $d\boldsymbol{B}$ 大小相等，方向都沿着圆周的切线方向，这个圆周就是一条磁感应线。因此电流元 $Id\boldsymbol{l}$ 激发的磁场，其磁感应线是一系列的同心圆，每条磁感应线都形成一个无头无尾的闭合圈，没有中断点。在这样的磁场中任意作闭合曲面 S，那么有多少条磁感应线进入 S 面必定有多少条磁感应线穿出该闭合曲面，所以有

$$\Phi = \oint_S \boldsymbol{B}\cdot d\boldsymbol{S} = 0 \tag{9-14}$$

如果是稳恒电流（它一定形成闭合回路）的磁场，可以将电流分割成无数多个电流元，既然对于每个电流元，式(9-14)成立，那么根据叠加原理，对于整个回路的磁场，式(9-14)也成立。也即，我们已经通过毕奥-萨伐尔定律证明得到，**对于任何稳恒电流的磁场，通过任意闭合曲面的磁通量一定等于零**。这一结论叫做磁场的“**高斯定理**”。

式(9-14)说明，**稳恒电流磁场中的磁感应线都是无头无尾的闭合曲线，或自无穷远处来，向无穷远处去**。

磁场的高斯定理表明了磁场的重要性质，是关于磁场的重要定理之一。将磁场的 $\boldsymbol{B}$ 和静电场 $\boldsymbol{E}$ 的高斯定理作一比较后发现虽然两者在形式上相似，但是两者有着本质的区别。静电场线的重要性质是起始于正电荷，终止于负电荷，在无电荷处不中断，正、负电荷可以被分别解释为电场线的“源”点和“汇”点。与此不同，磁场高斯定理暗示了与电荷对应的磁荷不存在，$\boldsymbol{B}$ 线既无源也无汇。

1931 年英国物理学家狄拉克(P. A. M. Dirac)曾经从理论上预言可能存在“磁单极子”，并指出，磁单极子的磁荷（以 g 代表）也是量子化的，而且最小的磁荷与单个电子电荷 e 的乘积等于 $hc/4\pi$（h 是普朗克常量，c 为光速）。因为磁单极子是否存在与基本粒子构造、相互作用的“统一理论”以及“宇宙的演化”等问题有着密切的关系，所以近年来人们一直希望能在实验室中找到磁单极子，然而从高能加速器到宇宙射线，从月球岩石到深海沉积物，迄今为止人们始终没能找到磁单极子。

9-3-2　安培环路定理

静电场是保守场，对任意静电场有

$$\oint_L \boldsymbol{E}\cdot \mathrm{d}\boldsymbol{l}=0$$

即静电场强度 $\boldsymbol{E}$ 沿任意闭合回路的线积分为零。那么磁场中的磁感应强度 $\boldsymbol{B}$ 沿任意闭合路径的积分 $\oint_L \boldsymbol{B}\cdot \mathrm{d}\boldsymbol{l}$ 等于什么呢？

我们来考察一个特殊情况：$\boldsymbol{B}$ 为无限长载流导线所激发，并取闭合回路为圆心在导线上的圆，圆平面与导线正交，如图 9-21(a)所示。

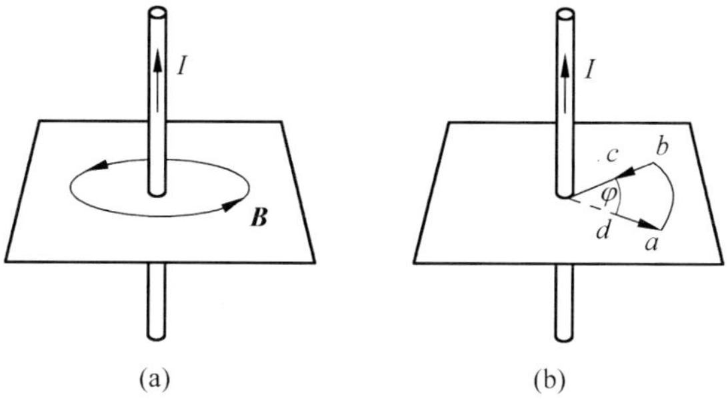

图 9-21　安培环路定理证明

在这路线上任一点的 $\boldsymbol{B}$ 的大小为

$$B=\frac{\mu_0 I}{2\pi r}$$

式中，r 为圆的半径，$\boldsymbol{B}$ 的方向与圆的切线方向一致，并且与 I 成右手螺旋关系。显然这个闭合回路的积分为

$$\oint_L \boldsymbol{B}\cdot \mathrm{d}\boldsymbol{l}=\frac{\mu_0 I}{2\pi r}\oint \mathrm{d}\boldsymbol{l}=\mu_0 I \tag{9-15}$$

上式中积分路线的绕行方向(或称作正方向)与电流之间成右手螺旋关系。容易证明，对任意闭合回路，只要直导线穿过闭合回路所围成的面，上式仍成立。

现在再看另一闭合回路 $abcda$[如图 9-21(b)所示]，这是一个扇形，其平面与导线正交，导线为 ab 与 cd 的对应圆的圆心，且直线 ad 与 bc 的延长线通过导线，沿这闭合回路的线积分为

$$\begin{aligned}\oint \boldsymbol{B}\cdot \mathrm{d}\boldsymbol{l}&=\int_{a\to b}\boldsymbol{B}\cdot \mathrm{d}\boldsymbol{l}+\int_{b\to c}\boldsymbol{B}\cdot \mathrm{d}\boldsymbol{l}+\int_{c\to d}\boldsymbol{B}\cdot \mathrm{d}\boldsymbol{l}+\int_{d\to a}\boldsymbol{B}\cdot \mathrm{d}\boldsymbol{l}\\&=\frac{\mu_0 I}{2\pi r_a}\widehat{ab}+0-\frac{\mu_0 I}{2\pi r_c}\widehat{cd}+0\\&=\frac{\mu_0 I}{2\pi r_a}(r_a\varphi)-\frac{\mu_0 I}{2\pi r_c}(r_c\varphi)=0\end{aligned} \tag{9-16}$$

式中，φ 为圆弧 ab 与 cd 的圆心角，r_a 与 r_c 分别为两圆弧的半径。容易证明，对任意闭合回路，只要电流没有穿过闭合回路所围成的面，总有 $\oint \boldsymbol{B}\cdot \mathrm{d}\boldsymbol{l}=0$。

可以将上述结果推广到任意形状的闭合电流：如果没有电流穿过闭合回路所围成的曲面，则 $\oint \boldsymbol{B}\cdot \mathrm{d}\boldsymbol{l}=0$；如果有电流穿过闭合回路，则 $\oint \boldsymbol{B}\cdot \mathrm{d}\boldsymbol{l}=\mu_0 I$。由毕奥-萨伐尔定律推出上

述结果的过程比较复杂，有兴趣的读者可以参阅有关参考文献。

利用叠加原理，可以将上述结论推广到由多个电流回路或广延导体（指不能看成是线型的导体）激发的稳恒磁场，即稳恒电流磁场的安培环路定理：**磁感应强度沿任意闭合路径的线积分，等于穿过这个闭合回路的全部电流的代数和的μ_0倍**。即

$$\oint_L \boldsymbol{B} \cdot d\boldsymbol{l} = \mu_0 \sum_{L内} I \tag{9-17}$$

在应用安培环路定理时，有以下几点值得注意：

(1) 电流 I 的正负规定如下：如果电流与闭合回路成右手螺旋关系，电流取正值；如果成左手螺旋关系，则电流取负值。如果电流没有穿过闭合回路，则对式(9-17)中的电流项没有贡献。

(2) 若同一载流回路与积分回路套嵌 N 次，则

$$\oint_L \boldsymbol{B} \cdot d\boldsymbol{l} = \mu_0 NI$$

值得注意的是，对于一段不闭合的稳恒电流激发的磁场，安培环路定理不成立。由于不存在不闭合的稳恒电流，所以对一切实际存在的稳恒电流磁场，安培环路定理都成立。无限长直载流导线，在无穷远处是闭合的。

由安培环路定理可以得到两个重要的结论：

(1) 由于磁场中的 $\boldsymbol{B}$ 的环流一般不等于零，所以对于磁场不能像静电场那样定义一个标量势，静电场是保守场，磁场是涡旋场。

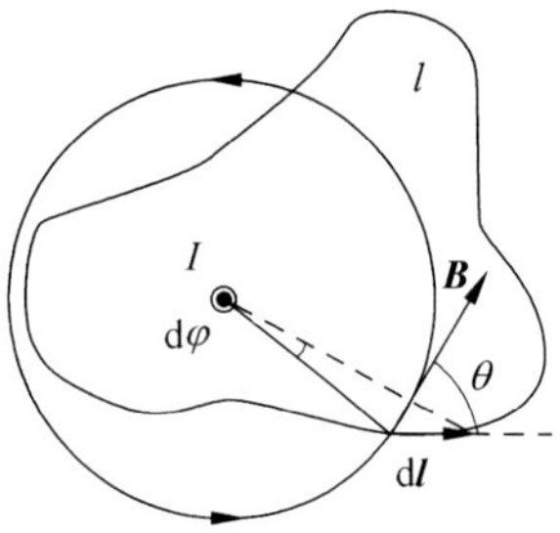

图 9-22

(2) 一定有电流穿过闭合的磁感应线。稳恒电流磁场中每一条磁感应线都是环绕电流的无头无尾的闭合曲线，这些闭合的磁感应线和闭合电流互相套在一起。

下面用长直电流来证明对任意闭合回路的安培环路定理。如图 9-22 所示，设长直电流的电流强度为 I，它在以电流为对称轴、半径为 R 的圆周上的磁感应强度大小为$\frac{\mu_0 I}{2\pi R}$，方向沿圆周的切线方向。若在垂直于电流的平面上作任意形状的闭合曲线 l，然后沿着积分回路计算 $\boldsymbol{B}$ 的环流，可得

$$\cos\theta dl = r d\varphi$$

所以

$$\oint_l \boldsymbol{B} \cdot d\boldsymbol{l} = \oint_l B r d\varphi$$

将 $B=\frac{\mu_0 I}{2\pi r}$代入后得

$$\oint_l \boldsymbol{B} \cdot d\boldsymbol{l} = \frac{\mu_0 I}{2\pi}\oint_l d\varphi = \frac{\mu_0 I}{2\pi}\int_0^{2\pi} d\theta = \mu_0 I$$

再考虑另一个电流强度为 I' 的长直电流，但 I' 在积分回路之外，如图 9-23 所示。将闭合曲线分为 l_1 和 l_2，而

$$\oint_L \boldsymbol{B} \cdot d\boldsymbol{l} = \int_{l_1} \boldsymbol{B} \cdot d\boldsymbol{l}_1 + \int_{l_2} \boldsymbol{B} \cdot d\boldsymbol{l}_2 = \frac{\mu_0 I}{2\pi}\left(\int d\varphi - \int d\varphi\right)$$

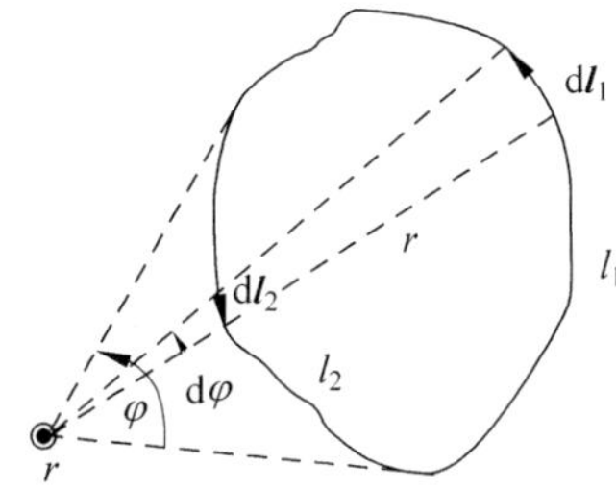

图 9-23

$$=\frac{\mu_0 I}{2\pi}(\varphi-\varphi)=0$$

可以证明，不论选作积分回路的闭合曲线形状如何，也不论电流是长直的，还是其他任意形状，安培环路定理都是成立的。

9-3-3　安培环路定理的应用

高斯定理和安培环路定理是恒定磁场理论的两个重要定理。在静电学中，当电荷有适当对称分布时，单从高斯定理就可以求得静电场；类似地，在静磁学中，当电流有适当对称性时，单从安培环路定理就可求得恒定磁场。

1. 无限长圆柱体电流的磁场

设有半径为 R 的圆柱形导体，电流沿轴向流动，电流在截面积上均匀分布，且圆柱体为无限长，因此磁场必以圆柱体的轴线为对称轴，磁感线是在垂直于轴线平面内以该平面与轴线的交点为中心的同心圆。如图 9-24(a)所示。如果取这样的圆为积分的闭合路径，并使电流方向与积分路径环绕方向成右手螺旋法则，则

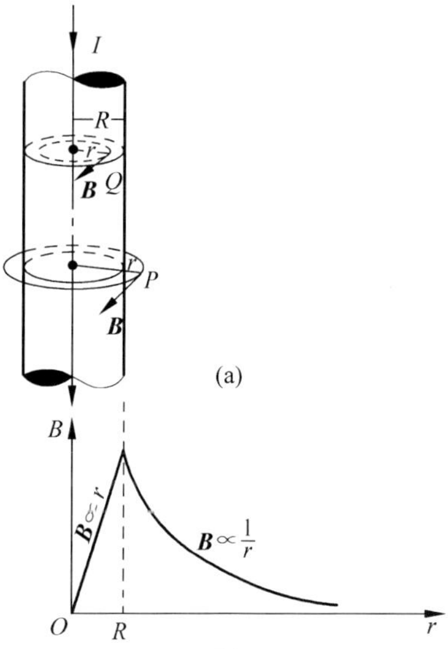

图　9-24

$$\boldsymbol{B}\cdot \mathrm{d}\boldsymbol{l}=B\mathrm{d}l$$

且 B 为一常量。

对圆柱体外距轴线距离为 r 的 P 点而言，有

$$\oint_L \boldsymbol{B}\cdot \mathrm{d}\boldsymbol{l}=B2\pi r=\mu_0 I$$

所以有

$$B=\frac{\mu_0 I}{2\pi r},\quad r>R$$

即在圆柱体外，B 的大小与该点到轴线的距离 r 成反比。

对于圆柱体内 Q 点而言，仍以过 Q 点的圆为积分路径，这时闭合积分路径包围的电流只是总电流 I 的一部分 I'，在电流均匀分布的情况下

$$I'=\frac{I}{\pi R^2}\pi r^2=I\frac{r^2}{R^2}$$

故而有

$$\oint_L \boldsymbol{B}\cdot \mathrm{d}\boldsymbol{l}=B\cdot 2\pi r=\mu_0\frac{r^2 I}{R^2}$$

$$B=\frac{\mu_0 I}{2\pi R^2}r,\quad r<R$$

表明圆柱体内部任意一点的 B 与该点到轴线的距离 r 成正比。B-r 曲线如图 9-24(b)所示。

2. 载流螺绕环内的磁场

有一螺绕环(图 9-25)，管内真空，环上均匀密绕有总匝数为 N 的线圈，导线内通有电流

I。由于环上的线圈绕得很密，环外的磁场很弱，可以略去不计，磁场几乎全部集中在螺绕环内。呈对称分布的电流使磁场也具有对称性，导致环内的磁感线形成同心圆，且同一圆周上各点的磁感应强度 **B** 的大小相等，方向沿圆周切向。

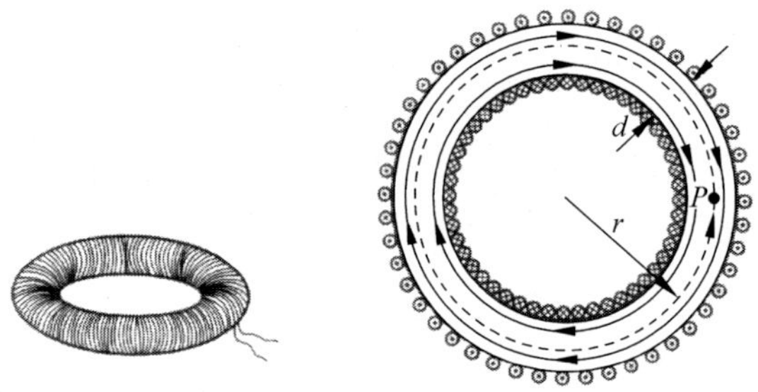

(a) 螺绕环　(b) 螺绕环内的磁场

图 9-25

通过环内 P 点作一半径为 r 的圆形闭合路径，显然闭合路径上各点的磁感应强度都和闭合路径相切，各点 **B** 的值都相等。根据安培环路定理有

$$\oint_L \boldsymbol{B}\cdot \mathrm{d}\boldsymbol{l} = B2\pi r = \mu_0 NI$$

可得

$$B = \frac{\mu_0 NI}{2\pi r}$$

如果螺绕环的截面积很小，这时式中的 r 可以认为是环的平均半径（$r\approx \bar{r}$），$\frac{N}{2\pi r}=n$ 为单位长度的匝数，所以在环内任一点的磁感应强度 **B** 的大小为

$$B = \mu_0 nI$$

即，环内各点的磁感应强度可近似认为是相等的，磁场是均匀的。

求环外一点的磁感应强度 **B** 时，同样可过该点取以环心为圆心的圆为闭合积分路径 L'，这时 L' 所包围的电流的代数和 $\sum I = 0$，所以

$$B = 0$$

3. 无限大平面的电流的磁场

设在无限大导体薄板中有均匀电流沿板平面流动，面电流密度（即通过与电流方向垂直的单位长度的电流）到处均匀，大小为 j。

任意一点 P 处的磁感应强度 **B**，如图 9-26，将 **B** 分解为相互垂直的 3 个分量：垂直于电流平面的分量 $\boldsymbol{B}_n$，与电流平行的分量 $\boldsymbol{B}_P$，以及与电流平面平行而且与电流方向垂直的分量 $\boldsymbol{B}_t$，由平面对称性分析可知，$\boldsymbol{B}_n=0$，利用安培环路定理可知 $\boldsymbol{B}_P=0$，因此 $\boldsymbol{B}=\boldsymbol{B}_t$。

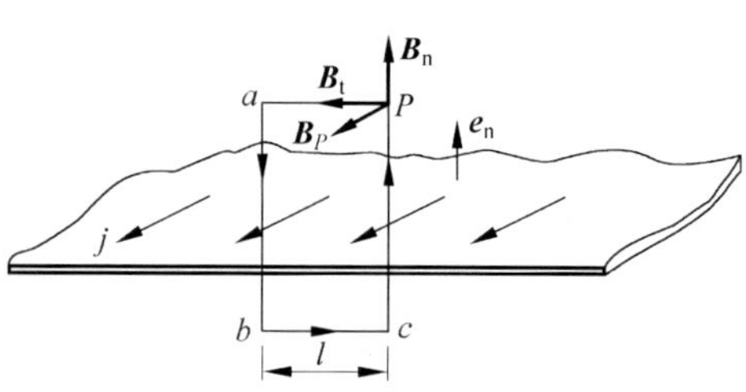

图 9-26

作矩形回路 $PabcP$，其中 Pa 和 bc 两边与电流平面平行，长为 l，ab 和 cP 与电流平面垂直，而且被电流平面等分。该回路所包围的电流为 jl，由安培环路定理有

$$\oint_L \boldsymbol{B} \cdot \mathrm{d}\boldsymbol{l} = B \cdot 2l = \mu_0 jl$$

由此得

$$B = \frac{1}{2}\mu_0 j$$

说明在无限大均匀平面电流两侧的磁场是均匀磁场,并且大小相等,方向相反。

9-4 磁场对载流线圈和运动电荷的作用

9-4-1 安培力

安培发现放置在外磁场中的载流导线会受到磁场力的作用,在对此现象进行了一系列的研究后安培对这个力给出了定量描述,故称为安培力。在 9-1 节中我们已经知道,运动电荷在磁场中要受力的所用,这个力就是洛伦兹力,安培力实际上就是载流导线中大量的作定向运动的载流子受到的洛伦兹力的宏观表现。如图 9-27 所示,设在均匀磁场 $\boldsymbol{B}$ 中有一载流导线,导线截面积为 S,电流强度为 $\boldsymbol{I}$,导线中自由电子密度为 n,平均漂移速度为 $\boldsymbol{v}_\mathrm{d}$。在此导线上取一电流元 $I\mathrm{d}\boldsymbol{l}$,它与 $\boldsymbol{B}$ 之间的夹角为 φ,则 $\boldsymbol{v}_\mathrm{d}$ 与 $\boldsymbol{B}$ 之间的夹角为 θ,$\theta=\pi-\varphi$。

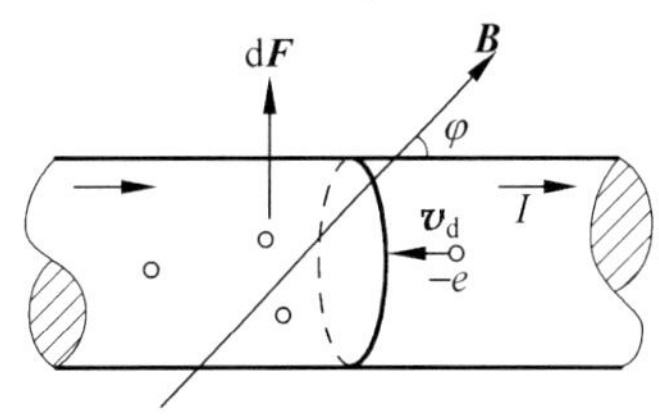

图 9-27

根据洛伦兹力公式,电流元中一个电子所受的洛伦兹力的大小为

$$F = evB\sin\theta$$

该力的方向向上,与自由电子运动的方向相垂直。由于自由电子沿导线作定向运动时受到了垂直于运动方向的洛伦兹力,产生侧向运动,自由电子将这部分侧向运动的能量以与晶格碰撞的方式最终传递给导体,在宏观上的表现就是金属导线受磁场力的作用。

该电流元中的自由电子数为 $nS\mathrm{d}l$。这样,电流元所受的力等于 $nS\mathrm{d}l$ 个电子所受到的洛伦兹力的总和。由于每个电子所受到的洛伦兹力大小相等,方向相同,所以磁场作用在电流元上的力为

$$\mathrm{d}F = nS\,\mathrm{d}lev_\mathrm{d}B\sin\theta$$

即

$$\mathrm{d}F = nev_\mathrm{d}S\mathrm{d}lB\sin\theta$$

而通过导线的电流为 $I=nev_\mathrm{d}S$,所以有

$$\mathrm{d}F = I\mathrm{d}lB\sin\theta$$

因为 $\sin\theta=\sin\varphi$,所以上式变为

$$\mathrm{d}F = I\mathrm{d}lB\sin\varphi$$

上式表明,磁场对电流元 $I\mathrm{d}\boldsymbol{l}$ 的作用力,在数值上等于电流元的大小、电流元所在处的磁感应强度的大小以及电流元 $I\mathrm{d}\boldsymbol{l}$ 和磁感应强度 $\boldsymbol{B}$ 之间的夹角 φ 的正弦之乘积。这个规律叫**安培定律**。

用矢量式表示安培定律为

$$\mathrm{d}\boldsymbol{F} = I\mathrm{d}\boldsymbol{l} \times \boldsymbol{B} \tag{9-18}$$

上述公式叫安培力公式。

对于任意形状的载流导线在外磁场中受到的安培力，应等于它的各个电流元所受的安培力的矢量和，可用积分表示为

$$\boldsymbol{F}=\int_{l}\mathrm{d}\boldsymbol{F}=\int_{l}I\mathrm{d}\boldsymbol{l}\times\boldsymbol{B} \tag{9-19}$$

显然，长为 L 的直线在匀强磁场 $\boldsymbol{B}$ 中受到的安培力的大小为

$$F=IBL\sin\theta$$

式中，θ 为电流密度 $\boldsymbol{j}$ 与 $\boldsymbol{B}$ 之间的夹角，特别地当 $\theta=\frac{\pi}{2}$ 时有

$$F_{\max}=IBl$$

而在 $\theta=0$ 和 π 时，$F=0$。

例 5 有一无限长载流导线通有电流 I_1，与导线在同一平面内有一刚性等腰梯形 $CDFE$ 线框，线框通有电流 I_2，如图 9-28 所示。求梯形线框受到的安培力。

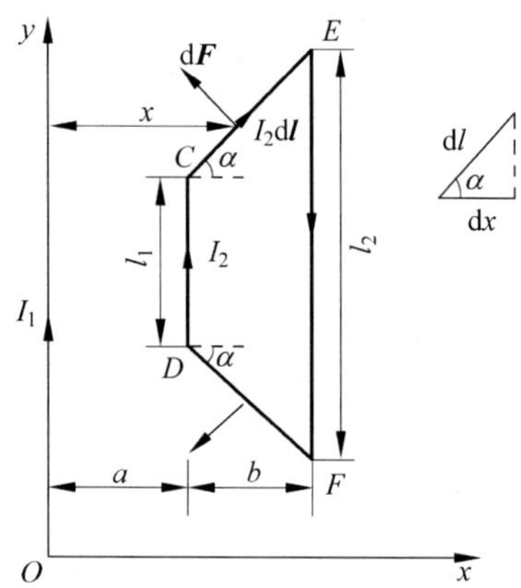

图 9-28

解 选取图示坐标系。长直载流导线产生磁场的磁感应强度大小为

$$B_1=\frac{\mu_0 I_1}{2\pi x}$$

作用在导线段 CD 上的安培力的方向与 CD 边垂直向左，根据安培力公式有

$$\boldsymbol{F}_{CD}=-B_1 I_2 l_1\boldsymbol{i}=-\frac{\mu_0 I_1 I_2 l_1}{2\pi a}\boldsymbol{i}$$

作用在导线段 EF 上的安培力方向与 EF 边垂直向右，因此

$$\boldsymbol{F}_{EF}=B_2 I_2 l_2\boldsymbol{i}=\frac{\mu_0 I_1 I_2 l_2}{2\pi(a+b)}\boldsymbol{i}$$

由于 $\boldsymbol{B}$ 的大小随 x 而变，作用在导线段 CE 上的安培力，应对 CE 上的电流元 $I_2\mathrm{d}\boldsymbol{l}$ 积分而获得。该电流元到长直导线的距离为 x，则

$$\mathrm{d}\boldsymbol{F}_{CE}=\frac{\mu_0 I_1 I_2}{2\pi x}\mathrm{d}\boldsymbol{l}$$

由图 9-28 知

$$\mathrm{d}\boldsymbol{l}=\frac{\mathrm{d}x}{\cos\alpha}$$

因此

$$F_{CE}=\int\mathrm{d}F_{CE}=\int_{a}^{a+b}\frac{\mu_0 I_1 I_2\mathrm{d}x}{2\pi\cos\alpha}=\frac{\mu_0 I_1 I_2}{2\pi\cos\alpha}\ln\left(\frac{a+b}{b}\right)$$

F_{CE} 的方向垂直于 CE 边，如图 9-28 所示。同理，可求出作用在导线段 DF 上的安培力即

$$F_{DF}=\frac{\mu_0 I_1 I_2}{2\pi\cos\alpha}\ln\left(\frac{a+b}{b}\right)$$

F_{DF} 方向垂直于 DF 边。力 F_{CE} 和力 F_{DF} 大小相等，但方向不同。两个力沿 y 方向的投影的代数和为零，沿 x 方向投影的代数和为

$$F_x = -(F_{CE}\sin\alpha + F_{DF}\sin\alpha) = -\left(\frac{2\mu_0 I_1 I_2}{2\pi\cos\alpha}\sin\alpha\ln\frac{a+b}{b}\right)$$
$$= -\left(\frac{\mu_0 I_1 I_2}{\pi}\tan\alpha\ln\frac{a+b}{b}\right)$$

或

$$\boldsymbol{F}_x = -\left(\frac{\mu_0 I_1 I_2}{\pi}\tan\alpha\ln\frac{a+b}{b}\right)\boldsymbol{i}$$

又因 $\tan\alpha=\frac{l_2-l_1}{2b}$，所以等腰梯形 $CDFE$ 受到的安培力的合力为

$$\boldsymbol{F} = F_{CD}\boldsymbol{i} + F_{DF}\boldsymbol{i} + F_x\boldsymbol{i} = -\frac{\mu_0 I_1 I_2}{2\pi}\left(\frac{l_1}{a} - \frac{l_2}{a+b} + \frac{l_2-l_1}{b}\ln\frac{a+b}{b}\right)\boldsymbol{i}$$

9-4-2　载流线圈在均匀外磁场中的安培力矩

本小节我们讨论的是平面线圈。由于线圈所在的平面有两个可能的法向，我们以 $\boldsymbol{e}_n$ 代表与电流成右手关系的那个法向的单位矢量。首先来看矩形线圈(长 l_1，宽 l_2)。如果均匀磁场 $\boldsymbol{B}$ 与线圈平面垂直(即 $\boldsymbol{B}$ 与 $\boldsymbol{e}_n$ 平行)，则不难看出 1、3 边受到的安培力等值反向[图 9-29(a)]，合力和合力矩都等于零；2、4 边也类似，故线圈(看成刚体)既不受力也不受力矩的作用。

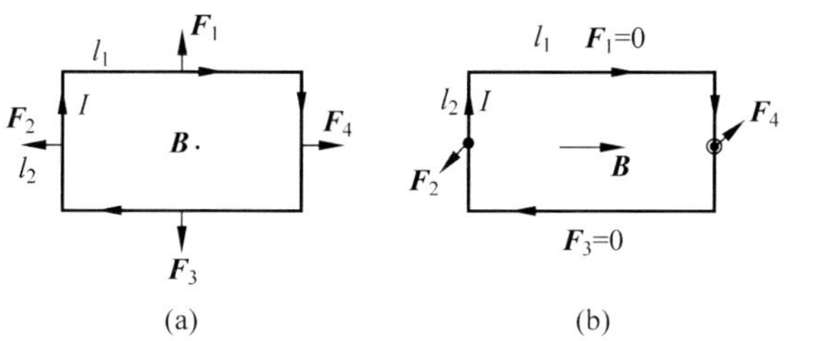

图　9-29

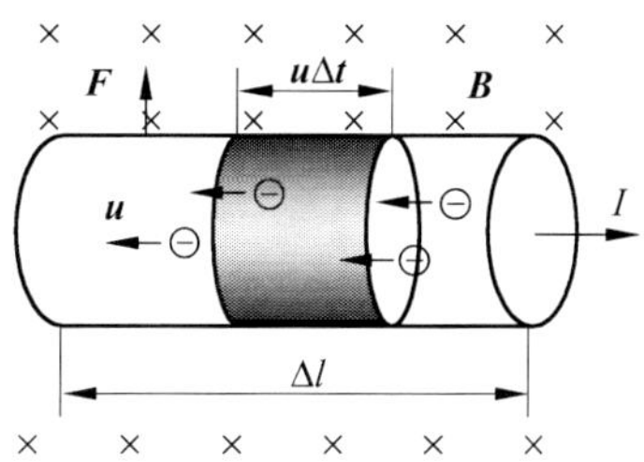

图　9-30

如果均匀磁场 $\boldsymbol{B}$ 与线圈平面平行(即 $\boldsymbol{B}$ 与 $\boldsymbol{e}_n$ 垂直)，则不难看出 1、3 边不受安培力作用[图 9-29(b)]；2、4 边受安培力大小皆为 $F_2=F_4=IBl_2$，方向相反，形成力偶，此时，线框受安培力矩 M 为

$$M = IBl_2 \cdot l_1 = IS \cdot B$$

设 $\boldsymbol{S}=S\boldsymbol{e}_n$ 为线框的"面积矢量"；$\boldsymbol{m}=I\boldsymbol{S}$ 为磁矩。考虑到安培力矩(又称磁力矩)的方向，则在线框与磁场为任意取向时，线框受到的磁力矩为

$$\boldsymbol{M} = \boldsymbol{m}\times\boldsymbol{B} \tag{9-20}$$

可以证明，任意形状的线圈，在均匀磁场中所受的磁力矩仍为式(9-20)，在非均匀磁场中，若线圈面积足够小，上式仍是线圈所受的磁力矩的很好近似值。

9-4-3　安培力与洛伦兹力的关系

比较一下洛伦兹力公式(9-1)与安培力公式(9-18)，如果 $q\boldsymbol{v}$ 与电流元 $Id\boldsymbol{l}$ 相当，可以看出二者十分相似，这是由于运动电荷就是一个瞬时电流元。载流导线中包含了大量的自由电子，可以证明导线受到的安培力就是作用在各个自由电子上的洛伦兹力的宏观表现。

如图 9-30 所示，一段长为 Δl 的金属导线，放置在垂直于纸面内的磁场中，导线内通有方向向右的电流 I。从微观角度来看，该电流是导体中的自由电子向左作定向运动形成的。设

自由电子的定向运动速度为 $\boldsymbol{u}$，导体中单位体积内的自由电子数即自由电子数密度为 n，每个电子所带的电量为 e。在 Δt 时间间隔内，每个电子由于定向运动而向左运动了 $u\Delta t$ 的距离，则在该时间间隔内通过导线某一截面 S 的电子数应为体积 $V=Su\Delta t$ 柱体内的全部电子数，即

$$nV = nSu\Delta t$$

而在时间间隔 Δt 内通过 S 的电量 Δq 等于上述数目再乘以每个电子的电量 e，即

$$\Delta q = enSu\Delta t$$

于是电流强度为

$$I = \frac{\Delta q}{\Delta t} = enSu \tag{9-21}$$

由于电子定向运动速度 $\boldsymbol{u}$ 与磁感应强度 $\boldsymbol{B}$ 相互垂直，即 $\sin\theta=1$，每个电子由于定向运动受到方向向上的洛伦兹力为

$$\boldsymbol{f} = e\boldsymbol{u} \times \boldsymbol{B}$$

产生向上的运动。自由电子将这部分向上运动的能量以与晶格碰撞的方式最终传递给导体，在宏观上的表现就是金属导线受到磁场力的作用。长度为 Δl 的导线的体积为 $S\Delta l$，其中包含的自由电子的总数为 $nS\Delta l$，每个电子受力 $\boldsymbol{f}=e\boldsymbol{u}\times\boldsymbol{B}$，所以这段导线最终受到的总力为

$$F = nS\Delta lf = nS\Delta leuB = B(enSu)\Delta l$$

根据式(9-21)，上式括号中的量即为宏观电流强度 I，故受到力的大小为

$$F = BI\Delta l$$

该式与安培力的公式符合。

9-4-4 电磁的相对性

我们知道，静止电荷周围存在电场，运动电荷（或传导电流）周围存在磁场。由于运动与参考系选取有关，对某参考系静止的电荷，相对于另一个参考系可能是运动的。如图 9-31 所示，设在 S 系中有两个静止的点电荷 q_1 和 q_2，它们在空间激发出各自的电场，彼此间有电力作用，但它们并不产生磁场，因此彼此间没有磁力作用。然而，若从以速度 v 相对于 S 系运动的参考系 S' 系中观察，q_1 和 q_2 的周围除了有电场外还有磁场，在 q_1 和 q_2 之间除了有电场力的作用外还有磁场力的作用，那么磁场的存在到底与参考系有没有关系呢？

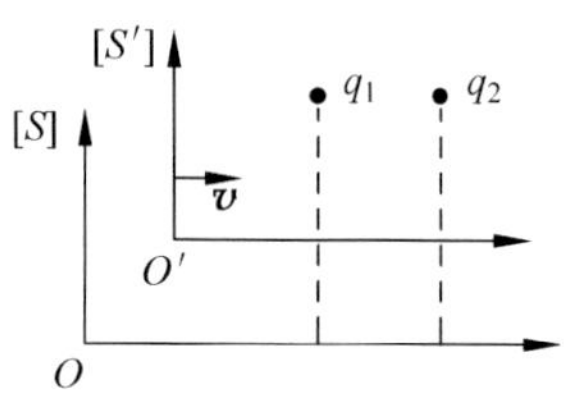

图 9-31

爱因斯坦在创立狭义相对论的过程中，在《论动体的电动力学》论文中指出："电力和磁力都不是独立于坐标系运动状态而存在的"，即电场和磁场的有无和大小都取决于进行观察的参考系。狭义相对论不仅告诉我们，相对于不同参考系运动情况相同的电荷具有相同的电磁规律，例如相对于不同参考系，静止电荷的电场都满足库仑定律，而且它还要求从一个参考系变换到另一个参考系，电磁规律的形式应该保持不变，称为协变性。在这个意义上，库仑定律不是协变的，因为相对于一个参考系电荷静止，而相对于另一个参考系电荷是运动的，运动电荷的场不遵从库仑定律；与此相应，静电场的环路定理也不是协变的。它们之所以不协变，是因为我们现在所得到的某些电磁规律还不是普遍形式的电磁规律。电磁规律的协变性是指普遍的电磁规律而言的。

在普遍情形下，运动电荷在电磁场中既受到电场力的作用，又受到磁场力的作用，其规律为

$$\boldsymbol{f} = q(\boldsymbol{E} + \boldsymbol{v} \times \boldsymbol{B}) \tag{9-22}$$

此式也称为洛伦兹力，式(9-1)是其特殊形式。普遍情形下的洛伦兹力公式(9-22)已具备协变性要求。

在参考系变换时，物理量一般是变化的，规律的协变性要求规律中的物理量协同变换，从而保持规律的形式不变。

许多事实表明，一个系统中的总电量不因带电体的运动而改变。物体所带电量不受运动影响的事实表明，对于不同的观察者来说，物体所带的电量都是一样的，也就是说，电量对于从一个参考系到另一个参考系的变换来说是不变量。

当我们的观测从一个参考系变换到另一个参考系中时，同一场点的电场强度和磁感应强度在两个参考系中测出的值之间是存在变换关系的。设惯性参考系 S 和 S'，S' 以速度 $\boldsymbol{v}$ 相对于 S 运动，则狭义相对论给出了下列变换公式

$$\boldsymbol{E}'_{/\!/} = \boldsymbol{E}, \quad \boldsymbol{E}'_{\perp} = \gamma(\boldsymbol{E} + \boldsymbol{v} \times \boldsymbol{B})_{\perp}$$

$$\boldsymbol{B}' = \boldsymbol{B}_{/\!/}, \quad \boldsymbol{B}'_{\perp} = \gamma\left(\boldsymbol{B} - \frac{\boldsymbol{v}}{c^2} \times \boldsymbol{E}\right)_{\perp}$$

$$\gamma = \frac{1}{\sqrt{1-\beta^2}}, \quad \beta = \frac{v}{c}$$

式中下标 $/\!/$ 和 $\perp$ 分别代表它们平行于 $\boldsymbol{v}$ 和垂直于 $\boldsymbol{v}$ 的分量。

下面，我们根据电磁场的变换公式导出作匀速运动的点电荷的电场，考察它与静电场有什么异同。

如图 9-32 所示，设点电荷 q 在 S 系中以速度 $\boldsymbol{v}$ 沿 x 轴运动，$t=0$ 时经过圆点 O，求其激发的电场和磁场。

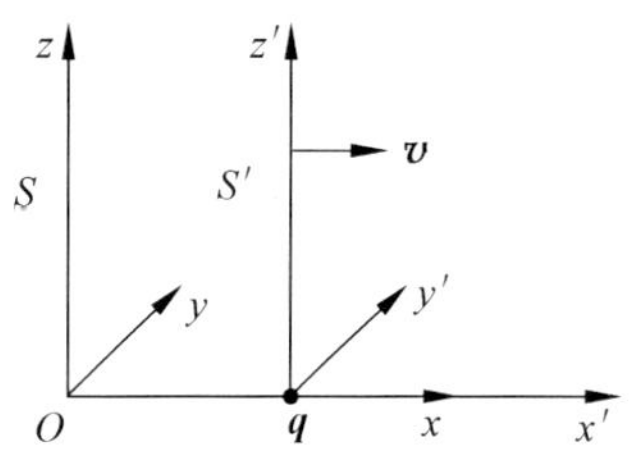

图　9-32

将 S' 系坐标原点固定在 q 上，则在 S' 系中电荷 q 只激发静电场

$$\boldsymbol{E}' = \frac{q}{4\pi\varepsilon_0 \boldsymbol{r}'^2}\boldsymbol{e}'$$

磁场

$$\boldsymbol{B}' = 0$$

在计算过程中，要运用由 $\boldsymbol{E}'$ 和 $\boldsymbol{B}'$ 求 $\boldsymbol{E}$ 和 $\boldsymbol{B}$ 的逆变换公式

$$\boldsymbol{E}_{/\!/} = \boldsymbol{E}'_{/\!/}, \quad \boldsymbol{E}_{\perp} = \gamma(\boldsymbol{E}' - \boldsymbol{v} \times \boldsymbol{B}')_{\perp}$$

$$\boldsymbol{B} = \boldsymbol{B}'_{/\!/}, \quad \boldsymbol{B}_{\perp} = \gamma\left(\boldsymbol{B}' + \frac{\boldsymbol{v}}{c^2} \times \boldsymbol{E}'\right)_{\perp}$$

为简单起见，我们仅考察位于 Oxz 平面(于 $Ox'z'$ 共面)上的场点 P 的场量。因为在 S' 系中有

$$E'_x = \frac{qx'}{4\pi\varepsilon_0 r'^3},$$

$$E'_y = 0,$$

$$E'_z = \frac{qz'}{4\pi\varepsilon_0 r'^3};$$

$$B' = 0$$

由场量变换式得到在 S 系中有

$$E_x = E'_x = \frac{qx'}{4\pi\varepsilon_0 r'^3}$$

$$E_y = 0$$

$$E_z = \gamma E'_z = \frac{\gamma q z'}{4\pi\varepsilon_0 r'^3}$$

$$B_x = 0$$

$$B_y = \left(\gamma \frac{\boldsymbol{v}}{c^2} \times \boldsymbol{E}'\right)_y = -\frac{\gamma}{c^2} v E'_z = -\frac{\gamma v q z'}{c^2 4\pi\varepsilon_0 r'^3}$$

$$B_z = 0$$

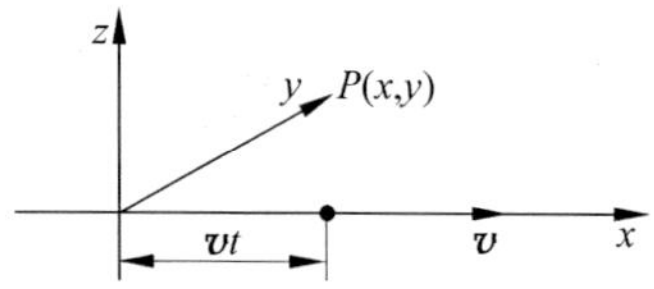

图 9-33

再利用洛伦兹坐标变换,将上述各式中的 S' 系坐标变换到 S 系坐标,于是在 S 系中,场点 P 在 t 时刻的电场和磁场(如图 9-33 所示)分别为

$$E_x = \frac{\gamma q (x - vt)}{4\pi\varepsilon_0 \left[\gamma^2 (x - vt)^2 + z^2\right]^{\frac{3}{2}}},$$

$$E_y = 0,$$

$$E_z = \frac{\gamma q z}{4\pi\varepsilon_0 \left[\gamma^2 (x - vt)^2 + z^2\right]^{\frac{3}{2}}},$$

$$B_x = 0,$$

$$B_z = 0,$$

$$B_y = \frac{\gamma v q z}{4\pi\varepsilon_0 c^2 \left[\gamma^2 (x - vt)^2 + z^2\right]^{\frac{3}{2}}}$$

因此,在 $t=0$ 时,电荷 q 在 S 系中的 Oxy 平面上所产生的电场分布(见图 9-34)为

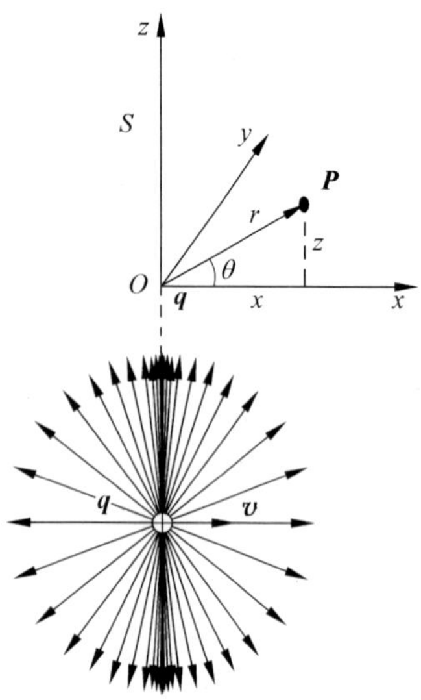

图 9-34

$$E_x = \frac{\gamma q x}{4\pi\varepsilon_0 \left[\gamma^2 x^2 + z^2\right]^{\frac{3}{2}}},$$

$$E_y = 0,$$

$$E_z = \frac{\gamma q z}{4\pi\varepsilon_0 \left[\gamma^2 x^2 + z^2\right]^{\frac{3}{2}}},$$

或

$$E = \sqrt{E_x^2 + E_y^2 + E_z^2} = \frac{q(1-\beta^2)}{4\pi\varepsilon_0 r^2 (1-\beta^2\sin^2\theta)^{\frac{3}{2}}}$$

可见电场 $\boldsymbol{E}$ 沿着以运动电荷为中心的矢径方向,而且当 $\theta=0$、π 时,

$$E = \frac{q}{4\pi\varepsilon_0 r^2}(1-\beta^2)^1$$

$\theta=\frac{\pi}{2}$、$\frac{3\pi}{2}$时,

$$E = \frac{q}{4\pi\varepsilon_0 r^2}(1-\beta^2)^{-\frac{1}{2}}$$

电场的具体分布如图 9-34 中的电场线所示。在任一时刻 t,整个电场将随着电荷以速度 v 移动。

而在满足 $v \ll c$ 的条件下，有

$$E \approx \frac{q\boldsymbol{r}}{4\pi\varepsilon_0 r^3},$$

$$\boldsymbol{B} = \frac{vqz(1-\beta^2)}{4\pi\varepsilon_0 c^2 r^3 \left[1-\beta^2\sin^2\theta\right]^{\frac{3}{2}}}\boldsymbol{j} \approx -\frac{\mu_0}{4\pi}\frac{vqz}{r^3}\boldsymbol{j} = \frac{\mu_0}{4\pi}\frac{q\boldsymbol{v}\times\boldsymbol{r}}{r^3}$$

即，在低速情况下，点电荷的电场与静电场相同，而磁场则与毕奥-萨伐尔公式推得的相同。

必须指出，两个惯性参考系之间电磁场的变换关系仅涉及场量之间的关系，与场源的具体情况完全无关。

习　　题

9-1　如图所示，两根长直导线相互平行地放置，导线内电流大小相等，均为 $I=10$ A，方向相同，求图中 M，N 两点的磁感应强度 B 的大小和方向（图中 $r_0=0.020$ m）。

9-2　一半径为 R 的电介质球，表面均匀带电，电荷密度为 σ。该球以角速度 ω 绕过球心的直径旋转，(1)求球心处的磁感应强度；(2)证明该直径上磁感应强度处处相同。

9-3　如图所示，一个半径为 R 的无限长半圆柱面导体，沿长度方向的电流 I 在柱面上均匀分布，求半圆柱面轴线 OO' 的磁感应强度。

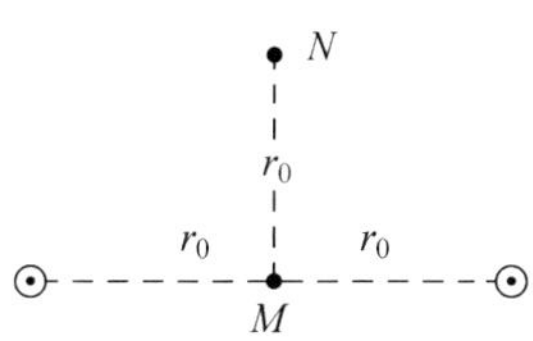

习题 9-1 图

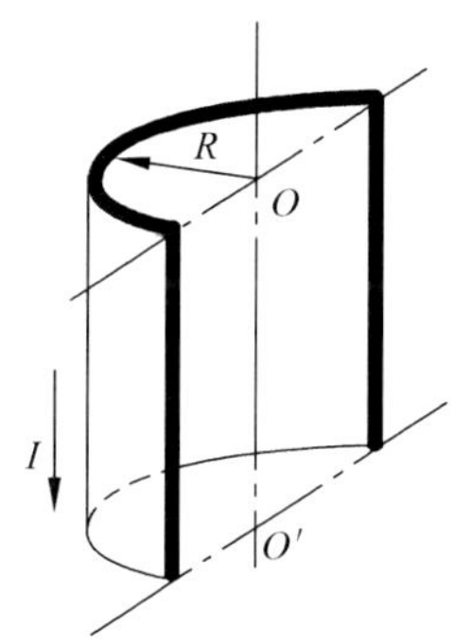

习题 9-3 图

9-4　如图所示，求半径为 R 的半圆形电流 I 在半圆的轴线上离圆心距离 x 处的磁感应强度 $\boldsymbol{B}$。

9-5　如图所示，半径为 R 的木球上绕有密集的导线，线圈平面彼此平行，且以单层线圈覆盖住半个球面，设线圈的总匝数为 N，通过线圈的电流为 I，求球心处 O 的磁感应强度。

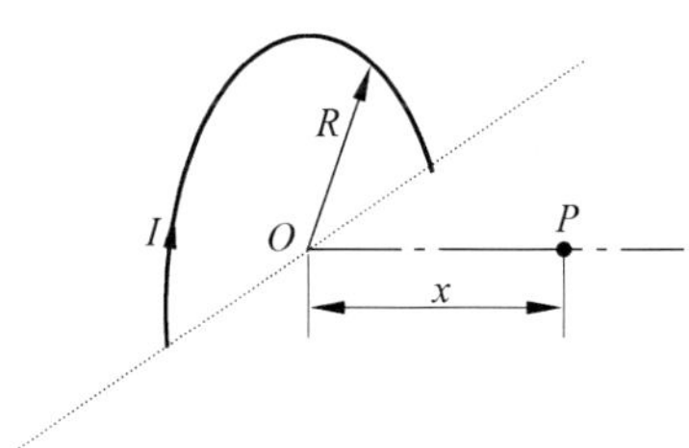

习题 9-4 图

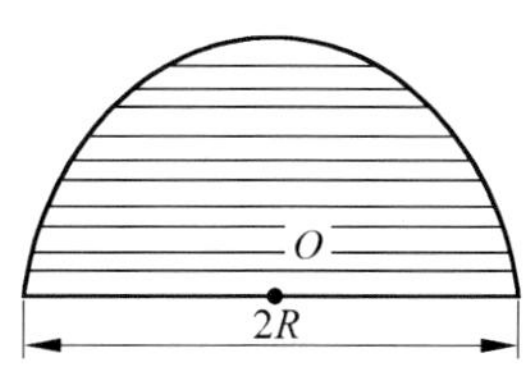

习题 9-5 图

9-6 空间存在方向相互垂直的水平磁场，其中，$B_1=1.73\ \mathrm{Gs}$，方向朝北；$B_2=1.00\ \mathrm{Gs}$，方向朝东。若在此空间有一小段载流直导线，试问该导线应如何放置才能使两磁场的作用力的合力为零？

9-7 北京正负电子对撞机中电子可加速到能量为 2.8×10^9 eV，该电子在周长为 240 m 的储存环中作圆周运动，求电子的动量和维持圆周运动所需要的磁感应强度。

9-8 一外层绝缘的长直导线弯成如图所示的形状，其中圆的半径为 R。当通以电流强度 I 时，计算圆心 O 处的磁感应强度 $\boldsymbol{B}$。

9-9 如图所示，有一长直导体薄板，宽度为 b，有电流强度 I 均匀通过薄板，方向垂直纸面向内，计算位于薄板左方 x_0 处 P 点的磁感应强度 $\boldsymbol{B}$。

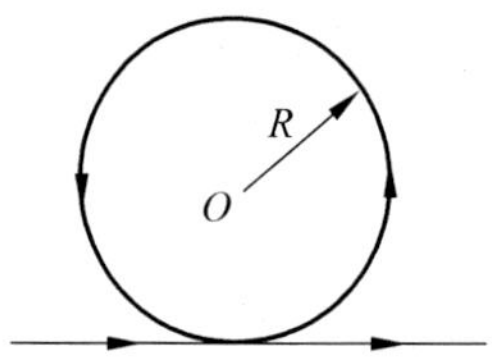

习题 9-8 图

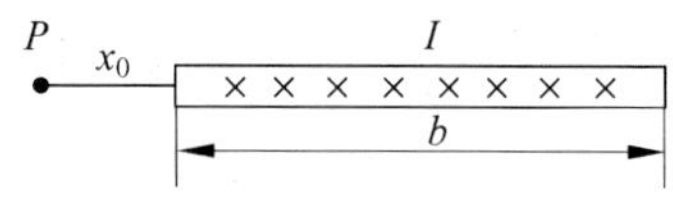

习题 9-9 图

9-10 如图所示，一条无限长直导线在一处弯成$\frac{1}{4}$圆弧，圆弧的半径为 R，圆心在 O 处，直线的延长线都通过圆心，已知导线中的电流为 I，求 O 处的磁感应强度。

9-11 如图所示，载流导线段 ab 与长直电流共面，ab 段长为 l，通有电流 I_2，方向与 I_1 垂直，a 端离 I_1 的距离为 d，求导线 ab 受磁场的作用力以及对 O 点的磁力矩（O 点为 ba 的延长线与 I_1 的交点）。

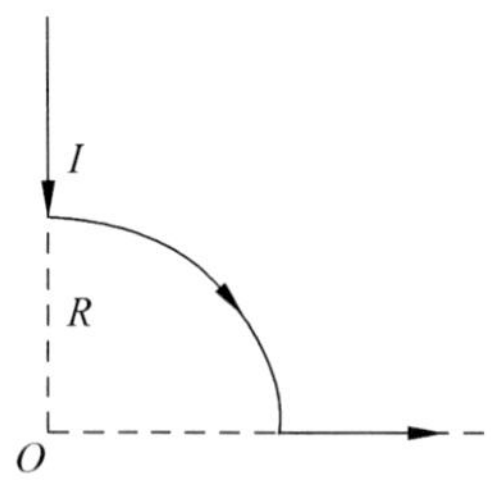

习题 9-10 图

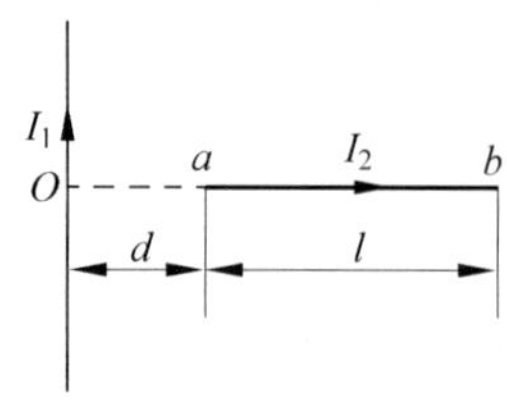

习题 9-11 图

9-12 有一很长的载流导体直圆管，内半径为 a，电流强度为 I，电流沿轴线方向流动，并且均匀地分布在管壁的横截面上。空间某一点到管轴的垂直距离为 r（如图所示）。求(1)$r<a$；(2)$a<r<b$；(3)$r>b$ 时各处的磁感应强度。

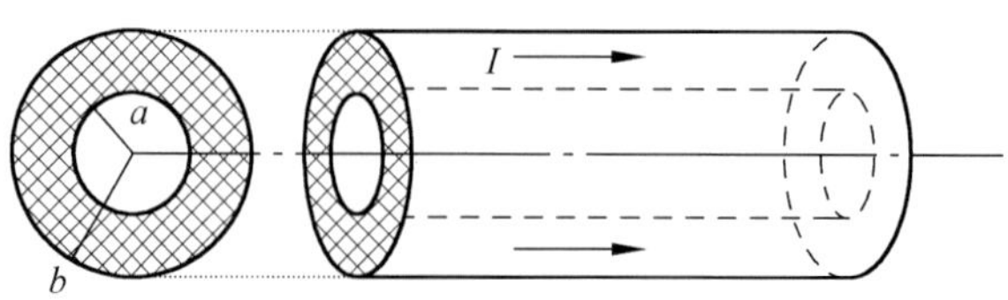

习题 9-12 图

9-13 已知电子具有内禀的自旋磁矩 $\mu_m=0.928\times10^{-23}$ J/T。如果采用下述经典模型：电子是一均匀带电的球壳，半径为 R，总电量为 e，以角速度 ω 绕过其中心的直径旋转，则电子自旋的磁矩如何表示？已知电子的半径不大于10^{-18} m，按此估算，电子要具有上述磁矩值，相应的"赤道"线速度应多大？由此判断经典模型是否合理。

9-14　两个正电荷 q_1 和 q_2，当它们相距为 d 时运动速度分别为 $\boldsymbol{v}_1$ 和 $\boldsymbol{v}_2$，方向如图所示，求

(1) q_1 在 q_2 处产生的磁感应强度和作用在 q_2 上所受的磁力；

(2) q_2 在 q_1 处产生的磁感应强度和作用在 q_1 上所受的磁力；

9-15　如图所示，在一根无限长直电流 $I_1=30$ A 产生的磁场中，一矩形回路($l=12$ cm，$b=8$ cm)与 I_1 共面，回路中通以电流 $I_2=20$ A，矩形一边与 I_1 的距离为 $d=1.0$ cm，求I_1 的磁场作用在矩形回路上的合力。

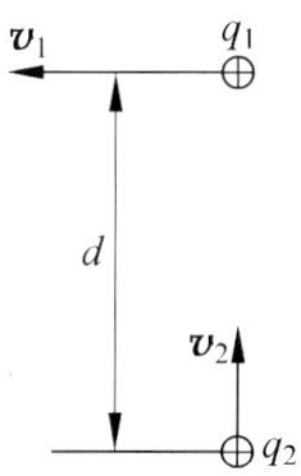

习题 9-14 图

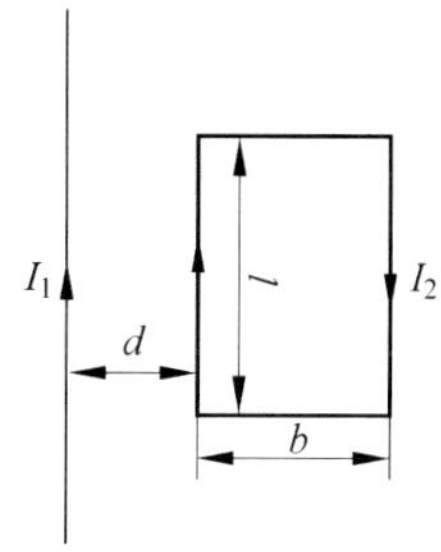

习题 9-15 图

9-16　载有电流 I_1 的长直导线的旁边有一边长为 $2a$ 的正方形线圈，正方形线圈中通有电流 I_2，线圈中心到导线的垂直距离为 b，电流方向如图所示，线圈可以绕平行于导线的轴 O_1O_2 转动，求：

(1) 线圈在 α 角度位置时受到的合力 $\boldsymbol{F}$ 和合力矩 $\boldsymbol{M}$；

(2) 线圈平衡时 α 的值；

(3) 线圈从平衡位置转到 $\alpha=\pi/2$ 时，I_1 作用在线圈上的力做了多少功？

9-17　载有电流 I_1 的长直导线旁有一正三角形线圈，边长为 a，通有电流 I_2，一边与直导线平行，中心到直导线的垂直距离为 b，直导线与线圈都在同一平面内(如图所示)，求 I_1 作用在这三角形线圈上的力。

9-18　证明电子绕原子核沿圆形轨道运动时磁矩与角动量大小之比为 $r=-\dfrac{e}{2m}$(经典回转磁比率)。

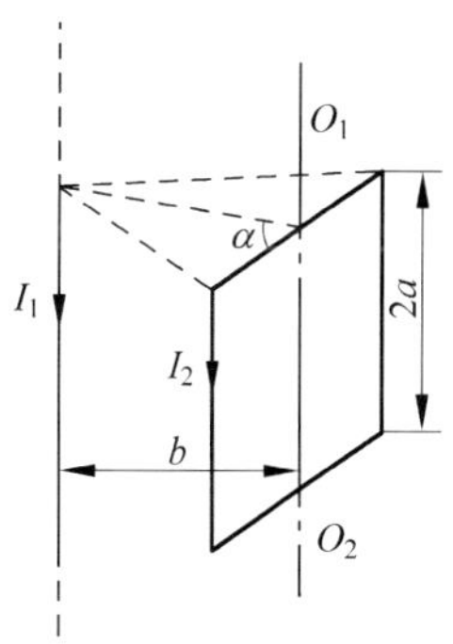

习题 9-16 图

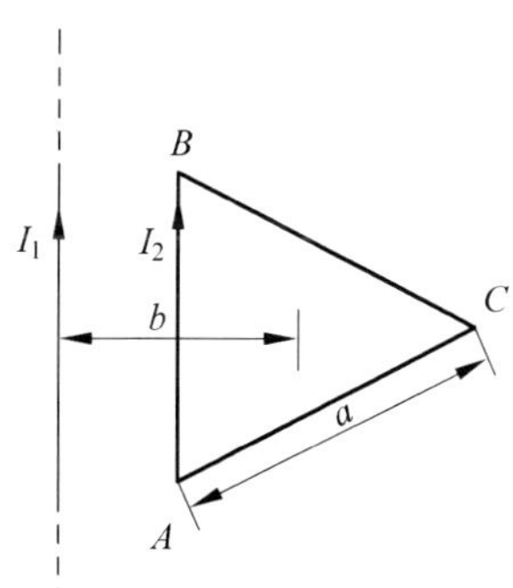

习题 9-17 图

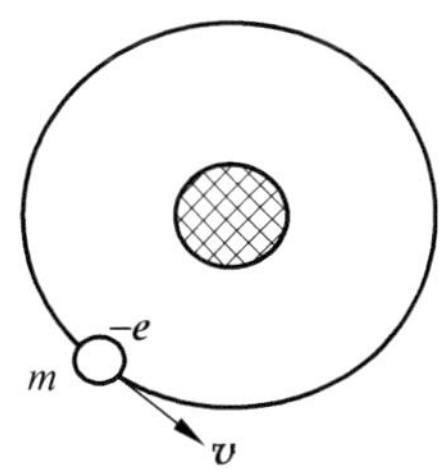

习题 9-18 图

9-19 空间某一区域有均匀电场 $\boldsymbol{E}$ 和均匀磁场 $\boldsymbol{B}$，$\boldsymbol{E}$ 和 $\boldsymbol{B}$ 的方向相同，一电子（质量为 m，电荷为 e）在场中运动，分别求下列情况下电子的加速度和电子的轨迹；开始时(1) $\boldsymbol{v}$ 与 $\boldsymbol{E}$ 方向相同；(2) $\boldsymbol{v}$ 与 $\boldsymbol{E}$ 方向相反；(3) $\boldsymbol{v}$ 与 $\boldsymbol{E}$ 垂直。

9-20 设电子质量为 m，电荷为 e，以角速度 ω 绕带正电的质子作圆周运动。当加上外磁场 $\boldsymbol{B}$，$\boldsymbol{B}$ 的方向与电子轨道平面垂直时，设电子轨道半径不变，而角速度变为 ω'。证明：电子角速度的变化近似等于

$$\Delta\omega = \omega' - \omega = \pm \frac{1}{2}\frac{e}{m}B$$

9-21 在某一参考系 S 中有电场和磁场分别为 $\boldsymbol{E}$ 和 $\boldsymbol{B}$，它们满足什么条件时，可以找到另外的参考系 S'，使得(1) $\boldsymbol{E}'$ 和 $\boldsymbol{B}'$ 垂直；(2) $\boldsymbol{B}'=0$；(3) $\boldsymbol{E}'=0$。

9-22 已知在 S' 系中一根无限长带正电的细棒静止，且沿 x' 轴放置，其电荷线密度均匀为 η'。设 S' 系相对于 S 系以速度 $\boldsymbol{v}$ 沿 x 轴正向运动。求(1)在 S 系中空间的电场；(2)在 S 系中空间的磁场；(3)在 S 系中看来，运动的带电细棒相当于存在无限长直电流，它所产生的磁场遵从毕奥-萨伐尔定律，由此证明 $\varepsilon_0\mu_0 = 1/c^2$。

第10章

磁　介　质

引子：你知道磁性薄膜的作用吗

磁性材料应用极其广泛，是通信、广播电视、雷达、计算机以及电子仪器仪表中不可缺少的组成部分。当今，磁性材料的薄膜化发展使得电子设备小型化、多功能化成为可能。磁性薄膜的应用是基于其本身的物理特性，即磁性薄膜微波特性、光电特性、信息存储特性以及磁电阻特性。

静磁波是在微波频率下，在被偏置磁场磁化了的磁性薄膜中传播的一种慢的、色散的磁控电磁波。静磁波具有传播速度可变、偶合效率高、传播损耗小、通频带宽、有时间延迟等固有特性，由此兴起的静磁波技术是唯一的可在微波频率下直接作模拟信号处理的一种新兴技术，它的应用前景十分宽广，例如，静磁波的微波信号处理器可以完成延时、相移、带通滤波、脉冲压缩等功能，在雷达、电子对抗和通信等领域发挥着重要的作用。

这里只列举两个线性和非线性磁光器件来说明磁性薄膜光电特性的应用。光隔离器是只允许光单向传输的一种非互易磁性薄膜器件，对光的传输起隔离的作用，保证光沿某一方向传播。在光纤通信技术中，作为光源的半导体激光器能稳定工作，必须采用光隔离器。薄膜磁场(电流)传感器是由光纤、磁性薄膜及其他光学元件构成，用于磁场(电流)的测量。因传感器的材料对电无感应，无放电现象，它的绝缘性高，化学稳定性好，同时由于光纤的低频损耗特性，所以该传感器可以测量高电压和大电流，且可对被测对象实现遥测遥控。

对于磁性薄膜的磁电阻效应常用的是它的各向异性的磁电阻效应，即磁化强度方向和电流方向发生相对变化时引起的电阻变化效应。应用主要有下述两个方面：其一是在磁性薄膜平面内施加一饱和磁场，根据薄膜电阻的变化规律与磁场方向的变化的关系，薄膜电阻发生变化反映了膜面内磁场方向的变化，位移、角度、转速、压力等传感器就是这种应用的例子；另一方面应用是当外加一个与薄膜电流方向垂直的磁场时，若外磁场的方向或大小变化，由于磁电阻效应，磁场的变化规律能准确地检测出，磁编码器、用于高密度磁记录的磁电阻磁头就是这方面应用的典型例子。

信息存储的磁性薄膜有水平记录式磁性薄膜、垂直记录式磁性薄膜、光磁记录薄膜和能形成磁泡的磁性薄膜。从整个磁记录的历史来看，人们在一直追求高密度信息存储介质，水平记录介质的极限记录密度要比垂直记录小近一个数量级，所以计算机存储介质主要是垂直记录式磁性薄膜。所谓垂直记录，就是相当于记录信息的小永磁体的磁化方向垂直于记录介质平面。光磁记录是指磁性薄膜经光照射而使局部区域的温度升高，引起磁化状态改变，达到记录信息的目的。光磁记录直到20世纪70年代后期，由于半导体激光技术的进展，使$10^7 \sim 10^8$ bit/cm^2 的高密度光记录技术达到实用化阶段。磁泡是在一定的外加磁场作用下在磁性薄膜中形成的一个圆柱状磁畴，从其柱轴方向看去好像浮在薄膜表面的圆泡。保持外磁场不变，形成的磁泡不会自发地消失，没有磁泡的区域也不会形成新的磁泡。在磁性薄膜上的某个区域有没有磁泡是两个稳定的物理状态，可以用来存储二进制的数据信息，它具有存取速度快、结构简单、功耗低、存储密度高等特点。

磁性薄膜技术产品已经形成庞大的产业，是一个朝气蓬勃、充满活力的领域。

10-1 磁介质的磁化规律

上一章讨论了传导电流或运动的自由电荷在真空中所激发磁场的性质和规律，但在实际情形中，周围环境并非真空，一般都存在各种各样的物质，所以本章将讨论物质对磁场的影响。设在真空中磁场的分布为$\boldsymbol{B}_0$，放入某种物质后，磁场$\boldsymbol{B}_0$将或多或少地发生变化。这是因为任何物质都是磁介质，即物质在磁场的作用下能被磁化。磁化了的物质本身也要激发磁场$\boldsymbol{B}'$，从而影响原来的磁场$\boldsymbol{B}_0$，于是空间中任意一点的磁感强度$\boldsymbol{B}$应为这两个磁感强度的矢量和

$$\boldsymbol{B} = \boldsymbol{B}_0 + \boldsymbol{B}' \tag{10-1}$$

实验表明，磁感强度$\boldsymbol{B}'$的方向随磁介质而异。有一些磁介质，在磁介质内$\boldsymbol{B}'$的方向与$\boldsymbol{B}_0$的方向相同，使得$B>B_0$，这种磁介质称为顺磁质，如铝、氧、锰等；还有一类磁介质，介质内的$\boldsymbol{B}'$的方向与$\boldsymbol{B}_0$的方向相反，使得$B<B_0$，这类磁介质称为抗磁质，如铜、铋、氢等。但无论是顺磁质还是抗磁质，$\boldsymbol{B}'$的模比$\boldsymbol{B}_0$的模要小很多（约几万分之一或几十万分之一），所以顺磁质和抗磁质统称为弱磁性物质。另外还有一类磁介质，磁化后激发的磁场$\boldsymbol{B}'$的方向虽与顺磁质的一样，但$B \gg B_0$，它能显著地增强磁场，是强磁性物质，我们把这类磁介质称为铁磁质，如铁、钴、镍及其合金等。下面我们将从物质的电结构出发来说明物质的磁化。

根据玻尔的半经典理论，原子和分子内的电子绕核作轨道运动。绕核作轨道运动的电子就具有磁矩，这种磁矩我们称为轨道磁矩。除此磁矩之外，电子还要作类似绕自身轴旋转（自旋）运动，这种情况下电子具有的磁矩叫做电子的自旋磁矩。另外，作自旋运动的还有原子核，它的磁矩叫做核的自旋磁矩。分子中所有的电子轨道磁矩和自旋磁矩（电子和核的）的矢量和就构成了分子磁矩，用符号$\boldsymbol{m}$表示。分子磁矩可用一个圆电流来等效表示，我们称这个圆电流为分子电流。很明显，分子电流有别于传导电流。

顺磁质 对于顺磁质，每个分子的分子磁矩不等于零。当没有外磁场时，由于热运动，各个分子磁矩的取向是杂乱的，因此在顺磁质中任取一体积元，体积元内的所有分子磁矩的矢量和为零，即顺磁质没有磁性。当把顺磁质放入磁场中，由于各分子磁矩都要受到磁力矩的作用，所以各分子磁矩都有转到与外磁场方向一致的趋势，总的分子磁矩不等于零，于是顺磁质被磁化了。显然，磁化了的顺磁质在其内部产生的磁场$\boldsymbol{B}'$的方向与外磁场$\boldsymbol{B}_0$的方向一致，因而在顺磁质内总的磁感强度$\boldsymbol{B}$的大小为

$$B = B_0 + B'$$

我们知道，热运动总是使系统趋于无序性，所以它对分子磁矩转向外磁场方向，并最终指向外磁场的方向起阻碍的作用，温度越高，分子磁矩越难在外磁场方向排列，顺磁效应越弱，

即 $\boldsymbol{B}'$ 越小。在相同的温度下，外磁场 $\boldsymbol{B}_0$ 越强，顺磁效应也越强。

抗磁质　对于抗磁质，每个分子的分子磁矩等于零。在没有外磁场时，抗磁质不显磁性。但在外磁场的作用下，由于分子中每个电子的轨道运动将受到影响，从而产生附加磁矩，这个附加磁矩就是抗磁质磁性的来源。

作轨道运动的电子具有角动量 $\boldsymbol{L}$，其方向与电子的运动方向符合右手螺旋关系。作轨道运动的电子还具有磁矩 $\boldsymbol{m}$，因为电子带负电，所以 $\boldsymbol{m}$ 的方向与 $\boldsymbol{L}$ 的方向相反。当介质处于外磁场中时，作轨道运动的电子，要受到磁力矩的作用，在图 10-1(a)所示的情况下，磁力矩的方向垂直纸面向里，且与 $\boldsymbol{L}$ 垂直。具有角动量的物体，受到与 $\boldsymbol{L}$ 垂直的外力矩作用，就要产生旋进，因而作轨道运动的电子，在磁力矩的作用下，它的角动量便会绕着外磁场 $\boldsymbol{B}_0$ 沿逆时针方向(迎着 $\boldsymbol{B}_0$ 方向俯视)旋进，如图中虚线所示。电子的旋进，相当于又出现了一个圆电流，使电子除了原有的磁矩 $\boldsymbol{m}$ 外，又添了一个附加磁矩 $\Delta\boldsymbol{m}$，其方向恰与 $\boldsymbol{B}_0$ 的方向相反。如果电子轨道运动的方向与上面的情况相反[图 10-1(b)]，此时电子的角动量 $\boldsymbol{L}$ 及磁矩 $\boldsymbol{m}$ 的方向都与图 10-1(a)中的情况相反，它所受到的磁力矩方向便是垂直纸面向外，因而$\boldsymbol{L}$ 旋进的方向仍是逆时针的，附加磁矩 $\Delta\boldsymbol{m}$ 的方向依然与 $\boldsymbol{B}_0$ 的方向相反。可见，不论电子轨道运动的方向如何，在外磁场中，总要使电子在原有磁矩 $\boldsymbol{m}$ 的基础上，增添一个与外磁场方向相反的附加磁矩。不难推论，对电子和原子核的自旋运动，在外磁场中也要产生同样的效果。分子中所有电子的轨道运动和自旋及原子核自旋在外磁场中引起的附加磁矩就是分子的诱导磁矩，这便是抗磁效应的来源。

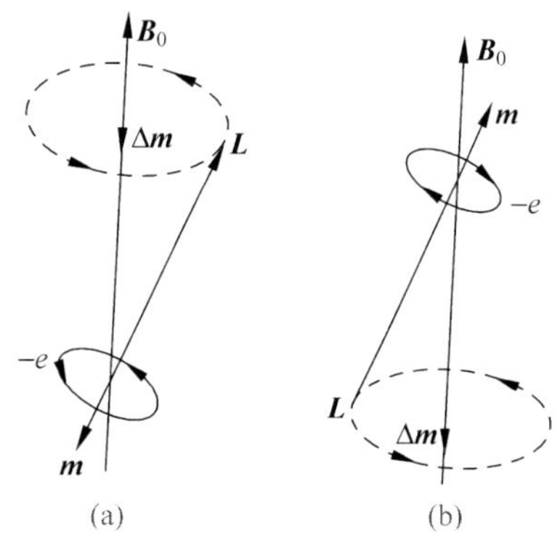

图 10-1　电子轨道运动在磁场中的旋进与附加磁矩

应当指出，上述抗磁效应在分子磁矩不为零的顺磁质分子中同样存在，只不过它们的顺磁效应比抗磁效应强得多，抗磁性的附加磁矩只有分子磁矩的万分之一，因而抗磁效应可忽略不计。

10-2　磁化强度、磁化电流

磁化强度　为了描述磁介质的磁化程度，我们可以仿照电介质中引入电极化强度 $\boldsymbol{P}$ 的做法，在此引入磁化强度矢量的概念，并定义为磁介质单位体积内分子磁矩的矢量和，用符号 $\boldsymbol{M}$ 表示，即

$$\boldsymbol{M}=\frac{\sum \boldsymbol{m}}{\Delta V} \tag{10-2}$$

式中，ΔV 是物理意义上磁介质内某点邻域处无限小的体积，$\boldsymbol{m}$ 是单个分子磁矩，$\sum$ 是对 ΔV 内所有分子求和。如果磁介质内所有点的磁化强度矢量 $\boldsymbol{M}$ 相同，我们说磁介质被均匀磁化。

磁化电流　磁介质的磁化，正如我们上面所说的，是由于分子磁矩在外磁场方向的取向，或由于分子诱导磁矩与外磁场反向引起的。无论是分子磁矩还是分子诱导磁矩，我们都

可用一个圆电流来等效地表示，该圆电流称为分子电流。下面我们将看到，分子电流这种行为（它对应的磁矩的取向）将导致宏观电流 I' 的出现，I' 叫做磁化电流。

为了比较容易理解磁化电流的出现，我们先看一个均匀的圆柱体磁介质，它的磁化强度 $\boldsymbol{M}$ 是均匀的，且方向沿轴向，分子电流的排布如图 10-2 所示。两个相邻的分子电流在它们的接触处流向相反而互相抵消，不能抵消的分子电流是在圆柱体的侧面，这些分子电流就在圆柱体的侧面形成类似与“螺线管”状的宏观的面磁化电流 I'（用 $\boldsymbol{i}'$ 表示它的线密度）。

我们再来看另一种情况，即磁介质不均匀磁化的情况。例如，假设分子电流如图 10-3 所示排布，图中线的粗细表示分子电流的强度，那么，磁化强度矢量 $\boldsymbol{M}$ 的方向是垂直纸面指向里，它的模随着 X 的增大而增大。很显然，在此磁介质的内部分子电流没有被相互抵消，因此，出现了沿 Y 方向上宏观的体磁化电流 I'（用 $\boldsymbol{j}'$ 表示它的面密度）。

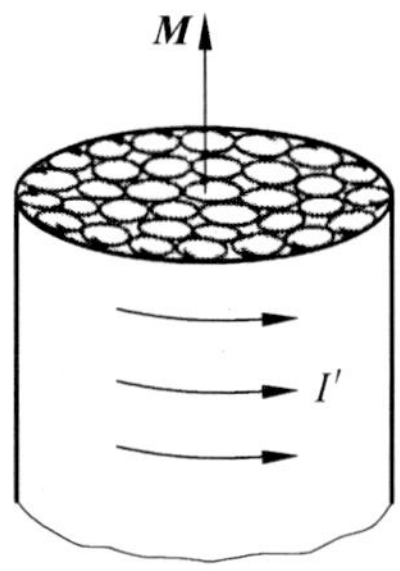

图 10-2　均匀磁介质的磁化电流

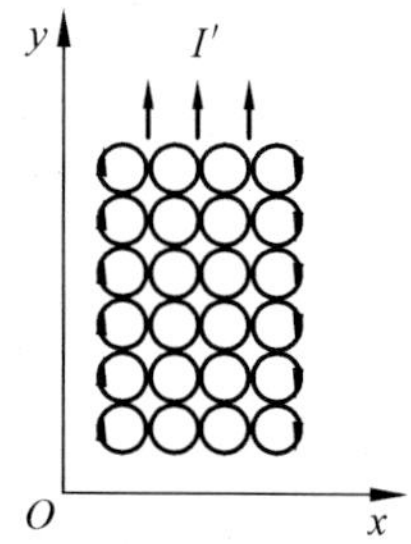

图 10-3　不均匀磁介质的磁化电流

磁化强度与磁化电流之间的关系：可以证明，磁化了的磁介质对合场强 $\boldsymbol{B}$ 的贡献，等于磁化电流 $\boldsymbol{I}'$ 在真空中激发的磁场，所以，如果能确定磁介质的磁化电流的分布 $\boldsymbol{I}'$，那么根据毕奥-萨伐尔定律可以计算它对应的磁场 $\boldsymbol{B}'$，再由式(10-1)就能计算出 $\boldsymbol{B}$。但是，磁化电流的分布 $\boldsymbol{I}'$ 不仅与磁介质的形状和本身特性有关，还与要求解的磁场 $\boldsymbol{B}$ 有关，因此在一般情况下不能直接求解磁场 $\boldsymbol{B}$。当然有其他方法求解 $\boldsymbol{B}$，这要涉及磁化强度与磁化电流之间的关系，它们的关系是：

磁化强度 $\boldsymbol{M}$ 沿任一闭合回路 l 的线积分的值，等于该闭合回路 l 所包围的磁化电流的代数和

$$\oint_l \boldsymbol{M} \cdot \mathrm{d}\boldsymbol{l} = I' \tag{10-3}$$

式中 $I' = \int j' \cdot \mathrm{d}S$（对闭合回路 l 包围的面积的积分）。证明如下。

以闭合回路 l 为边界，取一曲面 S 作为闭合回路 l 包围的面积，如图 10-4(a)所示。从图可以看出，一些分子电流两次穿过曲面 S，并且两次穿过的方向相反，所以这些分子电流对 S 面的总的磁化电流没有贡献。而一些分子电流，它们缠绕着闭合环路 l，穿过曲面 S 仅一次，这些分子电流就构成了穿过 S 面的宏观的磁化电流 I'。设每一个分子电流等于 I_M，且分子电流所包围的面积为 S_M。从图 10-4(b)可见，中心位于体积为 $\mathrm{d}V = S_M \cos\alpha \mathrm{d}l$ 斜圆柱体内的分子电流可缠绕在闭合环路线元 $\mathrm{d}l$ 上，其中 α 是线元 $\mathrm{d}l$ 与在线元位置处的磁化强度矢量 $\boldsymbol{M}$ 之间的夹角，所以磁化电流 $\mathrm{d}I' = I_M n \mathrm{d}V$，$n$ 为分子数密度，代入 $\mathrm{d}V$，得到

$$\mathrm{d}I' = I_M S_M n \cos\alpha \mathrm{d}l = M\cos\alpha \mathrm{d}l = \boldsymbol{M} \cdot \mathrm{d}\boldsymbol{l}。$$

上式用到了 $I_M S_M = p_M$——单个分子电流的磁矩的大小，而 $I_M S_M n$——磁介质单位体积的

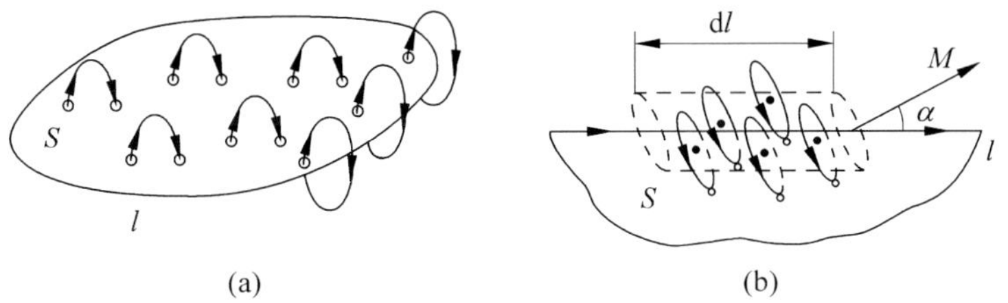

图 10-4　证明磁化强度与磁化电流之间的关系式(10-3)

磁矩。对上式作整个闭合环路 l 的积分即得到式(10-3)。

例 1　一圆柱形磁介质棒,半径 R 为 12.5 mm,长度 L 为 75 mm,沿棒长方向均匀磁化,磁矩为 $1.20\times10^4\ \mathrm{A\cdot m^2}$,求

(1) 介质的磁化强度;

(2) 介质的磁化电流分布。

解　(1) 由磁化强度定义得介质的磁化强度的大小为

$$M=\frac{\left|\sum m_{\text{分子}}\right|}{\Delta V}=\frac{\left|\sum m_{\text{分子}}\right|}{\pi R^2 L}$$
$$=\frac{1.2\times10^4}{\pi\times(1.25\times10^{-2})^2\times7.5\times10^{-2}}$$
$$=3.3\times10^8\ \mathrm{A/m}$$

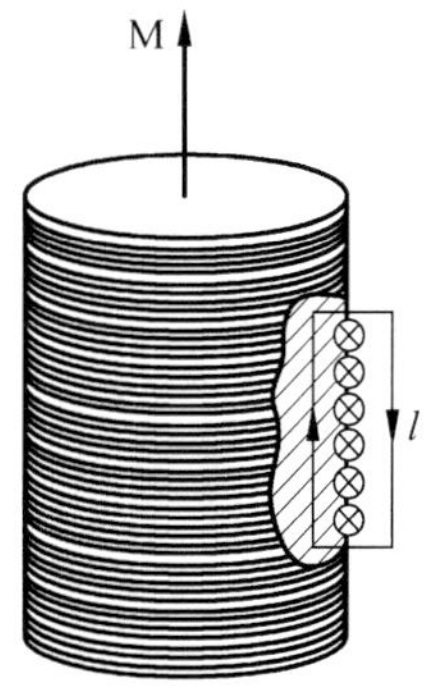

图　10-5

(2) 介质均匀磁化时,其体内无磁化电流,电流只分布在介质表面。取如图 10-5 所示的环路 l,由磁化电流与磁化强度的关系式(10-3)得 $Ml=il$,即

$$i'=M=3.3\times10^8\ \mathrm{A/m}$$

10-3　磁介质中的高斯定理和安培环路定理

10-3-1　高斯定理

不仅传导电流能激发磁场 $\boldsymbol{B}_0$,磁化电流在空间中也要激发磁场 $\boldsymbol{B}'$,所以空间中某点处的总磁感强度应是

$$\boldsymbol{B}=\boldsymbol{B}_0+\boldsymbol{B}'$$

相应地,在有磁介质的情形下,磁场的高斯定理为

$$\oint_S \boldsymbol{B}\cdot \mathrm{d}\boldsymbol{S}=0$$

上式表明,在有磁介质的空间中 $\boldsymbol{B}$ 的磁感线也保持连续,而不中断。

10-3-2　环路定理

放入外磁场中的磁介质将会出现磁化电流,因此磁感强度矢量 $\boldsymbol{B}$ 的环流不仅由传导电流来确定,还与磁化电流有关,即

$$\oint \boldsymbol{B}\cdot \mathrm{d}\boldsymbol{l}=\mu_0(I+I') \tag{10-4}$$

式中，I 和 I' 分别是通过积分环路所包围面积的传导电流和磁化电流。由于在一般情况下很难确定磁化电流，这样，式(10-4)实际上没有多大用途，所以我们将寻找一个辅助矢量，它的环流将仅由传导电流来确定。

设式(10-4)中的 $\boldsymbol{B}$ 和式(10-3)中的 $\boldsymbol{M}$ 的积分取相同的环路，那么把式(10-3)中的磁化电流代入到式(10-4)中，整理得

$$\oint_l \left(\frac{\boldsymbol{B}}{\mu_0} - \boldsymbol{M}\right) \cdot \mathrm{d}\boldsymbol{l} = I \tag{10-5}$$

令

$$\boldsymbol{H} = \frac{\boldsymbol{B}}{\mu_0} - \boldsymbol{M} \tag{10-6}$$

这样，我们就找到了一个辅助矢量，它沿任意闭合环路的线积分，等于通过闭合环路所包围面积的传导电流的代数和

$$\oint_l \boldsymbol{H} \cdot \mathrm{d}\boldsymbol{l} = I \tag{10-7}$$

$\boldsymbol{H}$ 叫做磁场强度。在国际单位制中，磁场强度 $\boldsymbol{H}$ 的单位是安培每米，符号是 $\mathrm{A} \times \mathrm{m}^{-1}$。

10-3-3　磁场强度

磁场强度 $\boldsymbol{H}$ 是由两个量 $\boldsymbol{B}/\mu_0$ 和 $\boldsymbol{M}$ 组合而成的，本身没有什么物理意义，但磁场强度 $\boldsymbol{H}$ 的引入在许多场合下能简化磁介质中磁场的研究，除了磁场强度 $\boldsymbol{H}$ 在式(10-7)中表现的特性之外，还需用到矢量 $\boldsymbol{H}$ 和 $\boldsymbol{M}$ 之间的实验关系。

1. 矢量 H和 M 之间的关系

实验指出，在各向同性磁介质中，任一点的磁化强度 $\boldsymbol{M}$ 与磁场强度 $\boldsymbol{H}$ 成正比，即

$$\boldsymbol{M} = \kappa \boldsymbol{H} \tag{10-8}$$

其中 κ 叫做磁介质的磁化率，是个无量纲的量(因为从式(10-6)可判断出 $\boldsymbol{M}$ 和 $\boldsymbol{H}$ 有相同的量纲)。磁化率 κ 与电介质的电极化率 χ 之间的区别在于，电极化率 χ 总是大于零，而磁化率 κ 可正可负。对于满足式(10-8)的磁介质：顺磁质有 $\kappa>0$，介质内磁化强度与磁场强度的方向平行；抗磁质有 $\kappa<0$，介质内磁化强度与磁场强度的方向反平行。表 10-1 给出了几种顺磁质和抗磁质磁化率的实验值。

表 10-1　几种顺磁质和抗磁质磁化率 κ 的实验值

(27℃，气体压强为一个标准大气压)

顺磁质	$\kappa(=\mu_r-1)$	抗磁质	$\kappa(=\mu_r-1)$
氧	2.09×10^{-19}	氮	-5.0×10^{-8}
铝	2.3×10^{-3}	铜	-9.8×10^{-6}
钨	6.8×10^{-3}	铅	-1.7×10^{-5}
镁	7.06×10^{-3}	汞	-2.9×10^{-3}

2. 矢量 H和 B 之间的关系

对于满足式(10-8)的磁介质，式(10-6)可写成下面的形式

$$(1+\kappa)\boldsymbol{H} = \frac{\boldsymbol{B}}{\mu_0}$$

或

$$\boldsymbol{B} = \mu_0 \mu_r \boldsymbol{H} = \mu \boldsymbol{H} \tag{10-9}$$

式中，$\mu_r = 1 + \kappa$ 称为磁介质的相对磁导率，$\mu = \mu_0 \mu_r$ 称为磁导率。对于顺磁质 $\mu_r > 1$，而抗磁质则 $\mu_r < 1$。从表 10-1 可以看出，顺磁质和抗磁质的磁化率 κ 都很小，它们是两种弱磁性物质。

例 2　如图 10-6 所示，有两个半径分别为 r 和 R 的"无限长"同轴圆筒形导体，在它们之间充以相对磁导率为 μ_r 的磁介质。当两圆筒有相反方向的电流 I 时，试求：(1) 磁介质中任意点 P 的磁感强度的大小；(2) 圆柱体外面一点 Q 的磁感强度。

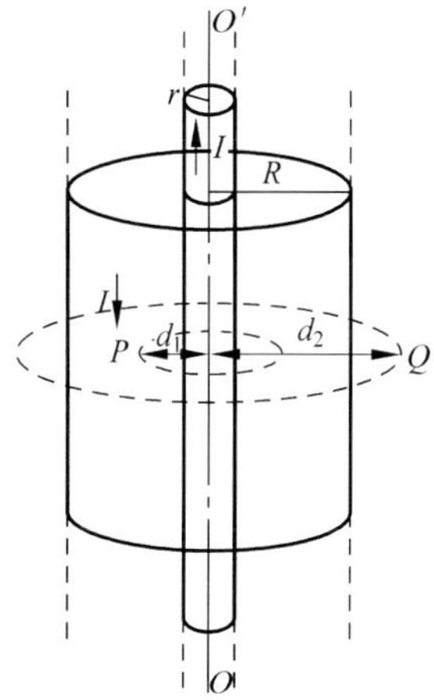

图　10-6

解　(1) 这两个"无限长"的同轴圆筒，当有电流通过时，它们的磁场是柱对称分布的。设磁介质中点 P 到轴线 OO' 的垂直距离为 d_1，并以 d_1 为半径作一圆，有

$$\oint_l \boldsymbol{H} \cdot \mathrm{d}\boldsymbol{l} = H\int_0^{2\pi d_1} \mathrm{d}l = H 2\pi d_1 = I$$

所以

$$H = \frac{I}{2\pi d_1}$$

可得点 P 的磁感强度的大小为

$$B = \mu H = \frac{\mu_0 \mu_r I}{2\pi d_1} = \frac{\mu I}{2\pi d_1}$$

(2) 设从点 Q 到轴线 $O'O$ 的垂直距离为 d_2，并以 d_2 为半径作一圆，显然此闭合路径所包围的传导电流的代数和为零，即 $\sum I = 0$。由此可求得

$$\oint_l \boldsymbol{H} \cdot \mathrm{d}\boldsymbol{l} = H\int_0^{2\pi d_2} \mathrm{d}l = 0$$

所以

$$H = 0$$

由此可得点 Q 的磁感强度 $B = 0$。

10-4　铁　磁　质

铁磁质是一类能显著增强磁场的磁介质，铁磁质的存在可使外磁场增强 $10^2 \sim 10^4$ 倍。除能显著增强磁场这个性质之外，在外磁场撤去之后，铁磁质仍能保留部分磁性的特点。在化学元素周期表中，除铁之外，还有一些过渡族元素(如钴、镍、镝、钬、钆)具有铁磁性。然而常用的铁磁质多数是铁和其他金属或非金属组成的合金，以及某些包含铁的氧化物(铁氧体)。

初始磁化曲线　铁磁质的典型特征是磁化强度 $\boldsymbol{M}$ 与磁场强度 $\boldsymbol{H}$(或磁感强度 $\boldsymbol{B}$ 与磁场强度 $\boldsymbol{H}$)之间复杂的非线性关系，图 10-7 是铁磁质的初始磁化曲线，在 $\boldsymbol{H}=0$ 时磁化强度也等于零。在不大的磁场强度值 H 下，磁化强度已达到饱和值 M_m。磁感强度 $B = \mu_0 (H + M)$ 也随磁场强度 H 的增大而增大，在磁化强度达到饱和值之后，B 仍然随 H 的增大而线性增加：$B = \mu_0 H + \mathrm{const}$，其中 $\mathrm{const} = \mu_0 M_m$(见图 10-8)。由于铁磁质 $B \sim H$ 的非线性关系，不可以引入一个常量——相对磁导率 μ_r 来表示铁磁质的磁场性质，但仍可以认为 $\mu_r=B/(\mu_0 H)$，只不过这里 μ_r 是 H 的函数(见图 10-9)。铁磁质的最大相对磁导率可以达到很大数值，例如纯铁是 5000，超导磁合金可达到 800 000。顺便提及，这里的相对磁导率只应用于初始磁化曲线，因为下面将看到 $B\sim H$ 的关系是非单值的。

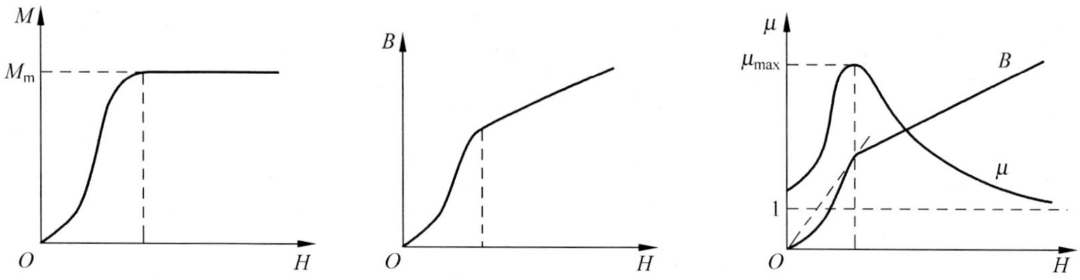

图 10-7　　图 10-8　　图 10-9

磁滞回线　除了 $M\sim H$ 或 $B\sim H$ 关系的非线性，铁磁质还有磁滞现象：B 和 H 或 M 和 H 的关系是非单值的。如果一块没有被磁化的铁磁质，从零开始增大磁场 H 使其磁化，点 1 处饱和磁化出现(见图 10-10)，之后把磁场值从 H_1 减小到 $-H_1$，但磁化曲线并没有按原来的路线 10 返回，而是由路线 1234 磁化，再反方向改变磁场到 $+H_1$，铁磁质的磁化路线是 4561，得到的闭合曲线即所谓的磁滞回线。出现饱和磁化点 1、4 的磁滞回线称为最大磁滞回线(见图 10-10 的实线回线)，不出现饱和磁化点的闭合曲线(见图 10-10 的虚线)称为部分磁滞回线。部分磁滞回线有无穷多个，它们都位于最大磁滞回线的内部。

从图 10-10 可以看出，在 $H=0$ 时，铁磁质的磁化没有消失(点 2 处)，仍有一定的数值 B_r，B_r 称作剩余磁感强度，简称剩磁。B 的值只有在加上一个反向磁场 H_c(点 3 处)时才等于零，值 H_c 称为矫顽力。不同的铁磁质，B_r 和 H_c 的变化很大，由此可把铁磁质分为软磁材料、硬磁材料和铁氧体，图 10-11 是这三种不同铁磁质的磁滞回线。

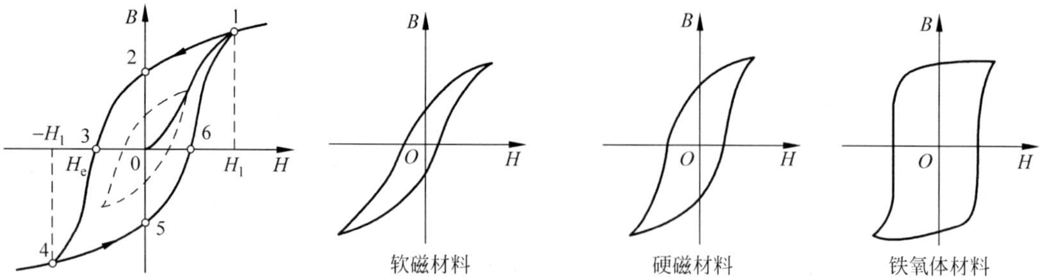

图 10-10　　图 10-11　不同铁磁质的磁滞回线

软磁材料的矫顽力 H_c 比硬磁材料小得多，大约为 $1\ \mathrm{A\cdot m^{-1}}$，容易磁化，也容易退磁。另外，软磁材料磁滞回线包围的面积小，反复磁化过程中的能量损失小。实验表明，在反复磁化时，铁磁质被加热，可以证明，单位体积的铁磁质放出的热量 Q 数值上等于磁滞回线包围的面积 S_n

$$Q=\oint H\mathrm{d}B=S_n$$

所以，软磁材料适合做变压器、电磁铁等器件的铁芯。

硬磁材料的特点是它的矫顽力 H_c 比较大，约为$10^4 \sim 10^6\ \mathrm{A \cdot m^{-1}}$。它的剩磁 B_r 也比较大，所以在外磁场撤去后，仍能保留较强的磁性，适于做永久磁铁，因而硬磁材料又称永磁材料。

铁氧体是由三氧化二铁和其他二价的金属氧化物(有 NiO、ZnO、MnO 等)的粉末混合烧结而成，类似于陶瓷制造工艺，故又称磁性瓷。铁氧体的磁滞回线呈矩形，剩磁 B_r 和饱和时的磁感强度几乎相同，矫顽力不强。由于它在两个方向上磁化后的剩磁总是 B_r 和 $-B_r$，因而可用来表示二进制数码"0"和"1"，制成二进制的记忆元件。

居里温度　温度的升高能使铁磁质的磁化能力降低，其中包括饱和磁化值的减小。当升到某一温度时铁磁性质将消失，这个温度称为居里温度或居里点。在高于居里温度的条件下，铁磁质就变为顺磁质。

铁磁质理论　铁磁质的物理性质只能用量子力学理论来解释。在一定的条件下晶体中可以出现所谓的交换力，这种力迫使电子磁矩相互平行排列，结果出现了线度在 1～10 μm 的自发磁化区，这些自发磁化区叫做磁畴。在各个磁畴内磁化都达到了饱和，并有确定的磁矩，对于不同的磁畴，磁矩的方向是不同的，所以在没有外磁场时，一块铁磁质总的磁矩等于零，在整体上不显磁性。在有外磁场时，与外磁场方向相同磁矩的磁畴的范围将扩大，这种磁畴范围的扩大在磁畴比较弱时是可逆的。在强磁场下，所有磁畴的磁矩将同时转向外磁场，这个过程是不可逆的，这就是为什么铁磁质有磁滞和剩磁的原因。

习　题

10-1　如图所示，一根长直同轴电缆，内、外导体之间充满磁介质，磁介质的相对磁导率为 $\mu_r(\mu_r<1)$，导体的磁化可以略去不计。电缆沿轴向有稳恒电流 I 通过，内外导体上电流的方向相反。求(1)空间各区域内的磁感强度和磁化强度；(2)磁介质表面的磁化电流。

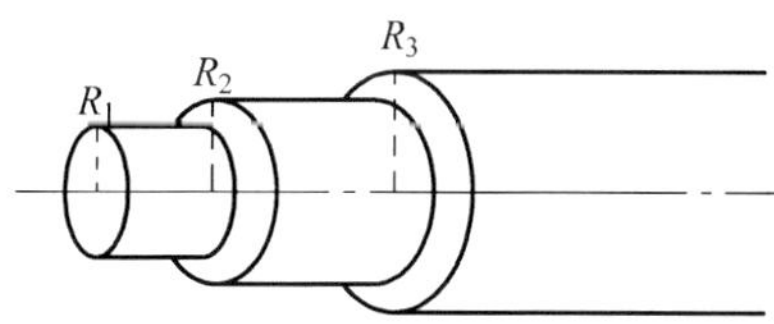

习题 10-1 图

10-2　设长 $L=5.0$ cm，截面积 $S=5.0\ \mathrm{cm^2}$ 的铁棒中所有铁原子的磁偶极矩都沿轴向整齐排列，且每个铁原子的磁偶极矩 $m_0=1.8\times10^{-23}\ \mathrm{A\cdot m^2}$，求(1)铁棒的磁偶极矩；(2)如果要使铁棒与磁感强度 $B_0=1.5$ T 的外磁场正交，需用多大的力矩？设铁的密度 $\rho=7.8\ \mathrm{g\cdot cm^{-3}}$，铁的摩尔质量 $M_0=55.85\ \mathrm{g\cdot mol^{-1}}$。

10-3　在实验室，为了测试某种磁性材料的相对磁导率 μ_r，常将这种材料做成截面为矩形的环形样品，然后用漆包线绕成一螺绕环，设圆环的平均周长为 0.10 m，横截面积为 $0.50\times10^{-4}\ \mathrm{m^2}$，线圈的匝数为 200 匝，当线圈通以 0.10 A 的电流时测得穿过圆环横截面积的磁通为 6.0×10^{-5} Wb，求此时该材料的相对磁导率 μ_r。

10-4　一个截面为正方形的环形铁心，其磁导率为 μ。若在此环形铁心上绕有 N 匝线圈，线圈中的电流为 I，设环的平均半径为 r，求此铁心的磁化强度。

10-5　一个直径为 6 cm，厚为 4 mm 的磁介质圆盘，沿垂直盘面方向被均匀磁化，已知磁化强度 $M=1.5\times10^6$ A/m。试求：(1)绕圆盘边缘的磁化电流 I'；(2)圆盘中心的磁感应强度 $\boldsymbol{B}$ 和磁场强度 $\boldsymbol{H}$；(3)介质的相对磁导率 μ_r。

第11章

电磁感应

引子：超导电性

超导是指在一定的临界温度下，金属、合金或其他材料电阻变为零的性质。超导现象是荷兰科学家翁纳斯(H. K. Onnes,1853—1926)首次发现的。

1911年夏天，翁纳斯在测量低温下固态水银样品电阻率的时候发现，当温度降到4.173K(约零下269度)附近的时候，水银的电阻竟然消失了，会不会此时水银样品的电阻小于仪表的最小可测电阻呢？那么，如果提高仪表的灵敏度，会不会测出电阻呢？翁纳斯继续进行实验，来测量低温下电阻是否真的完全消失。他把一个铅制圆圈放入杜瓦瓶中，瓶外放一磁铁，然后把液氦倒入杜瓦瓶中使铅冷却而成为超导体，最后把瓶外的磁铁突然撤除，铅圈内因通过的磁通量发生变化而产生感应电流，此感应电流会持续流动下去，这就是著名的持续电流实验。在翁纳斯之后，许多人都重复了这个实验，其中电流持续时间最长的一次是从1954年3月16日到1956年9月5日，而且在这两年半时间内持续电流没有减弱的迹象，最后是因为液氦的供应中断实验才停止。后来，美国科学家费勒(J. File)和密尔斯(R. G. Mills)利用核磁共振方法测得结果表明：将测量精度作为衰减量，超导电流持续时间至少不小于10万年。持续电流试验说明超导体的电阻可以认为是零，即超导体的零电阻性。

超导态的另一个基本性质是抗磁性，又称迈斯纳(Meissner)效应。1933年德国物理学家迈斯纳(W. Meissner)和奥森菲尔德(R. Ochsebfekd)对锡单晶球超导体做磁场分布测量时发现，在小磁场中把金属冷却进入超导态时，体内的磁力线一下被排出，磁力线不能穿过它的体内，也就是说(第一类)超导体处于超导态时，体内的磁场恒等于零。这是因为，当一个外磁场和一个处于超导态的超导体相互靠近时，由于电磁感应，外磁场会使超导体表面中出现超导电流。此超导电流形成的磁场，在超导体内部恰好和外磁场大小相等，方向相反。这两个磁场相互抵消，从而使超导体内部的磁感应强度为零。进一步的实验发现，这种超导状态的“排磁性”不论对超导体是先降温后加磁场，还是先加磁场后降温，只要进入超导状态，(第一类)超导体就把全部磁通量排出体外。

利用超导体的抗磁性可以实现磁悬浮。如图1，在一个浅平的锡盘中，放入一个体积很小但磁性很强的永久磁铁，然后把温度降低直至锡出现超导性。这时可以看到，小磁铁竟然离开锡盘表面，飘然升起，与锡盘保持一定距离后悬空不动了。这是由于超导体的迈斯纳效应，使小磁铁的磁力线无法穿透超导体而导致磁场发生畸变，从而产生了一个向上的浮力。

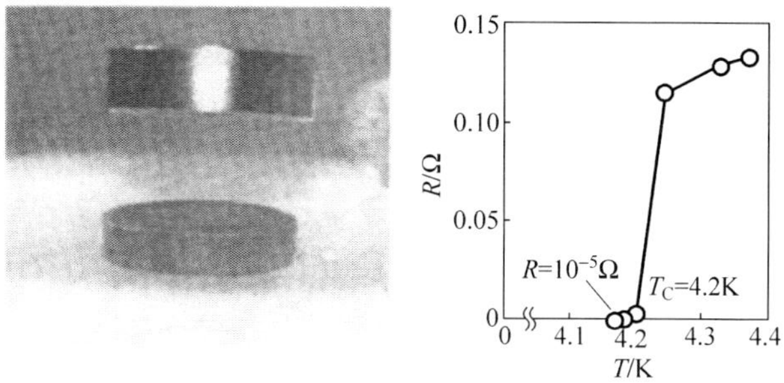

图　1

11-1　法拉第电磁感应定律

我们知道，电流（或运动的电荷）可以产生磁场，那么是否也可以利用磁场产生电流呢？电动机是将电能转化为机械能的装置，那么机械能是否也能够被转化为电能呢？1831 年 8 月 29 日英国物理学家法拉第发现通电线圈在接通和断开的瞬间，能在邻近线圈中产生感应电流的现象，并在此后一系列实验的基础上总结出来了法拉第电磁感应定律。电磁感应现象的发现是电磁学发展中的重大里程碑，它显示了电与磁两现象之间的对称之美，它所揭示出来的电场和磁场之间的相互联系对麦克斯韦电磁场理论的建立具有重大意义。利用电和磁之间的相互转化关系而发明的电动机和发电机引发了历史上第二次产业革命——电气革命，使人类的生产、生活发生了巨大的变化，拉开了电气化时代的序幕。

什么是电磁感应现象呢？我们通过图 11-1 中的几个实验来说明。一线圈的两端接在电流计上而构成一个闭合的导体回路。在图 11-1(a)的实验中，线圈上方的磁棒是静止不动的，由于回路中无电动势，所以电流计读数始终为零。而在图 11-1(b)的实验里，磁铁在插入线圈和从线圈中拔出的过程中，电流计的指针都发生了偏转，但两种情况指针偏转的方向相反。电流计指针的偏转说明导体回路中产生了电流，这个电流叫做感应电流。感应电流的出现表明回路中一定产生了电动势，这个电动势叫感应电动势。实验发现，磁棒插入或拔出的速度越快，感应电流（或感应电动势）越大。那么，磁棒（或是它在周围产生的磁场）与导体回路之间的相对运动是在回路中产生感应电动势的必要条件吗？让我们通过图 11-1(c)中的实验来回答这个问题。我们把一个线圈跟开关和直流电源串联起来，并把它插放在图 11-1(b)实验中的线圈内。在整个实验过程中，两线圈之间没有相对运动。我们发现在开关接通和断开的瞬间，电流计的指针都发生了偏转，且两种情况下偏转方向相反。显而易见，图 11-1(b)和图 11-1(c)所示的两个实验的共同点是，通过与电流计相连接的那个线圈的磁场发生变化时，导体回路中有感生电动势（感生电流）产生，并且磁场变化越快，感应电流越大。那么，是不是只有在通过线圈的磁场发生变化的情况下，才会产生感应电动势（感应电流）呢？让我们观察下面的实验。放在均匀、稳恒磁场中的线圈在发生如图 11-1(d)所示的形变时，与线圈两端连接的电流计的指针也发生偏转，并且形变发生得越迅速，指针偏转得越厉害。这里磁场没有变化，而改变的是穿过回路的磁感的数目。

概括以上几个实验中的共性，我们可以得到如下结论：**当穿过闭合导体回路的磁通量发生变化时，回路中就产生感应电流（感应电动势）**。进一步的实验表明，感应电动势的大小与通过闭合导体回路的磁通量的变化率成正比，即

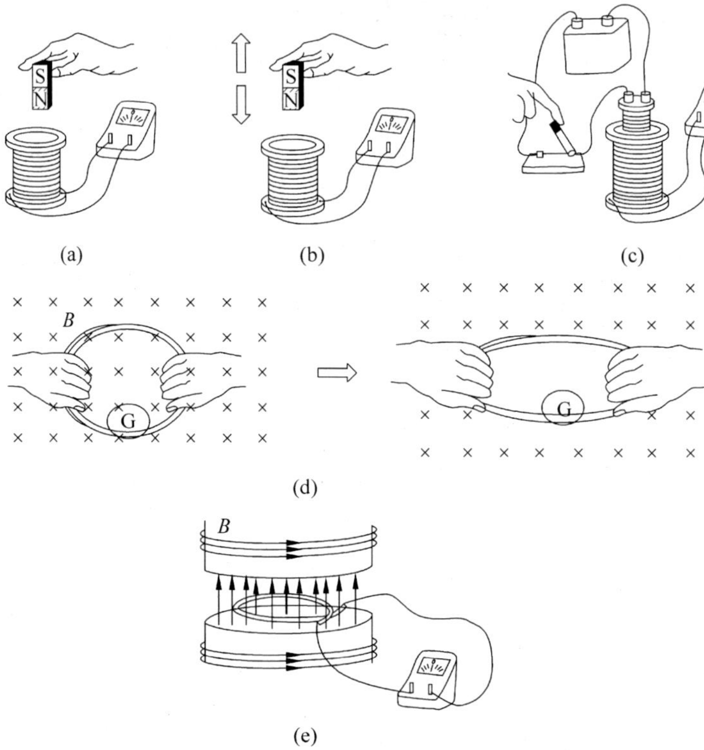

图 11-1

$$\varepsilon = -k\frac{\mathrm{d}\Phi}{\mathrm{d}t}$$

那么，这里的比例系数 k 与什么有关呢？在如图 11-1(e)所示的实验中，线圈放在两个柱形电磁铁的磁场中且保持静止不动。当磁场变化时，电流计指针有偏转。若用同样形状、大小、但不同导体材料的线圈来做这个实验，发现感应电流的大小与线圈的电阻值成反比关系，换句话说，感应电动势的大小与线圈的材料无关，只与它的形状、大小以及外磁场有关。精确的实验表明，如果电通量的单位用韦[伯]，时间的单位用秒，感应电动势的单位用伏[特]，则上式变成

$$\varepsilon = -\frac{\mathrm{d}\Phi}{\mathrm{d}t} \tag{11-1}$$

这是**法拉第电磁感应定律**的一般表达式。

式(11-1)中的负号反映了感应电动势的方向与磁通量变化的关系。关于感应电动势方向的具体规定如下：首先，规定导体回路 L 的绕行正方向，若电流(感应电动势)与这个方向同向则为正，反之为负；其次，以回路 L 为边界的曲面 S 的法线方向与回路的绕行正方向之间满足右手螺旋定则，所以通过曲面 S 的磁通量可定义为

$$\Phi = \iint_S \boldsymbol{B} \cdot \mathrm{d}\boldsymbol{S}$$

最后，感应电动势的大小和方向由式(11-1)确定。以图 11-2 所示的导体回路为例。在图 11-2(a)中，根据上面关于方向的规定，以回路L 为边界的曲面 Ω 的法线方向与磁场的方向同向，因此 $\Phi>0$。如果磁场随时间增大(即 $\mathrm{d}\Phi/\mathrm{d}t>0$)，则感应电动势与所规定的绕行正

方向反向(即 $\varepsilon<0$);如果磁场随时间减小(即 $\mathrm{d}\Phi/\mathrm{d}t<0$),则感应电动势与所规定的绕行正方向同向(即 $\varepsilon>0$)。而在图 11-2(b)中,以回路 L 为边界的曲面 S 的法线方向与磁场的方向反向,所以 $\Phi<0$。如果磁场随时间增大(即 $\mathrm{d}\Phi/\mathrm{d}t<0$),则感应电动势与所规定的绕行正方向同向(即 $\varepsilon>0$);如果磁场随时间减小(即 $\mathrm{d}\Phi/\mathrm{d}t>0$),则感应电动势与所规定的绕行正方向反向(即 $\varepsilon<0$)。从这个实验我们可以看出,导体回路中感应电动势的方向与如何选取回路的绕行正方向无关:当磁场增加时,导体回路中感应电流产生的磁场的方向与外磁场方向反向;当磁场减小时,导体回路中感应电流产生的磁场的方向与外磁场方向同向。这个规律可以总结为:**感应电动势总具有这样的方向,即使它产生的感应电流在回路中产生的磁场去阻碍引起感应电动势的磁通量的变化**,这个规律叫做**楞次定律**。

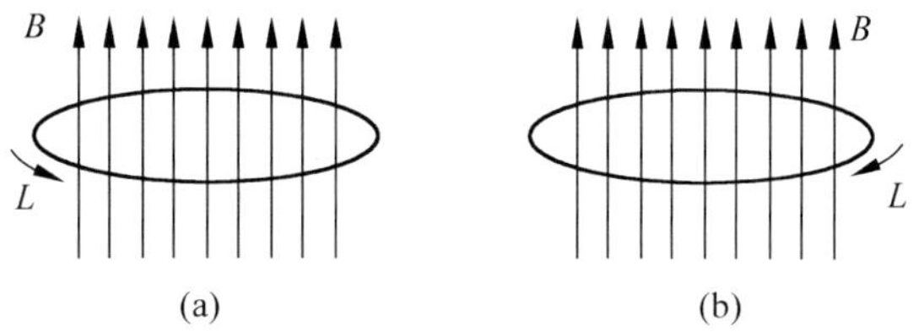

图 11-2　感应电动势的方向

当然,式(11-1)只适用于单匝线圈所构成的回路,实际生活中用到的线圈往往是由许多匝串联而成的,在这种情况下,在整个线圈中产生的感应电动势是每个单匝线圈中产生的感应电动势的代数和,即

$$\varepsilon=\sum_i \varepsilon_i=\sum_i\left(-\frac{\mathrm{d}\Phi_i}{\mathrm{d}t}\right)=-\frac{\mathrm{d}}{\mathrm{d}t}\left(\sum_i \Phi_i\right)=-\frac{\mathrm{d}\Psi}{\mathrm{d}t} \tag{11-2}$$

其中 $\Psi=\sum_i \Phi_i$ 是穿过各单匝线圈磁通量的代数和,叫做穿过整个线圈的**全磁通**。

图 11-1 所示的各个实验说明,通过闭合导体回路的磁通量的变化可以通过改变回路的磁场或是通过导体在磁场中的运动(从而改变回路的形状、大小)而实现。由于导体在磁场中的运动而产生的感应电动势叫**动生电动势**;而由于磁场变化而产生的感应电动势叫**感生电动势**。我们将在 11-2 节和 11-3 节中对这两种电动势分别进行讨论。

11-2　动生电动势

如图 11-3 所示,导体棒 ab 放在固定不动的导体导轨上,两者形成的闭合回路 $abcd$ 为矩形,且这个矩形平面的空间中加有垂直均匀、稳恒磁场 $\boldsymbol{B}$。现在导体棒 ab 在外力 $\boldsymbol{F}_{\text{ext}}$ 的作用下以恒定速度 $\boldsymbol{v}_0$ 沿导轨无摩擦地向右平移。由图可知,穿过回路的磁力线的条数在不断增加,根据楞次定律,导体回路中感应电流的流向应为 $a\to b\to c\to d$。那么,引起这个感应电流的感生电动势的产生机制是什么呢?

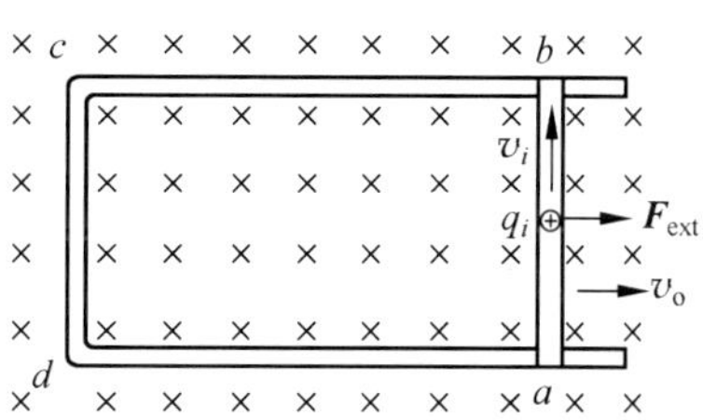

图 11-3　动生电动势与洛伦兹力

我们研究的对象是导体棒 ab 以及 t 到 $t+\mathrm{d}t$ 这个时间间隔之内它内部所有可以自由移动的电荷。设第 i 个

自由电荷的电量为 q_i，它相对于导体棒 ab 的速度为 $\boldsymbol{v}'_i$。若棒的粗细可以忽略不计，则此速度在 ab 连线方向上。由于这个电荷相对于固定导轨(或磁场)的速度为 $\boldsymbol{v}_0+\boldsymbol{v}'_i$，因此它受到的洛伦兹力为

$$\boldsymbol{f}_L^i = q_i(\boldsymbol{v}_0+\boldsymbol{v}'_i)\times\boldsymbol{B}$$

对于正电荷($q_i>0$)，这个洛伦兹力的 $q\boldsymbol{v}_0\times\boldsymbol{B}$ 分量的方向在导体棒 ab 内由 a 指向 b，所以相对速度 $\boldsymbol{v}'_i$ 的方向也应该是由 a 指向 b；同理，对于负电荷($q_i<0$)，力 $q_i\boldsymbol{v}_0\times\boldsymbol{B}$ 和相对速度 $\boldsymbol{v}'_i$ 的方向在导体棒 ab 内都是由 b 指向 a。这就会导致正电荷在导体棒在 b 端聚集，而负电荷在 a 端聚集，从而在导体棒内部会出现由 b 指向 a 的静电场 $\boldsymbol{E}$。这个电荷聚集的过程在满足如下条件才会停止

$$\boldsymbol{E}=-\boldsymbol{v}_0\times\boldsymbol{B}$$

由于这个静电场的存在，导体棒的 a、b 两端之间产生一个电势差

$$V_b-V_a=-\int_{a\to b}\boldsymbol{E}\cdot d\boldsymbol{l}=\int_{a\to b}(\boldsymbol{v}_0\times\boldsymbol{B})\cdot d\boldsymbol{l}$$

由于导体棒 ab 在磁场中的运动而产生的感生电动势称为**动生电动势**，这里

$$\varepsilon=\int_{a\to b}(\boldsymbol{v}_0\times\boldsymbol{B})\cdot d\boldsymbol{l} \tag{11-3}$$

根据电动势的定义，式(11-3)中动生电动势对应的非静电场为

$$\boldsymbol{E}_{ne}=\boldsymbol{v}_0\times\boldsymbol{B}$$

另一方面，不管自由电荷的电量 q_i 的正负如何，电荷所受的洛伦兹力的 $q_i\boldsymbol{v}'_i\times\boldsymbol{B}$ 分量的方向都是与外力 $\boldsymbol{F}_{\text{ext}}$ 的方向反平行。为了保持导体棒 ab 以速度 $\boldsymbol{v}_0$ 匀速运动，则

$$\boldsymbol{F}_{\text{ext}}=-\sum_i q_i\boldsymbol{v}'_i\times\boldsymbol{B} \tag{11-4}$$

由于洛伦兹力不做功，在 t 到 $t+dt$ 时间间隔之内，外界对我们所研究系统所做的总功为

$$dA=\boldsymbol{F}_{\text{ext}}\cdot\boldsymbol{v}_0 dt$$

而如果从另外一个角度考虑问题，根据式(11-4)，系统水平方向合外力为零，所以外界对系统所做的总功应等于洛伦兹力沿导体棒 ab 方向分量所做的功，即

$$dA=\sum_i(q_i\boldsymbol{v}_0\times\boldsymbol{B})\cdot\boldsymbol{v}'_i dt$$

所以

$$dA=\boldsymbol{F}_{\text{ext}}\cdot\boldsymbol{v}_0 dt=\sum_i(q_i\boldsymbol{v}_0\times\boldsymbol{B})\cdot\boldsymbol{v}'_i dt$$

这个公式表明，外力拉动导体棒所做的功最终完全转化为非静电力在棒内驱动自由电荷所做的功。当然这种能量转换不是直接进行的：洛伦兹力平行于外力方向的分力接受外力所做的功，同时利用所得的能量驱动电荷在垂直于外力方向运动而做功，从而保证洛伦兹力所做的总功为零。

例1 如图11-4所示，长度为 L 的一根导体棒 ab 在稳恒、均匀磁场 $\boldsymbol{B}$ 中绕其固定端(a 端)以角速度 ω 在匀速转动。若角速度的方向与磁场方向相同，试求导体棒两端的电势差。

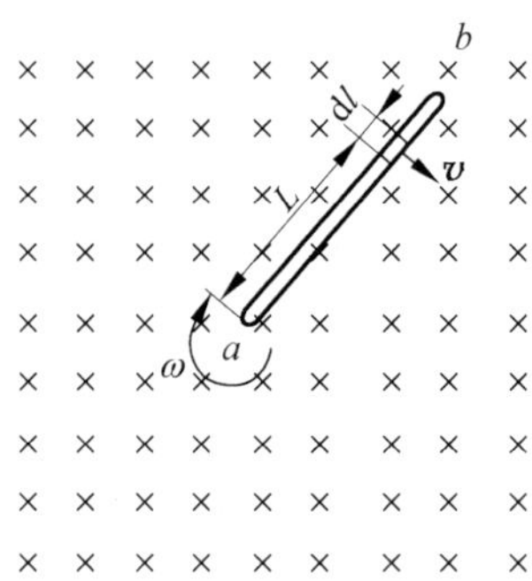

图 11-4 动生电动势

解 根据题意，在导体棒上取一小段 dl。这一小段的速度 $\boldsymbol{v}$ 的大小为

$$v = \omega l$$

而这一小段所在处的非静电场 $\boldsymbol{E}_{ne} = \boldsymbol{v} \times \boldsymbol{B}$ 的方向是由 a 指向 b 的。因此,正电荷在这个非静电力的作用下会在 b 端聚集,而负电荷会在 a 端聚集,所以 b 端的电势比 a 端高。根据式(11-3),可得

$$U_b - U_a = \int_{a \to b} (\boldsymbol{v} \times \boldsymbol{B}) \cdot \mathrm{d}\boldsymbol{l}$$

设 $\mathrm{d}\boldsymbol{l}$ 的方向也是由 a 指向 b 的,因此

$$U_b - U_a = \int_0^L vB\,\mathrm{d}l = \int_0^L B\omega l\,\mathrm{d}l = \frac{1}{2}B\omega L^2$$

11-3 感生电动势和涡旋电场

在图 11-1(e)所示的实验中,线圈的形状始终没有变化,线圈中**感应电动势**的产生单纯地是由于通过它的磁场随时间的变化而产生的,这种电动势称“感生动势”。由于导体回路中有感应电流的产生,所以这里的非静电力不可能是洛伦兹力,而只能是一种电场力。根据电动势的定义,线圈中的感生电动势为

$$\varepsilon = \oint_L \boldsymbol{E}_{ne} \cdot \mathrm{d}\boldsymbol{l}$$

这里线积分是沿着我们选取的回路 L 的绕行方向进行的。如果积分值 ε 为正,说明感生电动势是沿着回路的绕行方向,反之,则说明感生电动势与回路的绕行方向反向。另一方面,根据式(11-1),可知

$$\varepsilon = -\frac{\mathrm{d}\Phi}{\mathrm{d}t} = -\frac{\mathrm{d}}{\mathrm{d}t}\iint_S \boldsymbol{B} \cdot \mathrm{d}S = -\iint_S \frac{\partial \boldsymbol{B}}{\partial t} \cdot \mathrm{d}\boldsymbol{S}$$

式中的 S 为以回路 L 为边界的任意曲面,且曲面 S 的法线方向与回路的 L 的绕行方向满足右手螺旋定则。综合上述两式的结果,可得

$$\varepsilon = \oint_L \boldsymbol{E}_{ne} \cdot \mathrm{d}\boldsymbol{l} = -\iint_S \frac{\partial \boldsymbol{B}}{\partial t} \cdot \mathrm{d}\boldsymbol{S} \neq 0 \tag{11-5}$$

式(11-5)中的电场 $\boldsymbol{E}_{ne}$ 与我们前面学过的静电场不同:静电场沿闭合回路的线积分为零。静电场是由电荷激发的,它是有源无旋场,因此静电场的电场线是不闭合的。显然电场 $\boldsymbol{E}_{ne}$ 的“电场线”必须是闭合的,因此它叫涡旋电场。涡旋电场是有旋无源场,它是由变化的磁场所激发的。由图 11-1(e)所示的实验可知,涡旋电场与导体材料无关,它可以在真空中存在。

在一般的情况下,空间中既有静电场又有涡旋电场。根据叠加原理,总电场 $\boldsymbol{E}$ 沿任一闭合回路的线积分等于静电场和涡旋电场沿此回路线积分之代数和。由于静电场沿闭合回路的线积分为零,因此式(11-5)可改写成

$$\varepsilon = \oint_L \boldsymbol{E} \cdot \mathrm{d}\boldsymbol{l} = -\iint_S \frac{\partial \boldsymbol{B}}{\partial t} \cdot \mathrm{d}\boldsymbol{S} \neq 0 \tag{11-6}$$

这一公式是麦克斯韦方程组的四个方程中的一个,它表明除了电荷以外,变化的磁场也可以激发电场。

例 2 如图 11-5 所示，在半径为 R 的无限长圆柱形空间内充满着轴向均匀磁场 $\boldsymbol{B}$。该磁场的方向垂直于纸面向里，它的大小随时间的变化率为 $\frac{\mathrm{d}B}{\mathrm{d}t}=b\neq 0$。试求空间中涡旋电场的分布。

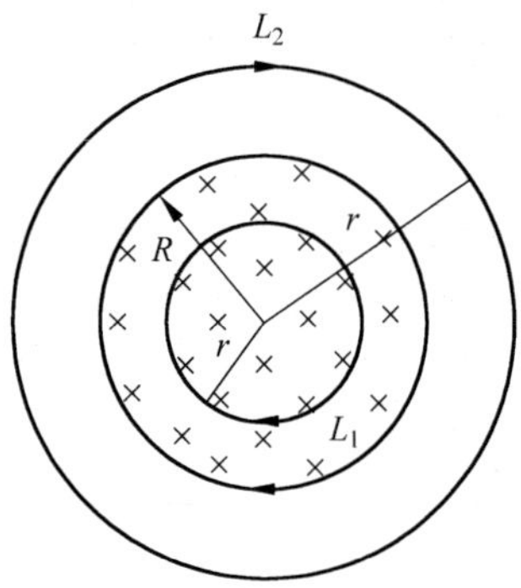

图 11-5 变化的均匀磁场

解 根据系统的对称性可知，涡旋电场的"电场线"是垂直于圆柱形空间轴线的平面内、以该平面与轴线交点为圆心的一系列同心圆。

当 $r<R$ 时，我们选取的回路 L_1 的绕行方向如图 11-5 所示，可知回路围成的圆面的法线方向与 $\boldsymbol{B}$ 同向。因此，穿过该圆面的磁通量为

$$\Phi=\int \boldsymbol{B}\cdot \mathrm{d}\boldsymbol{S}=B\pi r^2$$

根据式(11-5)，可得

$$\varepsilon=\oint_{L_1} E_{ne}\cdot \mathrm{d}\boldsymbol{l}=2\pi r E_{ne}=-\pi r^2\frac{\mathrm{d}B}{\mathrm{d}t}=-b\pi r^2$$

所以

$$E_{ne}=-\frac{br}{2}\quad (r<R)$$

同理，当 $r\geqslant R$ 时，利用式(11-5)可得

$$\varepsilon=\oint_{L_2} \boldsymbol{E}_{ne}\cdot \mathrm{d}\boldsymbol{l}=2\pi r E_{ne}=-\pi R^2\frac{\mathrm{d}B}{\mathrm{d}t}=-b\pi R^2$$

所以

$$E_{ne}=-\frac{bR^2}{2r}\quad (r\geqslant R)$$

11-4 自感、自感磁能以及磁场中的能量

当一个线圈中的电流发生变化时，它所产生的磁感应强度矢量通过线圈本身的通量（即全磁通）也随时间变化，从而在线圈自身产生感生电动势。这个感生电动势被称为**自感电动势**，这里描述的现象为**自感现象**。由于自感线圈中的电流所激发的磁感应强度与电流强度 i 成正比，因而通过自感线圈的全磁通 Ψ 也正比于该线圈中的电流强度 i，即

$$\Psi=Li \tag{11-7}$$

这里的比例系数 L 叫线圈的**自感系数**（简称自感），它的数值是由自感线圈的几何形状、大小、匝数以及周围磁介质的分布情况所决定的，而与线圈中的电流无关。按照法拉第电磁感应定律，线圈中的自感电动势为

$$\varepsilon_L=-\frac{\mathrm{d}\Psi}{\mathrm{d}t}=-L\frac{\mathrm{d}i}{\mathrm{d}t} \tag{11-8}$$

在国际单位制中，自感系数的单位是亨[利]，符号为 H。由式(11-8)可知

$$1\ \mathrm{H}=1\ \frac{\mathrm{V}\cdot \mathrm{s}}{\mathrm{A}}=1\ \Omega\cdot \mathrm{s}$$

利用楞次定律以及式(11-8)，我们可以判断出自感系数必然是个正数（即 $L>0$）：取某一时

刻线圈中的电流的流向作为电流和自感电动势的正方向，若电流增加(即 $\mathrm{d}i/\mathrm{d}t>0$)，根据楞次定律，自感电动势的方向与电流的方向相反(即 $\varepsilon_L<0$)，则从式(11-8)我们可以判断出 $L>0$；另一方面，若电流减小(即 $\mathrm{d}i/\mathrm{d}t<0$)，根据楞次定律，自感电动势的方向与电流的方向相同(即 $\varepsilon_L>0$)，则从式(11-8)我们同样可以判断出 $L>0$。

例 3　设有一单层密绕螺线管，其总匝数为 N，长度为 l，截面积为 S，且管内部充满相对介电常数为 μ_r 的均匀磁介质。若此螺线管的长度较其宽度要大得多，试求其自感系数。

解　根据题意，可以近似地认为螺线管是无限长的，也就是说，管内的磁场可以看作是均匀的。当螺线管内通以电流 I 时，管内的磁感应强度的大小为

$$B=\mu_0\mu_r nI$$

其中 $n=N/l$ 为螺线管单位长度上的线圈匝数。所以，管内全磁通的大小为

$$\Psi=NBS=\mu_0\mu_r nNIS=\mu_0\mu_r n^2VI$$

式中 $V=lS$ 是螺线管的体积。由式(11.7)的定义可知此螺线管的自感系数为

$$L=\Psi/I=\mu_0\mu_r n^2V$$

例 4　如图 11-6 所示，两根平行长直导线的横截面半径都是 a，它们中心轴线之间的间距为 d，且载有大小相等而流向相反的电流。若 $d\gg a$，且两导线内部的磁场可忽略不计，试求这两根导线单位长度的自感系数。

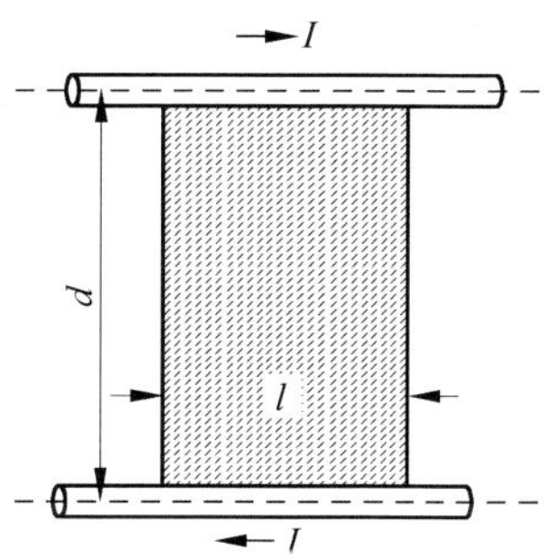

图 11-6　平行长直导线

解　根据题意，这两根直导线可以近似地被认为是无限长的。若以 I 表示通过两导线的电流强度的大小，则在这两根导线中心轴线所确定的平面内、两轴线之间、距离上面轴线距离为 r 处($r<d$)的磁感应强度的大小为

$$B=\frac{\mu_0 I}{2\pi}\left(\frac{1}{r}+\frac{1}{d-r}\right)$$

所以，通过图 11-6 中阴影部分面积的磁通量的大小为

$$\Psi=\int_a^{d-a}Bl\cdot\mathrm{d}r=\frac{\mu_0 Il}{2\pi}\int_a^{d-a}\left(\frac{1}{r}+\frac{1}{d-r}\right)\mathrm{d}r=\frac{\mu_0 Il}{\pi}\ln\frac{d-a}{a}$$

由式(11-7)的定义可知两长直导线单位长度上的自感系数为

$$L=\frac{\Psi}{lI}=\frac{\mu_0}{\pi}\ln\frac{d-a}{a}$$

我们在前面的章节学到，作为一个重要的电路组件，电容器具有储存电场能量的功能。当电容为 C 的电容器的带电量为 Q 时，电容器中所储存的电场能量为

$$W_e=\frac{Q^2}{2C}$$

以平行板电容器为例，设板的面积为 S，板间距离为 d，两极板之间充满了对相对介电常数为 ε_r 的均匀电介质。若忽略边缘效应，则两极板间的电场可以认为是均匀的，可得

$$W_e=\frac{1}{2}\varepsilon_0\varepsilon_r E^2Sd=\frac{1}{2}DESd$$

其中 D 和 E 分别为电容器中电位移矢量和电场强度的大小。在一般情况下，电场能量密度可表示为

$$w_e = \frac{1}{2}\boldsymbol{D} \cdot \boldsymbol{E}$$

同样作为一个重要的储能元件，自感线圈里储存的是磁场能量。设自感系数为 L 的自感线圈中通有电流 I 时所储存的磁能为 W_m，而当这个电流完全消失时，由于无磁场，自感线圈中的磁能为零。那么，在这个过程中，磁能是如何消失的呢？根据楞次定律，当电流减小时，自感电动势与电流同向（如图 11-7 所示）。这个自感线圈可以看作一个“电源”，正电荷在“电源”内部被从负极搬运到正极，非静电力对正电荷做正功。在 dt 时间内通过自感线圈的电量为 $dq=idt$，则在这段时间内自感电动势做的功为

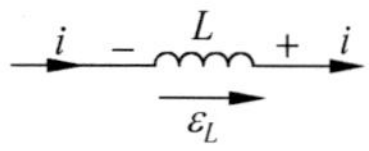

图 11-7　自感线圈

$$dA = E_L dq = -L\frac{di}{dt}i\,dt = -Li\,di$$

因此，电流由 I 逐渐减小到零的过程中，自感电动势所做的总功为

$$A = \int dA = -\int_I^0 Li\,di = \frac{1}{2}LI^2$$

因为自感电动势做功所需的能量是由自感线圈中所储存的磁场能量提供的，所以，磁能就通过自感电动势做功转变为其他能量了。同时，自感系数为 L 的自感线圈，通有电流 I 时所具有的**自感磁能**就可以看成是

$$W_m = \frac{1}{2}LI^2 \tag{11-9}$$

以例 3 中的螺线管为例，我们已经求出它的自感系数为

$$L = \mu_0\mu_r n^2 V$$

根据式(11-9)可知通有电流 I 的螺线管的磁场能量是

$$W_m = \frac{1}{2}LI^2 = \frac{1}{2}\mu_0\mu_r n^2 I^2 V$$

由于螺线管中的磁感应强度的大小为 $B=\mu_0\mu_r nI$，而管内的磁场强度的大小为

$$H = \frac{B}{\mu_0\mu_r} = nI$$

所以螺线管的磁能公式可写作

$$W_m = \frac{1}{2}BHV$$

我们可以定义管内的**磁场能量密度**为

$$w_m = \frac{W_m}{V} = \frac{1}{2}BH$$

在更一般的情况下，磁场能量密度的公式为

$$w_m = \frac{1}{2}\boldsymbol{B} \cdot \boldsymbol{H}$$

利用这个公式，我们可以求得某一磁场所储存的磁场能量为

$$W_m = \int w_m dV = \frac{1}{2}\int \boldsymbol{B} \cdot \boldsymbol{H} dV \tag{11-10}$$

11-5　互感和互感磁能

如图 11-8 所示，真空中的两个线圈中分别通以电流。当线圈 1 中的电流变化时，它在空间中激发的磁场也会发生变化，从而导致通过线圈 2 的磁通量发生改变而产生感生电动势；同样道理，当线圈 2 中的电流变化时，也会在线圈 1 中产生**感生电动势**。这种现象称为互感现象，而所产生的感生电动势称为**互感电动势**。

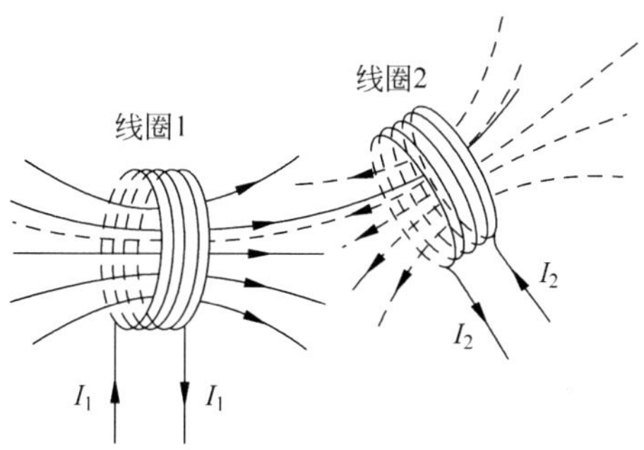

图 11-8　互感线圈

与上节中讨论的自感现象中的自感系数和自感磁能相对应的，在本节里我们要对两个线圈的互感系数以及它们中储存的互感磁能进行定义。

首先，以图 11-8 中的两个线圈为例，让我们来研究一下与式(11-9)相对应的互感磁能的公式应该是怎么样的。根据式(11-10)，这两个线圈所产生的磁场中所储存的磁能为

$$W_{\mathrm{m}} = \frac{1}{2\mu_0}\int \boldsymbol{B} \cdot \boldsymbol{B} \mathrm{d}V$$

其中 $\boldsymbol{B}$ 为两线圈在空间一点所共同产生的磁感应强度矢量。利用叠加原理，$\boldsymbol{B}$ 等于这两个线圈单独存在时在这一点所产生的磁感应强度的矢量和，即

$$\boldsymbol{B} = \boldsymbol{B}_1 + \boldsymbol{B}_2$$

根据毕奥-萨伐尔定律可知，线圈 1 在被观测点所产生的磁感应强度可写成

$$\boldsymbol{B}_1 = I_1 \boldsymbol{b}_1$$

其中矢量 $\boldsymbol{b}_1$ 与电流 I_1 无关，而只与线圈 1 的几何形状以及被观测点相对于线圈 1 的位置有关。同理，线圈 2 在被观测点所产生的磁感应强度可写成

$$\boldsymbol{B}_2 = I_2 \boldsymbol{b}_2$$

因此，线圈 1 和线圈 2 所产生的磁场中所储存的磁能可写成

$$\begin{aligned} W_{\mathrm{m}} &= \frac{1}{2\mu_0}\int (I_1 \boldsymbol{b}_1 + I_2 \boldsymbol{b}_2) \cdot (I_1 \boldsymbol{b}_1 + I_2 \boldsymbol{b}_2) \mathrm{d}V \\ &= \frac{I_1^2}{2\mu_0}\int b_1^2 \mathrm{d}V + \frac{I_2^2}{2\mu_0}\int b_2^2 \mathrm{d}V + \frac{I_1 I_2}{\mu_0}\int \boldsymbol{b}_1 \cdot \boldsymbol{b}_2 \mathrm{d}V \end{aligned} \tag{11-11}$$

当 $I_2 = 0$，只有线圈 1 的自感磁能存在。利用式(11-9)，可得

$$W_{\mathrm{m}} = \frac{I_1^2}{2\mu_0}\int b_1^2 \mathrm{d}V = \frac{1}{2} L_1 I_1^2$$

也就是说，线圈 1 的自感系数 L_1 还可以定义为

$$L_1 = \frac{1}{\mu_0}\int b_1^2 \mathrm{d}V > 0$$

同样，线圈 2 的自感系数 L_2 也可以定义为

$$L_2 = \frac{1}{\mu_0}\int b_2^2 \mathrm{d}V > 0$$

线圈 1 和线圈 2 的**互感系数**可定义为

$$M = \frac{1}{\mu_0}\int \boldsymbol{b}_1 \cdot \boldsymbol{b}_2 \mathrm{d}V \tag{11-12}$$

显然，互感系数 M 与通过两线圈的电流无关，而只与两线圈的几何形状、大小、匝数以及它们之间的相对位置有关。并且，与自感系数不同，互感系数 M 可正、可负，也可以为零。利用这三个定义，式(11-11)中的磁场能量可写成

$$W_{\mathrm{m}} = \frac{1}{2}L_1 I_1^2 + \frac{1}{2}L_2 I_2^2 + MI_1 I_2 \tag{11-13}$$

方程右侧中前两项为两线圈的自感磁能，而第三项为它们之间的**互感磁能**。互感磁能可正、可负，也可以为零。

式(11-12)中对互感系数的定义是非常笨拙的：它要求我们对整个空间的磁场分布有清楚的了解，同时式中体积分在计算上非常复杂。下面，我们介绍一种与式(11-12)等效的，但更简洁的对互感系数的定义。由于互感系数不一定是正数，所以我们对在计算过程中涉及的两线圈中的电流和感生电动势的正方向，以及通过两线圈的全磁通的正负都应该有一个明确的规定。具体的操作分以下几个步骤：

首先，分别选取两线圈中的绕行正方向。若电流(或感生电动势)方向与该绕向同向，则电流(或感生电动势)为正，反之电流(或感生电动势)为负；

其次，线圈 2 可以被看作是由许多单匝线圈串联而成的，则线圈 1 所激发的磁场通过线圈 2 的第 j 个单匝线圈的磁通量为

$$\Phi_{1\to2}^{j} = \iint \boldsymbol{B}_1 \cdot \mathrm{d}\boldsymbol{S}_{2j} = I_1\iint \boldsymbol{b}_1 \cdot \mathrm{d}\boldsymbol{S}_{2j}$$

其中面元 $\mathrm{d}\boldsymbol{S}_{2j}$ 的法线方向与规定的线圈 2 中的绕行正方向满足右手螺旋定则。显然，上式中的面积分与电流的大小、方向无关，它只决定于这个单匝线圈和线圈 1 的几何形状、大小、匝数、它们之间的相对位置，以及我们所规定的线圈中的绕行正方向；

最后，计算线圈 1 所激发的磁场通过线圈 2 的全磁通 $\Psi_{1\to2}$。这个全磁通应该等于线圈 1 所激发的磁场通过所有这些单匝线圈磁通量的代数和，即

$$\Psi_{1\to2} = MI_1 \tag{11-14}$$

其中的系数 M 满足

$$M = \sum_j \iint \boldsymbol{b}_1 \cdot \mathrm{d}\boldsymbol{S}_{2j}$$

这个系数与两线圈中电流的大小、方向无关，而只决定于两线圈的几何形状、大小、匝数、它们之间的相对位置，以及我们所规定的两线圈中的绕行正方向。

当线圈 1 中的电流 I_1 发生变化时，线圈 1 所激发的磁场通过线圈 2 的全磁通 $\Psi_{1\to2}$ 相应地发生改变而在线圈 2 中产生的**互感电动势**为

$$\varepsilon_{1\to2} = -M\frac{\mathrm{d}I_1}{\mathrm{d}t} \tag{11-15}$$

现在我们应该关心的是式(11-14)中定义的系数 M 与式(11-12)所定义的自感系数 M 是不是同一参数，我们在下面要通过一个试验来回答这个问题：在试验过程中，始终保持图 11-8中线圈 2 的电流 I_2 不变。在起始时刻，线圈 1 中的电流为零，此时磁场中的能量为线圈 2 中的自感磁能。随后线圈 1 中的电流 i_1 逐渐由零增加到 I_1，最后磁场中的能量包括两线圈中的自感磁能以及它们之间的互感磁能。那么，这个互感磁能的能量是由谁提供的呢？当 i_1 增大时，在线圈 2 中会产生互感电动势。为了确保电流 I_2 不变，线圈 2 所在的电路必须反抗此互感电动势做功。磁场因此而增加的磁能为

$$\Delta W = -\int E_{1\to 2} I_2 \mathrm{d}t = \int M \frac{\mathrm{d}i_1}{\mathrm{d}t} I_2 \mathrm{d}t = \int_0^{I_1} M I_2 \mathrm{d}i_1 = M I_1 I_2$$

所以，此时磁场中的能量为

$$W_{\mathrm{m}} = \frac{1}{2} L_1 I_1^2 + \frac{1}{2} L_2 I_2^2 + M I_1 I_2$$

显而易见，这个磁能公式与式(11-13)描述的是同一系统的磁场能量，因而式(11-14)与式(11-12)中对互感系数 M 的定义是等效的。与自感系数相同，互感系数的国际单位也是亨[利]。

例 5　两长同轴螺线管的半径分别为 R_1 和 R_2，长度都为 $l(l \gg R_1 > R_2)$，匝数分别为 N_1 和 N_2。若两螺线管的线圈缠绕方向相同，试求它们之间的互感系数。

解　根据题意，这两个螺线管可以认为是无限长的，所以它们分别所产生的磁场都可以近似地认为是均匀的。两螺线管的线圈缠绕方向相同，我们可以在计算全磁通时选取相同的绕行正方向。因此，如果螺线管 1 通以正向电流 I_1，那么它在内部所产生的均匀磁场的大小为

$$B_1 = \frac{\mu_0 N_1 I_1}{l}$$

所以螺线管 1 所激发的磁场通过螺线管 2 的全磁通是

$$\Psi_{1\to 2} = N_2 \iint \boldsymbol{B}_1 \cdot \mathrm{d}\boldsymbol{S}_2$$

显然，两矢量 $\boldsymbol{B}_1$ 与 $\mathrm{d}\boldsymbol{S}_2$ 方向相同，因此

$$\Psi_{1\to 2} = N_2 B_1 S_2 = N_2 \frac{\mu_0 N_1 I_1}{l} \pi R_2^2$$

根据式(11-14)的定义，两螺线管之间的互感系数为

$$M = \frac{\Psi_{1\to 2}}{I_1} = \frac{\mu_0 \pi R_2^2 N_1 N_2}{l} > 0$$

可以看出，当两螺线管分别通以电流 I_1 和 I_2 时，它们之间的互感磁能 MI_1I_2 同向时为正，反之为负。这是与式(11-13)的结论一致的。

11-6　LCR 串联电路的暂态过程

如图 11-9 所示的是一个由自感线圈 L、电容器 C 和电阻 R 组成的 LCR 串联电路。当开关 S 由 e 拨向 d(或者是由 d 拨向 e)的时候，由于自感线圈中的电磁感应效应，电路中的电流不会在瞬间发生突变；同样，电容器的充放电过程需要时间，因此电容器两端的电压也不可能瞬间突变。这种在断开或接通电源的短暂时间内，电路从一个稳态逐渐趋于另一个稳态的过程称为**暂态过程**。

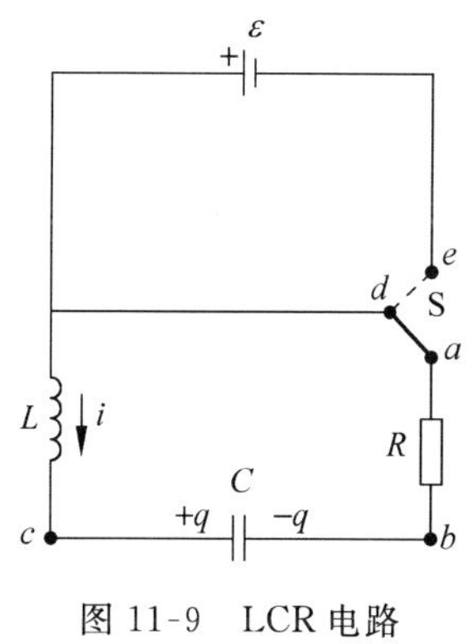

图 11-9　LCR 电路

我们以如图 11-9 所示的 LCR 串联电路的放电过程为例。

开始的时候，电路中的电流为零，而电容器 C 的带电量为 $q = C\varepsilon$。当 $t = 0$ 时，开关 S 被瞬间由 e 拨到 d，电容器 C 的带电量减少而在电路中产生电流。在放电过程之初，回路中的电流

沿 $c\rightarrow d\rightarrow a\rightarrow b$ 的方向流动，而根据电流的定义，它等于单位时间内电容器电量的增量，即

$$i=\frac{\mathrm{d}q}{\mathrm{d}t}<0$$

因此电路中电流的正方向应定义为如图 11-9 所示的方向。由于自感线圈 L 中的电磁感应效应，电流的变化使电路中出现自感电动势

$$\varepsilon_L=-L\frac{\mathrm{d}i}{\mathrm{d}t}$$

根据楞次定律，这个电动势在放电过程开始的时候是阻碍电流的增加的，因而它的方向与我们定义的电流正方向同向，即 $\varepsilon_L>0$。这时自感电动势 ε_L 应为电容器 C 两极板之间的电压与电阻 R 上电势降落之和，即

$$-L\frac{\mathrm{d}i}{\mathrm{d}t}=\frac{q}{C}+iR$$

根据电流的定义，可得电容器 C 的带电量 q 所满足的微分方程为

$$L\frac{\mathrm{d}^2q}{\mathrm{d}t^2}+R\frac{\mathrm{d}q}{\mathrm{d}t}+\frac{q}{C}=0 \tag{11-16}$$

根据电路组件的不同，我们来讨论以下几种情况。

11-6-1 LC 电路

当电路中的电阻 $R=0$ 时，式(11-16)可改写成

$$\frac{\mathrm{d}^2q}{\mathrm{d}t^2}+\frac{1}{LC}q=0$$

因此电容器的电量 q 是按简谐运动的形式运动，即它随时间按余弦规律变化，可写成

$$q(t)=C\varepsilon\cos\omega_0t$$

其中 ω_0 为该 LC 电磁振荡电路的固有角频率，且

$$\omega_0=\frac{1}{\sqrt{LC}}$$

电路中电流的表达式为

$$i(t)=\frac{\mathrm{d}q}{\mathrm{d}t}=-C\varepsilon\omega_0\sin\omega_0t$$

电容器和自感线圈都是储能元件。电容器中储存的静电能和自感线圈中的磁场能量是可以相互转换的，其中电容器 C 中的电场能量为

$$W_{\mathrm{e}}=\frac{q^2(t)}{2C}=\frac{1}{2}C\varepsilon^2\cos^2\omega_0t$$

而自感线圈 L 中的磁场能量为

$$W_{\mathrm{m}}=\frac{1}{2}Li^2(t)=\frac{1}{2}C\varepsilon^2\sin^2\omega_0t$$

因而电路中电磁能守恒，它的大小为

$$W=W_{\mathrm{e}}+W_{\mathrm{m}}=\frac{1}{2}C\varepsilon^2$$

由 W_{e} 和 W_{m} 的表达式可知，电容器 C 中的静电能和自感线圈 L 中的磁能是按简谐运动的方式振荡的，且它们的振动是反相位的：电容器 C 放电结束时的带电量为零，而自感线

圈 L 中电流达到极值，这时电容器 C 中储存的静电能完全转化为自感线圈 L 中的磁能；另一方面，当电容器 C 充电结束时，自感线圈 L 中电流为零，而电容器的带电量在此刻达到极值，这时自感线圈 L 中储存的磁能完全转化为电容器 C 中的静电能。

11-6-2 RC 电路

当电路中的自感系数 $L=0$ 时，式(11-16)可改写成

$$R\frac{\mathrm{d}q}{\mathrm{d}t}+\frac{q}{C}=0$$

这个微分方程满足初始条件的解为

$$q(t)=C\varepsilon\mathrm{e}^{-t/\tau}$$

其中 $\tau=RC$ 称为该 RC 电路的时间常数。可进一步得到电路中的电流的表达式

$$i(t)=\frac{\varepsilon}{R}\mathrm{e}^{-t/\tau}$$

这个结果说明在电容器放电时，RC 电路中的电量和电流都按指数规律随时间递减，且减小的快慢由时间常数 τ 决定。这是由于电阻是耗散性元件：每当电流通过时，电能转化为热能，且这种转化是不可逆的，因此电路中的能量会逐渐损耗掉。

RC 电路在电子学方面的应用很广泛。在电子技术中常利用 RC 电路实现多种不同的功能，如 RC 微分电路、RC 积分电路、避雷器的测试电路和晶闸管的过电压、过电流保护等。

11-6-3 LR 电路

当电路中只有电阻 R 和自感线圈 L 存在时，式(11-16)可改写成

$$L\frac{\mathrm{d}i}{\mathrm{d}t}+iR=0$$

在开关 S 被由 e 拨到 d 之前，电路中的电流为 $I_0=\varepsilon/R$，则上式满足初始条件的解为

$$i(t)=\frac{\varepsilon}{R}\mathrm{e}^{-t/\tau}$$

其中 $\tau=L/R$ 成为 LR 电路的时间常数，它决定了电流按指数规律随时间衰减的快慢。

11-6-4 LCR 电路

对于自感线圈 L、电容器 C 和电阻 R 同时存在的 LCR 串联电路，电路中的电磁能会通过电阻发热逐渐损耗掉，具体表现在放电过程中电容器的带电量随时间以阻尼振荡的形式衰减。令 $2\beta=\dfrac{R}{L}$，以此代入式(11-16)可得

$$\frac{\mathrm{d}^2q}{\mathrm{d}t^2}+2\beta\frac{\mathrm{d}q}{\mathrm{d}t}+\omega_0^2q=0$$

根据第 5 章阻尼振动部分的内容，我们知道电容器 C 的电量 q 随时间的振荡分过阻尼、临界阻尼和欠阻尼三种情况，这取决于 β 究竟是大于、等于还是小于 ω_0。

11-7 位移电流

在本节，我们要把安培环路定理扩展到更一般的情况。第 9 章讨论过的安培环路定理是指：在恒定电流产生的稳恒磁场中，磁感应强度 $\boldsymbol{B}$ 沿任意闭合路径 L 的线积分等于穿过一闭合路径 L 为边界的任意曲面 S 的传导电流（即电荷定向运动所形成的电流）的电流强度的代数和的 μ_0 倍，并且规定电流的正方向与线积分的绕向满足右手螺旋定则。这个定理的数学表达式为

$$\oint_L \boldsymbol{B} \cdot \mathrm{d}\boldsymbol{l} = \mu_0 \iint_S \boldsymbol{J}_c \cdot \mathrm{d}\boldsymbol{S} \tag{11-17}$$

这里 $\boldsymbol{J}_c$ 为曲面 S 上的传导电流的电流密度矢量，且曲面 S 的法线方向与沿路径 L 线积分的绕向满足右手螺旋定则。

那么我们自然要问：在非稳恒条件下，上述定理是否仍然成立呢？以上一节中有电容器参与的暂态过程为例，电容器的充放电过程中导线中的电流随时间变化，因而该过程为非稳过程。如图 11-10 所示，以闭合路径 L 为边界取两个不同的曲面，其中曲面 S_1 与载流导线相交，通过它的传导电流为 I_c，而曲面 S_2 穿过电容器两极板之间。曲面 S_1 和曲面 S_2 共同构成一个封闭曲面 S。假如式(11-17)在这种情况下仍然成立，那么如果按照曲面 S_1 计算电流，沿闭合路径 L 的 $\boldsymbol{B}$ 的线积分等于 $-\mu_0 I_c$；而另一方面，如果按照曲面 S_2 计算电流，则由于没有电流通过，式(11-17)中的线积分为零。由于沿同一闭合路径的 $\boldsymbol{B}$ 的线积分只可能有一个值，这里我们得到了相互矛盾的结果，因而式(11-17)在非稳恒的条件下不再适用。

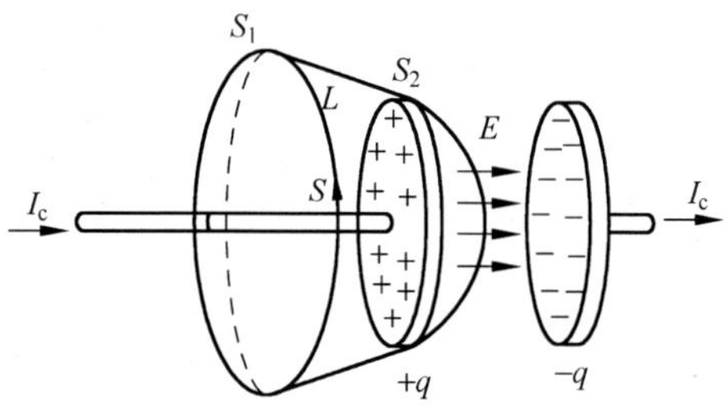

图 11-10　位移电流

事实上，我们在电磁学部分得到的物理定理和定律，除了法拉第电磁感应定律之外，都是在稳恒条件下得到的，因此我们不应该期待这些定理和定律在更一般的条件下也一定成立。显然，普遍情况下的安培环路定理必须能够把曲面 S_1 和 S_2 上的这两个计算结果统一起来，所以我们首先必须了解这两个曲面上的物理量之间的相互联系。

根据电流的连续性方程，通过封闭曲面 S 的传导电流 I 等于以封闭曲面 S 为边界的体积 V 内电荷的总电量随时间变化率的负值，即

$$I = \oiint_S \boldsymbol{J}_c \cdot \mathrm{d}\boldsymbol{S} = -\frac{\mathrm{d}}{\mathrm{d}t} \iiint_V \rho \mathrm{d}^3 \boldsymbol{r} \tag{11-18}$$

其中，ρ 为电荷体密度，且封闭曲面 S 法向的正方向总是由曲面内指向曲面外的。式(11-18)体现了电荷守恒定律。另一方面，根据高斯定理，通过封闭曲面 S 的电通量等于体积 V 内电荷的总电量的 $1/\varepsilon_0$ 倍，即

$$\Phi_E = \oiint_S \boldsymbol{E} \cdot \mathrm{d}\boldsymbol{S} = \frac{\iiint_V \rho \mathrm{d}^3 \boldsymbol{r}}{\varepsilon_0} \tag{11-19}$$

将式(11-19)代入式(11-18)中，可得

$$I = \oiint_S \boldsymbol{J}_c \cdot \mathrm{d}\boldsymbol{S} = -\varepsilon_0 \frac{\mathrm{d}\Phi_E}{\mathrm{d}t} = -\varepsilon_0 \frac{\mathrm{d}}{\mathrm{d}t}\oiint_S \boldsymbol{E} \cdot \mathrm{d}\boldsymbol{S} \tag{11-20}$$

如图 11-10 所示，因为电流密度 $\boldsymbol{J}_c$ 只在曲面 S_1 上有分布，所以

$$-I_c = \oiint_S \boldsymbol{J}_c \cdot \mathrm{d}\boldsymbol{S} = \iint_{S_1} \boldsymbol{J}_c \cdot \mathrm{d}\boldsymbol{S}$$

同样道理，由于电场强度 $\boldsymbol{E}$ 只在曲面 S_2 部分有分布，因此我们可以得到

$$-\varepsilon_0 \frac{\mathrm{d}}{\mathrm{d}t}\oiint_S \boldsymbol{E} \cdot \mathrm{d}\boldsymbol{S} = \varepsilon_0 \frac{\mathrm{d}}{\mathrm{d}t}\iint_{S_2} \boldsymbol{E} \cdot \mathrm{d}\boldsymbol{S}$$

这里负号的出现是因为曲面 S_2 的法线方向与磁感应强度 $\boldsymbol{B}$ 沿闭合路径 L 的线积分的绕向满足右手螺旋定则，因而与封闭曲面 S 的法线方向反向。根据上述两个关系，式(11-20)可被进一步简化为

$$-I_c = \iint_{S_1} \boldsymbol{J}_c \cdot \mathrm{d}\boldsymbol{S} = \varepsilon_0 \frac{\mathrm{d}}{\mathrm{d}t}\iint_{S_2} \boldsymbol{E} \cdot \mathrm{d}\boldsymbol{S} \tag{11-21}$$

通过分析式(11-21)中体现出来的曲面 S_1 和 S_2 之间的联系，我们很容易猜测到**更普遍情况下的安培环路定理**应该为

$$\oint_L \boldsymbol{B} \cdot \mathrm{d}\boldsymbol{l} = \mu_0\left(\iint_S \boldsymbol{J}_c \cdot \mathrm{d}\boldsymbol{S} + \varepsilon_0 \frac{\mathrm{d}}{\mathrm{d}t}\iint_S \boldsymbol{E} \cdot \mathrm{d}\boldsymbol{S}\right) = \mu_0 \iint_S \left(\boldsymbol{J}_c + \varepsilon_0 \frac{\partial \boldsymbol{E}}{\partial t}\right) \cdot \mathrm{d}\boldsymbol{S} \tag{11-22}$$

其中，L 为空间中任意静止不动的闭合回路，而 S 为以 L 为边界的任意曲面，并且沿 L 线积分的绕向与曲面 S 的法向满足右手螺旋定则。

作为一个简单的验证，我们可以把式(11-22)应用到曲面 S_1 和 S_2，得到

$$\oint_L \boldsymbol{B} \cdot \mathrm{d}\boldsymbol{l} = \mu_0 \iint_{S_1} \boldsymbol{J}_c \cdot \mathrm{d}\boldsymbol{S} = \mu_0 \varepsilon_0 \frac{\mathrm{d}}{\mathrm{d}t}\iint_{S_2} \boldsymbol{E} \cdot \mathrm{d}\boldsymbol{S}$$

这个结果与式(11-21)的结论显然是统一的。

我们可以从几个方面理解式(11-22)的物理内涵。

首先，式(11-22)说明除了运动的电荷(传导电流)以外，变化的电场也可以激发涡旋磁场。式(11-22)中的 $\varepsilon_0 \partial \boldsymbol{E}/\partial t$ 项与传导电流密度 $\boldsymbol{J}_c$ 处于等同的位置，麦克斯韦在 1861 年的一篇题为"*On Physical Lines of Force*"的文章中首次引入了位移电流的概念，其中的**位移电流密度**定义为

$$\boldsymbol{J}_d = \varepsilon_0 \frac{\partial \boldsymbol{E}}{\partial t} \tag{11-23}$$

而穿过某一曲面 S 的位移电流则定义为

$$I_d = \iint_S \boldsymbol{J}_d \cdot \mathrm{d}\boldsymbol{S} \tag{11-24}$$

显而易见，位移电流并不是由于电荷的定向移动而产生的，因此它不是真正意义上的电流。基于位移电流假说和法拉第电磁感应定律，麦克斯韦在 1865 年就从理论上预言到电磁波的存在。他认为，由于随时间变化的涡旋磁场会在它的周围产生随时间变化的涡旋电场，而这个涡旋电场又会在它的周围产生随时间变化的涡旋磁场，换句话说，随时间变化的涡旋电场和涡旋磁场可以相互激发，而且它们闭合的电场线和磁场线是相互套连在一起的，因而电磁波能够在真空中存在并传播。赫兹于 1888 年用振荡偶极子产生了电磁波，这个实验是对麦克斯韦的位移电流假说的正确性的最有力的证明。

根据式(11-20)可知，通过封闭曲面 S 的**“全电流”**(即传导电流和位移电流之和)为

$$\oiint_S \left(\boldsymbol{J}_c + \varepsilon_0 \frac{\partial \boldsymbol{E}}{\partial t}\right) \cdot \mathrm{d}\boldsymbol{S} = \oiint_S (\boldsymbol{J}_c + \boldsymbol{J}_d) \cdot \mathrm{d}\boldsymbol{S} = 0$$

这说明，通过任意封闭曲面的全电流为零，换句话说，有多少全电流流入这个封闭曲面就有多少全电流流出，因而**全电流是连续的**。

其次，式(11-22)与法拉第电磁感应定律

$$\oint_L \boldsymbol{E} \cdot \mathrm{d}\boldsymbol{l} = -\frac{\mathrm{d}}{\mathrm{d}t}\iint_S \boldsymbol{B} \cdot \mathrm{d}\boldsymbol{S} = -\iint_S \frac{\partial \boldsymbol{B}}{\partial t} \cdot \mathrm{d}S$$

共同体现了电场和磁场之间存在的对称性。由于无单独存在的磁单极子(至少到目前为止未在实验中发现)，电磁感应定律中与式(11-22)中的传导电流密度 $\boldsymbol{J}_c$ 相对应的“磁流密度”并不出现。电场与磁场之间的这种联系实际上并不奇怪，爱因斯坦早在 1952 年就提到：“我曾确信，在磁场中作用在一个运动物体上的电动力不过是一种电场力罢了，正是这种确信或多或少直接地促使我去研究狭义相对论。”根据狭义相对论，一个匀速运动的场源点电荷所产生的电场和磁场的相互关系为

$$\boldsymbol{B} = \frac{1}{c^2}\boldsymbol{v}_0 \times \boldsymbol{E} \tag{11-25}$$

其中，$\boldsymbol{v}_0$ 为该点电荷在某一惯性参照系中的速度，$\boldsymbol{E}$ 为该参照系中任意一点的电场强度，而 $\boldsymbol{B}$ 为该点的磁感应强度；另一方面，在这个参照系中以速度 $\boldsymbol{v}$ 运动的另外一个电荷(电量为 q)所受的合力为

$$\boldsymbol{F} = q\boldsymbol{E} + q\boldsymbol{v} \times \boldsymbol{B}$$

根据式(11-25)，我们可以看出，上式中的洛伦兹力实际上是运动着的场源电荷对另外的那个运动电荷的电场力的一部分，这说明了式(11-22)与法拉第电磁感应定律所呈现出的对称性的由来。

最后，在有磁介质存在的情况下，式(11-22)可进一步被推广为

$$\oint_L \boldsymbol{H} \cdot \mathrm{d}\boldsymbol{l} = I_0 + \iint_S \frac{\partial \boldsymbol{D}}{\partial t} \cdot \mathrm{d}\boldsymbol{S} \tag{11-26}$$

其中，$\boldsymbol{H}$ 为磁场强度，$\boldsymbol{D}$ 为电位移矢量，而 I_0 为自由电流的电流强度。这时的位移电流密度应定义为

$$\boldsymbol{J}_d = \frac{\partial \boldsymbol{D}}{\partial t} \tag{11-27}$$

例 6 一半径为 R、电阻率为 ρ、相对介电常数为 ε_r 的圆柱形无限长直导线中有交变电流 $I_c = I_0 \cos \omega t$ 通过。假设电流在导线截面上各处是均匀分布的，试求导线外的磁场分布。

解 根据欧姆定律的微分形式，导体中某处的电场强度与该处的传导电流密度之间的关系为

$$\boldsymbol{E} = \rho \boldsymbol{J}_c$$

因此导线内的电场也是均匀且交变的，并且导线内部电场强度随时间变化的关系为

$$E(t) = \rho \frac{I_c}{\pi R^2} = \frac{\rho I_0}{\pi R^2} \cos \omega t$$

由此可得导线内部的位移电流密度

$$J_d = \varepsilon_0\varepsilon_r \frac{\partial E}{\partial t} = -\frac{\varepsilon_0\varepsilon_r\rho\omega I_0}{\pi R^2}\sin\omega t = \frac{\varepsilon_0\varepsilon_r\rho\omega I_0}{\pi R^2}\cos\left(\omega t + \frac{\pi}{2}\right)$$

而位移电流为

$$I_d = \varepsilon_0\varepsilon_r\rho\omega I_0\cos\left(\omega t + \frac{\pi}{2}\right)$$

这说明，位移电流 $\boldsymbol{I}_d$ 在相位上比传导电流 I_c 超前 $\pi/2$，而大小是传导电流的 $\varepsilon_0\varepsilon_r\rho\omega$ 倍。

由于系统沿对称轴方向（即电流方向）的平移不变性以及绕对称轴的旋转不变性，可知与无限长导线共轴的圆周上各点的磁感应强度 $\boldsymbol{B}$ 的大小相等，而方向沿圆周的切线方向。根据被推广了的安培环路定理可知，沿与对称轴共轴的一个半径为 $r(r>R)$ 的圆周的磁场的环路积分为

$$\oint_L \boldsymbol{B}\cdot d\boldsymbol{l} = B\cdot 2\pi r = \mu_0(I_c + I_d)$$

由此可得在导线外

$$B = \frac{\mu_0(I_c + I_d)}{2\pi r}$$

根据上式，我们可以粗略地比较一下由传导电流和位移电流产生的磁场的大小：家庭用电的频率为 50 Hz，铜的电导率为 $1.7\times10^{-8}\ \Omega\cdot\text{m}$，相对介电常数取 1，则由位移电流产生的磁场的大小是由传导电流产生的磁场的大小的

$$\varepsilon_0\varepsilon_r\rho\omega = 5.0\times10^{-17}$$

倍！

11-8　真空中的麦克斯韦方程组

构成麦克斯韦方程组的四个方程是电磁学的支柱，它们在电磁学中的地位如同牛顿运动定律在力学中的地位一样重要。在美国内战前后的十年间，麦克斯韦把库仑、高斯、欧姆、安培、毕奥、萨伐尔、法拉第等前人在电学、磁学方面得到的一系列发现和实验成果翻译成精确的数学表述，从而建立了第一个完整的电磁理论体系，不仅科学地预言了电磁波的存在，而且揭示了光、电、磁现象的本质的统一性，奠定了现代的电力工业、电子工业和无线电工业的理论基础。麦克斯韦方程组的这四个方程我们在前面的章节里已经逐一讨论过了，我们在这里可将它们归纳总结为

$$\begin{cases} \oint\!\!\!\oint_S \boldsymbol{E}\cdot d\boldsymbol{S} = \dfrac{1}{\varepsilon_0}\iiint_V \rho\, d^3 r & (\text{I}) \\ \oint\!\!\!\oint_S \boldsymbol{B}\cdot d\boldsymbol{S} = 0 & (\text{II}) \\ \oint_L \boldsymbol{E}\cdot d\boldsymbol{l} = -\iint_S \dfrac{\partial \boldsymbol{B}}{\partial t}\cdot dS & (\text{III}) \\ \oint_L \boldsymbol{B}\cdot d\boldsymbol{l} = \mu_0\iint_S \left(\boldsymbol{J}_c + \varepsilon_0\dfrac{\partial \boldsymbol{E}}{\partial t}\right)\cdot d\boldsymbol{S} & (\text{IV}) \end{cases} \tag{11-28}$$

其中方程（Ⅰ）和（Ⅱ）中的 S 为任意封闭曲面（法向的正方向总是由内部指向曲面外部

的)，而V为封闭曲面S所包围的体积；方程(Ⅲ)和(Ⅳ)中的L为任意一个静止不动的闭合回路，而这里的S是以L为边界的任意曲面，并且沿L线积分的绕向与曲面S的法向的正方向满足螺旋右手定则。这便是麦克斯韦方程组的积分形式。

方程(Ⅰ)是真空中电场的高斯定理，它是两个点电荷之间的库仑力与它们之间的距离平方成反比这一规律的必然结果。空间中的电场包括两方面贡献：由电荷产生的静电场是有源无旋场，它的电场线是不闭合的，而且它是满足方程(Ⅰ)的；另一方面，变化的磁场所产生涡旋电场是有旋无源场，它的“电场线”是闭合的，因而它通过封闭曲面的电通量为零。综上所述，在真空中通过任意封闭曲面的总电场的电场强度的通量等于该封闭曲面所包围的电荷的电量的代数和的$1/\varepsilon_0$倍。

方程(Ⅱ)是真空中磁场的高斯定理，它是目前的电磁理论认为自然界中没有单独存在的“磁荷”(即磁单极子)这一结论的必然结果。运动的电荷和变化的电场都可以激发磁场，但无论是哪一种磁场，它们都是有旋无源场，它们的磁场线都是闭合的，因而通过任意封闭曲面的总磁场的磁感应强度的通量都等于零。

方程(Ⅲ)是法拉第电磁感应定律，它说明变化的磁场可以激发涡旋电场。另一方面，电荷产生的静电场的电场线是不闭合的，因此静电场沿任意闭合环路的线积分为零。总而言之，真空中总电场沿任意闭合回路的环路积分等于通过这一闭合回路的磁通量的变化率的负值。

方程(Ⅳ)是被推广了的安培环路定理，它说明运动的电荷(即传导电流)和变化的电场都可以激发涡旋磁场。

麦克斯韦方程组的四个方程体现了电场与磁场之间所存在的对称性。

利用矢量分析中的斯托克斯定理以及高斯定理，方程(Ⅰ)～(Ⅳ)可写成

$$\begin{cases}\displaystyle\oint\!\!\!\!\oint_S \boldsymbol{E}\cdot\mathrm{d}\boldsymbol{S}=\iiint_V \nabla\cdot\boldsymbol{E}\mathrm{d}^3\boldsymbol{r}=\frac{1}{\varepsilon_0}\iiint_V\rho\mathrm{d}^3\boldsymbol{r} & (\text{Ⅰ})\\ \displaystyle\oint\!\!\!\!\oint_S \boldsymbol{B}\cdot\mathrm{d}\boldsymbol{S}=\iiint_V \nabla\cdot B\mathrm{d}^3\boldsymbol{r}=0 & (\text{Ⅱ})\\ \displaystyle\oint_L \boldsymbol{E}\cdot\mathrm{d}\boldsymbol{l}=\iint_S \nabla\times\boldsymbol{E}\cdot\mathrm{d}\boldsymbol{S}=-\iint_S\frac{\partial\boldsymbol{B}}{\partial t}\cdot\mathrm{d}\boldsymbol{S} & (\text{Ⅲ})\\ \displaystyle\oint_L \boldsymbol{B}\cdot\mathrm{d}\boldsymbol{l}=\iint_S \nabla\times\boldsymbol{B}\cdot\mathrm{d}\boldsymbol{S}=\mu_0\iint_S\left(\boldsymbol{J}_c+\varepsilon_0\frac{\partial\boldsymbol{E}}{\partial t}\right)\cdot\mathrm{d}\boldsymbol{S} & (\text{Ⅳ})\end{cases}$$

由于上式中方程(Ⅰ)和(Ⅱ)对任意封闭曲面都成立，而方程(Ⅲ)和(Ⅳ)中对任意一个静止不动的闭合回路及它围成的任意曲面都成立，由麦克斯韦方程组的积分形式可导出其为**微分形式**

$$\begin{cases}\nabla\cdot\boldsymbol{E}=\dfrac{\rho}{\varepsilon_0} & (\text{Ⅰ})\\ \nabla\cdot\boldsymbol{B}=0 & (\text{Ⅱ})\\ \nabla\times\boldsymbol{E}=-\dfrac{\partial\boldsymbol{B}}{\partial t} & (\text{Ⅲ})\\ \nabla\times\boldsymbol{B}=\mu_0\left(\boldsymbol{J}_c+\varepsilon_0\dfrac{\partial\boldsymbol{E}}{\partial t}\right) & (\text{Ⅳ})\end{cases}\tag{11-29}$$

根据式(11-29)，我们可以得到电磁波在没有电荷($\rho=0$)、没有传导电流($\boldsymbol{J}_c=0$)的自由空间传播所遵循的波动方程。

对式(11-29)方程(Ⅳ)两边取旋度运算，可得

$$\nabla\times(\nabla\times\boldsymbol{B})=\mu_0\varepsilon_0\frac{\partial}{\partial t}\nabla\times\boldsymbol{E} \tag{11-30}$$

利用矢量分析中的结论，我们知道

$$\nabla\times(\nabla\times\boldsymbol{B})=\nabla(\nabla\cdot\boldsymbol{B})-\nabla^2\boldsymbol{B}$$

将上式的结果以及式(11-29)中的方程(Ⅱ)和(Ⅲ)代入式(11-30)可得

$$\nabla^2\boldsymbol{B}=\mu_0\varepsilon_0\frac{\partial^2\boldsymbol{B}}{\partial t^2} \tag{11-31}$$

同理可得

$$\nabla^2\boldsymbol{E}=\mu_0\varepsilon_0\frac{\partial^2\boldsymbol{E}}{\partial t^2} \tag{11-32}$$

我们知道在直角坐标系下，算符∇^2可表述为

$$\nabla^2=\frac{\partial^2}{\partial x^2}+\frac{\partial^2}{\partial y^2}+\frac{\partial^2}{\partial z^2}$$

式(11-31)与式(11-32)可被归纳为一个方程

$$\frac{\partial^2\boldsymbol{A}}{\partial t^2}=\frac{1}{\mu_0\varepsilon_0}\left(\frac{\partial^2}{\partial x^2}+\frac{\partial^2}{\partial y^2}+\frac{\partial^2}{\partial z^2}\right)\boldsymbol{A},\quad \boldsymbol{A}=\boldsymbol{E},\boldsymbol{B} \tag{11-33}$$

这个方程与前面波动部分提到的细绳中的横波以及均匀细杆中的纵波所遵循的波动方程具有相同的表达形式。由此可知，电磁波在自由空间传播的波速应为

$$c=\frac{1}{\sqrt{\mu_0\varepsilon_0}}=3.0\times10^8\ \text{m/s}$$

习　　题

11-1　一长直导线中通有电流 I，另一矩形线圈共 N 匝，宽 a，长 L，以 $\boldsymbol{v}$ 的速度向右平动。求在如图所示的位置线圈中的感应电动势。

11-2　在半径为 R 的圆柱形体积内，充满磁感应强度为 B 的均匀磁场。有一长为 L 的金属棒放在磁场中，如图所示。设磁场在增强，并且$\frac{\mathrm{d}B}{\mathrm{d}t}$已知，求棒中的感生电动势，并指出哪端电势高。

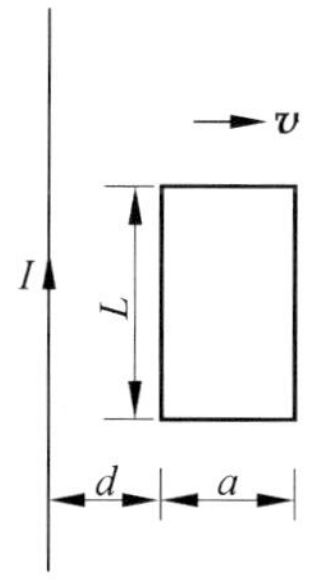

习题 11-1 图

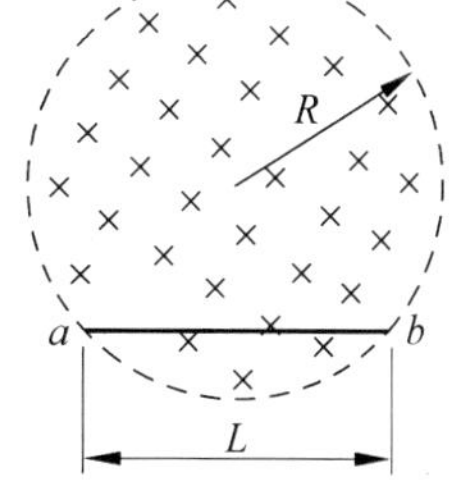

习题 11-2 图

11-3　两个平面线圈，圆心重合地放在一起，但轴线正交。两者的自感系数分别为 L_1 和 L_2，以 L 表示两者相连结时的等效自感，试证明：

(1) 两线圈串联时

$$L = L_1 + L_2$$

(2) 两线圈并联时

$$L^{-1} = L_1^{-1} + L_2^{-1}$$

11-4　两线圈的自感分别为 L_1 和 L_2，它们之间的互感系数为 $M(M>0)$。试证明：

(1) 当 2 端和 3 端相连时，1 端和 4 端之间的等效自感为

$$L = L_1 + L_2 + 2M$$

(2) 当 2 端和 4 端相连时，1 端和 3 端之间的等效自感为

$$L = L_1 + L_2 - 2M$$

11-5　如图所示，一长度为 L，质量为 m，电阻为 R 的金属棒放在金属导轨上。假设棒与导轨之间无摩擦，且导轨的电阻可忽略不计。若在空间中充满竖直向下的均匀磁场 $\boldsymbol{B}$，当金属棒从静止开始沿导轨下滑，求：(1)金属棒中感应电流的方向；(2)金属棒的终极速度；(3)当金属棒达到终极速度时棒中的感应电流的大小。

11-6　如图所示，一边长为 L、电阻为 R 的正方形线圈以匀速 v 通过一正方形磁场区域。设 x 为线圈中心的坐标，画出：(1)外力随坐标 x 变化的关系；(2)线圈中的感应电流随坐标 x 变化的关系(设逆时针方向为电流正方向)。

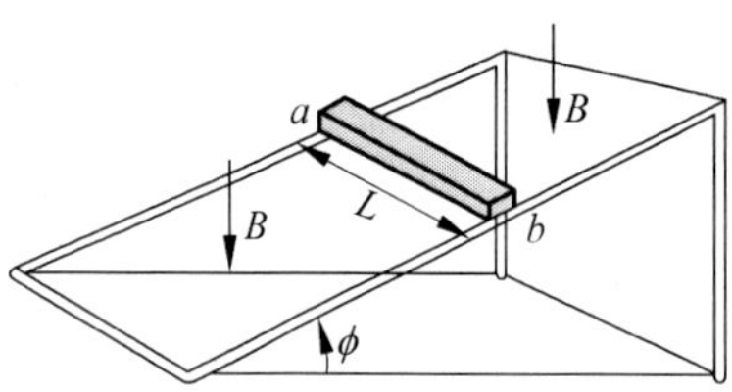

习题 11-5 图

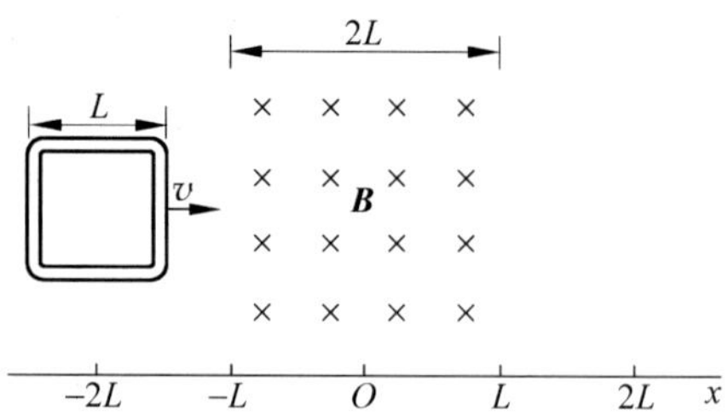

习题 11-6 图

11-7　一长直螺线管，单位长度上的匝数为 n。另一半径为 r 的圆环放在螺线管内，圆环平面与管轴垂直。求螺线管与圆环之间的互感系数。

11-8　一根长电缆由同轴的两个薄壁金属管构成，半径分别为 R_1 和 $R_2(R_1<R_2)$，两管壁间充以 $\mu_r=1$ 的电介质。电流由内管流入，由外管流出。试求单位长度上这种电缆的自感系数。

11-9　一卫星在距地球 400 km 的圆轨道上运动。该卫星的天线是一根长为 2 m 的金属棒，且天线是指向地心的。若地磁场在卫星所在处的大小为 8.0×10^{-5} T，而方向与卫星速度方向相同。求卫星天线两端的电势差。

11-10　如图所示，一直径为 6.50 cm 的柔软金属线圈放在 $B=0.950$ T 的均匀磁场中。沿图中箭头所示的方向拉伸线圈，在 0.250 s 以后线圈的面积为零。求(1)线圈中的平均感应电动势；(2)感应电流的方向。

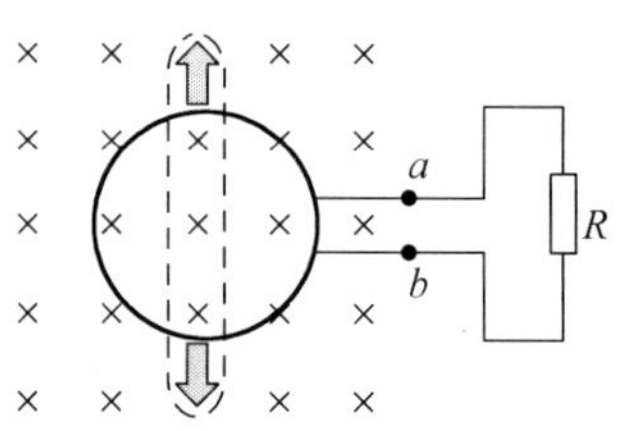

习题 11-10 图

第12章

热力学基础

引子：生命能够重来吗——浅谈自然界的不可逆现象

用细线(重量可忽略)吊起一个小球，将小球拉起，使之偏离竖直位置，然后放开，小球将左右摆动，该装置称为单摆。若不考虑所受阻力，该单摆即为无阻尼单摆，则由经典力学知识可知，单摆的运动过程中只有重力做功，重力势能与动能相互交替转化，系统的总机械能守恒。小球将一直如此周而复始地运动下去，且每次摆动的最大角度不发生变化。考虑这样的过程，初始时刻，小球重力势能最大，动能为零，经过 1/4 周期，小球到达最低点，此时，小球重力势能减为最小，动能达到最大值，再经过 3/4 周期，小球将回到初始位置，此时小球所处的状态与初始时刻完全相同，并且整个过程中对外界没有产生任何影响。也就是说，在经典力学世界里存在这样的过程 1，系统可以由 A 状态经过该过程达到 B 状态，亦可存在另一过程 2，能使系统由 B 状态回到 A 状态，同时消除了原来过程对外界引起的一切影响。此时，我们称过程 1 为可逆过程，同样，也可称过程 2 为可逆过程。反之，如果用任何方法都不能使系统和外界完全复原，则称为不可逆过程。

现实生活中，我们看到的是，将沸腾的水盛入杯中，静置一段时间后，它会冷却下来，却从未见到一杯冷水自己沸腾起来，若要使水沸腾，必须采用加热等措施，这样一来，就对外界产生了不可消除的影响。可见沸水冷却的过程是不可逆过程。另外，我们熟知摩擦生热，但却不知如何才能收集摩擦生成的热量，并使它再次转换成摩擦运动，故而，摩擦生热的过程也是不可逆的。同样的现象在自然界中还有很多——火焰慢慢消逝，留下一堆灰烬；青草渐渐枯黄，在寒风中飞散；山石滚落平川，风化变成沙石；瀑布飞流直下，沿河川汇入大海……而相反的过程却从未自动发生过，人们也无法既让原来的状态得以恢复，又使它在自然界中留下的痕迹得以消除。我们的生命亦是如此，呱呱坠地的婴儿经历岁月沧桑，渐变成白发苍苍的老翁，但到迟暮之时却再也无法跃回到天真烂漫的童年，而又使周围一切如故。

“逝者如斯夫”，“盛年不重来，一日难再晨”，“少小不努力，老大徒伤悲”，打翻的牛奶永远不会再回到原来的杯中。古往今来的这些体验都包含着“时间不可逆转”“生命不可重来”这个平凡而颠扑不破的真理。19 世纪的达尔文生物进化论也令人信服地表明，在由低级到高级、简单到复杂的进化过程中，生物的结构越来越精致，功能越来越完善，从最小、最简单的微生物一直进化到结构高度有序的人体的过程是不可逆转的。因此，自然界中存在诸多不可逆现象，它们的发生都具有方向性，从来不会自发地反向发生。那么，为什么自然界中这些现象的发生具有如此明确的方向性？不同现象选择的发生方向之间是否一致，这其中蕴含着什么规律呢？本章将为我们初步解开这个谜团。

自然界中许多现象都是和热有关的，比如钻木取火、内燃机，甚至是更加复杂的生命现象都无一不和热有关。人们研究热现象的科学有两种不同的方法——热力学和统计力学，前者是关于热现象的宏观理论，后者是微观理论。两者的任务都是研究热运动的规律，与热运动有关的物理性质和宏观物质系统的演化。我们将在下一章系统地介绍经典统计力学的基本概念。

12-1 热力学平衡态及其描述

热力学研究的对象是由大量不停地作无规则热运动的微观粒子（以下简称粒子）组成的宏观物质系统，称之为热力学系统（以下简称系统）。这里所说的“大量”就其数量级而言是与阿伏加德罗常数（$N_A=6.02\times10^{23}$）相近的。

系统之外的物体称之为外界，系统与外界之间可以有相互作用。如果系统与外界没有任何相互作用，就称之为孤立系统。自然界中并没有绝对的孤立系统，它只是一个理想化的模型，但是在热力学和统计力学中是非常重要的概念。当系统与外界的相互作用非常微弱的时候，可以近似地认为是孤立系统。

从经验中，我们知道不论孤立系统的初始状态如何，经过足够长的时间之后，系统总可以达到这样一种状态：系统的宏观物理性质在很长的时间内保持不变，或者说物理量有确定的值，这样的状态称为热力学平衡态（以下简称平衡态）。由于系统是由大量作热运动的微观粒子组成的，处于平衡态的系统中的粒子也无一例外地在作热运动。因此这种平衡态又被称为热动平衡，只是各物理量的平均值不随时间变化而已。

有了平衡态的概念，还必须要对系统加以描述。既然处于平衡态的系统的物理量有确定的数值，我们就可以用这些物理量来描述平衡态的各种性质。从数学上来说，所选择的物理量应该是两两之间相互独立的，这样的物理量叫做状态参量。其他的物理量都可以表示成状态参量的函数,这种函数叫做状态函数。状态参量按照性质可以分为几何参量、力学参量、电磁学参量和化学参量,所有的物理量都可以用这四种参量表示出来。

状态参量的选择非常重要,它直接关系到计算过程的复杂程度。一般来说,选择状态参量应该根据被研究问题的性质,按照方便的原则进行。比如,加热在密闭容器中的水和水蒸气。因为不涉及电磁性质,所以电磁学参量不必考虑;水和水蒸气会相互转变,化学参量——水和水蒸气的质量或摩尔数——是必需的;蒸汽压和水的压强会影响到两者的相互转变,力学参量——压强,是要考虑的;同时水和水蒸气的体积也是一个要考虑的参量,这是一个几何参量。

把两个系统用器壁隔开,如果两个系统的状态都能各自独立改变而不发生相互影响,这样的器壁称为绝热壁,反之则称为透热壁。两个系统通过透热壁的接触称为热接触。从经验来说,进行热接触的两个系统各自的平衡态都会遭到破坏,但是经过足够长的时间之后,在这两个系统之间会建立新的共同的平衡态,我们称这两个系统达到热平衡。

大量的实验结果表明:若两个系统各自与第三个系统达到热平衡,则它们彼此也处于热平衡。这一结论被称为热平衡定律,因其在热力学当中的重要地位,也被称为热力学第零定律。既然处于热平衡状态的两个系统有共同的平衡态,则一定有一个状态参量在这两个系统中是相同的。这里我们不加证明地给出喀喇氏的温度定理:对于每一个均匀系,其平衡态由态变量 $x_1,\cdots,x_n$ 描述,必有一态函数 $\theta=f(x_1,\cdots,x_n)$ 存在,名为这均匀系的温度;具有的特点是任何其他与该均匀系互为热平衡的均匀系都有各自的温度函数,在平衡时与这温度的数值相等。

从经验中,我们知道热水放置一段时间之后会与周围环境的温度相等。温度是描述系统冷热程度的物理量,它是热力学特有的状态参量。热平衡定律不仅仅给出了温度的定义,同时还给出了测量温度的方法。比较两个系统的温度不必将两个系统进行热接触,只要用一个标准的物体分别与两个系统进行热接触,就可以判断两个系统是否具有相同的温度。这个标准的物体就是温度计。

温度计是用来测量物体冷热程度的装置,其中用来测量温度的物质称为测温物质,其随温度变化的物理性质称为测温属性。比如日常所用的体温表,水银就是测温物质,水银体积随温度的变化就是它的测温属性。一般来说,只要某一物理性质随温度的变化是单调的,都可以用来测量温度。单单这样还是不够的,既然要测量温度,还必须要给出温度的数值表示方法,即确定温标。测温物质、测温属性和温度的数值表示是温标的三要素。

在日常生活中,常用的温标有摄氏温标和华氏温标。1714 年,Fahrenheit(1686—1748)改良了水银温度计,并制定了第一个经验温标——华氏温标,单位为华氏度(℉)。目前,华氏温标规定无盐冰水混合物的冰点为 32 ℉,标准大气压下水的沸点为 212 ℉。目前只有少数几个英语国家还在使用这种温标。水银温度计和华氏温标在热力学发展史上占有重要的地位,对计温学和量热学的发展有很大的促进作用,为热力学的发展奠定了重要的基础。1742 年,摄尔修斯(1701—1744)建立摄氏温标,单位为摄氏度(℃)。现在国际上规定,纯水的三相点温度为 0℃,标准大气压下水的沸点为 100℃。摄氏温标是目前国际上广泛使用的温标,在科学研究和工程技术上有非常重要的作用。华氏温标与摄氏温标的换算关系为

$$t_F = 32 + \frac{9}{5}t_C$$

下面我们来介绍理想气体温度计和理想气体温标。理想气体是一种理想化的模型，除了碰撞的瞬间外，气体分子之间没有相互作用，并且也不考虑气体分子的大小和形状，因此理想气体的特点是无相互作用而且能够被无限压缩的。实际气体的分子之间总是有相互作用的，而且气体也不可能被无限压缩。但是当实际气体足够稀薄，此时气体压强足够小或者说分子间距足够大，由于相互作用非常微弱，可以近似当作理想气体。

理想气体温度计以理想气体作为测温物质，体积和压强随温度的变化都是单调的，都可以用来测量温度。考虑定容理想气体温度计，以压强随温度的变化作为测温属性。1954 年，国际计量大会规定纯水的三相点（水、水蒸气和冰共存）为 273.16。假设此时理想气体的压强为 p_t，根据线性关系可以得出当压强为 p 时的温度为

$$T = 273.16 \times \frac{p}{p_t}$$

取压强趋于零的极限就得到理想气体的测温公式

$$T = 273.16 \times \lim_{p_t \to 0} \frac{p}{p_t} \tag{12-1}$$

理想气体温标的单位是 K（开[尔文]），三相点的温度取为 273.16 K 是为了与热力学温标统一。在理想气体极限下，理想气体温标和热力学温标是等价的，在本书热力学和统计力学部分中所有的温度都采用热力学温标。

前面讲过，温度是热力学特有的状态参量，描述温度与其他状态参量之间函数关系的方程叫做系统的状态方程，或物态方程。物态方程反映了热力学系统的平衡态性质。在应用热力学理论研究实际问题的时候，经常要用到物态方程，它在热力学当中是很重要的方程。物态方程的具体函数关系是不能通过热力学理论得到的，必须要由实验测定。下面我们根据几个实验结果讨论理想气体的物态方程。

1662 年，Boyle（1627—1691）发现：对于一定质量的气体，在温度不变时它的压强与体积的乘积是一个常数，即

$$pV = C \tag{12-2}$$

常数 C 与温度有关，不同的温度有不同的值。这一结果被称为玻意耳定律，有时也称为玻意耳-马略特定律。

如图 12-1 所示，假定有一定质量的理想气体处于平衡态 A 时，状态参量为（p_1，V_1，T_1）；首先保持其温度不变使其体积变为 V_2 处于平衡态 B，其状态参量为（p'，V_2，T_1）；然后保持体积不变，使其温度变为 T_2 达到平衡态 C，相应的状态参量为（p_2，V_2，T_2）。根据玻意耳定律，A、B 两平衡态的状态参量有以下关系

$$p_1V_1 = p'V_2 \tag{12-3}$$

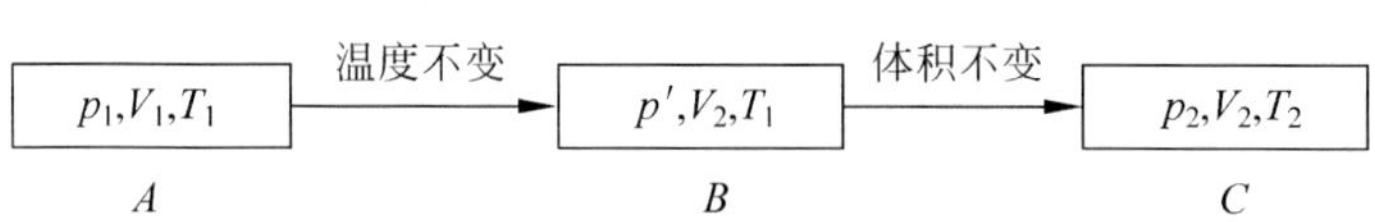

图 12-1 理想气体状态参量之间的关系

平衡态 B、C 状态参量之间的关系其实就是定容理想气体温度计的测温关系，因为压强与温度成正比，所以

$$\frac{p'}{T_1}=\frac{p_2}{T_2} \tag{12-4}$$

消掉中间变量 p'，就可以得到理想气体任意两个平衡态状态参量之间的函数关系

$$\frac{p_1V_1}{T_1}=\frac{p_2V_2}{T_2}=C \tag{12-5}$$

常数 C 可以由 Avogadro(1776—1856)定律确定。1811 年，Avogadro 发现：在相同的温度和压强下，相等体积的各种气体的质量与它们各自的分子量成正比。因此对于有相同物质的量的理想气体，$\frac{pV}{T}$是常数。测量 1 mol 理想气体在一个标准大气压($1P_0$)下冰点($T_0=273.16\ \mathrm{K}$)时的体积 V_0，就可以得到常数

$$R=\frac{P_0V_0}{T_0}=8.3145(\mathrm{J\cdot mol^{-1}\cdot K^{-1}}) \tag{12-6}$$

R 称为普适气体常数，对于 $n$mol 的理想气体来说，物态方程为

$$pV=nRT \tag{12-7}$$

值得指出的是对于实际气体，玻意耳定律和 Avogadro 定律并不完全正确，但是在压强趋于零的极限情况下，气体是完全遵从这两个定律的。因此对于理想气体来说，这两个定律是正确的。

12-2　功、内能、热量和热力学过程

系统由一个状态转变为另外的状态，我们说系统经历了一个过程。在过程进行当中，系统的状态是不断发生变化的，这种状态的变化必然会导致平衡态的破坏，系统必须经历一定的时间才能建立新的平衡态。在实际的过程中，往往是新的平衡态尚未建立就又继续下一步的变化，这样系统在过程中经历的实际上是一系列的非平衡态。

这里我们不考虑非平衡态的问题，有效的办法就是让过程进行得足够慢，以至于过程的每一步系统都处在平衡态，这样的过程称为准静态过程。类似于孤立系统，准静态过程也是一个非常重要的理想化概念。

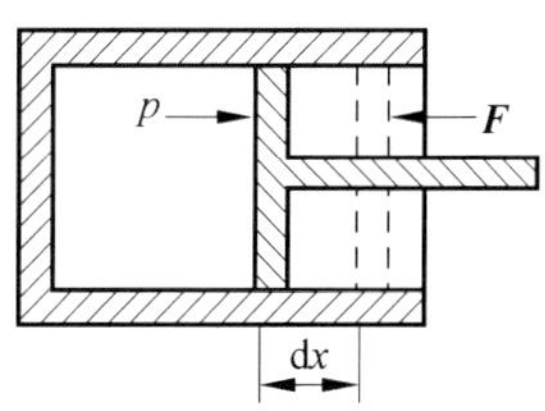

图 12-2　外界对气体做功示意图

举一个简单的例子来解释一下准静态过程的重要性。如图 12-2 所示，在横截面为 S 的圆柱形容器中有一定质量气体(p,V,T)，一端是可以移动的活塞(与器壁的摩擦忽略不计)。当我们施加外力 $\boldsymbol{F}$ 推动活塞，如果过程是无摩擦的准静态过程，其一是我们可以用选定状态参量来描述平衡态的性质；其二，$pS=-F$，外界对系统的作用可以用系统的状态参量来表示。

在过程进行当中，系统有可能与外界进行能量交换，做功就是系统与外界交换能量的一种方式。如图 12-2 所示，在准静态过程中施加力 F 压缩活塞，假设活塞移动了 $\mathrm{d}x$ 的距离，外力所做的功为

$$\mathrm{d}W=F\mathrm{d}x$$

用系统的状态参量来表示上式，得到外力对系统所做的功为

$$\mathrm{d}W=-pS\mathrm{d}x=-p\mathrm{d}V \tag{12-8}$$

压缩活塞时，$dV<0$ 外力对系统做正功。假定外力对系统做功，使得系统的体积经某一准静态过程由 V_A 变为 V_B，则在此过程中外力对系统所做的功为

$$W=\int dW=-\int_{V_A}^{V_B}p\,dV \tag{12-9}$$

应该指出，做功是与过程有关的，也就是说对上式积分的时候选择不同的积分路径得到的结果是不同的。在 p-V 图 12-3 中，联结状态 A 和状态 B 有两条不同的路径Ⅰ和Ⅱ。方程(12-9)在数值上等于曲线与 V 轴之间的面积的负值，很明显沿不同的积分路径积分结果是不同的。

做功和热传递是系统和外界交换能量的两种形式，这两种能量传递的方式有很大的差异。目前，实验上有非常有效的手段可以使得系统和外界的热量交换可以忽略不计，比如石棉就是很好的绝热材料。如果在过程中系统和外界的热量交换可以忽略不计，这样的过程叫做绝热过程。绝热过程科学的定义是：一个过程，其中系统状态的变化完全是由于机械作用或电磁作用的结果，而没有受到其他的影响，该过程叫做绝热过程。这样的定义完全与“热量”这一概念无关，因为到目前为止我们并没有给出“热量”的准确定义。

从 1840 年开始的 20 多年中，Joule(1818—1889)进行了大量的实验，结果表明：用各种不同的绝热过程使物体升高一定的温度，所需要的功在实验误差范围内是相等的。图 12-4 中所示的是两个典型的实验。这说明外界对系统所做的功仅仅取决于系统的初态和终态而与过程无关，因此可以用绝热过程中外界对系统所做的功定义状态函数 U 在终态 B 和初态 A 的差值

$$U_B-U_A=W_S \tag{12-10}$$

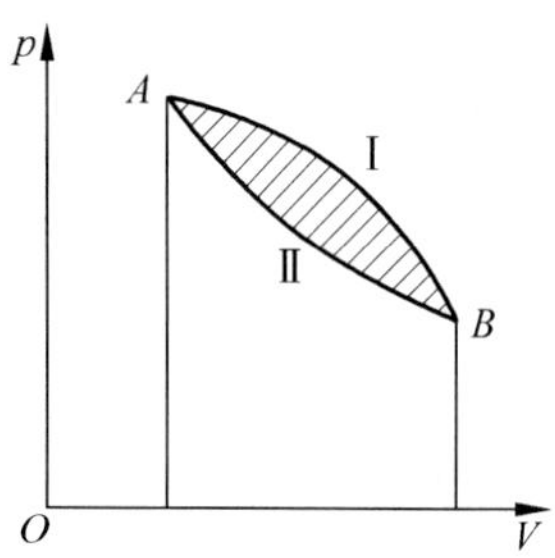

图 12-3 做功与过程的关系

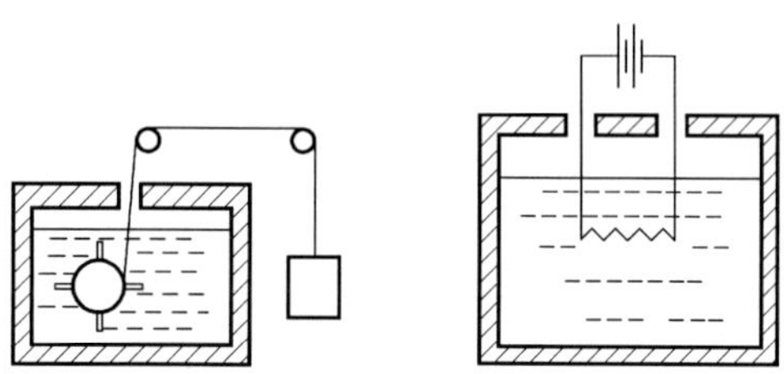
图 12-4 Joule 实验的两个典型实验装置

状态函数 U 叫做系统的内能，W_S 表示绝热过程中外界对系统所做的功。上式的物理含义是：外界在绝热过程中对系统所做的功全部转化为系统的内能。应该注意方程(12-10)只给出了两个状态内能的差，内能还可以有一个任意的相加常数，它仅仅取决于能量零点的选择。内能的单位是 J(焦[耳])。

如果过程不是绝热的，外界对系统所做的功并不等于两态的内能差 U_B-U_A。我们知道闭合系统与外界的能量交换只有做功和热传递两种途径，因此我们可以定义系统从外界吸收的热量 Q

$$Q=U_B-U_A-W \tag{12-11}$$

该式的物理含义很明确，在一个过程中系统从外界吸收的热量是内能差与外界对系统所做功的差值。热量也是能量的一种形式，单位与能量单位相同。

将方程(12-11) 改写为

$$U_B - U_A = Q + W \tag{12-12}$$

这就是热力学第一定律的数学形式，说明系统从外界吸收的热量和外界对系统所做的功全部转化为系统的内能。热力学第一定律又称为能量转化和守恒定律，它指出能量只能相互转化而不能凭空产生和消失。

对于一个任意小的过程，热力学第一定律的微分形式为

$$\mathrm{d}U = \mathrm{d}Q + \mathrm{d}W \tag{12-13}$$

热量和功一样，都是与过程有关的量，在无穷小过程中我们用 đ 来加以区别。虽然热量和功与过程有关，但是两者之和——内能是一个状态量，内能的改变量只取决于系统的终态和初态而与过程无关。

一个系统在某一过程中温度升高 1 K 所吸收的热量称为该过程的热容量。以 ΔQ 表示系统在某一过程中温度升高 ΔT 所吸收的热量，则系统在该过程的热容量为

$$C = \lim_{\Delta T \to 0} \frac{\Delta Q}{\Delta T} \tag{12-14}$$

热容量的单位为 $\mathrm{J \cdot K^{-1}}$(焦[耳]每开[尔文])。一定要注意：热量是与过程有关的，在不同的过程中使系统升高同样的温度需要从外界吸收的热量一般是不相同的，因此热容量也是与过程有关的。

我们知道使不同质量的同种物体升高相同的温度，需要从外界吸收的热量是不相同的，因此热容量是对整个系统而言的，与系统的质量或摩尔数成正比。通常我们可以用单位质量的热容量(或 1 mol 物质的热容量)来表示物体吸收热量的本领，称为比热(摩尔热容量)。

下面我们来分析气体的两个常见过程的热容量。

在等容过程中，由于系统的体积不变，外界不对系统做功，由热力学第一定律可知，$\Delta Q = \Delta U$。所以

$$C_V = \lim_{\Delta T \to 0}\left(\frac{\Delta Q}{\Delta T}\right)_V = \lim_{\Delta T \to 0}\left(\frac{\Delta U}{\Delta T}\right)_V = \left(\frac{\partial U}{\partial T}\right)_V \tag{12-15}$$

其中，$\left(\frac{\partial U}{\partial T}\right)_V$ 表示在体积不变的情况下内能随温度的变化率。由于 U 是 T、V 的函数，C_V 也是 T、V 的函数。

在等压过程中，外界对系统所做的功为 $W = -p\Delta V$，代入热力学第一定律式(12-12)，可知 $\Delta Q = \Delta U + p\Delta V$，所以

$$C_p = \lim_{\Delta T \to 0}\left(\frac{\Delta Q}{\Delta T}\right)_p = \lim_{\Delta T \to 0}\left(\frac{\Delta U + p\Delta V}{\Delta T}\right)_p \tag{12-16}$$

定义状态函数——焓

$$H = U + pV \tag{12-17}$$

在等压过程中焓的改变量为 $\Delta H = \Delta U + p\Delta V$，代入方程(12-16)，得到

$$C_p = \lim_{\Delta T \to 0}\left(\frac{\Delta H}{\Delta T}\right)_p = \left(\frac{\partial H}{\partial T}\right)_p \tag{12-18}$$

焓表示怎样的物理意义呢？在等压过程中，外界对系统所做的功为 $W = -p\Delta V$，根据热力学第一定律知道在这个过程中系统内能的改变量为 $\Delta U = \Delta Q - p\Delta V$，因而系统焓的改变量为 $\Delta H = \Delta Q$。所以焓在等压过程中的改变量等于系统从外界吸收的热量。

Joule 在 1845 年的气体自由膨胀实验中研究了理想气体的内能，发现理想气体的内能只是温度的函数而与体积无关。在如图 12-5 所示的装置中，一个容器 A 内装有理想气体，另外一个容器 B 抽成真空，整个实验装置放在水中。打开阀门以后，气体将向容器 B 内扩散，由于没有阻力，该过程是自由膨胀过程。测量水的温度变化，实验上发现水温是不变的。

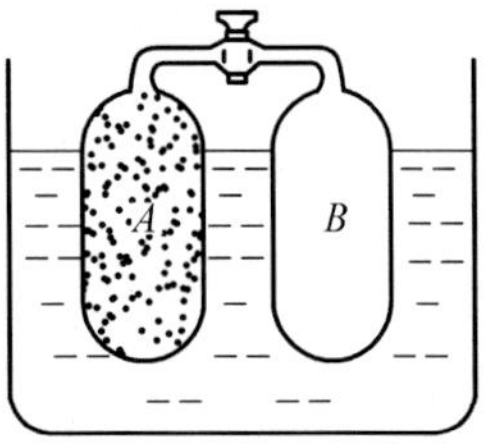

图 12-5　Joule 的气体自由膨胀实验

下面来仔细分析该实验能量的转化问题：其一，由于气体是自由膨胀的，所以外界不对气体做功，系统也不对外做功，即在整个过程中系统没有通过做功的形式与外界交换能量；其二，水温没有改变，也就是说系统没有向外界放出热量，也没有从外界吸收热量。根据热力学第一定律，我们知道在 Joule 自由膨胀实验中，系统的内能没有发生改变。所以该过程是内能不变的过程。

选取(T,V)作为状态参量，系统的内能可以写成 $U=U(T,V)$。利用数学公式

$$\left(\frac{\partial U}{\partial V}\right)_T \left(\frac{\partial V}{\partial T}\right)_U \left(\frac{\partial T}{\partial U}\right)_V = -1 \tag{12-19}$$

或

$$\left(\frac{\partial U}{\partial V}\right)_T = -\left(\frac{\partial T}{\partial V}\right)_U \left(\frac{\partial U}{\partial T}\right)_V \tag{12-20}$$

其中$\left(\frac{\partial T}{\partial V}\right)_U$叫做 Joule 系数，根据实验结果我们知道$\left(\frac{\partial T}{\partial V}\right)_U=0$。所以得到

$$\left(\frac{\partial U}{\partial V}\right)_T = 0 \tag{12-21}$$

上式说明，对于理想气体来说系统的内能仅仅是温度的函数，而与体积无关。

Joule 实验只有在理想气体极限下才是正确的，有兴趣的同学可以分析一下该实验存在的问题。从微观角度来看内能的组成可以帮助我们更好地理解 Joule 的实验结果。气体的内能包括气体分子的结合能、热运动的能量以及气体分子之间的相互作用能。气体分子的结合能是指破坏分子结构所需要的能量，比如氧气分子中 O—O 键的能量。一般来说不涉及化学反应的时候，分子的结合能不被释放，可以不考虑这一部分能量。热运动的能量包括气体分子整体的平动动能、转动动能和振动动能。实际气体分子之间的电磁相互作用与气体分子之间的距离有关，因此分子之间的势能也是内能的组成部分，而且是体积的函数。对于理想气体来说，分子之间没有相互作用，因而内能也就与体积没有关系，另外温度表征了气体分子热运动的剧烈程度，所以理想气体的内能只是温度的函数而与体积无关。

有了 Joule 实验的结果，我们将前面所讲的热容量作进一步的修改。在式(12-15)中，由于内能只是温度的函数，因此可以将偏导数写成导数的形式

$$C_V = \frac{\mathrm{d}U}{\mathrm{d}T} \tag{12-22}$$

因为 $H=U+pV$，将理想气体的物态方程代入，得到 $H=U+nRT$。因此焓也仅仅是温度的函数，所以定压热容量可以写成

$$C_p = \frac{\mathrm{d}H}{\mathrm{d}T} \tag{12-23}$$

将 $H=U+nRT$ 对温度求导数，得到

$$C_p - C_V = nR \tag{12-24}$$

定义 $\gamma=\dfrac{C_p}{C_V}$ 表示定压热容量与定容热容量的比值，这样我们就可以用 γ 将 C_p 和 C_V 表示出来，$C_V=\dfrac{nR}{\gamma-1}$ 和 $C_p=\dfrac{n\gamma R}{\gamma-1}$。一般来说，理想气体的定压热容量和定容热容量以及 γ 都是温度的函数，如果在所考虑的问题中温度变化的范围不大的话，可以将它们当做常数来看待。

下面来分析理想气体在不同热力学过程中能量的转化问题。

在等容过程中，系统的体积不发生变化。如图 12-6 中可以看到等容线是一条与 p 轴平行的直线，假定系统由状态 A 经准静态过程到达状态 B。由于体积不变，因此在此过程中 $\mathrm{d}V=0$，故外界不对系统做功。系统内能的变化仅仅依靠与外界的热量交换 $\mathrm{d}Q=C_V\mathrm{d}T$，因此

$$U_B - U_A = \int_{T_A}^{T_B} \mathrm{d}Q = C_V(T_B - T_A) \tag{12-25}$$

在等压过程中，系统的压强不发生变化。等压线是一条与 V 轴平行的直线，如图 12-7 所示。假定系统由状态 A 经准静态过程到达状态 B，由于压强不变，因此在此过程中外界对系统所做的功为 $W=-p(V_B-V_A)$。此外系统与外界还有热量交换 $\mathrm{d}Q=C_p\mathrm{d}T$，因此

$$U_B - U_A = \int_A^B (\mathrm{d}Q + \mathrm{d}W) = C_p(T_B - T_A) - p(V_B - V_A) \tag{12-26}$$

在等温过程中，系统的温度不发生变化。等温线在图 12-8 中是一条双曲线，曲线的位置由温度确定。假定系统由状态 A 经准静态过程到达状态 B，由于温度不变，因此在此过程中系统的内能不发生变化。系统从外界吸收的热量全部用来对外做功 $\mathrm{d}Q=-\mathrm{d}W=p\mathrm{d}V$。因此

$$\Delta Q = \int_{V_A}^{V_B} p\,\mathrm{d}V = \int_{V_A}^{V_B} \frac{nRT}{V}\mathrm{d}V = nRT\ln\frac{V_B}{V_A} \tag{12-27}$$

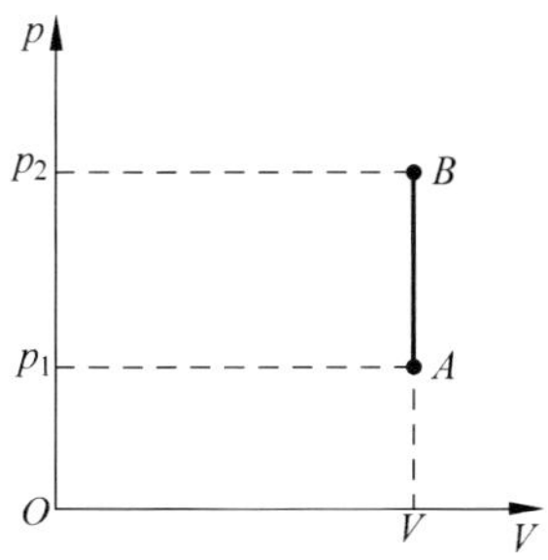

图 12-6　理想气体的等容过程

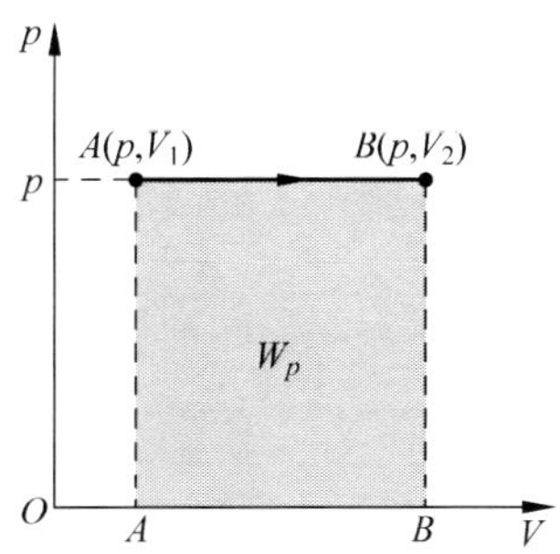

图 12-7　理想气体的等压过程

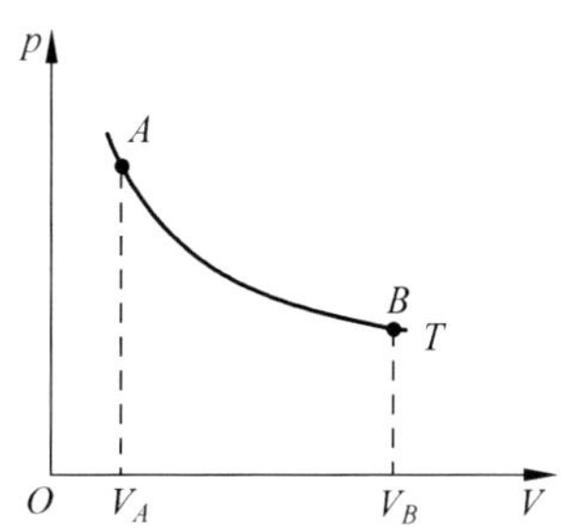

图 12-8　理想气体的等温过程

在绝热过程中，系统与外界没有热量交换。由于理想气体的内能只与温度有关，所以一无穷小过程中热力学第一定律可以写成

$$C_V\mathrm{d}T + p\mathrm{d}V = 0 \tag{12-28}$$

将理想气体物态方程作全微分，得到

$$p\mathrm{d}V + V\mathrm{d}p = nR\mathrm{d}T \tag{12-29}$$

消去以上两式中的 $\mathrm{d}T$，我们得到在绝热过程中 p 和 V 的无穷小改变量之间的关系

$$\frac{\mathrm{d}p}{p} + \gamma\frac{\mathrm{d}V}{V} = 0 \tag{12-30}$$

积分得到理想气体在绝热过程中的关系式

$$pV^{\gamma} = C \tag{12-31}$$

根据这个关系，我们可以在图 12-9 中画出绝热线。因为 $\gamma>1$，所以绝热线比等温线要陡一些。利用理想气体的物态方程，我们还可以得到在准静态绝热过程中 (p,T) 和 (V,T) 的关系

$$TV^{\gamma-1} = C', \quad \frac{p^{\gamma-1}}{T^{\gamma}} = C'' \tag{12-32}$$

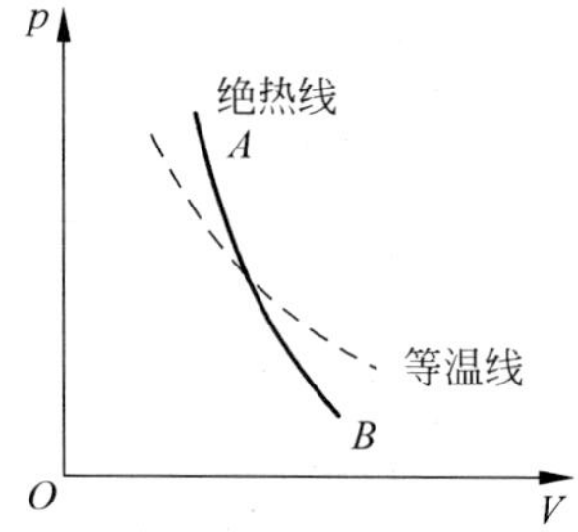

图 12-9 理想气体的绝热过程

当系统经由准静态绝热过程从状态 A 到状态 B 时，系统与外界没有热量交换，系统内能的改变量完全是由于外界对系统做功的结果。因为理想气体的内能只是温度的函数，所以

$$\Delta U = C_V(T_B - T_A) = -\int_{V_A}^{V_B} p\mathrm{d}V = \frac{C}{\gamma-1}\left(\frac{1}{V_B^{\gamma-1}} - \frac{1}{V_A^{\gamma-1}}\right) \tag{12-33}$$

理想气体的实际过程既不可能是严格的等温过程也不可能是严格的绝热过程，一般来说与前面提到的四个过程有所偏差，我们称这样的过程为多方过程。假定该过程的热容量为 C_n，则该过程理想气体吸收的热量为 $C_n\mathrm{d}T$，外界对系统所做的功为 $-p\mathrm{d}V$，热力学第一定律可以表示为

$$C_V\mathrm{d}T = C_n\mathrm{d}T - p\mathrm{d}V \tag{12-34}$$

与方程(12-29)联立消掉 $\mathrm{d}T$，得到

$$\frac{\mathrm{d}p}{p} + n\frac{\mathrm{d}V}{V} = 0 \tag{12-35}$$

其中，$n=\dfrac{C_n - C_p}{C_n - C_V}$ 称为多方指数。积分得到理想气体在多方过程中的关系式

$$pV^{n} = C \tag{12-36}$$

很容易看出

(1) $n=1$ 时，$pV=C$ 是等温过程；

(2) $n=0$ 时，$p=C$ 是等压过程；

(3) $n\to\infty$ 时，$V=C$ 是等容过程。

在多方过程中，外界对理想气体所做的功

$$W = -\int_{V_A}^{V_B} p\mathrm{d}V = -\int_{V_A}^{V_B} \frac{C}{V^n}\mathrm{d}V = \frac{C}{n-1}\left(\frac{1}{V_B^{n-1}} - \frac{1}{V_A^{n-1}}\right) \tag{12-37}$$

在多方过程中，热力学第一定律为

$$C_V(T_B - T_A) = C_n(T_B - T_A) + \frac{C}{n-1}\left(\frac{1}{V_B^{n-1}} - \frac{1}{V_A^{n-1}}\right) \tag{12-38}$$

12-3　循环过程　卡诺循环

在本节中,我们将讨论以理想气体为工作物质的热机效率问题。热机是通过工作物质所进行的循环过程,不断地把它吸收的热量转化为机械功的这样一种装置。为了使热机能够不断地对外输出机械功,工作物质所进行的过程就得周而复始地进行下去。实际的热机进行的循环过程是非常复杂的。这里我们介绍一种最简单但又非常重要的卡诺热机,它以理想气体作为工作物质,一个完整的卡诺循环由两个准静态等温过程和两个准静态绝热过程组成,如图 12-10 所示。在下面的讨论中我们假定这四个过程都是无摩擦的准静态过程,我们称这样的热机为可逆卡诺热机,过程为可逆的卡诺循环。关于可逆过程的定义和包含的物理意义将在下一节给出。

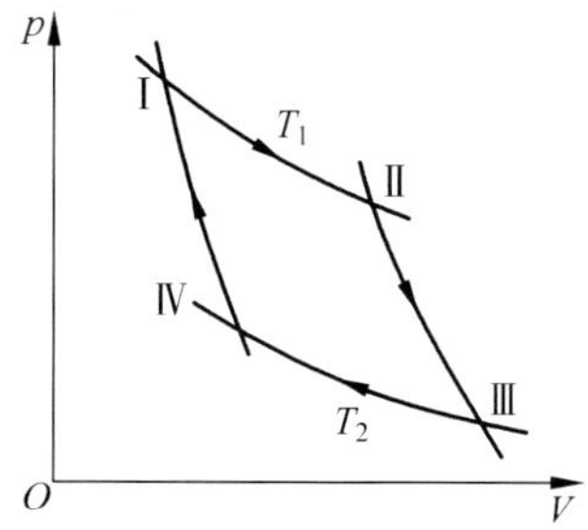

图 12-10　理想气体的卡诺循环

卡诺循环由四个过程组成:等温膨胀过程,绝热膨胀过程,等温压缩过程和绝热压缩过程。前面我们已经详细地介绍过等温过程和绝热过程中能量的转化,这里不再赘述。假定经历一个卡诺循环之后,从 p-V 图中很容易看出四条曲线围起的面积就是系统对外界所做的功。工作物质经历一个循环过程之后又回到初始状态,所以系统的内能没有发生变化。因此系统在一个循环过程之后对外输出的机械功完全是由于系统从外界吸收的净热量。我们知道,在绝热过程中系统与外界是没有热量交换的,因此系统只能是在两个等温过程中吸收或放出热量。

在准静态等温膨胀过程中,为了保证系统的温度恒定,我们可以假设系统与一个大的热源接触。所谓热源是指热容量很大的物体,放出或吸收有限的热量并不会使它的温度发生变化。根据热力学第一定律,系统膨胀对外做功的能量全部是它从高温热源 T_1 吸收的热量 Q_1。在准静态等温压缩过程中,外界对系统所做功全部以热量 Q_2 的形式在低温热源 T_2 放出。由能量守恒,这样系统在一个循环过程中对外所做的功为

$$W = Q_1 - Q_2 \tag{12-39}$$

定义热机的工作效率为对外所做的功与它在高温热源吸收的热量的比值,所以

$$\eta = \frac{Q_1 - Q_2}{Q_1} \tag{12-40}$$

利用公式(12-27)分别计算两个等温过程中系统吸收的热量,并代入上式就可以得到

$$\eta = \frac{nRT_1 \ln (V_2/V_1) + nRT_2 \ln (V_4/V_3)}{nRT_1 \ln (V_2/V_1)} \tag{12-41}$$

利用绝热过程温度与体积的关系,可以得到(T_1, V_1)和(T_2, V_4)以及(T_1, V_2)和(T_2, V_3)之间的关系

$$T_1 V_1^{\gamma-1} = T_2 V_4^{\gamma-1}, \quad T_1 V_2^{\gamma-1} = T_2 V_3^{\gamma-1}$$

两式相比,消掉 T_1 和 T_2 就可以得到 $V_i(i=1,2,3,4)$之间的关系

$$V_4/V_3 = V_1/V_2$$

这样我们就得到卡诺热机的效率

$$\eta = 1 - \frac{T_2}{T_1} \tag{12-42}$$

从上面的分析我们来看一下卡诺循环的特点：

(1) 卡诺热机必须工作在高温热源和低温热源之间，并且在高温热源吸收热量，在低温热源放出热量，只有这样才能对外输出机械功；

(2) 卡诺热机的工作效率只与两个热源的温度有关，而与工作物质无关，这为热力学温标的建立奠定了基础。

如果我们让循环反向进行，通过对各个准静态过程的分析就会发现：工作物质在低温热源吸收热量 Q_2，在高温热源放出热量 Q_1。当然热量由低温物体传到高温物体这一过程是不会自发进行的，这种装置类似于日常生活中的冰箱和制冷空调，是一种简单制冷机的工作原理。定义制冷机的工作效率为从低温热源吸收的热量与外界对系统所做的功的比值，所以

$$\eta' = \frac{Q_2}{Q_1 - Q_2} = \frac{T_2}{T_1 - T_2} \tag{12-43}$$

12-4 热力学第二定律

在第一类永动机的方案被热力学第一定律否定之后，又出现了所谓的第二类永动机。这种永动机的设计思路无一例外都是从单一热源吸收热量，并将这些热量全部转化为机械功。这种设计思路并没有违反热力学第一定律，只不过是将热能全部转化为机械能而已。

从上一节卡诺热机的工作情况来看，要想热机连续不断地对外输出机械功，工作物质必须要能够回到初始状态，只有这样才能持续不断地对外做功，而且工作物质在高温热源吸收的热量还必须要在低温热源放出一部分。这一看似平常的现象实际上包含着非常深刻的物理含义。在日常生活中我们都知道，热量只能自发地从高温物体转移到低温物体，墨水在水中扩散以后是没有办法自发地再聚集起来。这些现象都说明了这样一个问题，自然界中与热现象有关的自发过程是有方向性的。

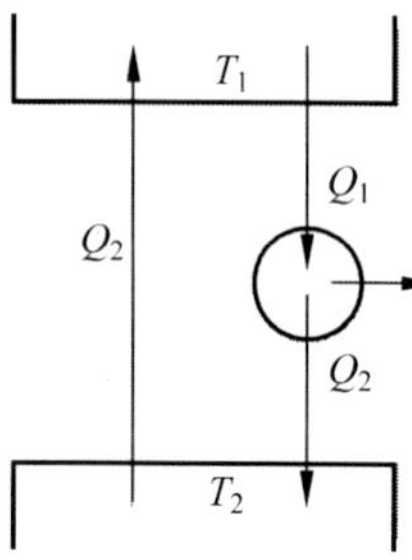

图 12-11 克劳修斯表述不成立，则开尔文表述也不成立

热力学第二定律就揭示与热现象有关的过程的进行方向和限度，有两种等效的表述方法。

克劳修斯表述：不可能把热量从低温物体传到高温物体而不引起其他的变化；

开尔文表述：不可能从单一热源吸收热量使之全部转化为有用功而不引起其他变化。

我们先来证明热力学第二定律两种表述的等效性，然后再来讨论它的特点和包含的物理意义。

首先假定克劳修斯表述不正确，热量 Q_2 从低温热源传到高温热源而没有引起其他的变化。利用一可逆的卡诺热机在这两个热源之间工作，从高温热源吸收热量 Q_1，在低温热源放出热量 Q_2，热机对外输出的机械功为 $W = Q_1 - Q_2$。在一个循环过程结束以后，工作物质恢复原状，我们发现低温热源放出热量 Q_2 以后，又通过可逆的卡诺热机吸收了热量 Q_2，所以低温热源的状态完全复原了。高温热源吸收热量 Q_2，放出热量 Q_1，放出的净热量为 $Q_1 - Q_2$。可逆卡诺热机对外做功为 W，恰好是高温热源放出的热量。将整个过程配合起

来，得到的结论就是从单一热源吸收热量并将其全部转化为有用功而没有引起其他的变化。可以看到克劳修斯表述不正确的话，开尔文表述必然是不正确的。那么反之会是什么样的呢？

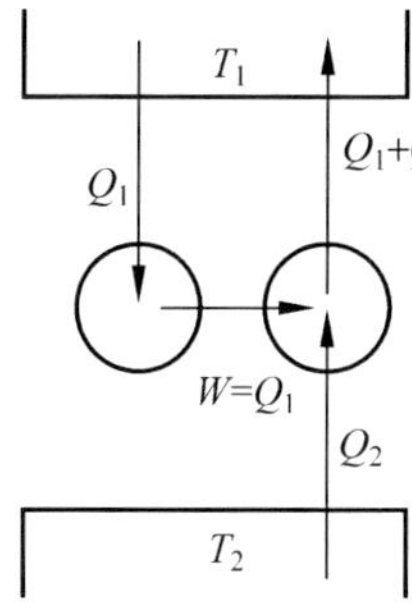

图 12-12 开尔文表述不成立，则克劳修斯表述也不成立

再假设开尔文表述不正确，即可以从单一热源吸收热量 Q_1 并全部转化为有用功而不引起其他的变化。我们可以用这部分功推动一可逆的卡诺热机反向进行。假设该热机在低温热源吸收的热量为 Q_2，根据热力学第一定律，它将在高温热源放出热量 Q_2+W。将整个过程配合起来以后，唯一的结果就是低温热源放出热量 Q_2，并且这部分热量全部传递到高温热源，也就是说：热量从低温物体传到高温物体而不引起其他的变化。因此开尔文表述不正确也必然导致克劳修斯表述不正确。所以我们说热力学第二定律的两种表述是等价的。

热力学第二定律两种表述的共同点是“不引起其他的变化”。热量从低温物体传到高温物体是可能的，冰箱和制冷空调都有这样的功能，它们引起的“其他变化”是需要消耗电能(外界对系统做功)。从单一热源吸收热量转化为有用功也是可以的，比如气体的等温膨胀过程，它引起的“其他变化”是气体的体积膨胀。

此外上面的两种表述还有另外的一层意思，如果这样的过程一旦发生了，无论你用任何复杂的方法也不可能消除它在自然界中所留下的痕迹，我们称这种过程为不可逆过程。比如摩擦生热和热传导过程就是两个最典型的不可逆过程(如图 12-13)，前者在自然界中留下的痕迹是周围的温度升高、物体的位置发生变化；后者两物体的温度发生变化。如果一个过程发生之后能够恢复原状并且同时在自然界中产生的影响也被消除，这样的过程叫做可逆过程，无摩擦的准静态过程是可逆过程。比如热量在等温物体之间的传递就是可逆过程，当然这样的过程是不可能自发发生的。因为可逆过程在每时每刻都处于平衡态，所以系统的状态是不会自发发生变化，因此可逆过程必然是受迫过程。换句话说，自然界中一切与热现象有关的自发过程都是不可逆的。

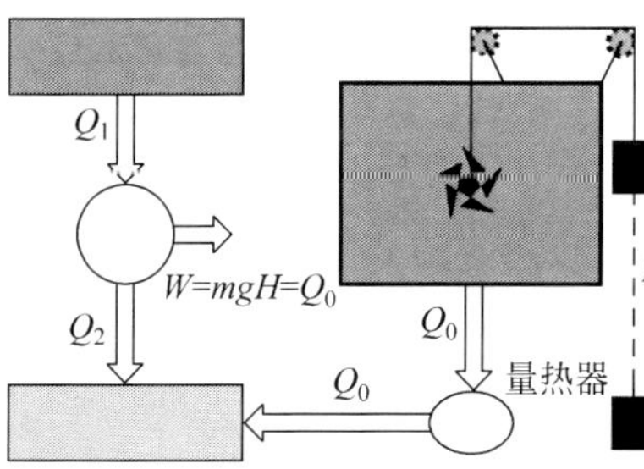

图 12-13 热传导与摩擦生热之间的关联

举个例子来说明一下不可逆过程在自然界中留下的痕迹是不可能消除的。在 Joule 实验中，重物下落做功 W 带动轮片使水的温度升高，结果是摩擦生热产生热量 Q_0 使水温升高，重物下落了一定的距离。我们可以利用可逆过程将热量 Q_0 收集起来，然后利用可逆的卡诺热机输出功 $W=Q_0$ 使重物回到原处，这样 Joule 实验系统就恢复了原状。假定可逆卡诺热机从高温热源吸收的热量为 Q_1，在低温热源放出的热量为 $Q_2=Q_1-Q_0$，再利用可逆过程将 Q_0 的热量传递给低温热源，这样低温热源吸收的总热量为 $Q_2+Q_0=Q_1$。可以看到，整个过程结束以后，Joule 实验系统是恢复了原状，高温热源将热量 Q_1 传递给了低温热源。也就是说，摩擦生热在自然界中留下的痕迹变成了热传导过程。即一个不可逆过程发生之后，任何使之恢复原状的办法必然会引起其他不可逆过程的发生。

因此我们也可以说，自然界中的不可逆过程是相互关联的。实际上热力学第二定律的表述方法是多种多样的，任何两个不可逆过程之间的联系都可以作为热力学第二定律的表述。

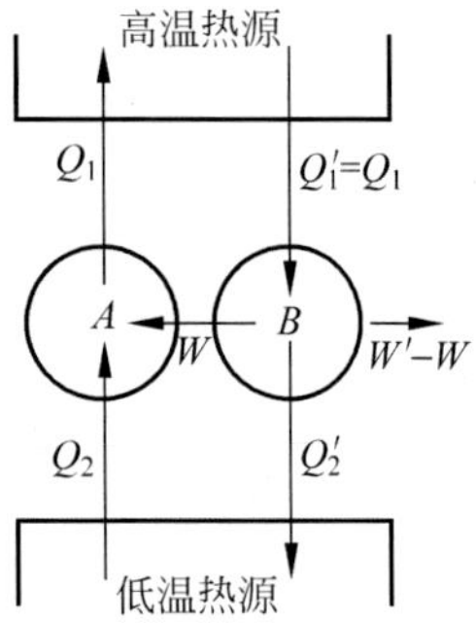

图 12-14　卡诺定理的证明

1824 年，卡诺（1796—1832）在研究热机效率的工作中发现：所有工作于两个一定温度热源之间的热机，以可逆卡诺热机的效率最高。这就是著名的卡诺定理，它对热力学第二定律的发现和热力学温标的建立都起到很大的作用，然而卡诺本人并没有给这一定理做出正确的解释。1850 年，克劳修斯（1822—1888）分析了卡诺的工作，指出卡诺定理的证明需要用到一个全新的定律，这就是我们前面所讲的热力学第二定律。下面我们用热力学第二定律来证明卡诺定理（如图 12-14）。

热机 A 为可逆热机，热机 B 为不可逆热机，两个热机的效率分别为 η_A 和 η_B，可以让这两个热机从高温热源吸收的热量都为 Q_1，在低温热源放出的热量分别为 Q_2 和 Q_2'。用反证法，假设 $\eta_B>\eta_A$

$$\frac{Q_1-Q_2'}{Q_1}\geqslant\frac{Q_1-Q_2}{Q_1}$$

也就是说不可逆热机输出的功 W_B 大于可逆热机输出的功 W_A。用不可逆热机 B 输出的功推动可逆热机反向运行，则还可以剩余功 W_B-W_A。循环结束以后来看整个过程产生的效果。高温热源放出热量 Q_1 后又从可逆热机收回了热量 Q_1，因此高温热源的状态没有改变。工作物质经历一个循环之后又回到初始状态。低温热源放出了热量 $Q_2-Q_2'\geqslant 0$。系统对外做功为 W_B-W_A，根据热力学第一定律的分析，这部分功正好等于低温热源放出的热量 Q_2-Q_2'。最后的结果就是工作物质经过一个循环过程之后从单一热源（低温热源）吸收热量并且全部对外做功而没有引起其他的变化。显然这违反了热力学第二定律的开尔文表述，因此不可逆热机的效率不可能大于可逆热机的效率，这样就证明了卡诺定理。

卡诺定理有一个明显的推论：所有工作于两个一定温度热源之间的可逆热机的效率是相等的。

12-5　熵与熵增加原理

根据卡诺定理，所有工作于两个一定温度热源之间的热机以可逆卡诺热机的工作效率最高，我们可以得到

$$1-\frac{Q_2'}{Q_1}\leqslant 1-\frac{T_2}{T_1}$$

其中，T_1 表示高温热源的温度，Q_1 表示工作物质从高温热源吸收的热量；T_2 表示低温热源的温度，Q_2' 表示工作物质在低温热源放出的热量。所以

$$\frac{Q_1}{T_1}-\frac{Q_2'}{T_2}\leqslant 0$$

我们也可以将 $-Q_2'$ 看成是工作物质从低温热源吸收的热量 Q_2，并把上式写成一种对称的形式

$$\frac{Q_1}{T_1}+\frac{Q_2}{T_2}\leqslant 0 \tag{12-44}$$

该式称为克劳修斯等式和不等式，其中不等号对应于不可逆过程，等号对应于可逆过程。我们直接将克劳修斯等式和不等式推广到一个一般的循环过程

$$\oint\frac{\mathrm{d}Q}{T}\leqslant 0 \tag{12-45}$$

如果工作物质在一个循环过程每一步都是可逆的，这时 $\oint\frac{\mathrm{d}Q}{T}=0$，我们可以定义一个新的与路径无关的状态函数——熵。

$$S_B-S_A=\int_A^B\frac{\mathrm{d}Q}{T} \tag{12-46}$$

注意 $\mathrm{d}Q$ 是系统在任意小的可逆过程中从热源吸收的热量，T 是热源的温度。对于一个任意小的可逆过程，则有

$$\mathrm{d}S=\frac{\mathrm{d}Q}{T}$$

设连接始末状态 AB 的两条路径一个是可逆的，一个是不可逆的，系统在这样两个过程中吸收的热量分别为 $\mathrm{d}Q$ 和 $\mathrm{d}Q_{ir}$。从理论上讲总存在一个可逆过程连接两个任意的状态，可逆过程总是可以找到的。假定过程沿不可逆过程从 A 到 B，然后沿可逆过程从 B 回到 A，则根据克劳修斯等式和不等式

$$\oint\frac{\mathrm{d}Q}{T}=\int_A^B\frac{\mathrm{d}Q_{ir}}{T}+\int_B^A\frac{\mathrm{d}Q}{T}\leqslant 0$$

所以

$$\int_A^B\frac{\mathrm{d}Q_{ir}}{T}\leqslant\int_A^B\frac{\mathrm{d}Q}{T}=S_B-S_A \tag{12-47}$$

对于任意小的过程则有

$$\mathrm{d}S\geqslant\frac{\mathrm{d}Q}{T} \tag{12-48}$$

这就是热力学第二定律的数学表达式，从这里我们可以看到大于等于号表示系统在一个过程中只能沿一定的方向进行，也就是我们前面所说的自然界中一切与热现象有关的物理过程都是有方向性的原因。

我们知道在绝热过程中系统与外界是没有热量交换的，所以在绝热过程中就有

$$\mathrm{d}S\geqslant 0 \tag{12-49}$$

这就是我们所说的熵增加原理，它还可以表述为：孤立系统的熵永不减少。无论是孤立系统还是绝热过程，系统与外界都没有热量交换，这时系统只能是朝着熵增加的方向进行。历史上人们曾经根据熵增加原理提出所谓的热寂说，认为宇宙将最终趋于一种熵极大的状态，也就是热寂状态。其实我们所处的宇宙并不是一个孤立系统，它是在不断膨胀的，而且热力学和统计物理并没有考虑引力相互作用。

熵增加原理最简单的应用就是判断孤立系统中过程进行的方向。孤立系统与外界既没有能量交换也没有物质交换，发生的过程必然是绝热过程，因此孤立系统的熵是永远不会减少的。通过计算始末状态函数熵的改变，即可以判断出过程是否可以发生。

例如，热量 Q 从高温热源 T_1 传到低温热源 T_2，这样的过程是可能的吗？

在这个问题当中只有高温热源和低温热源，可以把它们合起来当成一个复合系统看待，这样的复合系统是一个孤立系统。这一点是非常重要的，因为熵增加原理的条件是只对孤立系统成立的。从常识我们知道热传导过程是不可逆的，根据熵的定义，过程前后熵的变化是通过可逆过程得到的。因此我们还必须找一个可逆过程，使得它引起系统的变化与原来过程系统的变化相同，通过这样一个可逆过程来计算原过程系统的熵变。首先找一个温度为 T_1 的热源 A 与高温热源做热接触，使高温热源传递热量 Q 给 A，这样高温热源的熵变为

$$\Delta S_1=-\frac{Q}{T_1}$$

再找一个温度为 T_2 的热源 B 与低温热源做热接触，使得低温热源从 B 吸收热量 Q，这样低温热源的熵变为

$$\Delta S_2=+\frac{Q}{T_2}$$

因此在热传导过程前后系统的熵变为

$$\Delta S=\Delta S_1+\Delta S_2=Q\left(\frac{1}{T_2}-\frac{1}{T_1}\right)>0$$

因此这样的过程是可以发生的。要注意的是热源 A、B 的作用是使得系统经过一个可逆过程后达到与原过程相同的状态，这样的作法会引起外界的变化。但是我们只需要考虑系统的变化，外界的变化与我们讨论的问题无关。

再来看一个例子，将质量相同，温度分别为 T_1 和 T_2，且 $T_2>T_1$ 的两杯水在等压下绝热混合，求前后的熵变。

凭经验我们知道，混合后系统处于热平衡状态，水的温度为 $\frac{1}{2}(T_1+T_2)$。在整个过程中系统的温度在不断变化，因此在过程进行中，我们要找一系列的热源以便保证在过程进行的每一步，系统的温度与热源的温度相等。首先找一系列的热源，温度处于 T_1 到 $\frac{1}{2}(T_1+T_2)$ 之间，温度间隔为无穷小。用初始温度为 T_1 的水分别与这些热源做热接触，吸收热量 $\mathrm{d}Q$ 后与另一热源接触，直至温度升高到 $\frac{1}{2}(T_1+T_2)$。过程前后水的熵变为

$$\Delta S_1=\int_{T_1}^{\frac{1}{2}(T_1+T_2)}\frac{C_p\mathrm{d}T}{T}=C_p\ln\frac{T_1+T_2}{2T_1}$$

对于温度为 T_2 的水做同样的处理，得到

$$\Delta S_2=\int_{T_2}^{\frac{1}{2}(T_1+T_2)}\frac{C_p\mathrm{d}T}{T}=C_p\ln\frac{T_1+T_2}{2T_2}$$

所以系统在过程前后的熵变为

$$\Delta S=\Delta S_1+\Delta S_2=C_p\ln\frac{(T_1+T_2)^2}{4T_1T_2}\geqslant 0$$

根据热力学第二定律，状态函数熵可以用来判断孤立系统过程进行的方向。对于一个孤立系统，只要知道过程前后两个状态的熵函数，即可以判断出这样的过程是否是可能的。但是在某些过程中，采用其他的热力学函数判断过程进行的方向可能会更加方便。

对内能函数的全微分做勒让德变换

$$\mathrm{d}U\leqslant T\mathrm{d}S-p\mathrm{d}V=T\mathrm{d}S-p\mathrm{d}V-S\mathrm{d}T+S\mathrm{d}T=\mathrm{d}(TS)-S\mathrm{d}T-p\mathrm{d}V$$

定义一个新的热力学函数自由能 F

$$F = U - TS \tag{12-50}$$

对于一任意的过程，自由能全微分为

$$\mathrm{d}F \leqslant -S\mathrm{d}T - p\mathrm{d}V \tag{12-51}$$

其中不等号对应不可逆过程，如果过程是可逆的，上式取等号。在等温过程中，$\mathrm{d}T=0$，有

$$-\mathrm{d}F \geqslant -\mathrm{d}W \tag{12-52}$$

即在等温过程中，系统对外所做的体积变化功不大于其自由能的减少。也就是说在可逆的等温过程中，系统将所减少的自由能全部转化为对外所做的功，这称为最大功定理。根据定义，自由能可以看成是内能的一部分，在可逆等温过程中转化为功，这也就是 F 叫做自由能的原因。

如果只有体积变化功，那么当系统体积不变时，$\mathrm{d}W=0$，得到

$$\mathrm{d}F \leqslant 0 \tag{12-53}$$

这说明在等温等容过程中，系统的自由能永不增加。在等温等容过程中，系统中不可逆过程总是向自由能减少的方向进行的。

如果除了体积变化功之外，还有其他形式的功存在，我们将热力学第一定律改写为

$$\mathrm{d}U = \mathrm{d}Q - p\mathrm{d}V + \mathrm{d}W'$$

其中，$\mathrm{d}W'$表示体积变化外其他形式的功。将 $T\mathrm{d}S \geqslant \mathrm{d}Q$ 代入并做勒让德变换

$$\mathrm{d}U \leqslant T\mathrm{d}S - p\mathrm{d}V + \mathrm{d}W' = \mathrm{d}(TS - pV) - S\mathrm{d}T + V\mathrm{d}p + \mathrm{d}W'$$

定义吉布斯函数

$$G = U - TS + pV \tag{12-54}$$

微分式为

$$\mathrm{d}G \leqslant -S\mathrm{d}T + V\mathrm{d}p + \mathrm{d}W' \tag{12-55}$$

可以看出，在等温等压过程中

$$\mathrm{d}G \leqslant \mathrm{d}W' \tag{12-56}$$

这里包含的物理意义是，在等温等压过程中，系统吉布斯函数的增加不大于外界对系统所做的功，当然这里面不包含体积变化功。如果说系统只有体积变化功，则

$$\mathrm{d}G \leqslant 0 \tag{12-57}$$

即在等温等压过程中，系统的吉布斯函数永不增加。在等温等压过程中，系统中不可逆过程总是向吉布斯函数减少的方向进行的。

习　　题

12-1 定容气体温度计的测温泡浸在水的三相点槽内，其压强为 50 mmHg。

(a) 当温度为 300 K 时，气体的压强为多少？

(b) 当气体压强为 68 mmHg 时，待测温度是多少？

12-2 一定容气体温度计是按照摄氏温标刻度的，它在冰点和汽点，气体的压强分别为 0.400 atm 和 0.546 atm。

(a) 当气体的压强为 0.10 atm 时，待测温度为多少？

(b) 测量硫的沸点温度为 444.60℃，气体的压强是多少？

12-3　1 mol 理想气体，在 27℃的恒温下体积发生膨胀，其压强由 $20p_0$ 准静态降到 $1p_0$，求气体所做的功和吸收的热量。

12-4　在 0℃和 $1p_0$ 下，空气的密度为 1.29 kg·m^{-3}。空气的定压比热为 $C_p=996\text{J}\cdot\text{kg}^{-1}\cdot\text{K}^{-1}$，$\gamma=1.41$。现有 27 m^3 的空气，试计算

(a) 保持体积不变，将空气由 0℃加热到 20℃所需要的热量。

(b) 保持压强不变，将空气由 0℃加热到 20℃所需要的热量。

(c) 如容器有裂缝，外界为 $1p_0$，将空气缓慢由 0℃加热到 20℃所需要的热量。

12-5　满足 $pV^n=C$ 的过程称为多方过程，其中常数 n 叫做多方指数。试证明：理想气体在多方过程中的热容量为

$$C_n=\frac{n-\gamma}{n-1}C_V$$

12-6　分别通过下列过程把标准状态下的 0.014 kg 氮气压缩为原体积的一半：(1)等温过程；(2)绝热过程；(3)等压过程。试分别求出这些过程中气体内能的改变，传递的热量和外界对气体所做的功。设氮气可以看作理想气体，且 $C_V=\frac{5}{2}R$。

12-7　在标准状态下的 0.016 kg 氧气，经过一绝热过程对外界做功 80 J。求终态的压强、体积和温度。设氧气为理想气体，且 $C_V=\frac{5}{2}R$，$\gamma=1.4$。

12-8　在标准状态下，1 mol 单原子理想气体先经过一绝热过程，再经过一等温过程，最后压强和体积均变为原来的两倍，求整个过程中系统吸收的热量。若先经过等温过程再经过绝热过程而达到同样的状态，则结果是否相同？

12-9　证明：当 γ 为常数时，若理想气体在某一过程中的热容量也是常数，则这个过程一定是多方过程。

12-10　某气体服从状态方程 $p(v-b)=RT$，内能为 $u=C_VT+u_0$，C_V，u_0 都是常数。证明：在准静态绝热过程中，这气体满足方程 $p(v-b)^\gamma=$常数，其中 $\gamma=C_p/C_V$。

12-11　如图所示为一单原子理想气体所经历的循环过程，其中 AB 为等温线。已知 $V_A=3.0$ L，$V_B=6.0$ L，求工作效率。设 $C_V=\frac{3}{2}R$。

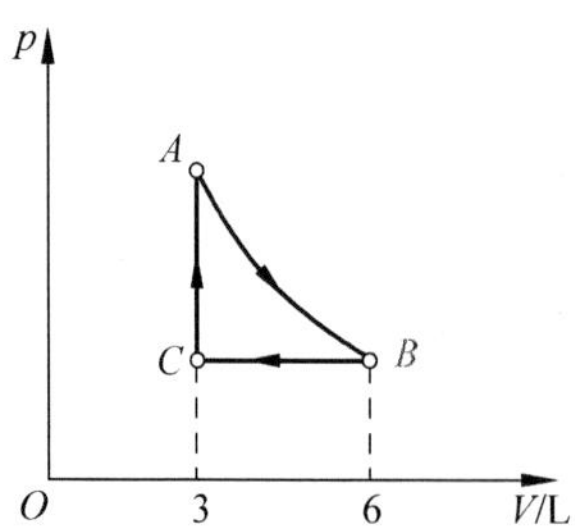

习题 12-11 图

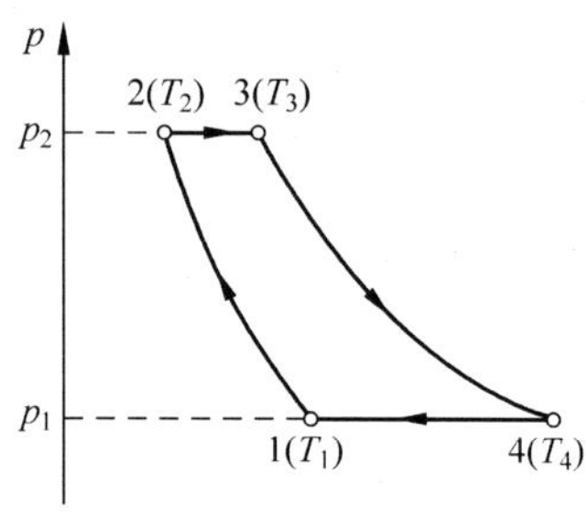

习题 12-12 图

12-12　燃气涡轮机内的工作物质进行如图的循环过程，其中 1-2，3-4 为绝热过程，2-3，4-1 是等压过程。试证明其工作效率为

$$\eta=1-\frac{T_4-T_1}{T_3-T_2}$$

设工作物质为理想气体，C_p 为常数。

12-13　如图所示为理想气体经历的循环过程，这过程由两个等容过程和两个等温过程组成。设 p_1,p_2,p_3,p_4 已知，试证明

$$p_1 p_3 = p_2 p_4$$

12-14　一制冷机进行如图的循环过程，其中 ab 和 cd 分别是温度为 T_2 和 T_1 的等温过程；bc 和 da 为等压过程。设工作物质为理想气体，求制冷机的工作效率。

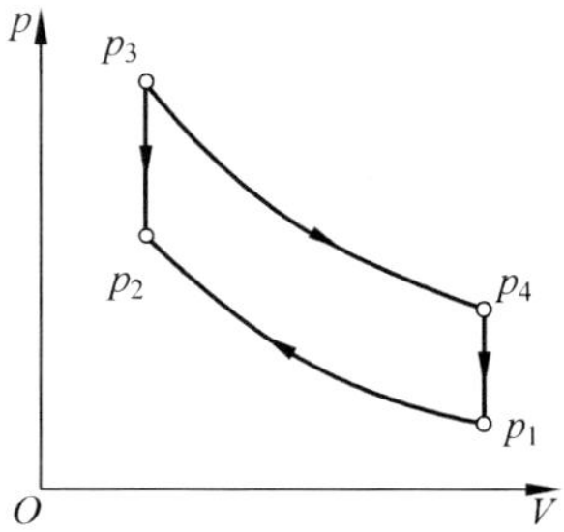

习题 12-13 图

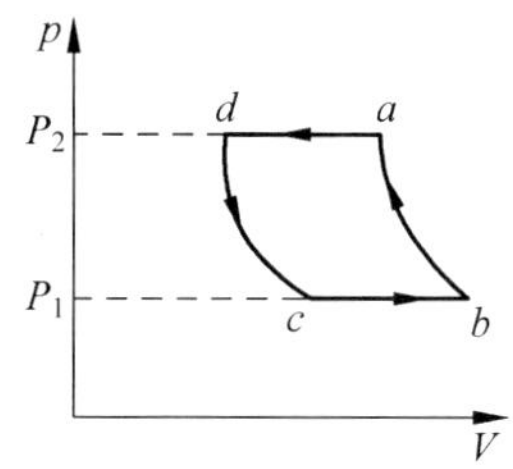

习题 12-14 图

12-15　一热机工作于 T_1 和 T_2 两个热源之间，在一循环过程中对外输出的净功为 W_0，求这热机在循环过程中所吸入和放出的最小热量。

12-16　试证明：任意循环过程的效率，不可能大于工作于最高热源温度和最低热源温度之间的可逆卡诺热机的工作效率。

12-17　根据热力学第二定律证明两条绝热线不可能相交。

12-18　理想气体初态的温度为 T，体积为 V_A，经绝热自由膨胀过程后体积变为 V_B。求气体的熵变，该过程是否为不可逆过程？

12-19　理想气体初态的温度为 T，体积为 V_A，经准静态等温过程膨胀后体积变为 V_B。求气体的熵变，该过程是否为不可逆过程？

12-20　将质量相同，温度分别为 T_1 和 T_2 的两杯水在等压下绝热混合，求熵变。

12-21　物体的初温 T_1 高于热源的温度 T_2。一热机在此物体和热源之间工作，直到将物体的温度降为 T_2 为止。若热机从物体吸收的热量为 Q，根据熵增加原理证明，此热机所能输出的最大功为

$$W_{\max} = Q - T_2(S_1 - S_2)$$

$S_1 - S_2$ 是物体的熵减少量。

第13章

气体动理论

引子：从一滴墨水的扩散看自然界的有序和无序

本章我们从一滴墨水的扩散谈起。墨水滴入一杯清水中，一段时间之后，最初的墨滴渐化为纷乱缭绕的墨云，最后墨水会均匀地分布在整个杯中，整杯水浑然一色。除了颜色的变化，我们还注意到这样一个过程，扩散前墨水分子集中且排列有序，而扩散后混乱又分散，这便是一个从有序到无序的过程。序是什么？序的概念与数的性质有关，自然数1,2,3,4,5……给出了最基本的序。可见，序指的是排列次第，由于自然界的各种现象都有空间位置和时间演化过程，因此都可用有序或无序来描述其状态。需注意，孤立地考虑单独实体时不存在有序和无序的特性，只有把单独实体看作一个由多个要素组成的系统时，才是"有序"和"无序"可描述的对象。自然界中的各种现象按序的有无，粗略地可划分为三种情况。

第一种情况，存在着明确的规律，即有序现象，可以从一部分推知其他的部分，从现在推测未来。这种情况最简单的形式就是规整的空间结构和重复的时间周期，如天然的矿石晶体、冬日玻璃窗上的冰花、从云端飘落的六角雪片和五瓣的梅花，再如，日月经天、周而复始、钱塘江潮，乃至春秋更迭、昼夜交替。如果深入到物质的微观结构并探讨其运动规律，则空间排列的规整性和时间变化的周期性更是比比皆是。

第二种情况，似规整而不严格，像周期又不尽重复。乘火车经过丘陵地带、从窗口观察地貌变化，往往看到山脚蜿蜒、小河弯曲，相似的情景多次再现，但又确有差别。我们自身的心脏搏动、体温起伏也都是似有周期又不准确重复的过程，这些可称为近似有序现象。此种情况较为常见。

第三种情况，偶然的空间堆砌和随机的时间变化。比如，有专家从古岩石磁性的研究推知，地球的磁场在过去的400万年间至少有16次随机的方向改变。又如，在教室中点燃一支香烟，一缕青烟冉冉升起，从轮廓分明的烟柱渐渐化成缭绕纷乱的烟云，有谁能两次重复同一过程；水流经过障碍物后激起的湍流，更是紊乱变化。至于火山的喷吐、地震的爆发、天气的突变等，也是人们力图去预测的具有随机性的现象。以上属于无序现象，更为普遍。

但是，有序和无序之间并不是绝对地对立，在一定的条件下，两者可以相互转化。地球从原始的混沌中分化出山川河海，生命的进化过程以及人类社会的发展，都是从无序走向有序的过程。贝纳德对流[注释1]的发现也让我们看到无序状态可产生有序。而生命体的衰老消亡，以及演化过程中某些物种的灭绝，又是从有序走向无序。另一方面，有序和无序也不是截然分开的，生命体在生长、成熟的同时又在走向衰亡。总之，有序和无序是相互矛盾又相互联系、相互协同的，是辩证统一的关系。

既然自然界中确实存在着有序和无序，并且两者之间可以相互转化，那么自然界的秩序究竟是从无序向有序发展，还是从有序向无序退化呢？19 世纪，英国生物学家达尔文提出生物进化论，揭示了自然界从无序向有序、从低级秩序向高级秩序发展的趋势。本章我们将从物理学的微观角度来分析自然界的有序现象和无序现象，并探讨有序和无序之间转化方向的规律问题。

[注释 1]

贝纳德对流：1900 年贝纳德发现了对流有序现象，他在一个圆盘中倒入一些液体。当从下面加热这一薄层液体时，刚开始上下液面温差不太大，液体中只有热传导。但当上下液面温差 ΔT 超过某一临界值 ΔT_c 时，对流突然发生，并形成很有规律的对流花样。从上往下俯视，是许多像蜂房那样的正六角形格子。中心液体往上流，边缘液体往下流，或者相反。这是一种宏观有序的动态结构。

13-1　气体分子运动规律

分子运动论从微观结构阐明了热现象的规律性，它的基本概念是在实验基础上总结出来的，主要包括以下三个重要的结论。

(1) 宏观物体是由大量微观粒子组成的，这些微观粒子是分子或者是原子。

(2) 微观粒子在不停地作无规则的热运动，而且运动的剧烈程度与物体的温度有关。

(3) 分子之间有相互作用。

在现代科学技术面前，第(1)点已经是不争的事实，我们甚至可以用扫描隧道显微镜(STM)去移动单个的原子排列成任意的图案。

第(2)点可以通过几个简单的现象加以解释。墨水滴入一杯清水中，经过一段时间之后，墨水会均匀地分布在整个杯中。这是一种扩散现象，在此期间我们没有搅动杯中的水，也就是说墨水分子没有受到任何外力的作用，唯一的解释就是墨水分子本身是在不停地运动的。扩散现象并不只是发生在气体和液体当中，在固体中同样也会发生，只不过时间会更长一些。实验指出随着温度的升高，扩散的过程就会进行得快一些，实际上温度正是运动剧烈程度的表现，稍后我们将证明这一点。

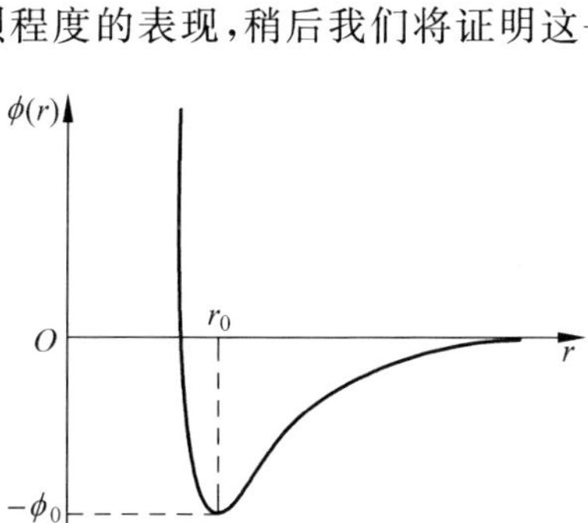

图 13-1　分子之间的相互作用

至于第(3)点可以从经验和现有的知识中得知，压缩气体要比压缩固体和液体容易得多，这是因为，1 摩尔气体所占的体积要比同样数量的液体所占的体积大得多，但它们所含有的粒子数是相同的，都是阿伏加德罗常数 N_A，这说明两者微观粒子之间的平均距离是不同的，而微观粒子之间存在电磁相互作用，而这种相互作用是与粒子之间的距离有关的。通常我们可以用半经验的伦纳德-琼斯势来表示分子之间的相互作用，如图 13-1 所示。r_0 是分子的平衡位置，当两分子之间的距离小于平衡位置时，它们是相互排斥的，这样就说明了为什么液体和固体是比较难以压缩的；而气体恰好相反，因为气体分子之间的距离远大于 r_0，它们之间有微弱的吸引作用。

1 摩尔气体包含的微观粒子数是10^{23}这样一个数量级，这样大的数目使得我们无法用力学的方法来确定每一个微观粒子的运动状态，因此从分子运动论的角度出发来研究问题时，力学是无能为力的。我们知道处于平衡态的热力学系统，虽然其中的每一个粒子的运动状态可能是不同的，但是系统的宏观物理性质却能够在较长的时间内保持不变。比如，气体中一个分子的动量为 p，但是整个气体是不动的，这很容易让我们想到这可能是所有分子的动量矢量和为零的原因造成的。这正是分子运动论方法处理的核心思想——统计方法。

在下面的学习中，我们将会看到分子运动论从宏观物体是由大量微观粒子组成的这样一个事实出发，认为宏观物理量是相应微观物理量的统计平均值。这种方法可以有效地避开力学所遇到的困难。

13-2 理想气体的微观模型、压强和温度的统计意义

建立一个合适的理想气体模型，对于我们用分子运动论的观点来解释理想气体的热力学性质是十分必要的，在统计物理中我们总是要依靠有效的模型来作研究的，这与热力学的方法有很大的区别。当然模型的建立必须是合理的，同时还应该抓住被研究对象的本质，模型的正确与否直接关系到最终的结论，因此它的结果必须是能够解释实验现象的。

前面我们提到理想气体是严格遵守玻意耳定律、阿伏加德罗定律和焦耳定律的，实际气体只有在足够稀薄的时候这三个定律才是准确的。因此实际气体在足够稀薄的时候其行为近似于理想气体。因此我们可以从分子运动论的角度建立理想气体的微观模型：

(1) 除了碰撞的瞬间以外，分子之间的相互作用不予考虑；

(2) 不考虑气体分子的大小；

(3) 气体分子以及与器壁之间都是完全弹性碰撞，不会因为碰撞而损失能量。

因为气体分子的作用力是短程力，气体足够稀薄也就意味着气体分子之间的平均距离足够大，这样分子之间的吸引作用非常弱是可以不考虑的。这一假设排除了气体分子之间的势能，它是与分子之间的距离有关的，因此才有理想气体的内能只是温度的函数而与体积无关的结论。此外，由于气体分子之间的距离足够大，分子的线度与之相比实际上是可以忽略不计的，因此在理想气体模型中不必考虑气体分子的大小。正因为如此，理想气体是可以无限压缩的，物态方程中体积可以趋近于零就是这一点造成的。最后一点是十分必要的，否则气体的能量会因为碰撞而不断损失。

理想气体的压强实际上是气体分子持续不断地与器壁碰撞的结果，大量气体分子对器壁的碰撞会对器壁形成一个持续的力的作用，类似于密集的雨点打在雨伞上的情况。

假定一定质量的单原子理想气体密封在体积为 V 的容器中，总分子数为 N，每个分子的质量为 m，单位体积内的分子数为 $n=N/V$。由于气体分子的运动是很复杂的，我们有理由相信气体分子的速度可以取任何可能的值。我们可以将单位体积内的分子按照它们的速度进行分类，比如有 n_1 个分子的速度为 v_1，有 n_2 个分子的速度为 v_2，……，有 n_i 个分子的速度为 v_i，……。当然单位体积内的总分子数应该满足条件

$$n=\sum_i n_i \tag{13-1}$$

作上述假设我们实际上就已经引入了初步的统计思想在里面，但是与严格的统计方法相比还是有不完全的地方。

如图 13-2 所示，$\mathrm{d}A$ 是器壁上的一块小面积元，其外法线方向取为 x 方向，我们来计算在 $\mathrm{d}t$ 时间内能够打在 $\mathrm{d}A$ 上的分子数。沿 x 方向速度分量为 v_{ix} 的气体分子在 $\mathrm{d}t$ 时间内经过的距离为 $v_{ix}\mathrm{d}t$，因此在以 $\mathrm{d}A$ 为顶、$v_{ix}\mathrm{d}t$ 为高的小体积元内，速度分量为 v_{ix} 的气体分子都可以与面积为 $\mathrm{d}A$ 的器壁发生碰撞，其数目为

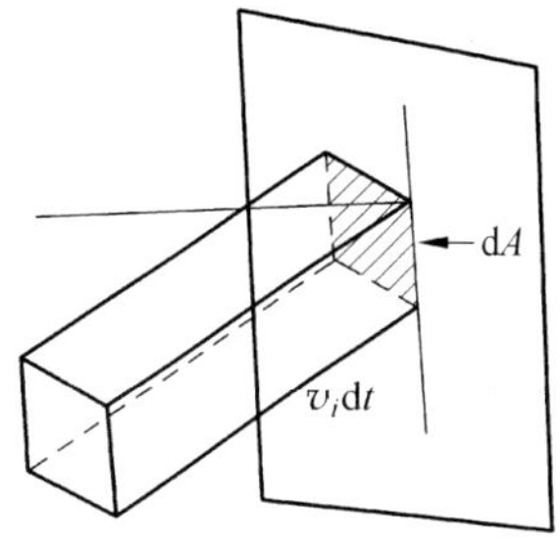

图 13-2　理想气体的压强

$$n_i v_{ix}\,\mathrm{d}t\mathrm{d}A \tag{13-2}$$

这些气体分子打在器壁上造成 x 方向上动量改变，因为是完全弹性碰撞，所以 x 方向动量改变为

$$\mathrm{d}p_{ix} = (-2mv_{ix})\times(n_i v_{ix}\,\mathrm{d}t\mathrm{d}A) \tag{13-3}$$

这只是速度为 v_i 的一部分气体分子的影响，对 i 进行求和即可得到具有各种速度的分子在时间间隔 $\mathrm{d}t$ 内碰撞 $\mathrm{d}A$ 以后的动量改变量，当然在求和的时候要注意只有 $v_{ix}>0$ 的分子才有可能，而且条件(13-1)必须满足。

$$\mathrm{d}p_x = \sum_{\substack{i \\ (v_{ix}>0,\ \sum n_i = n)}} (-2mv_{ix})\times(n_i v_{ix}\,\mathrm{d}t\mathrm{d}A)$$

考虑到理想气体整体沿 x 方向并没有宏观移动，我们可以判断出速率为 v_{ix} 的分子沿 x 和 $-x$ 方向的分子数是相等的，可以将上式改写为

$$\mathrm{d}p_x = -\sum_i{}' m n_i v_{ix}^2\,\mathrm{d}t\mathrm{d}A \tag{13-4}$$

其中 $\sum'$ 表示求和应该满足条件(13-1)。根据牛顿运动定律，这些分子对 $\mathrm{d}A$ 施加的作用力为

$$f_x = \sum_i{}' m n_i v_{ix}^2\,\mathrm{d}A \tag{13-5}$$

这里要注意，理想气体不考虑气体分子之间的相互作用，因此除碰撞外气体分子都在作匀速直线运动，所以 v_{ix} 与时间无关。根据压强的定义，我们得到理想气体的压强为

$$p = \sum_i{}' m n_i v_{ix}^2$$

上式中 v_{ix}^2 是一个微观量，n_i 也会随着碰撞而改变，因此改写为

$$p = mn\frac{\sum n_i v_{ix}^2}{\sum n_i} = mn\,\overline{v_x^2} = \frac{1}{3}mn\,\overline{v^2} \tag{13-6}$$

$\dfrac{\sum n_i v_{ix}^2}{\sum n_i}$ 是一个求平均的公式，与我们求班级某一门功课的平均成绩并无二致。最后一个等号是考虑到 $v^2 = v_x^2 + v_y^2 + v_z^2$，而 x,y,z 三个方向是我们人为设定的，况且系统本身沿不同的方向的物理性质都是均匀的，所以有 $\overline{v_x^2} = \overline{v_y^2} = \overline{v_z^2} = \dfrac{1}{3}\overline{v^2}$。$\overline{v^2}$ 是气体分子的平方平均速率，仍然不是一个宏观物理量。不过方程(13-6)已经给出足够多的信息：气体的数密度越大压强也就越大，这是非常明显的事情；气体分子运动得越快，气体的压强也就越高。

方程(13-6)还可以进一步简化，从而可以更加清楚地了解其本身的含义。

$$p = \frac{2}{3}n\overline{\left(\frac{1}{2}mv^2\right)} = \frac{2}{3}n\overline{E_k} \tag{13-7}$$

其中，$\overline{E_k}$是气体分子的平均平动动能。对于单原子理想气体来说，体系的内能就是各个气体分子的平动动能之和，所以理想气体的压强用宏观物理量表示为

$$p = \frac{2}{3}\frac{U}{V} \tag{13-8}$$

根据理想气体状态方程 $pV=\nu RT$，得

$$pV = NkT \tag{13-9}$$

其中，N 是气体分子的数目，$k=\frac{R}{N_A}$是一个常数，称为玻耳兹曼常数。

比较方程(13.9)与(13.7)，可以发现

$$\overline{E_k} = \frac{3}{2}kT \tag{13-10}$$

方程(13-10)可以认为是从分子运动论的角度对温度所作的微观解释，说明气体分子的平均平动动能只与温度有关，并与热力学温标的温度成正比。它从微观角度阐明了温度的实质，温度标志着物体内部分子无规则运动的剧烈程度，温度越高物体内部的分子热运动也就越剧烈。此外，我们还应该指出，宏观量温度 T 和微观量$\overline{E_k}$之间的联系表明：温度和大量分子的平均平动动能有关，因此温度是大量分子热运动的集体表现，所以温度是一个具有统计性质的物理量，对于单个分子来说温度是没有任何意义的。

13-3 能量均分定理

分子在作热运动的时候，单原子分子只有平动动能，但是一般的多原子分子除此之外还会具有振动动能和转动动能。利用统计规律研究物质的热力学性质，应该对不同的运动形式加以区分，这需要引入力学中自由度的概念。

所谓自由度数是指决定物体位置所需要的独立坐标的个数。比如，一个质点在空间中运动，我们至少需要三个直角坐标(x,y,z)，才能完全确定它在直角坐标系当中的准确位置，所以该质点的自由度为3；刚性轻质杆连接的两个质点，首先确定两个质点的位置需要6个直角坐标，但是这6个坐标并不是完全独立的，因为两质点之间的距离是不变的，这是一个附加的约束条件，因此自由度数为5。因此体系自由度数等于所有坐标个数之和减去约束条件的个数。

能量均分定理告诉我们，对于处在温度为 T 的平衡态的经典系统，粒子能量中的每一个平方项的平均值为$\frac{1}{2}kT$。

需要强调的是这一定理只适用于经典系统或满足经典极限条件的量子系统，一般的气体都满足经典极限条件，所以这一定理对于气体一般是适用的。此外，该定理是关于分子热运动能量的统计规律，是对大量分子的统计结果。对于某个分子来说，它在任意瞬间的能量和$\frac{1}{2}kT$ 可能有很大的差别，而且也不会是按照自由度平均分配的。能量的平均值之所以会

按照自由度平均分配完全是分子之间碰撞而导致的。在碰撞过程中，能量在不同的形式之间相互转换，也可以在不同的自由度之间转换，就其平均效果来说对于每一个自由度都是相同的。

我们知道单原子气体分子的能量为

$$\varepsilon = \frac{1}{2m}(p_x^2 + p_y^2 + p_z^2)$$

它的自由度是 3，按照能量均分定理每个自由度对能量的贡献是$\frac{1}{2}kT$，所以所有分子的平均能量为$\frac{3}{2}kT$。如果体系总共有 N 个分子的话，体系的内能就是$\frac{3}{2}NkT$，相应的热容量为 $C_V=\frac{3}{2}Nk$，$C_p=\frac{5}{2}Nk$，$\gamma=1.667$。这与实验上测得单原子分子气体的热容量的结果是一致的，如表 13-1 所示。

对于双原子分子来说，其经典能量表达式为

$$\varepsilon = \frac{1}{2m}(p_x^2 + p_y^2 + p_z^2) + \frac{1}{2I}\left(p_\theta^2 + \frac{1}{\sin^2\theta}p_\varphi^2\right) + \frac{1}{2\mu}p_r^2 + u(r)$$

其中第一项是平动动能项，第二项是转动动能项，I 是对于质心的转动惯量，$\mu=\frac{m_1 m_2}{m_1+m_2}$是约化质量，第三项是两原子之间的相对运动，最后一项是势能项。在不考虑原子之间的相对运动时，共有 5 个平方项。所以每个分子的平均能量为$\frac{5}{2}kT$。有 N 个分子的系统，其内能为$\frac{5}{2}NkT$，相应的热容量为 $C_V=\frac{5}{2}Nk$，$C_p=\frac{7}{2}Nk$，$\gamma=1.4$。比较表 13-2 的实验结果发现是十分相近的。

表 13-1　单原子气体热容量

气体	温度/K	γ
氦(He)	291	1.660
	93	1.673
氖(Ne)	292	1.642
氩(Ar)	288	1.650
	93	1.690
氪(Kr)	292	1.689
氙(Xe)	292	1.666
钠(Na)	750～926	1.680
钾(K)	660～1000	1.640
汞(Hg)	548～629	1.666

表 13-2　双原子气体热容量

气体	温度/K	γ
氢(H_2)	289	1.407
	197	1.453
	92	1.597
氮(N_2)	293	1.398
	92	1.419
氧(O_2)	293	1.398
	197	1.411
	92	1.404
一氧化碳(CO)	291	1.396
	93	1.417
一氧化氮(NO)	288	1.38
	228	1.39
	193	1.38
一氧化氢(HO)	290～373	1.40

为什么不考虑相对运动平方项对平均值的贡献呢？回头来看看能量均分定理的说法，因为只有经典系统才适用，的确相对运动(振动自由度)的量子效应在常温下还是非常明显的。

13-4 麦克斯韦速率和速度分布

在气体中，分子以各种不同的速度在作无规则热运动，所以分子的速度可以是从负无穷到无穷的，只要满足气体没有宏观移动的条件就可以了。但是我们知道，气体分子的速率是不可能无穷大的，即便是速率较大的分子在总分子数中所占的比例也不会很大。可以想象一下，气体分子之间的平均距离大约是$\left(\frac{V}{N}\right)^{1/3}$，运动速度越快，发生碰撞的可能性就越大，通过碰撞它的动能可以很快地减小。如此看来，具有一定速度或者动能的分子数与它的速率或动能存在一定的关系。

考虑到空间的各向同性，我们单独考虑分子沿 x 方向的运动情况。假定速度在 v_x 到 $v_x+\mathrm{d}v_x$ 之间的分子数为 $\mathrm{d}N_x$，它占总分子数的比例是$\frac{\mathrm{d}N_x}{N}$。凭经验我们知道，速度间隔越大，分子数目也就越多；而且这一比例关系显然是与分子的速度有关的。所以

$$\frac{\mathrm{d}N_x}{N}=f(v_x)\mathrm{d}v_x$$

其中，

$$f(v_x)=\left(\frac{m}{2\pi kT}\right)^{1/2}\mathrm{e}^{-\frac{m}{2kT}v_x^2} \tag{13-11}$$

是速度分量 v_x 的分布函数，$f(v_x)\mathrm{d}v_x$ 表示速度介于 v_x 到 $v_x+\mathrm{d}v_x$ 之间的分子数占总分子数的比例。

由于空间的各向同性，速度分布函数在三个方向上的规律是相同的，都是

$$\frac{\mathrm{d}N_i}{N}=f(v_i)\mathrm{d}v_i,\quad i=x,y,z$$

容易得到，在单位体积内速度 v_x 在 $v_x\rightarrow v_x+\mathrm{d}v_x$ 之间，v_y 在 $v_y\rightarrow v_y+\mathrm{d}v_y$ 之间，v_z 在 $v_z\rightarrow v_z+\mathrm{d}v_z$之间的分子数 $\mathrm{d}N$ 为

$$\mathrm{d}N=n\left(\frac{m}{2\pi kT}\right)^{3/2}\mathrm{e}^{-\frac{m}{2kT}(v_x^2+v_y^2+v_z^2)}\mathrm{d}v_x\mathrm{d}v_y\mathrm{d}v_z \tag{13-12}$$

其中，n 是单位体积内的分子数。

$$f(v_x,v_y,v_z)=n\left(\frac{m}{2\pi kT}\right)^{3/2}\mathrm{e}^{-\frac{m}{2kT}(v_x^2+v_y^2+v_z^2)} \tag{13-13}$$

这一规律被称为麦克斯韦速度分布律。

众所周知，$\mathrm{d}x\mathrm{d}y\mathrm{d}z$ 是三维空间的体积元，在球坐标系中体积元为 $r^2\sin\theta\mathrm{d}\theta\mathrm{d}\varphi\mathrm{d}r$。类似地我们也可以把 $\mathrm{d}v_x\mathrm{d}v_y\mathrm{d}v_z$ 看作是速度空间的体积元，在球坐标中应为 $v^2\sin\theta\mathrm{d}\theta\mathrm{d}\varphi\mathrm{d}v$。所以方程(13-12)可以写成

$$\mathrm{d}N=n\left(\frac{m}{2\pi kT}\right)^{3/2}\mathrm{e}^{-\frac{m}{2kT}v^2}v^2\sin\theta\mathrm{d}\theta\mathrm{d}\varphi\mathrm{d}v \tag{13-14}$$

对 θ 从 $0\rightarrow\pi$，φ 从 $0\rightarrow2\pi$ 积分，就可以得到在单位体积内，速率在 $v\rightarrow v+\mathrm{d}v$ 范围内的分子数

$$\mathrm{d}N=4\pi n\left(\frac{m}{2\pi kT}\right)^{3/2}\mathrm{e}^{-\frac{m}{2kT}v^2}v^2\mathrm{d}v \tag{13-15}$$

这一结论称为麦克斯韦速率分布，其中

$$f(v)=4\pi\left(\frac{m}{2\pi kT}\right)^{3/2}e^{-\frac{m}{2kT}v^2}v^2 \tag{13-16}$$

即麦克斯韦速率分布函数。作为分布函数它应该满足归一化条件

$$\int_0^\infty f(v)\mathrm{d}v=1 \tag{13-17}$$

这一条件并不难理解，在整个空间中找到具有各种各样速率的分子的数目必须等于总的分子数。

麦克斯韦速率分布函数实际上给出了气体分子按速率分布的情况。我们知道速率很大的气体分子所占的比例是很小的，同样速率很小的分子也不会很多，那么具有什么样速率的分子数目最大呢？这很容易从$\frac{\mathrm{d}f(v)}{\mathrm{d}v}=0$求得。这个使分子数极大的速率称为最可几速率

$$v_p=\sqrt{\frac{2kT}{m}} \tag{13-18}$$

根据方程(13-16)将 $f(v)$和速率 v 的曲线画在图 13-3 中，称为速率分布曲线。

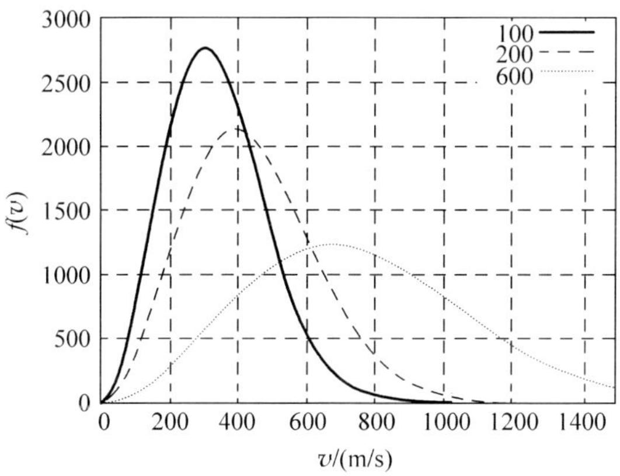

图 13-3　速率分布曲线

从图 13-3 中可以清楚地看出，速率很大和速率很小的分子所占的比例实际上都非常小，而具有中等速率的分子是占据大多数的。而且速率分布曲线的最大值，也就是最可几速率对应的分子数是最多的，而且最可几速率与温度有关。因此分布曲线的形状会随温度而变化，而且与气体分子的质量有关。

麦克斯韦速率分布函数对于研究许多与分子无规则运动有关的现象具有非常重要的意义。实际上函数 $f(v)$给出的是分子按照速率分布的统计规律，这对求某些物理量的统计平均值是很有用的。从麦克斯韦速率分布函数的物理意义来看，$f(v)\mathrm{d}v$ 表示速率 v 在 $v\to v+\mathrm{d}v$ 之间的分子占总分子数的比例。

既然这样，分子的平均速率就可以表示成

$$\bar{v}=\int_0^\infty v\times f(v)\mathrm{d}v \tag{13-19}$$

根据积分公式$\int_0^\infty e^{-ax^2}x^3\mathrm{d}x=\frac{1}{2a^2}$，可以很简单地算出平均速率为

$$\bar{v}=\sqrt{\frac{8kT}{\pi m}} \tag{13-20}$$

同样我们也可以算出速率平方 v^2 的平均值

$$\overline{v^2} = \int_0^\infty v^2 \times f(v)\mathrm{d}v \tag{13-21}$$

由 $\int_0^\infty \mathrm{e}^{-ax^2} x^4 \mathrm{d}x = \frac{3}{8}\sqrt{\frac{\pi}{a^5}}$，得到方均根速率

$$v_s = \sqrt{\overline{v^2}} = \sqrt{\frac{3kT}{m}} \tag{13-22}$$

我们看到最可几速率 v_p，平均速率 $\bar{v}$ 和方均根速率 v_s 都与温度有关，而且都与$\sqrt{T}$成正比。它们的比值为

$$v_s : \bar{v} : v_p = \sqrt{\frac{3}{2}} : \frac{2}{\sqrt{\pi}} : 1 = 1.225 : 1.128 : 1$$

最可几速率最小，平均速率次之，方均根速率最大，一般都是每秒几百米的数量级。

13-5 玻耳兹曼分布

方程(13-12)是麦克斯韦速度分布律，我们也可以将它看成是按照粒子平动动能的分布函数，写成

$$\mathrm{d}N = n\left(\frac{m}{2\pi kT}\right)^{3/2} \mathrm{e}^{-\frac{\varepsilon_k}{kT}} \mathrm{d}v_x \mathrm{d}v_y \mathrm{d}v_z \mathrm{d}x\mathrm{d}y\mathrm{d}z$$

表示在 $\mathrm{d}x\mathrm{d}y\mathrm{d}z$ 这样一个小体积元内，速度在 $v_x \to v_x + \mathrm{d}v_x$、$v_y \to v_y + \mathrm{d}v_y$、$v_z \to v_z + \mathrm{d}v_z$ 范围内的分子数。

前面我们的讨论仅限于平动的情况，这里我们直接将麦克斯韦分布律推广到粒子在保守力场中运动的情况

$$\mathrm{d}N = n\left(\frac{m}{2\pi kT}\right)^{3/2} \mathrm{e}^{-\frac{\varepsilon}{kT}} \mathrm{d}v_x \mathrm{d}v_y \mathrm{d}v_z \mathrm{d}x\mathrm{d}y\mathrm{d}z \tag{13-23}$$

表示在 $\mathrm{d}x\mathrm{d}y\mathrm{d}z$ 体积元内，处于能量为 ε 这样一个状态上的平均粒子数，这就是玻耳兹曼统计中微观粒子按照能量分布的情况。并不是所有的微观粒子都是按照玻耳兹曼统计进行分布的，这种分布规律仅限于遵从牛顿力学的微观粒子。

方程(13-23)指出了粒子按照能量的分布情况，这里的能量包括动能和势能等

$$\varepsilon = \varepsilon_k + \varepsilon_p \tag{13-24}$$

代入方程(13-23)中，得到

$$\mathrm{d}N = n_0\left(\frac{m}{2\pi kT}\right)^{3/2} \mathrm{e}^{-\frac{\varepsilon_k}{kT}-\frac{\varepsilon_p}{kT}} \mathrm{d}v_x \mathrm{d}v_y \mathrm{d}v_z \mathrm{d}x\mathrm{d}y\mathrm{d}z \tag{13-25}$$

n_0 表示势能零点处单位体积内具有各种速度的粒子总数，这一结论叫做玻耳兹曼气体分子按能量的分布规律，简称玻耳兹曼分布律。

考虑到重力势能与速度是无关的，并且麦克斯韦分布函数满足的归一化条件

$$\int_{-\infty}^{\infty} \left(\frac{m}{2\pi kT}\right)^{3/2} \mathrm{e}^{-\frac{\varepsilon_k}{kT}} \mathrm{d}v_x \mathrm{d}v_y \mathrm{d}v_z = 1 \tag{13-26}$$

可以将方程(13-25)写成

$$\mathrm{d}N' = n_0 \mathrm{e}^{-\varepsilon_p/kT} \mathrm{d}x\mathrm{d}y\mathrm{d}z \tag{13-27}$$

这里的 dN' 表示分布在坐标 $x\to x+dx$、$y\to y+dy$、$z\to z+dz$ 范围内具有各种速度的分子总数。将 $dxdydz$ 除以上式，就可以得到在 $x\to x+dx$、$y\to y+dy$、$z\to z+dz$ 范围里单位体积内具有各种速度的分子数

$$n = n_0 e^{-\frac{\varepsilon_p}{kT}} \tag{13-28}$$

这是气体分子按照势能的分布规律。

对于在保守力场中运动的、满足牛顿力学的微观粒子来说，玻耳兹曼分布律是一个普遍的规律。

在重力场中，气体分子受到两种对立的作用，热运动和重力作用。前者使气体分子均匀地分布到它所能到达的空间，后者将使气体分子处于势能零点上。当这两种作用达到平衡的时候，气体分子将作非均匀分布，分子数随高度的增加而减少。

取坐标轴 z 垂直向上，设在 $z=0$ 处单位体积内的分子数为 n_0。那么，在高度 z 处体积元 $dxdydz$ 内的分子数为

$$dN' = n_0 e^{-mgz/kT} dxdydz \tag{13-29}$$

在高度 z 处单位体积内的分子数为

$$n = n_0 e^{-mgz/kT} \tag{13-30}$$

可以看得出来，在重力场中气体分子数密度随高度增加按照指数规律在减小。而且分子的质量越大，分子数密度减小的也就越快，这是重力作用更显著造成的。但是温度越高，分子数密度减小得就越缓慢。这样的结果正是重力作用和热运动之间相互竞争造成的。

我们曾经得到

$$pV = NkT$$

气体的压强与分子数密度是成正比的，将 p 与 n 的关系代入到式(13-30)中，可以得到气体的压强与高度之间的关系

$$p = n_0 kT e^{-mgz/kT} = p_0 e^{-\mu gz/RT} \tag{13-31}$$

其中 $p_0=n_0kT$ 是 $z=0$ 处气体的压强，μ 是气体的摩尔质量，该式叫做等温气压公式。

13-6　气体分子平均碰撞频率和平均自由程

在室温下，气体分子以每秒几百米的速率运动，似乎各种过程都可以在极短的时间内完成。但是有些过程进行得相当慢，比如气体混合的扩散过程，气体温度趋于均匀的热传导过程等。导致这些矛盾的原因是由于分子并不是沿直线运动的，在运动过程中会不断地与其他分子相互碰撞，结果只能沿着迂回的曲折路径行进。扩散、热传导过程进行的快慢完全取决于分子之间相互碰撞的频繁程度。

我们采取一种简单的模型来讨论气体分子的碰撞问题。把气体分子看成是有一定大小的刚性小球，把分子之间的相互作用看作是刚性小球之间的完全弹性碰撞。因此分子之间的最小距离的平均值就是刚球的直径，称之为分子的有效直径(如图 13-4)。

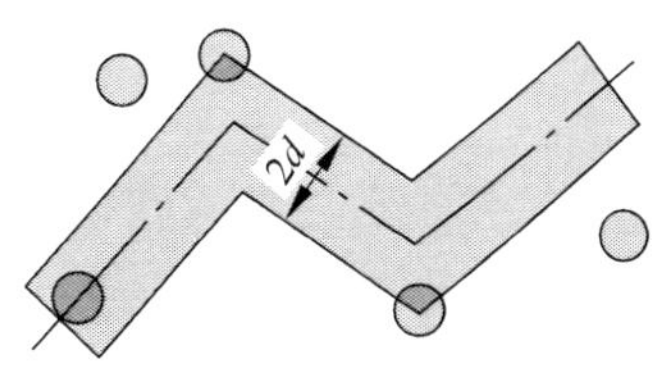

图 13-4　气体分子的平均自由程

每个分子任意两次连续碰撞之间所经过的自由路程和所需要的时间是具有偶然性的。我们所关心的是分子在连续两次碰撞之间所通过的自由路程的平均值，以及在

单位时间内与其他分子碰撞的次数，前者称为平均自由程，后者是碰撞频率。这样的两个物理量反映了分子之间碰撞的频繁程度，当然碰撞得越频繁则平均自由程也就越小。

用 $\bar{\lambda}$ 表示平均自由程，Z 表示碰撞频率，它们之间存在着简单的关系。假定分子的平均速度为 $\bar{v}$，在 t 时间内，所经过的路程为 $\bar{v}t$，发生碰撞的次数为 Zt，所以

$$\bar{\lambda} = \frac{\bar{v}t}{Zt} = \frac{\bar{v}}{Z} \tag{13-32}$$

我们考察分子 A 的碰撞情况，假定其他分子都是静止的，这样分子 A 以平均相对速率 $\bar{u}$ 运动。显然在运动过程中 A 只能与其中心距离小于等于分子有效直径的分子发生碰撞。以 A 的中心的运动轨迹为轴线，以分子有效直径为半径可以作一个曲折的圆柱体。则凡是中心在此圆柱体之中的分子都会和 A 发生碰撞。圆柱体的截面积为 $\sigma=\pi d^2$，叫做分子的碰撞截面。

在 t 时间间隔中，A 所走过的路程为 $\bar{u}t$，相应曲折圆柱体的体积为 $\sigma\bar{u}t$。那么在圆柱体中的总分子数就是分子数密度 n 与圆柱体体积的乘积 $n\sigma\bar{u}t$，所以碰撞频率可以表示成

$$Z = n\sigma\bar{u} \tag{13-33}$$

气体分子的相对平均速率与平均速率之间的关系是

$$\bar{u} = \sqrt{2}\bar{v}$$

这样平均自由程就可以写成

$$\bar{\lambda} = \frac{1}{\sqrt{2}\pi d^2 n} \tag{13-34}$$

可以看到平均自由程与分子有效直径的平方及分子数密度成反比，但是与平均速率是没有关系的。考虑到理想气体的物态方程可以写成 $p=nkT$，所以

$$\bar{\lambda} = \frac{kT}{\sqrt{2}\pi d^2 p} \tag{13-35}$$

可以看出平均自由程与温度成正比，而与压强成反比。这很容易理解，在压强一定的情况下，温度越高，气体的体积就越大，气体分子之间的距离也就越大；压强是分子之间相互碰撞的结果，当然压强越大碰撞也就越频繁，自然平均自由程就越小。

13-7 实 际 气 体

理想气体只是我们在讨论与气体有关的物理问题时提出的一种理想化模型，在现实生活中，气体分子之间总是不可避免地存在或强或弱的相互作用。在描述实际气体的时候，由于理想气体不考虑分子之间的相互作用，所以就有必要对它进行修正。增大压强可以将气体液化，比如我们知道的液化石油气，但是增大压强液体的体积变化却不是很明显，这是因为液体分子之间的排斥力要比气体分子之间的排斥力大得多。图 13-1 给出了分子相互作用势能 $\varphi(r)$ 与粒子距离 r 之间的关系。当 r 很小的时候，两分子之间有很强的排斥作用；在 r 很大的时候，分子之间有相互吸引作用；$r=r_0$ 时，分子排斥作用与吸引作用相等，r_0 称为平衡位置。

考虑到实际气体是不可能无限压缩的，也就是说气体有一个很硬的芯，因此实际气体的体积最小应该是这个硬芯的体积。气体压强是分子之间或分子与器壁之间碰撞的结果，分

子之间的吸引相互作用可以使得气体的压强降低。考虑到以上两点，范德瓦耳斯对理想气体的物态方程提出了修正，得到

$$\left(p+\frac{an^2}{V^2}\right)(V-nb)=nRT \tag{13-36}$$

其中 a，b 是常数，分别描述分子之间的吸引和排斥作用，该式称为范德瓦耳斯方程。范德瓦耳斯方程可以较好地描述实际气体的物理性质，并且它还能描述气液两相转变，可以得到一些有意义的结果。

在一般情况下，当实际气体的压强足够小的时候，可以用理想气体的物态方程来描述实际气体的行为。或者说当气体的密度不大的时候，实际气体的行为近似于理想气体的情况。因此我们可以将理想气体的物态方程作低密度或者低压强展开，得到

$$p=\frac{nRT}{V}\left(1+\frac{n}{V}B(T)+\frac{n^2}{V^2}C(T)+\cdots\right) \tag{13-37}$$

这一方程称为昂尼斯方程，其中 $B(T)$、$C(T)$ 分别称为第二、第三位力系数，它们是温度的函数。

13-8　输 运 过 程

气体密度不均匀的时候会发生扩散，温度不均匀的时候会发生热传导，各层流速不同的时候会有粘滞现象发生，这些都是由非平衡态向平衡态的变化过程，称为输运过程。下面我们先来讨论上述三种现象的宏观规律。

当气体各层的流速不一样的时候，相邻两部分气体会通过平行于流速的截面相互施加作用力。这种作用力会使流动慢的层加速，而使流动快的层减速。假设气体平行于 xOy 平面沿 y 方向流动，流速 u 随 z 逐渐增大。在 $z=z_0$ 处垂直于 z 轴作一截面将气体分成两部分 A 和 B，如图 13-5 所示，气体 A 会对 B 施加一个沿 y 轴反方向的力，而 B 会对 A 施加一大小相等、方向相反的作用力。根据流体力学中的牛顿粘滞定律，这个力的大小为

$$f=\eta\left(\frac{\mathrm{d}u}{\mathrm{d}z}\right)_{z=z_0}\mathrm{d}S \tag{13-38}$$

其中，f 称为粘滞力，η 是粘滞系数，与气体的性质有关，$\left(\frac{\mathrm{d}u}{\mathrm{d}z}\right)_{z=z_0}$ 表示 z_0 处的速度梯度。

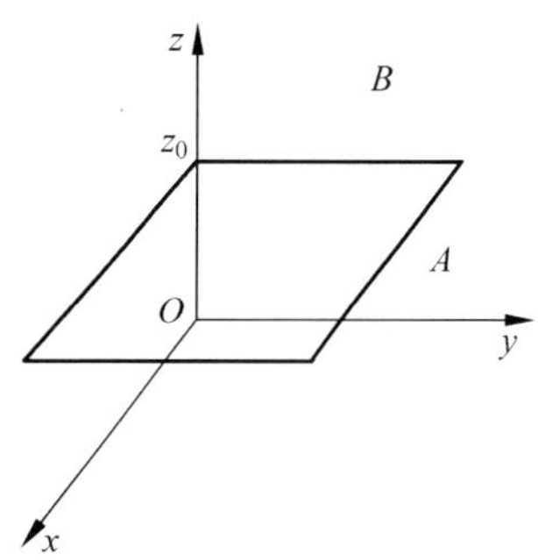

图 13-5　气体的粘滞现象示意图

从另外的角度看，粘滞力将使 B 部分气体的动量减小，而使 A 部分气体的动量增加。以 $\mathrm{d}K$ 表示在时间间隔 $\mathrm{d}t$ 内通过截面沿 z 轴方向输运的动量，则

$$\mathrm{d}K=-\eta\left(\frac{\mathrm{d}u}{\mathrm{d}z}\right)_{z=z_0}\mathrm{d}S\mathrm{d}t \tag{13-39}$$

输运的动量总是与速度梯度的符号相反的，沿 z 方向 $\frac{\mathrm{d}u}{\mathrm{d}z}>0$，则 $\mathrm{d}K<0$。

当气体内部各处的温度不均匀的时候，热量就会由温度较高处向温度较低处转移，这叫做热传导现象。假设温度沿 z 方向逐渐升高，在 $z=z_0$ 处垂直于 z 轴作一截面 $\mathrm{d}S$ 将气体分

成AB两部分，如图13-6所示，那么热量将会沿z轴负方向由B传递到A。用dQ表示在dt时间间隔内通过dS沿z轴正方向传递的热量，$\left(\frac{dT}{dz}\right)_{z_0}$表示$z_0$处的温度梯度，热传导的基本规律可以写成

$$dQ = -\kappa\left(\frac{dT}{dz}\right)_{z_0} dSdt \tag{13-40}$$

其中，比例系数κ叫做气体的导热系数，负号表示热量沿温度降低的方向转移。这一关系叫做傅里叶定律。

在混合气体的内部当气体的密度不均匀的时候，则气体将会从密度较高处向密度较低处移动，这种现象叫做扩散现象。通常情况下，密度不均匀也意味着压强不均匀，这时将有气体的宏观流动——气流产生，整个过程并不是单纯的扩散过程。在这里我们不讨论这么复杂的情况，仅限于保持温度和总压强处处均匀的情况，即单纯的扩散过程。容器中的隔板将CO_2气体分成两部分，A部分是$^{12}CO_2$，B部分是$^{14}CO_2$，如图13-7所示，两者的压强和温度都是相等的。^{14}C具有放射性，我们可以跟踪B部分的气体分子的运动情况，抽掉隔板以后将会有扩散过程发生。与粘滞现象和热传导现象的规律类似，扩散过程的规律可以写成

$$dM = -D\left(\frac{d\rho}{dz}\right)_{z_0} dSdt \tag{13-41}$$

其中D叫做扩散系数，ρ是某种气体的密度，$\left(\frac{d\rho}{dz}\right)_{z_0}$是$z_0$处的密度梯度，$dM$表示在$dt$时间间隔内通过截面$dS$沿$z$轴正方向分子质量的转移，负号表示输运方向与密度降低的方向相反。

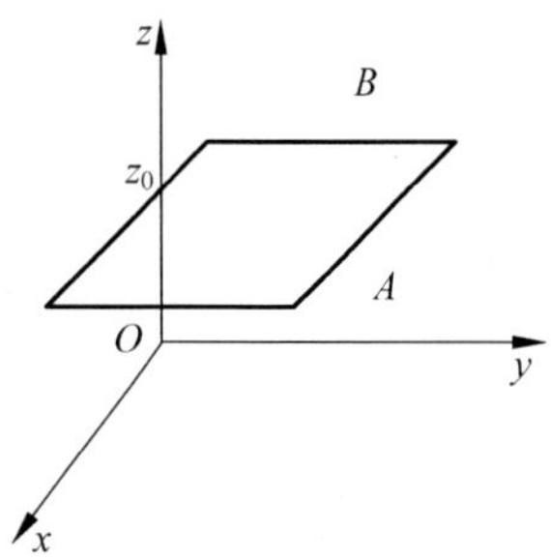

图13-6 气体热传导现象示意图

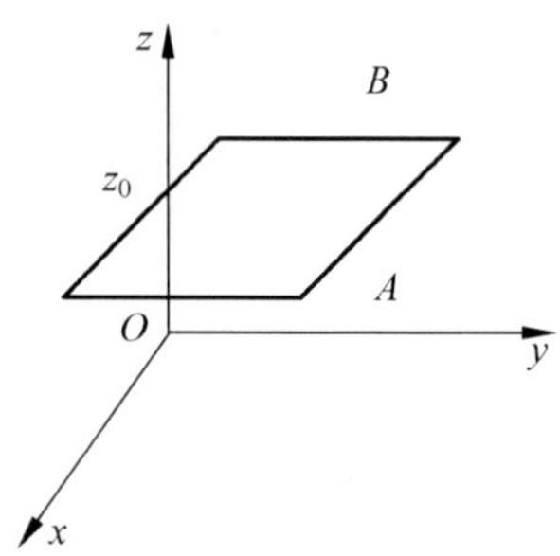

图13-7 气体的扩散过程

上述三种输运现象共同的特点是内部存在不均匀性，梯度正是对不均匀性的描述，它们从各个不同的方面揭示出气体内部趋于均匀一致的特性。

13-9 热力学第二定律的统计解释

第12章热力学第二定律的数学表达式是$dS \geqslant \frac{dQ}{T}$，表明自然界中一切与热现象有关的物理过程都是有方向性的。输运过程中告诉我们物理性质最终将趋向于一个均匀的状态，也就是热力学平衡态。那么熵与状态之间究竟有什么关系呢？或者说如何从分子运动论的角度理解热力学第二定律呢？

玻耳兹曼通过统计物理的方法给出了熵的微观解释

$$S = k\ln \Omega \tag{13-42}$$

其中，k 是玻耳兹曼常数，Ω 是系统可能的微观状态数。该式就是热力学第二定律的统计解释，对它的理解要用到统计物理中的几个原理和概念。

下面我们用理想气体组成的热力学系统来对一些概念加以解释。某一个气体分子在某一时刻具有确定的动量和坐标，则说它有确定的微观运动状态。在任意时刻，所有分子的微观运动状态都确定了，那么该时刻系统的运动状态也就确定了，称为系统的微观运动状态。

在统计物理中等几率原理表明，孤立系统所有的微观运动状态出现的几率都是相等的。系统所处的宏观状态是相应微观运动状态的统计平均，那么系统所处宏观状态的几率就应该等于系统处于某一微观运动状态的几率乘以该微观状态的数目。打一个简单的比方，甲乙丙三人掷骰子，1 点向上甲赢，2、3 点向上乙赢，其余点数向上丙赢。骰子任一点向上的几率都是$\frac{1}{6}$，甲乙丙获胜的几率分别为$\frac{1}{6}$，$\frac{1}{3}$和$\frac{1}{2}$。如果换成一个 $N=10^{26}$ 维的骰子，而保持规则不变的话，则丙获胜的几率肯定是 1。所以说系统所处的宏观状态总是对应于微观运动状态数目最多的这样一个状态，这叫做最概然分布。

实际上，系统的微观运动状态的数目还可以表示系统的无序程度，数目越大无序程度也就越大。所以熵表示的是系统的混乱程度，根据熵增加原理，系统处于热力学平衡状态时的熵最大，相应地此时系统对应的微观运动状态的数目也就最大，微观粒子处于一种最无序的状态。前面所讲的输运过程实际上就是系统从无序度较小的状态向无序度较大的状态变化的过程。这一点正是我们前面所讲的与热现象有关的物理过程都是有方向性的体现。

因为理想气体不考虑气体分子的大小，任一个分子在体积为 V 的容器中的状态数目正比于 V，所以系统的微观状态数目为 V^N，因此理想气体的熵为

$$S = Nk\ln V \tag{13-43}$$

由熵的热力学表达式，我们知道

$$\frac{p}{T} = \left(\frac{\partial S}{\partial V}\right)_T = Nk\,\frac{1}{V}$$

所以理想气体的物态方程可以写成

$$pV = NkT \tag{13-44}$$

13-10　耗散现象

在 25℃左右，将溴酸钾、丙二酸和硫酸铈混合物溶解于硫酸中加以搅拌，则溶液的颜色会在红色和蓝色之间振荡，振荡的周期大约是分钟的数量级，此现象可以持续几个小时的时间。颜色的变化实际上反映了粒子浓度的变化，这种现象称之为 BZ 反映，是由前苏联生物学家别鲁索夫和扎鲍京斯基发现的，属于时间上的耗散结构。

继 BZ 反应之后扎伊金和扎鲍京斯基又发现了波状靶图，这是一种在浅碟中未经搅拌的化学试剂的时空结构。

在水平容器中放入一层薄薄的硅油，从容器底部慢慢地均匀加热，当上下温差达到一定程度的时候，液体中会突然出现规则的六边形对流图案。这种现象称之为贝纳德对流。

以上所举的几种现象都是在非平衡态下产生的有序结构，虽然有序结构的出现表明微观状态数的减小，但是这些现象并不违反热力学第二定律。比利时科学家普里高津将这些现象概括为耗散结构，并从理论上加以说明。耗散结构的特点可以概括为

(1) 耗散结构发生在开放系统当中，要依靠外界提供能量和物质才能得以维持；

(2) 耗散结构只在远离热力学平衡的情况下发生，只有当控制参量达到一定临界值时才会出现；

(3) 耗散结构产生于对称性自发破缺，它的对称性要低于耗散结构产生前体系的对称性；

(4) 耗散结构是稳定的，不受任何小扰动的破坏。它是在系统热力学平衡态失稳后达到的非热力学分支的稳定状态。

将开放系统的熵的改变量写成

$$dS = dS_i + dS_e \tag{13-45}$$

dS_i 表示系统内部熵的改变量，dS_e 表示外界引起系统熵的改变量。由热力学第二定律，总是有 $dS_i > 0$。耗散结构的产生说明 $dS_e < 0$，并且 $|dS_e| > dS_i$。也就是说输入到系统中的熵要小于系统输出的熵，因此在耗散结构产生的过程中系统有净的输出熵，或者说存在负的熵流。所以耗散结构的出现并不违反热力学第二定律，生命现象和物种的进化也都是从低级到高级，从无序到有序的变化，耗散理论开启了从物理学到生命科学的道路。

习　题

13-1　氢气分子的质量为 3.32×10^{-24} kg，如果每秒内有 10^{23} 个分子，以 1.00×10^{5} cm/s 的速率，与墙面成 45°的方向撞击面积为 2.0 cm^2 的墙面，试求氢气作用在墙面上的压强。

13-2　一容积为 10 cm^3 的电子真空器件，温度 300 K 时玻璃管内的压强为 0.67 Pa。计算管内有多少空气分子？这些空气分子的平均平动动能的总和是多少？(空气分子可以看作刚性双原子分子)温度为 27℃时 1 mol 氧气分子的平动动能之和为多少？分子转动动能之和是多少？

13-3　2.0×10^{-2} kg 氢气装在 4.0×10^{-3} m^3 的容器内，当容器内的压强为 3.90×10^{5} Pa 时，氢气分子的平均平动动能为多少？

13-4　在容积为 2.0×10^{-3} m^3 的容器中，有内能为 6.75×10^{2} J 的刚性双原子分子理想气体。求气体的压强；设分子总数为 5.4×10^{22} 个，求分子的平动动能及气体的温度。

13-5　求 0℃时氢分子和氧分子的平均平动动能和方均根速率。

13-6　用麦克斯韦速度分量分布函数，求单位时间内碰撞到单位面积器壁上的分子数。

13-7　温度为 0℃和 100℃时理想气体分子的平均平动动能各为多少？欲使分子的平均平动动能等于 1 eV，气体的温度需要多高？

13-8　试求温度为 300 K 和 2.7 K 时的氢分子的平均速率、方均根速率及最概然速率。

13-9　有 N 个质量均为 m 的同种气体分子，它们的速率分布如图所示。(1)说明曲线与横坐标包围的面积的含义；(2)由 N 个 v_0 求 a 值；(3)求在速率 $v_0/2$ 和 $3v_0/2$ 间隔内的分子数；(4)求分子的平均平动动能。

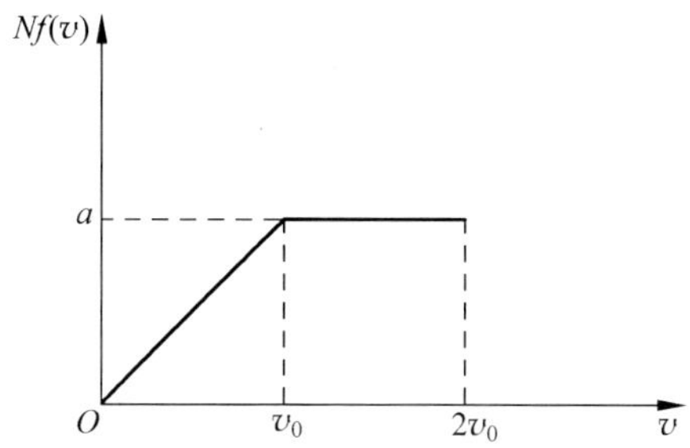

习题 13-9 图

13-10　使用麦克斯韦速率分布导出方均根速率和最概然速率。

13-11　一飞机在地面时，舱中的压强为 1.01×10^5 Pa，到高空后压强降为 8.11×10^4 Pa，设大气的温度为 27℃。问此时飞机距地面的高度是多少？（空气的摩尔质量为 2.89×10^{-2} kg/mol）

13-12　若氖气分子的有效直径为 2.59×10^{-8} cm，在温度为 600 K、压强为 1.33×10^2 Pa 时氖气分子在 1 s 内的平均碰撞次数是多少？

13-13　在一定压强下，温度为 20℃时，氩气和氮气分子的平均自由程分别为 9.9×10^{-8} m 和 27.5×10^{-8} m。试求：(1)氩气和氮气分子的有效直径之比；(2)当温度不变且压强为原值的一半时，氮气分子的平均自由程和平均碰撞频率。

第14章

光　　学

引子：超光速存在吗？光速能降至多少

在科学史上，有两个人曾赋予了光速 c 以特殊的物理意义。一个是麦克斯韦，他在1865年发现电磁波的速度与光速的测量值相同，因而判定光是电磁波的一种。另一个是爱因斯坦，他在1905年的论文《论动体的电动力学》中提出光速不变性，即光在真空中相对于一切惯性系均以同样的速度，即光速 c 传播，同时指出光速是不可超越的。

1607年，伟大的意大利科学家伽利略(1564—1642)进行了人类历史上首次试图测量光的速度的实验。这次尝试虽然没有成功，但他的"光速为有限值"的科学思想，却在70年后被证明是正确的。1676年，丹麦天文学家罗默(1644—1710)报告了根据木星的卫星(木卫一)观测而得到的光速数据 $c=214\,000$ km/s，虽然比真实值低了约30%，但却开创了光速测量史的先河。1972年，美国国家标准局埃文森的科研小组宣布完成了对甲烷稳定激光的测频，实现了光频测量，得到 $c=(29\,979\,245\,612\pm111)$ m/s，精度达 3.16×10^{-7}。1973年，国际计量局决定取 $c=299\,792\,458$ m/s 作为光速的规定值，1975年第15届国际计量大会认可了这个值。自此持续300年的人类努力确定光速数据的历史基本结束了。

但人们对光速的研究并没有就此止步，而是转入了另外两个方向：一个是使光走得更快，即超光速研究；另一个是使光走得更慢，即极慢光速研究。

在第一个领域的研究中，首先面临的问题就是超光速现象是否真的存在。光速不可超越是世人普遍接受的观点，故在1960年日本东京教育大学的 Sho Tanaka 写了世界上第一篇讨论超光速物质量子场论的文章时，并未立即引起人们的注意。后来人们在天文学观测以及实验过程中的收获才使人们不得不重新审视该问题。20世纪末，美国一些天文学家首次发现，塞佛特星系3C120自身的膨胀速度达到了光速的4倍。更令人惊奇的是，科学家们发现类星体的运动速度，更大大超过了光的速度。类星体3C273内部的两个辐射源，相互分离的速度竟然高达每秒288万公里，是光速的9.6倍。不仅如此，之后人们还相继发现了几个"超光速"的类星体3345和3279，它们各自的两组成部分的分离速度，分别达到光速的10倍和19倍。在实验室里，1992年和1997年，G. Nimtz 等人用微波脉冲通过截止波导，分别获得 $4.7c$ 和 $4.34c$ 的群速度；1993年，R. Chiao 等人通过"光子赛跑"实验得到光子速度 $1.7c$；1996年和2000年，A. Ranfagni 和 D. Mugnai 研究小组通过开放空间波传播实验分别获得了波速 $2c$ 和 $1.053c$。2001年，J. Webb 等人测得类星体于120亿年前发出的光出现了超光速，速度为 $1.01c$。

在讨论超光速研究时，不得不提到“快子”，它是由美国洛克菲勒大学的费恩伯格在 1967 年提出的。他指出狭义相对论不禁止那些一产出就以超光速运动的粒子的存在，并把它们起名为快子（相应地，人们则把亚光速运动的粒子称为慢子），这也引出了以后几十年中关于超光速粒子的理论与实验研究及天文观测。

在极慢光速研究方面，也已经取得了可喜的成就。1996 年，德国施密特等人在铯原子蒸气中实现将光速减慢为 $c/3000$；1999 年，美国哈佛大学的丹麦裔女科学家莉尼·韦斯特加德·哈乌等人发现光速在低温钠原子蒸气中被减慢为 17 m/s；2001 年，O. Kocharovskaya等人在热的铷原子蒸气中实现了光停止，即使光子速度达到了零；2002 年，A. V. Turukhin 等人率先在固体（$Pr^{3+}:Y_2SiO_5$）中观察到慢光速和光停止现象。极慢光速研究为非线性光学找到了新的优良光介质，此外在通信领域也有着广阔的应用前景。

上述有关超光速，慢光速等内容是基于科学研究层面的，本章仍以光的电磁理论为基础，主要研究光的传播及与物质的相互作用过程中表现出的种种波动特性，包括光的干涉、衍射和偏振等。

14-1　光的相干性

光学通常分为几何光学、波动光学、量子光学和现代光学四部分。本章主要通过光的干涉、衍射和偏振现象来讨论光的波动性，即波动光学。

14 1 1　原子的发光机理

1. 相干光

发射光的物体称为光源。光是某一波段的电磁波，c 就是光在真空中的传播速度。通常所指的可见光的波长在 400～760 nm，亦即频率在 $7.5\times10^{14}\sim4.3\times10^{14}$ Hz 之间。可见光波传播的是电场强度 $\boldsymbol{E}$ 和磁场强度 $\boldsymbol{H}$ 的振动，其中能引起人眼视觉和底片感光的主要是 $\boldsymbol{E}$。因此，通常称 $\boldsymbol{E}$ 矢量为光矢量。若两束光的光矢量满足相干条件，则它们是相干光，相应的光源叫相干光源。

大家知道，机械波比较容易满足干涉条件。例如，使两个频率相同的音叉在室内振动，就可有声波的干涉现象。然而，室内用两个日光灯照明时，墙上并没有干涉条纹。即使用两个发光频率完全相同的钠光灯发光，甚至是使用同一钠光灯上两个发光点发的光叠加，也观察不到光强有明暗分布。大量日常事实说明两个独立的普通光源或从同一普通光源的不同部分发出的光是非相干光。这和普通光源（指非激光光源）的发光机理有关。

2. 原子的发光机理

现在已经弄清，光源的发光是其中大量的原子（或分子）进行的一种微观过程。即光源中的原子吸收了外界能量而处于激发态（参见第 15-1 节），这些激发态是极不稳定的，电子在激发态上存在的时间平均只有 $10^{-11}\sim10^{-8}$ s，因此，原子就会自发地跃迁到较低能级上。

在这一跃迁过程中，原子将一份量值为 ΔE（两能级间的能量差）的能量以光波的形式发射，光波的频率由 ΔE 决定。这一跃迁过程经历的时间约为 10^{-8} s，这也就是一个原子一次发光所持续的时间。由此可见，一个原子一次发光只能发出频率一定（实际上频率在一个很小范围内分布，称频宽）、振动方向一定、长度有限的光波，通常称为波列（见图 14-1）。一个原子经一次发光后，还可以再次被激发到较高的能级，从而再次发光。

图 14-1　光波波列

普通光源中大量原子（或分子）是各自独立地发射出一个个光波列的，各原子的各次发光完全是相互独立，互不相关的。这也就是说，不同原子在同一时刻所发出的波列在频率、振动方向和相位上各自独立，同一原子在不同时刻发出的波列之间，即使频率相同，振动方向和相位也各不相同。因此，两个相同的光源，不能构成相干光源，即使是同一普通光源上不同部分发出的光，也不会产生干涉。

14-1-2　获得相干光的方法

利用普通光源获得相干光的方法的基本原理是把光源上同一点发出的光设法“一分为二”，使其沿两条不同的路径传播并相遇。由于这两部分光的相应部分实际上都来自同一发光原子的同一次发光，所以这两部分光是满足相干条件的相干光。把光源上同一点发出的光分为两部分的方法有两种：一种是分波阵面法，另一种是分振幅法。

1. 分波阵面法

所谓分波阵面法，就是在光源发出的某一波阵面上，取出两部分面元作为相干光源（如图 14-2 所示）。如杨氏双缝干涉实验就是用了这种方法。

2. 分振幅法

所谓分振幅法，就是当一束光入射到两种介质的分界面上时（如图 14-3 所示），利用反射、折射把入射波的能量分成反射波和折射波的能量，光的振幅也同时分成了两部分。如薄膜干涉实验就用了这种方法。

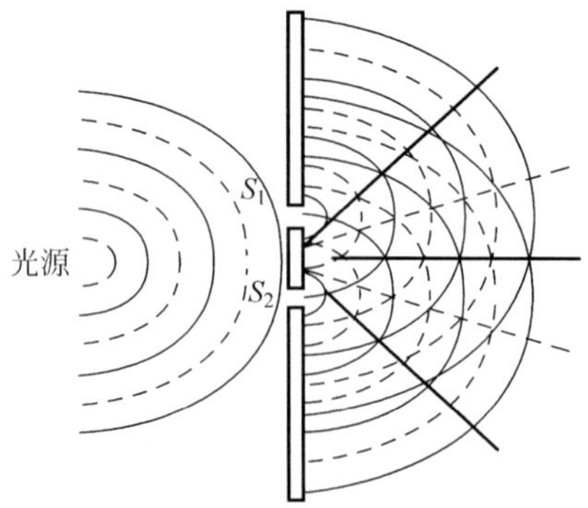

图 14-2　分波阵面法

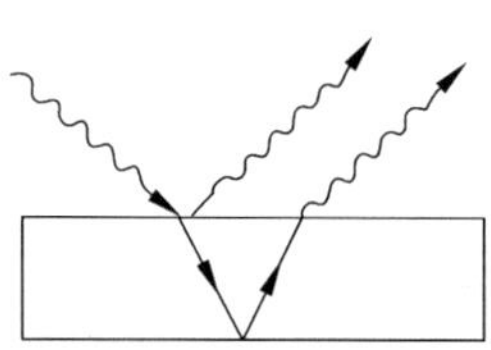

图 14-3　分振幅法

以上讨论的是普通光源，现代的干涉实验已多用激光光源来做了。由于激光器中的原子是步调一致地发光，在激光束横截面各点发射出的光都是相干的。不仅如此，甚至使用两个同频率的激光光源发的光叠加，也可产生明显的干涉现象。

14-2　光的干涉

14-2-1　分波阵面干涉

1. 杨氏干涉

1801 年，托马斯·杨最早利用普通光源形成两束相干光，从而获得干涉现象。杨氏干涉实验的成功，为光的波动理论确定了实验基础。

杨氏双缝干涉实验的装置如图 14-4(a)所示，光源后面有一狭缝 S，相当于一线光源，其长度方向与纸面垂直，在 S 后面又放有与 S 平行且等距离的两平行狭缝 S_1 和 S_2，两缝之间的距离很小，由 S 发出的光的波阵面将同时到达 S_1 和 S_2，若在双缝后放置一与双缝所在平面平行的屏幕 P，在屏上将出现明暗交替的干涉条纹[见图 14-4(b)]。这些条纹都与狭缝平行，条纹间的距离彼此相等。

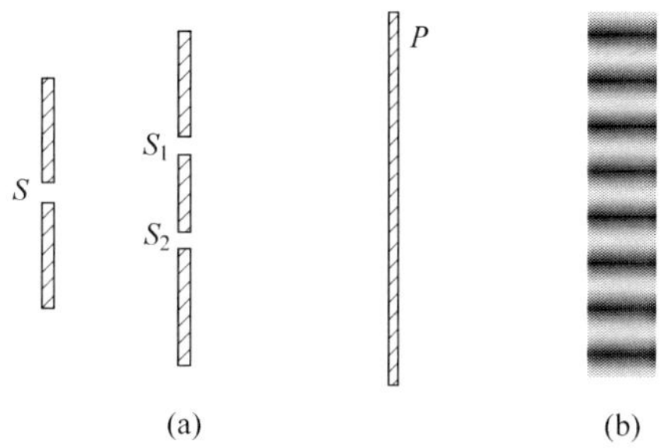

图 14-4　杨氏双缝干涉实验

下面定量分析屏幕上干涉条纹的位置。如图 14-5 所示，设线光源 S 发出的光为单色光，波长为 λ，S_1 和 S_2 之间的距离为 d，双缝与平面之间的距离为 d'。若 O_1 为 S_1 和 S_2 的中点，屏幕上 O 点与 O_1 正对，今在屏幕上任取一点 B，它与 S_1 和 S_2 的距离分别为 r_1 和 r_2，与点 O 的距离为 x，通常实验中 $d' \gg d, d' \gg x$，θ 为 O_1B 与 O_1O 间的夹角。从 S_1、S_2 发出的光到达屏幕上点 B 的波程差是

$$\Delta r = r_2 - r_1 \approx d\sin\theta \tag{14-1}$$

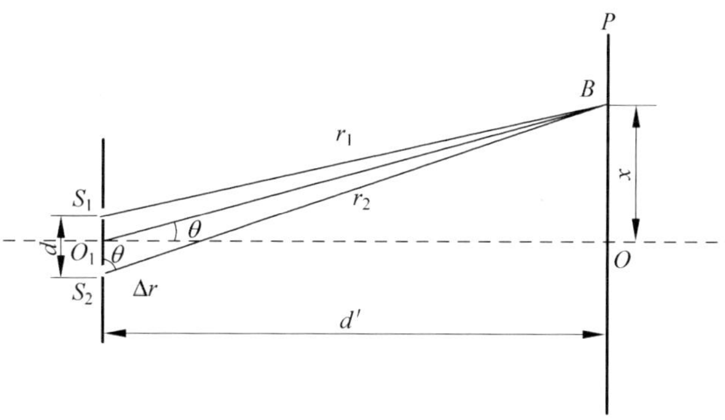

图 14-5　杨氏双缝干涉条纹的计算

因为 $d' \gg d, d' \gg x$，则 $\sin\theta \approx \tan\theta = \dfrac{x}{d'}$，所以

$$\Delta r \approx d\tan\theta = \frac{d}{d'}x \tag{14-2}$$

由波动理论知，若

$$\Delta r = \frac{dx}{d'} = \pm k\lambda, \quad k = 0,1,2,\cdots \tag{14-3}$$

则点 B 处为一明条纹的中心，即各级明纹中心到点 O 的距离为

$$x = \pm k \frac{d'}{d}\lambda \tag{14-4}$$

式中正负号表明干涉条纹在点 O 两边是对称分布的，相应于 $k=0$ 的称为中央明纹。

如果点 B 处满足

$$\Delta r = \frac{d}{d'}x = \pm (2k+1)\frac{\lambda}{2}, \quad k = 0,1,2,\cdots \tag{14-5}$$

则点 B 处为一暗条纹的中心。

若 S_1、S_2 发出的光到达屏幕上点 B 的波程差既不满足式(14-3)，也不满足式(14-5)，则点 B 处既不是明纹，也不是暗纹。一般可认为两个相邻暗条纹中心之间的距离为一条明条纹的宽度。

读者可思考一下：杨氏双缝干涉条纹为什么为等距离分布？

下面对屏幕上的光强分布做一些定量讨论。由振动合成的规律可知，屏上任一点 B 处的光强应为

$$I = I_1 + I_2 + 2\sqrt{I_1 I_2}\cos\Delta\varphi \tag{14-6}$$

式中 I_1、I_2 分别为两束相干光在 B 点处的光强，$\Delta\varphi$ 为两分振动的相位差。缝 S_1、S_2 的宽度相等，而且都比较窄，可认为 $I_1=I_2=I_0$，S_1、S_2 相对于 S 对称，则 $\Delta\varphi=\frac{2\pi}{\lambda}\Delta r$，因此式(14-6)可写成

$$I = 2I_0 + 2I_0\cos\Delta\varphi = 4I_0\cos^2\frac{\Delta\varphi}{2} \tag{14-7}$$

由此可见，明纹最亮处的光强为 $4I_0$，暗纹中心处的光强为 0。在通常的双缝干涉实验中，只是在 θ 较小的范围内观测干涉条纹，因此可获得明暗对比鲜明的干涉条纹。

2. 空间相干性

在杨氏双缝干涉实验中，当缝 S 的宽度逐渐加大时，干涉条纹的明暗对比度将下降，甚至使干涉消失。下面就来讨论光源的宽度对干涉条纹的影响。

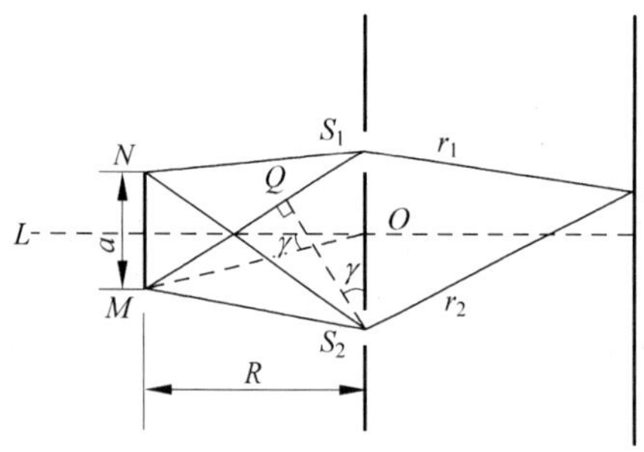

图 14-6 光源临界宽度的计算

如图 14-6 所示，设缝 S 的宽度为 a，也可视为用宽度为 a 的普通带状光源直接照射双缝，为便于分析，将光源相对于双缝对称放置，并将整个光源看成是由许多并排的线光源组成，这些线光源的光彼此是非相干光。显然，每个线光源在屏幕上都要产生一套自己的干涉条纹。因为各个线光源发出的光通过双缝到达点 B 的波程差不等，所以这些不相干的线光源产生的干涉条纹是彼此错开的。在它们各自产生的干涉条纹的重叠处，总的光强应为各个条纹光强的非相干叠加。结果是最暗的光强不为零，使最亮和最暗的差别缩小。若光源下边缘处线光源 M 产生的中央明纹与上边缘处线光源 N 产生的第一级亮纹重合，就会使整个干涉条纹变得完全模糊起来，图 14-6 所示就是这种情况，这时光源的宽度 a 称为临界宽度，其值可计算如下。

设点 B 是线光源 M 产生的中央明纹与线光源 N 产生的第一级亮纹重合中心，所以有

$$NS_2 - NS_1 + r_2 - r_1 = \lambda$$
$$MS_2 - MS_1 + r_2 - r_1 = 0$$

两式相减，得

$$NS_2 - NS_1 - MS_2 + MS_1 = \lambda$$

因为 $NS_2 = MS_1$，$NS_1 = MS_2$，所以有

$$2(MS_1 - MS_2) = \lambda$$

在 MS_1 上截取线段 $MQ = MS_2$，则

$$2QS_1 = \lambda$$

由图 14-6 可知，因为 $R \gg a$，$\angle S_1S_2Q = \angle MOL = \gamma$，$d$ 为双缝间的距离。所以有

$$QS_1 = d\gamma = d\,\frac{a}{2}\Big/R = \frac{da}{2R}$$

代入上式，得

$$ad = R\lambda \tag{14-8}$$

即

$$a = \frac{R\lambda}{d} \tag{14-9}$$

这就是在杨氏双缝情况能产生干涉现象的光源 S 的临界宽度。此式也表明，在 R 一定的情况下，缝 S 愈宽就要求 S_1、S_2 之间的距离愈小，才能观察到干涉条纹。对于宽度 a 一定的光源，由式(14-9)，可求得所对应的双缝之间最大距离

$$d_{\max} = \frac{R}{a}\lambda \tag{14-10}$$

若双缝之间的距离等于或大于 $d_{\max}$，就观察不到干涉条纹。

我们可以从更普遍的角度来理解上述事实。对于有一定面积的光源来说，它所发出的光波波阵面上，若沿垂直于波线方向定两点作为次波源，则只有这两个次波源之间的距离小于 $R\lambda/a$ 时，它们才是相干的。光波的这一性质称为空间相干性。显然，光的空间相干性与光源的尺度有关，光源的尺度愈大，空间相干性愈差。在杨氏干涉中，常在光源后放置狭缝以减小光源的尺度，从而提高光的空间相干性。由于激光的空间相干性好，所以将激光直接照射双缝，就可获得可见度较好的干涉条纹。

3. 时间相干性

在杨氏干涉实验中，屏幕上距点 O 较远处几乎看不到干涉条纹，这是为什么？这是因为通常使用的单色光源并不是单一频率的理想光源，它包含着一定的频率范围，这种光称为准单色光。下面就来进一步讨论光源的非单色性对杨氏干涉条纹的影响。

设光源的波长为 λ，其波长范围为 $\Delta\lambda$，可以表示为 $\lambda - \frac{\Delta\lambda}{2} \sim \lambda + \frac{\Delta\lambda}{2}$。波长范围 $\Delta\lambda$ 内的每一波长的光均形成各自的一套干涉条纹，且除了零级条纹外，其他同级次的条纹将彼此错开，并发生不同级条纹的叠加。当波长为 $\lambda + \frac{\Delta\lambda}{2}$ 的第 k 级明纹与波长为 $\lambda - \frac{\Delta\lambda}{2}$ 的第 $k+1$ 级明纹重合时，无法观察到条纹。即最大波程差 $\delta_{\max}$ 应满足

$$\delta_{\max} = \left(\lambda + \frac{\Delta\lambda}{2}\right)k = \left(\lambda - \frac{\Delta\lambda}{2}\right)(k+1)$$

由此式,得

$$k\Delta\lambda = \lambda - \frac{\Delta\lambda}{2}$$

因 $\lambda \gg \Delta\lambda$,故可得

$$k = \lambda/\Delta\lambda \tag{14-11}$$

$$\delta_{\max} = k\lambda = \lambda^2/\Delta\lambda \tag{14-12}$$

式(14-11)表明,光源的单色性决定能观察到干涉条纹的级次 k;式(14-12)表明,光源的单色性决定产生干涉条纹的最大波程差 $\delta_{\max}$,通常称为相干长度。$\Delta\lambda$ 愈大,即光源的单色性愈差,级次 k 和相干长度 $\delta_{\max}$就愈小。

光的单色性和光波波列的长度有一定的联系。我们知道,光波向外发射的是有限长的波列,而波列的长度是由原子发光的持续时间和传播速度所确定的。如图 14-7 所示,S 为一单色光源,从 S 发出的各波列都被分成两部分,如图 14-7 中的 a_1 和 a_2、b_1 和 b_2 等,只要两光路的波程差不太大,由同一波列分解出来的两波列如 a_1 和 a_2、b_1 和 b_2 等可能相遇叠加,自然就可以观察到干涉条纹[见图 14-7(a)]。但是,如果两光路的波程差太大,即超过了波列长度 L 时,就不再发生干涉[见图 14-7(b)]。

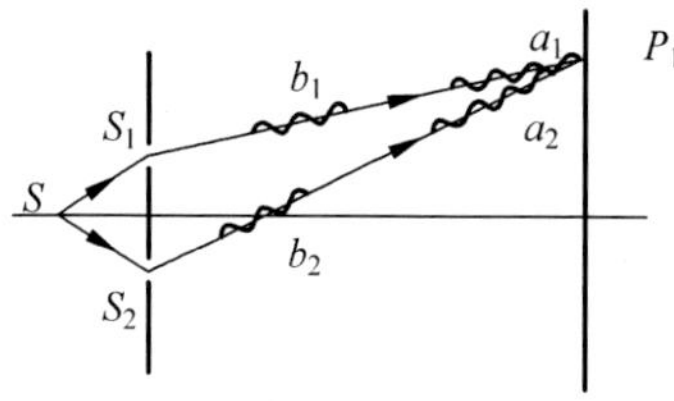

(a)

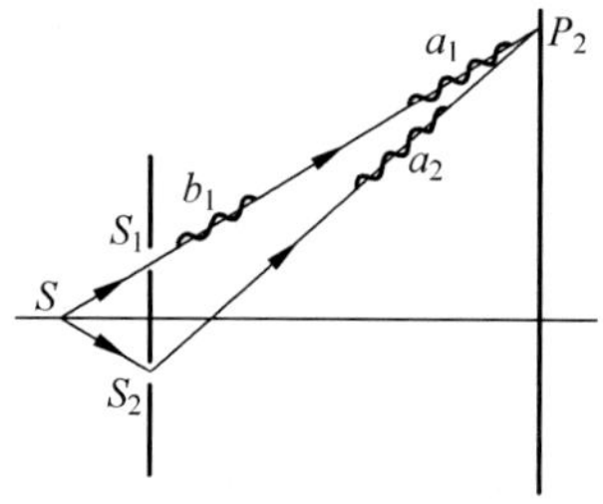

(b)

图 14-7 说明相干长度用图

由以上的讨论可知,最大波程差等于波列长度,即

$$\delta_{\max} = L$$

由波列的长度 L 可确定它通过某一点的时间 $\tau = L/c$,τ 称为相干时间。对于确定点,若前后两个时刻传来的光波隶属于同一波列,则它们是相干光,称该光场具有时间相干性,否则称该光场无时间相干性。显然,光的单色性愈好,相干长度和相干时间愈长,光场的时间相干性愈好。由于激光的单色性好,其时间相干性好,在双缝干涉中用激光作为光源,可观察到级次较高的干涉条纹。

4. 菲涅耳双镜和劳埃德镜

在杨氏干涉实验中,仅当狭缝 S、S_1、S_2 都很小时,才可观察到清晰的干涉条纹,但它们的边缘往往对实验产生影响(衍射),使问题复杂化。1818 年菲涅耳提出了一种与杨氏干涉相类似的双镜实验,其装置如图 14-8 所示。菲涅耳双镜由两个交角很小的平面镜 M_1 和 M_2 构成,S 为线光源,其长度方向与两镜面的交线平行。从 S 发出的光被 M_1 和 M_2 反射后形成两束相干光,在相遇的区域里可观察到干涉条纹。这两束光可看成是从虚光源 S_1 和 S_2 发出来的,其作用就相当于图 14-2 中的双缝 S_1 和 S_2,所以对干涉条纹的分析与杨氏实验相同。

1834 年劳埃德提出了一种更简单的观察干涉的实验，其装置如图 14-9 所示，图中 M 为一平面镜，S 为线光源，从 S 发出的光一部分直接照射到屏上，另一部分经平面镜反射后再射到屏上，这两部分光在相遇区域内产生干涉现象。这里，反射光可看成从虚光源 S' 发出来的，S 和 S' 构成一对相干光源。

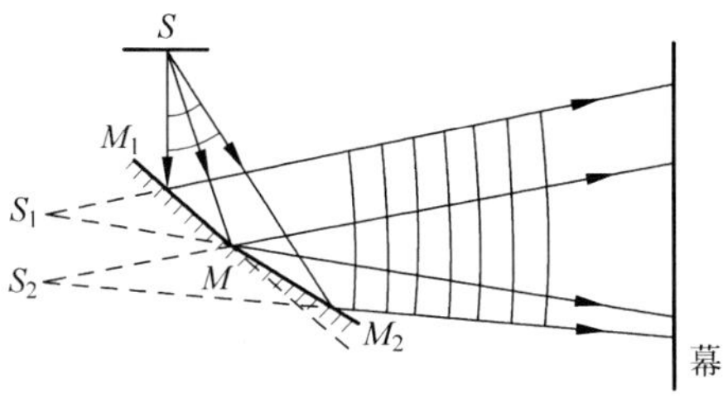

图 14-8　菲涅耳双镜

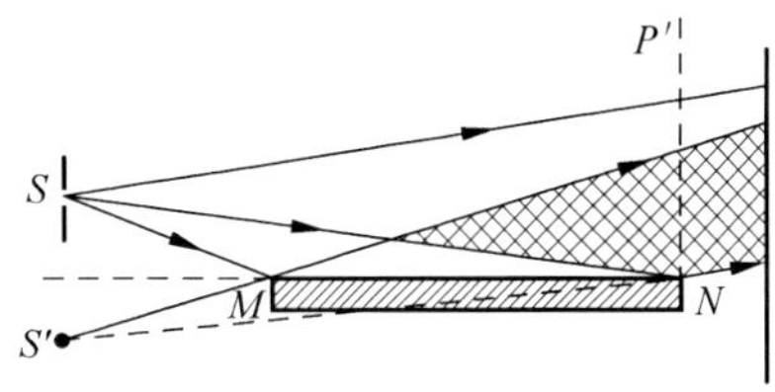

图 14-9　劳埃德镜

劳埃德镜实验除了显示光的干涉现象外，还显示出了光由光速较大的介质射向光速小的介质时，反射光的相位发生了跃变。如果把屏幕移到和镜面相接触的 P' 位置，这时在接触处 N 处似乎应出现亮纹，但实验结果却是暗纹，其他的条纹也有相应的变化。这一事实说明，直接射到屏幕上的光与由镜面反射出来的光在接触处的相位相反，即相位差为 π。这只能是反射光的相位跃变了 π，也就是说反射光与入射光之间附加了半个波长的波程差，常称作半波损失。

14-2-2　分振幅干涉

下面研究用分振幅法获得的干涉现象。分振幅干涉会涉及一束光在几种不同介质中传播的问题(分波阵面干涉有时也涉及此类问题)，为了便于分析相干光的相位差，我们引入光程的概念。

1. 光程

设有一频率为 ν 的单色光，它在真空中的波长为 λ，传播速度为 c ，在折射率为 n 的介质中，传播速度 $v=c/n$，所以在此介质中的波长 λ_n 为真空波长的 $\frac{1}{n}$，即

$$\lambda_n = \frac{\lambda}{n}$$

光波行进一个波长的距离，相位变化 2π，若光波在该介质中传播的几何路程为 L，则相位的变化为

$$\Delta\varphi = 2\pi\frac{L}{\lambda_n} = 2\pi\frac{nL}{\lambda}$$

上式表明，光在折射率为 n 的介质中通过几何路程 L 引起的相位变化，相当于光在真空中传播路程 nL 时所引起的相位变化。这时称 nL 为与路程 L 相应的光程。它实际是把光在介质中通过的路程按相位变化相同折合到真空中的路程。因此，两相干光分别通过不同的介质在空间某点相遇时，所产生的干涉情况与两者的光程差有关，从而可以统一地用光在真空的波长 λ 来计算光的相位变化。相位差 $\Delta\varphi$ 与光程差 Δ 的关系为

$$\Delta\varphi = 2\pi\frac{\Delta}{\lambda} \tag{14-13}$$

当

$$\Delta = \pm k\lambda, \quad k = 0,1,2,\cdots$$

时，有 $\Delta\varphi = \pm 2k\pi$，干涉加强，当

$$\Delta = \pm (2k+1)\frac{\lambda}{2}, \quad k = 0,1,2,\cdots$$

时，有 $\Delta\varphi = \pm(2k+1)\pi$，干涉减弱。

在光的干涉和衍射实验中，常常要用到透镜，下面简单分析通过透镜的各光线的等光程性。

我们知道，平行光束通过透镜后，将会聚于焦平面上成一亮点（如图 14-10 所示），这就是说在亮点处各光线振动是同相的。由于平行光束的同相面与光线垂直，即图 14-10 中 A、B、C、D、E 各点的相位相同，而到达焦平面后相位仍然相同，所以从入射平行光内任一与光线垂直的平面算起，直到会聚点，各光线的光程都相等。（读者可思考一下：如何理解这一等光程性？）因此，使用透镜并不引起附加的光程差，只能改变光波的传播方向。

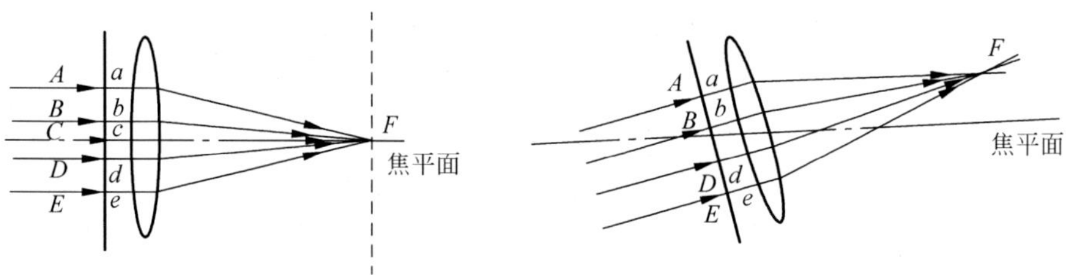

(a) (b)

图 14-10 透镜的等光程性

2. 薄膜等倾干涉

薄膜干涉是最典型的分振幅干涉，我们常见到的油膜在阳光的照射下呈现彩色的条纹，这就是薄膜干涉的结果。薄膜干涉的一般情况比较复杂，这里仅讨论比较简单又具有实用价值的两种薄膜干涉，即厚度均匀的薄膜在无穷远处形成的等倾干涉和厚度不均匀的薄膜表面上的等厚干涉。我们先讨论等倾干涉。

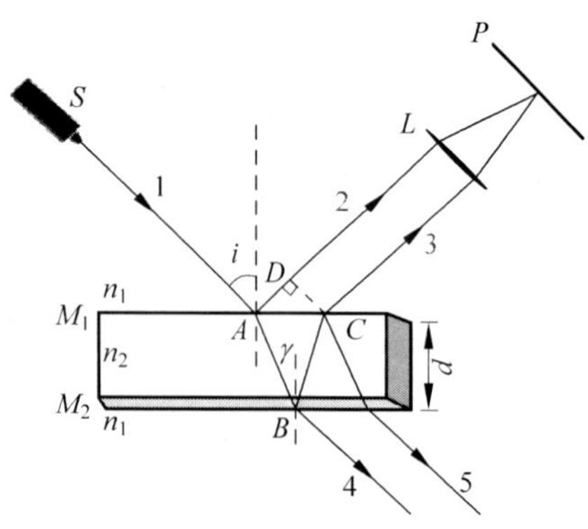

图 14-11 薄膜干涉

如图 14-11 所示，在折射率为 n_1 的均匀介质中，有一折射率为 n_2、厚度为 d 的均匀薄膜，且 $n_2 > n_1$，在膜的左上方有一单色光源 S，设由 S 上某一点发出的光线 1，以入射角 i 投射到薄膜的上表面 M_1，一部分产生反射光线 2，另一部分折入膜内，并在膜的下表面 M_2 反射，再经上表面折出光线 3。显然，光线 2，3 是一对平行的相干光。由于要观察的两束光平行，可以在右上方加透镜，并在透镜的焦平面上放置光屏。如果用肉眼直接观察，必须使眼睛放松，调整视力到无限远的状态。

光屏上 P 点的光强决定于光线 2，3 的光程差。如图 14-11 所示，CD 为平行光的波阵面，即 $CD \perp AD$，光线 2，3 的光程差为

$$\Delta = n_2(AB + BC) - n_1 AD + \frac{\lambda}{2}$$

式中$\frac{\lambda}{2}$是由于半波损失而引起的附加光程差。

由图 14-11 可得

$$AB = BC = d/\cos\gamma$$
$$AD = AC\sin i = 2d\tan\gamma\sin i$$

由折射定律

$$n_1\sin i = n_2\sin\gamma$$

由以上三式，可得

$$\Delta = 2d\sqrt{n_2^2 - n_1^2\sin^2 i} + \frac{\lambda}{2} \tag{14-14}$$

式中 d, n_1, n_2 等均为常量，可见光线 2,3 的光程差是由入射角 i 决定的，凡由相同倾角入射的光，经膜的上、下表面反射后产生的相干光束都有相同的光程差，从而对应于干涉图样中的一条条纹。因此，这样形成的干涉条纹称为等倾干涉条纹。干涉条件为

$$\Delta = \pm k\lambda,\quad k = 0,1,2,\cdots,\quad \text{明纹}$$

$$\Delta = \pm(2k+1)\frac{\lambda}{2},\quad k = 0,1,2,\cdots,\quad \text{暗纹}$$

由类似的分析可知，透射光也有干涉现象，在图 14-11 中，两透射光线 4,5 的光程差为

$$\Delta = 2d\sqrt{n_2^2 - n_1^2\sin^2 i} \tag{14-15}$$

和式(14-14)相比较，可见当反射光的干涉相互加强时，透射光的干涉相互减弱，两者是互补的，这和能量守恒定律的要求也是相符的。

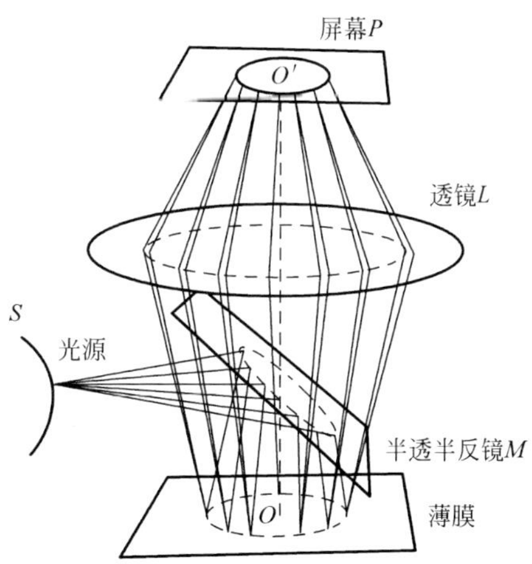

图 14-12　观察等倾干涉条纹的装置

图 14-12 是观察等倾干涉条纹的一种装置，其中 S 为一单色面光源，M 为倾斜 45°放置的半透半反射平面镜，L 为一透镜，光屏 P 放置在 L 的焦平面上。从 S 上任一点以相同倾角入射到膜表面上的光线应在同一圆锥面上，而它们的反射光经透镜会聚后，将在屏幕上形成一个圆形条纹。因此，整个干涉条纹是一组明暗相间的同心圆环。面光源 S 上其他点发出的光都要产生一组这样的干涉条纹，由于入射角相同的光线都将被会聚到屏幕的同一圆周上，所以干涉条纹的总光强是 S 上所有点光源产生的干涉条纹光强的非相干叠加，从而提高条纹的亮度。

读者可分析一下：上述装置中观察到的等倾干涉条纹中心处的干涉级次是最高还是最低？条纹的疏密情况如何？如果增大(或减小)膜的厚度，条纹将如何变化？

3. 薄膜等厚干涉

等厚干涉是以一束平行光入射到厚度不均匀的薄膜表面上反射时产生的一种干涉现

象，在实验室中观察这种干涉现象常见的是劈尖和牛顿环的干涉现象。

(1) 劈尖

如图 14-13 所示，两块平面玻璃片 G_1、G_2 叠放在一起，一端的棱边相接触，另一端被一直径为 D 的细丝隔开，使两玻璃片之间形成一很小的夹角 θ，这时，在两玻璃片之间的空气薄膜称为空气劈尖。

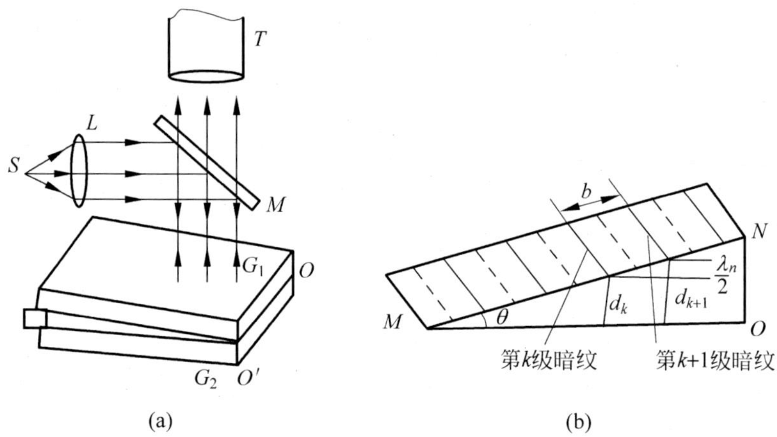

图 14-13 劈尖

当一束平行光垂直入射于玻璃片时，在空气劈尖的上、下表面所引起的反射光线将形成干涉光，因为 θ 很小，所以在劈尖的上、下表面处反射的光线都可看作垂直于劈尖表面。当观察玻璃片上表面时就会看到干涉条纹。在劈尖厚度为 d 处上、下表面反射的两相干光的光程差为

$$\Delta = 2nd + \frac{\lambda}{2} \tag{14-16}$$

式中 n 为空气的折射率，因为空气的折射率比玻璃的折射率小，所以光在劈尖下表面反射时因相位跃变而产生附加光程差。

干涉条件为

$$\Delta = 2nd + \frac{\lambda}{2} = k\lambda, \quad k = 1,2,\cdots, \quad 明纹 \tag{14-17}$$

$$\Delta = 2nd + \frac{\lambda}{2} = (2k+1)\frac{\lambda}{2}, \quad k = 0,1,2,\cdots, \quad 暗纹 \tag{14-18}$$

由此可见，凡劈尖内厚度 d 相同的地方满足相同的干涉条件，这样形成的干涉条纹称为等厚干涉条纹。由于劈尖的等厚线是一系列平行于棱边的直线，所以劈尖的干涉条纹是一系列平行于棱边的明暗相间的直条纹。在棱边处 $d=0$，$\Delta=\frac{\lambda}{2}$，故在棱边处应看到暗纹，事实确实如此，这是“相位突变”的又一个有力证据。

根据以上分析，可以求得两相邻明纹（或暗纹）处劈尖的厚度差为 $\frac{\lambda}{2n}$，即 $\frac{\lambda_n}{2}$，其中 λ_n 为光在折射率为 n 的劈尖介质中的波长。若测出相邻明纹或暗纹的间距 b，由于劈尖的夹角为

$$\theta \doteq \frac{D}{L},\quad \theta \doteq \frac{\lambda_n}{2b}$$

式中 L 为劈尖的长度，所以细丝的直径 D 为

$$D = \frac{\lambda}{2nb} L$$

工程技术上常利用上述原理来测定细丝的直径或薄膜的厚度。

（2）牛顿环

牛顿环实验装置如图 14-14 所示，在一块平板玻璃上放一块曲率半径 R 很大的平凸透镜，在两者之间形成一薄的弧形空气层。当单色平行光垂直地射向平凸透镜时，可以看到在透镜下表面出现一组干涉条纹，这些条纹是以凸透镜与平板玻璃的接触点 O 为圆心的同心圆环，因其最早是被牛顿发现的，所以称为牛顿环。牛顿环是由透镜下表面、平板玻璃上表面反射的光发生干涉形成的，也是一种等厚干涉条纹。

(a)　(b)　(c)

图 14-14　牛顿环

由于透镜的曲率半径 R 很大，在垂直入射光下，各点入射角近似为零，又因劈尖内空气的折射率 n 小于玻璃的折射率，所以在劈尖厚度为 d 处，两相干光的光程差为

$$\Delta = 2nd + \frac{\lambda}{2}$$

设任一牛顿环的半径为 r，由图 14-14(c)可知

$$r^2 = R^2 - (R-d)^2 = 2dR - d^2$$

因为 $R \gg d$，所以上式可写成

$$r = \sqrt{2dR}$$

由干涉条件式(14-17)和式(14-18)，得

明环半径为

$$r = \sqrt{R(2k-1)\lambda/2n},\quad k = 1,2,3,\cdots \tag{14-19}$$

暗环半径为

$$r = \sqrt{kR\lambda/2n},\quad k = 0,1,2,\cdots \tag{14-20}$$

由式(14-19)和式(14-20)可知，牛顿环是不等间距的，k 越大，相邻明（暗）纹之间的距离越小，即内层环疏，外层环密；若测出牛顿环的半径，可求出波长或透镜的曲率半径。

4. 迈克耳孙干涉仪

1880 年，迈克耳孙根据干涉原理创制了一种干涉仪，并用它作了检验"以太"是否存在的实验，后人称之为迈克耳孙干涉仪。干涉仪的结构如图 14-15 所示，M_1 和 M_2 是两块平面反射镜，分别置于相互垂直的两平台顶部，其中 M_2 是固定的，它的方位由螺钉 V_2 调节，M_1 用螺旋测微计 V_1 控制，可以前后移动。G_1 和 G_2 是两块材料相同、厚薄均匀且相等的平板玻璃，在 G_1 朝着 E 的一面上镀有一层薄薄的半透明银膜，能使照在 G_1 上的光，一半反射，一半透射，因此 G_1 称为分光板。G_1、G_2 与 M_1、M_2 成 45° 倾斜安装。

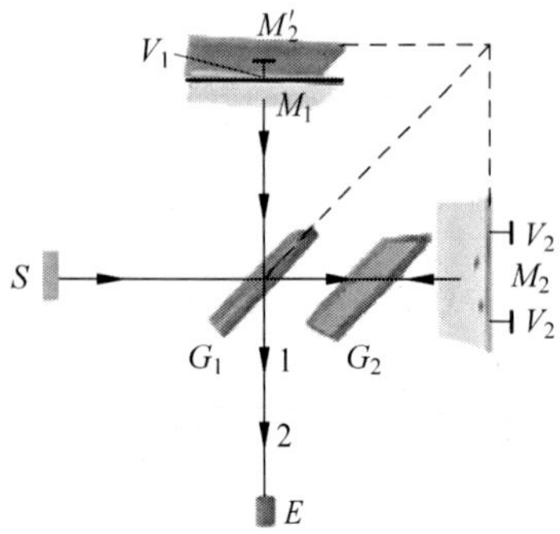

图 14-15　迈克耳孙干涉仪的结构

由面光源 S 发出的光，经过透镜 L 后，平行射向 G_1，经分光后形成两部分，反射光束经 M_1 反射后再穿过 G_1 向 E 处传播(图 14-15 中的光束 1)，透射光束通过 G_2 射向 M_2，经 M_2 反射后再穿过 G_2，经 G_1 反射后也向 E 处传播(图 14-15 中光束 2)。

由图 14-15 可知，由于 G_2 的插入，光束 1，2 都是三次通过玻璃板，因此 G_2 称为补偿板。另外，来自 M_2 的反射光束 2 可看成是从 M_2 经由 G_1 形成的虚像 M_2' 发出来的。d_1、d_2 分别为 G_1 到 M_1、M_2' 的距离。光束 1、2 的干涉等效于由 M_1、M_2' 之间的空气薄膜产生的干涉。若 M_1、M_2 严格垂直，观察到的干涉条纹是圆环形的等倾干涉条纹；若 M_1、M_2 不严格垂直，观察到的干涉条纹是直线形的等厚干涉条纹。

迈克耳孙干涉仪是很多近代干涉仪的原型，有着广泛的用途，如用于精密测量长度、测量介质的折射率、研究光谱精细结构等。

14-2-3　干涉的应用

1. 镀膜光学元件

光从空气入射到玻璃片上大约有 4% 的光强被反射，而普通光学仪器常包含多个玻璃-空气界面，如对于一个具有 4 个玻璃-空气界面的透镜组合，由于反射而损失的光能约为入射光能的 20%。为了减小因反射而损失的光能，可利用薄膜干涉来减弱反射光，从而增强透射光。

如图 14-16 所示，在玻璃表面镀上一层厚度为 d 的氟化镁薄膜，它的折射率 $n_2=1.38$，介于玻璃和空气的折射率之间，所以在氟化镁薄膜上、下界面反射的反射光 2 和 3 的光程差为 $\Delta=2n_2d$，两反射光干涉相消时应满足关系

$$\Delta = 2n_2d = \left(k+\frac{1}{2}\right)\lambda$$

膜的最小厚度为

$$d = \frac{\lambda}{4n_2}$$

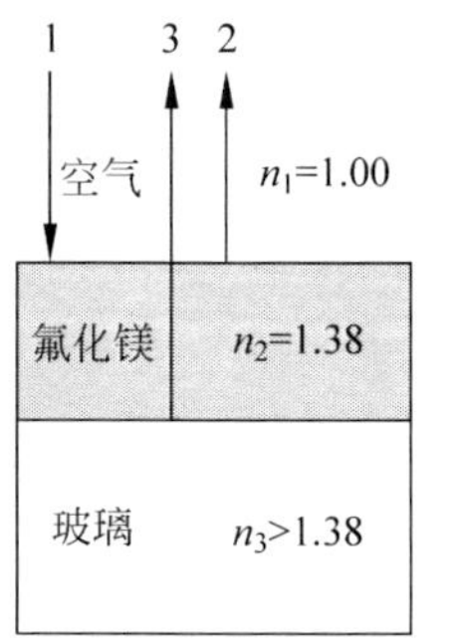

图 14-16　增透膜示意图

当膜的厚度合适时，就可以使某一特定波长的光尽量减少反射。对于一般的照相机，常

选对人眼最敏感的黄绿光(波长 $\lambda \approx 550$ nm)作为控制波长,即氟化镁薄膜的最小厚度为 0.1 μm。这种膜能减少反射光强度,增加透射光强度,因此称为增透膜。在太阳光照射下,此薄膜的反射光中,黄绿光最弱,因此相机镜片呈蓝紫色。

值得指出的是,要使某一特定波长的反射光接近全部消失,增透膜的折射率 n_2 必须满足 $n_2 = \sqrt{n_1 n_3}$(式中 n_1、n_3 分别为空气、玻璃的折射率),但能挑选到的实际材料为氟化镁。

有些光学仪器需要减少其透射率,以增加反射光强度,我们同样可利用薄膜干涉镀制增反膜。图 14-17 中,若用折射率为 2.40 的硫化锌薄膜代替氟化镁薄膜(两者厚度均为0.1 μm),则 $n_2 > n_1$,$n_2 > n_3$,就可使两束反射光(波长仍为 550 nm)相互干涉而加强。

利用薄膜干涉除了可镀制增透膜、增反膜外,还可以镀制各种性能的多层反射膜、彩色分光膜、冷光膜等。

2. 干涉膨胀仪

如图 14-13 所示,当 G_1 向上平移 $\lambda/2$ 的距离时,光线在空气劈尖上下往返一次所引起的光程差,就要增加一个波长 λ。因此,在 G_1 移动的过程中,劈尖表面上每一点的干涉条纹都要发生明-暗-明(或暗-明-暗)的变化,好像干涉条纹在水平方向平移了一条。当劈尖厚度发生微小变化时,如果数出条纹移动的数目,就能测得劈尖上下表面移动的距离。根据这一原理可制成用于精确测量固体线膨胀系数的干涉膨胀仪。干涉膨胀仪的结构如图 14-17 所示,主要部分是由线膨胀系数很小的石英制成的套框,框内放有待测的样品,其上表面已事先磨成稍微倾斜的平面,使它和框顶的平板玻璃之间构成一空气劈尖。当单色平行光从上面垂直照射平板玻璃时,可观测到等厚干涉条纹。将干涉仪加热,由于样品和石英的热膨胀系数不同(石英的热膨胀系数很小,可忽略),劈尖下表面的位置将升高 Δl,假设条纹移动的数目为 N,那么 $\Delta l = N\lambda/2$,从而可计算出样品的线膨胀系数。

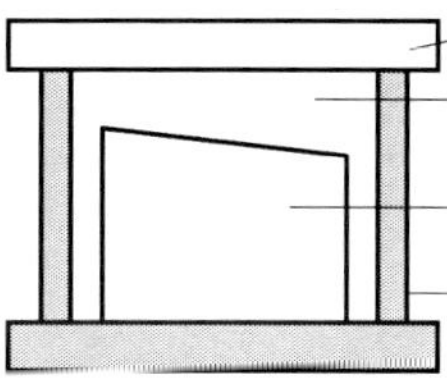

图 14-17　干涉膨胀仪的结构

3. 检验光学元件的质量

利用空气劈尖的等厚干涉条纹可以检验光学元件的平整度。如图 14-18(a)所示,在待验工件 A 和一标准样件 B 之间形成一空气劈尖,由于标准样件 B 下表面是“完全”平的,所以若空气劈尖的等厚条纹是一组平行直条纹,就表明工件 A 上表面也是平的;若干涉条纹发生弯曲、畸变,那么根据干涉条纹的弯曲方向及最大畸变量,就可以判断工件表面是凹还是凸的,并可求出凹处深度或凸出高度。如图 14-18(b)中向左弯曲的条纹对应的位置处,工件是下凹的。

另外,利用牛顿环可检验透镜的质量。如图 14-19 所示,将标准件(玻璃验规)A 覆盖在待检透镜 B 上,两者之间形成空气薄层。当平行光束垂直入射到标准件上表面时,如果牛顿环(俗称光圈)太多,那就需要进一步研磨。

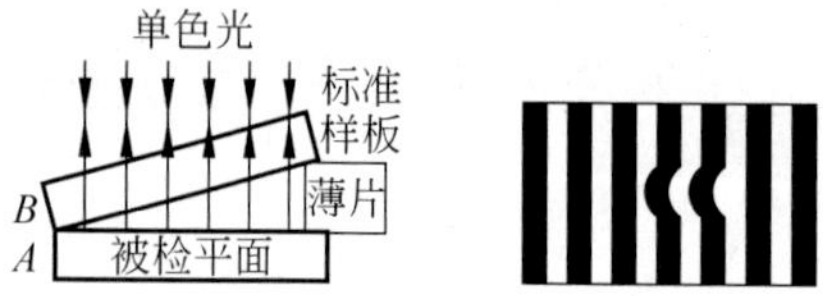

(a) (b)

图 14-18 光学元件表面的检验

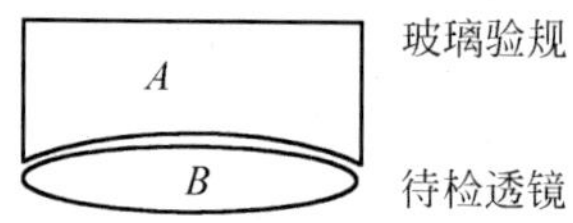

图 14-19 透镜的检验

14-3 光的衍射

除了干涉现象外，衍射现象也是波动的一个重要特征。本节讨论光的衍射现象的规律，进一步揭示光的波动性。

14-3-1 惠更斯-菲涅耳原理

1. 衍射分类

光在传播中若遇到尺寸比其波长大得不多的障碍物，它就不再遵循直线传播的规律，而会传到障碍物的阴影区并产生明暗相间的条纹，这种现象称为光的衍射。一束光通过狭缝、小圆孔、小圆盘后都可看到衍射图样，图 14-20 是小圆盘衍射图样。

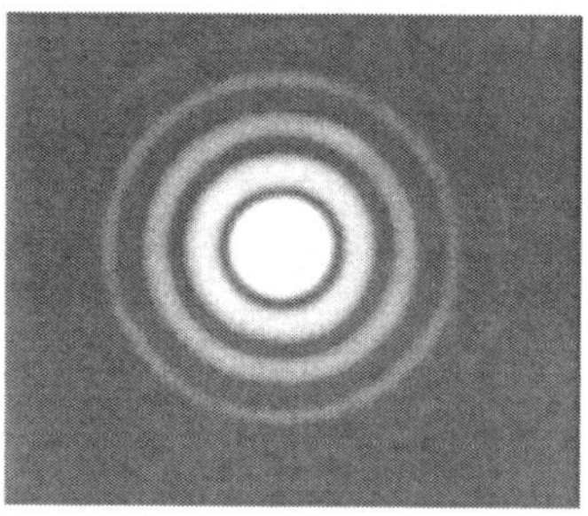

图 14-20 小圆盘衍射图样

观察衍射现象的实验装置一般由三部分组成，即光源 S、衍射屏（或障碍物）R、观察屏 P。根据三者相对位置的关系，可将衍射分为两类：一类是光源或观察屏离衍射屏的距离有限的衍射，称为菲涅耳衍射[见图 14-21(a)]；另一类是光源和观察屏离衍射屏的距离都是无限远的衍射，称为夫琅禾费衍射[见图 14-21(b)]。在实验室中可用两个会聚透镜来实现夫琅禾费衍射，如图 14-21(c)所示，将光源放在透镜 L_1 的焦平面上，观察屏放在透镜 L_2 的焦平面上。本书只讨论夫琅禾费衍射。

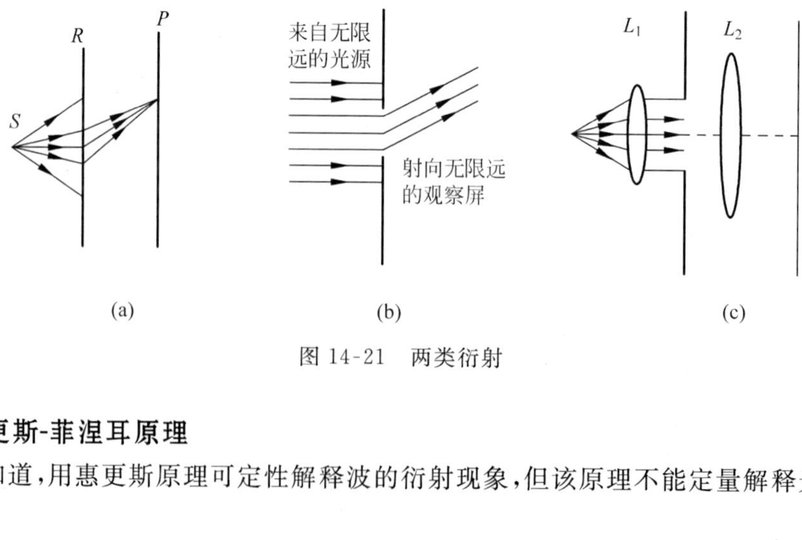

(a) (b) (c)

图 14-21 两类衍射

2. 惠更斯-菲涅耳原理

我们知道，用惠更斯原理可定性解释波的衍射现象，但该原理不能定量解释光的衍射图样中光强的分布。因此，菲涅耳对惠更斯原理作了物理性的补充：一是补充了描述子波的基本特征——相位和振幅的定量表示式；二是增加了子波相干叠加的原理。这个发展了的惠更斯原理称为惠更斯-菲涅耳原理。下面介绍该原理的具体内容。

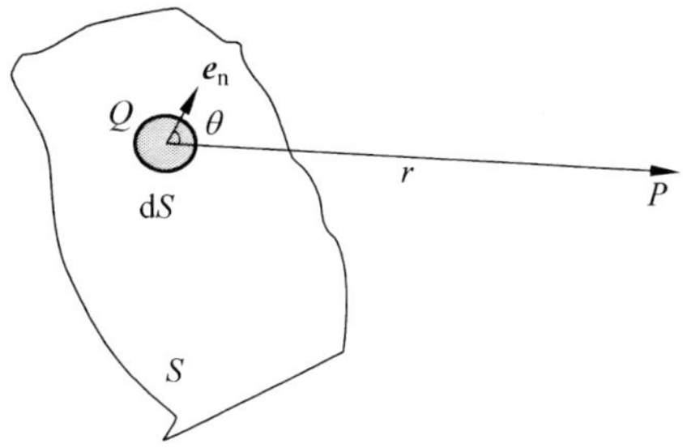

图 14-22　子波相干叠加

如图 14-22 所示，已知光波在某一时刻的波阵面 S，将 S 分割成许多面元，任一面元 dS 都是发射子波的新波源，S 前方任一点 P 处的光振动由 S 面上所有面元所发出的子波在该点相干叠加的结果决定。任一面元 dS 所发出的子波在点 P 处所引起的振幅的大小，与 dS 的面积成正比，与 dS 到点 P 的距离 r 成反比，还与 r 和 dS 的法线方向 e_n 之间的夹角 θ 有关，θ 越大，在点 P 处的振幅越小，当 $\theta \geqslant \frac{\pi}{2}$ 时，振幅为零，而子波在点 P 的相位，由 dS 到点 P 的光程决定。因此，面元 dS 发出的子波在点 P 处的振动可表示为

$$dE = c\frac{k(\theta)}{r}\cos 2\pi\left(\frac{t}{T}-\frac{r}{\lambda}\right)dS \tag{14-21}$$

式中 c 为比例系数，$k(\theta)$是随 θ 增大而减小的倾斜因子，T 和 λ 分别为光波的周期和波长。

如果波阵面 S 上各点的振幅有一定的分布，分布函数为 $A(Q)$，则面元 dS 发出子波到达点 P 的振幅与面元上的振幅成正比，那么式(14-21)可表达为

$$dE = c\frac{k(\theta)A(Q)}{r}\cos 2\pi\left(\frac{t}{T}-\frac{r}{\lambda}\right)dS \tag{14-22}$$

整个波阵面 S 在某时刻所发出的所有子波在点 P 的合振动振幅为

$$E = \int_S dE - \int_S c\frac{k(\theta)A(Q)}{r}\cos 2\pi\left(\frac{t}{T}-\frac{r}{\lambda}\right)dS \tag{14-23}$$

式(14-23)是惠更斯-菲涅耳原理的数学表达式。利用惠更斯—菲涅耳原理原则上可以计算衍射图样中的光强分布，不过这种计算一般比较复杂，我们常用振幅矢量法和菲涅耳半波带法来求解光的衍射问题。

14-3-2　单缝和圆孔的夫琅禾费衍射

1. 单缝衍射

如图 14-21(c)所示，光源 S 放在透镜 L_1 的焦平面上，从 L_1 穿出的平行光束照射宽度可与光的波长相比拟的狭缝时，衍射光经透镜 L_2 会聚到焦平面处的光屏上，形成一组明暗相间的平行直条纹(见图 14-23)，这种条纹叫单缝衍射条纹。

图 14-24 是单缝夫琅禾费衍射的光线图，设 AB 为单缝的截面(长度垂直于纸面)，其宽度为 b，在平行单色光垂直照射下，AB 波阵面上各点所发出的子波沿各个方向传播，衍射后沿某一方向传播的子波波线与入射光线之间的夹角 θ 称为衍射角。衍射角相同的平行光束经过透镜后，将会聚于屏幕上某一点处。先来考虑沿入射方向传播的各子波(见图 14-24 中的光束①，即 $\theta=0$)，它们经透镜 L_2 后将会聚于屏幕上正对狭缝中心的点 O 处。由于 AB 是同相面，通过透镜到达点 O 的各光线光程相等，所以它们到达点 O 时相位仍然相同。这样，点 O 处呈现一平行于单缝的明条纹，称为中央明纹。下面研究其他任意衍射方向上的

衍射情况。

图 14-23　白光单缝衍射图像

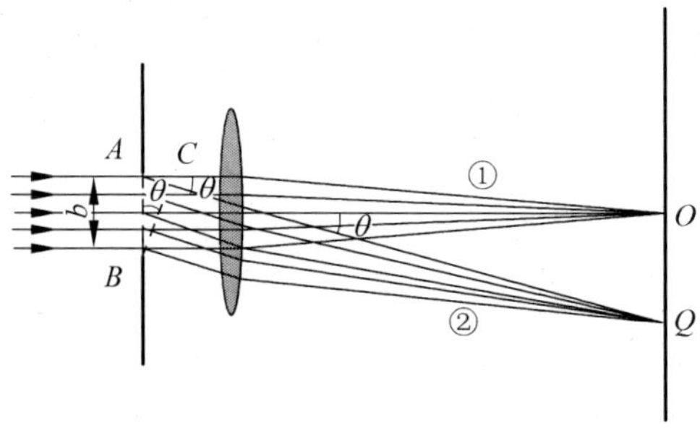

图 14-24　单缝衍射光线图

(1) 半波带法

图 14-24 中的光束②会聚于屏幕上点 Q，显然，光束②中各子波到达点 Q 的光程并不相同，所以它们在点 Q 的相位也不相等。过 B 作一平面 BC，使 BC 垂直于 AC，由于 BC 上各点到达点 Q 的光程都相等，所以，从面 AB 上沿 θ 方向发出的各子波射线在点 Q 的相位差就对应于从面 AB 到面 BC 的光程差。由图 14-24 知，各子波射线之间的最大光程差为

$$\overline{AC} = b\sin\theta$$

为了方便地得知屏幕上衍射条纹分布的概貌，菲涅耳提出了半波带法，即将波阵面 AB 分割成许多等面积的波带的方法。假设 AC 恰好等于入射单色光半波长的整数倍，即

$$b\sin\theta = \pm k\frac{\lambda}{2},\quad k = 1,2,3,\cdots$$

可以作一些彼此相距 $\lambda/2$ 的平行于 BC 的平面[见图 14-25(a)]，从而将波阵面 AB 分割成 k 个面积相等的部分(即波带)。

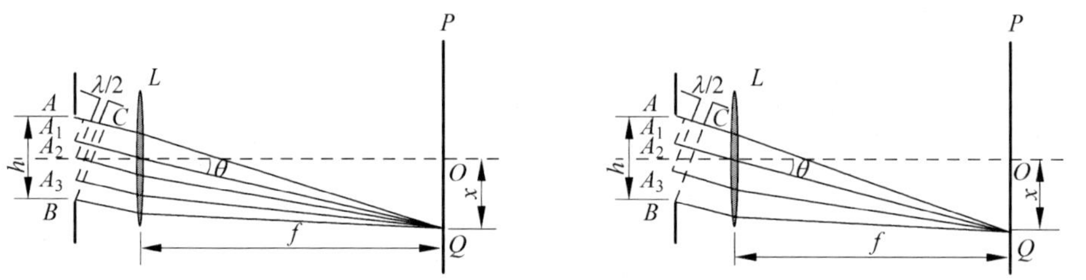

(a) k=4, AC=4λ/2　　(b) k=3, AC=3λ/2

图 14-25　波带

图 14-25(a)表示 $k=4$ 时，波阵面 AB 被分割成四个波带，这些波带的特点是：(1)所有波带在点 Q 引起的光振幅近似相等；(2)在相邻的两个波带上，对应点(如 AA_1 与 A_1A_2 的中点)沿同一方向发出的两平行光在点 Q 处的光程差为 $\lambda/2$，因此，这些波带也叫半波带。由此可见，任何两个相邻波带所发出的子波在点 Q 引起的光振动将完全相互抵消。因此，对于某确定的衍射角 θ，如果 AC 恰好等于半波长的偶数倍，在屏幕上对应处为暗条纹中心；如果 AC 恰好等于半波长的奇数倍，在屏幕上对应处为明条纹中心。例如 $k=3$，如图 14-25(b)所示，波阵面 AB 可分成三个波带，相邻两个波带相互抵消，只剩下一个半波带的衍射光，因此在屏幕上对应处为明条纹中心。同理，$k=5,7,9,\cdots$ 奇数时，在屏幕上对应处

都为明条纹中心，不过，k 越大，对应明条纹的亮度越小。若对应某一 θ 时，AC 不等于半波长的整数倍，则屏幕上对应处的光强将介于明暗之间。

上述结论可用下述数学公式表示：当 θ 满足

$$b\sin\theta = \pm k\lambda, \quad k = 1,2,3,\cdots \tag{14-24}$$

时，点 Q 处为暗条纹中心；当 θ 满足

$$b\sin\theta = \pm(2k+1)\frac{\lambda}{2}, \quad k = 1,2,3,\cdots \tag{14-25}$$

时，点 Q 处为明条纹中心，式(14-24)和式(14-25)中的"±"表示条纹对称分布于中央明纹两侧，在两侧第一级($k=1$)暗纹之间的区域，即 θ 满足

$$-\lambda < b\sin\theta < \lambda$$

的范围为中央明纹。

总之，单缝衍射条纹的分布具有下述特点：

(a) 在中央明纹两侧对称分布着明暗条纹，随级次 k 的增大，明条纹的亮度下降，明暗条纹的分界越来越不明显，因此，一般只能看到中央明纹附近的少数几条清晰的明暗条纹。

(b) 中央明纹的宽度是其他明纹宽度的两倍。由图 14-25 可知，条纹在屏幕上距中心 O 的距离 x 为

$$x = f\tan\theta$$

第一级暗纹距中心 O 的距离为

$$x_1 = f\tan\theta_1$$

而 $b\sin\theta_1 = \lambda$，一般衍射角 θ 很小，所以中央明纹的宽度为

$$l_0 = 2x_1 \doteq 2f\sin\theta_1 = \frac{2\lambda f}{b} \tag{14-26}$$

其他明纹的宽度为

$$l = \theta_{k+1}f - \theta_k f = \frac{(k+1)\lambda f}{b} - \frac{k\lambda f}{b} = \frac{\lambda f}{b} \tag{14-27}$$

(c) 由式(14-26)可知，若单缝很宽($b \gg \lambda$)，这时光可看成是沿直线传播的。

(d) 若以白光照射单缝，则除中央明条纹是白色的外，其两侧依次呈现为一系列由紫到红的彩色条纹。

由此可见，单缝衍射实验有很多应用，如用于测量光波的波长、测量物体之间的微小间隔、测量细微物体的线度等。

(2) 振幅矢量法

下面用振幅矢量法研究单缝衍射的光强分布。若将图 14-24 中位于缝 AB 上的波阵面分成 N(N 非常大)个等宽的细窄条面元(垂直于纸面)，每个窄条面元发出的子波在点 Q 的振幅近似相等，均为 A。对任一衍射角 θ 的衍射光而言，因单缝上缘 A 与下缘 B 到达点 Q 的光程差为 $b\sin\theta$，所以任意相邻两窄条面元所发出的子波到达点 Q 的相位差均为

$$\alpha = \frac{2\pi}{\lambda}\frac{b\sin\theta}{N}$$

根据惠更斯-菲涅耳原理，点 Q 处光振动的合振幅等于这 N 个面元发出的子波在点 Q 的振幅的矢量合成，也就是等于 N 个同方向、同频率、等振幅(A)相位差依次都是 α 的振动的合成。根据同方向、同频率简谐振动的合成规律，得衍射角为 θ 的点 Q 处的合振幅

应为

$$E_\theta = A\frac{\sin\frac{N\alpha}{2}}{\sin\frac{\alpha}{2}}$$

由于 N 非常大，所以 α 很小，$\sin\frac{\alpha}{2}\approx\frac{\alpha}{2}$，上式可写成

$$E_\theta = A\frac{\sin\frac{N\alpha}{2}}{\frac{\alpha}{2}} = NA\frac{\sin\frac{N\alpha}{2}}{\frac{N\alpha}{2}}$$

令

$$u = \frac{N\alpha}{2} = \frac{\pi b\sin\theta}{\lambda}$$

则

$$E_\theta = NA\frac{\sin u}{u} \tag{14-28}$$

当 $\theta=0$ 时，$E_\theta=E_0=NA$，E_0 为中央明纹中点 O 处的合振幅。由式(14-28)可得点 Q 处的光强为

$$I = I_0\left(\frac{\sin u}{u}\right)^2 \tag{14-29}$$

式中 I_0 为中央明纹中心处的光强，单缝衍射的光强分布如图 14-26 所示。由式(14-29)可求出光强极大和极小的条件。

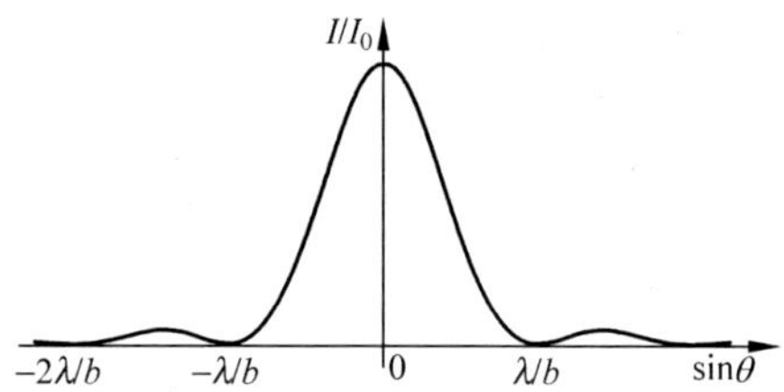

图 14-26　单缝的衍射光强分布

(a) 主极大

当 $\theta=0$ 时，$\frac{\sin u}{u}=1$，$I=I_0$，对应最大光强，称为主极大，即中央明纹的中心。

(b) 极小

当 $u=\pm k\pi$，$k=1,2,3,\cdots$时，$I=0$，对应光强最小，称为极小。因为

$$u = \frac{\pi b\sin\theta}{\lambda} = \pm k\pi$$

所以

$$b\sin\theta = \pm k\lambda,\quad k = 1,2,3,\cdots$$

此式为确定暗纹中心的条件，这一结论与半波带法所得结果相同。

(c) 次级大

在相邻暗纹之间应存在次级明纹。令

$$\frac{\mathrm{d}}{\mathrm{d}u}\left(\frac{\sin u}{u}\right)^2 = 0$$

可求得次级大的条件为

$$\tan u = u$$

我们可以用图解法求解此超越方程，得到次级大的条件为

$$u = \pm 1.43\pi,\ \pm 2.46\pi,\ \pm 3.47\pi,\cdots$$

即

$$b\sin\theta=\pm 1.43\lambda,\pm 2.46\lambda,\pm 3.47\lambda,\cdots$$

将此结果与用半波带法所得出的明纹近似条件相比，可知半波带法是一个相当好的近似处理方法。

2. 圆孔衍射

在图 14-23 中，如用圆孔代替单缝，这时会在屏上产生如图 14-27 所示的衍射图样，其中央为一亮圆斑，外围是一组同心的暗环和明环，中央亮斑也叫爱里斑。计算结果表明，分布在爱里斑上的光能约占整个入射光能量的 84%，其他各级明环的光强，最强的也不及爱里斑中心强度的 2%。设爱里斑直径为 d，圆孔直径为 D，入射光波长为 λ，透镜焦距为 f，爱里斑对透镜光心的张角为 2θ（见图 14-28），可以证明

$$2\theta=\frac{d}{f}=2.44\frac{\lambda}{D}\tag{14-30}$$

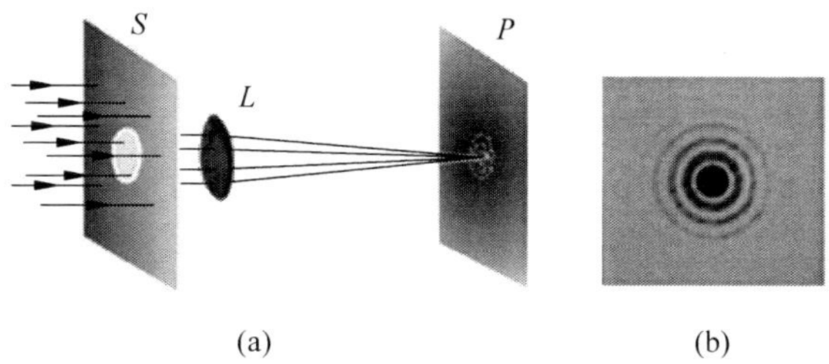

图 14-27　圆孔衍射图样

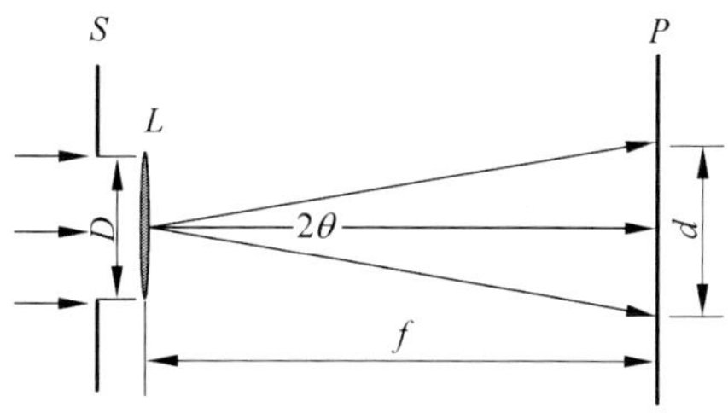

图 14-28　计算爱里斑张角用图

由此可见，在 λ、f 一定的情况下，圆孔的直径越小，爱里斑越大，即圆孔的衍射现象越显著。

3. 光学仪器的分辨率

光学仪器中所用的透镜、光阑等都相当于一个透光的小圆孔，按照几何光学的观点，物体通过光学仪器时，每个物点都有一个对应的像点。实际上，由于光学仪器具有衍射效应，每个物点的像不是一个点而是一个有一定大小的爱里斑。因此，如果有两个相距很近的物点通过透镜成像，在像平面上它们的爱里斑将发生重叠甚至无法分辨出两个物点的像，这就是说，由于光的衍射现象，光学仪器的分辨能力有一个最高的极限。下面以透镜为例，讨论光学仪器的分辨能力。如图 14-29 所示，两个物点 S_1 和 S_2 所成的像——两个爱里斑重叠程度大致有三种情况：图 14-29(a)表示 S_1、S_2 相距较远，两个爱里斑中心距离大于爱里斑半径，能够分辨两个物点的像；图 14-29(c)表示 S_1、S_2 相距较近，两个爱里斑中心距离小于爱里斑半径，不能区分两个物点的像；图 14-29(b)表示 S_1、S_2 的距离恰好使两个爱里斑中心距离等于爱里斑半径，即一个爱里斑的中心刚好和另一个爱里斑的边缘相重叠。理论计算表明，在这种情况下，两衍射图样重叠部分的中心处的光强，约为单个爱里斑中心强度的 80%，对此，大多数人的视觉刚好能判断出这是两个物点的像，我们把这种情形作为两物点刚好能被光学仪器所分辨的临界情形，符合恰能分辨的上述条件，称为瑞利判据。这一临界条件下两物点 S_1 和 S_2 对透镜光心的张角 θ_0 叫做光学仪器的最小分辨角。显然有

$$\theta_0=1.22\lambda/D$$

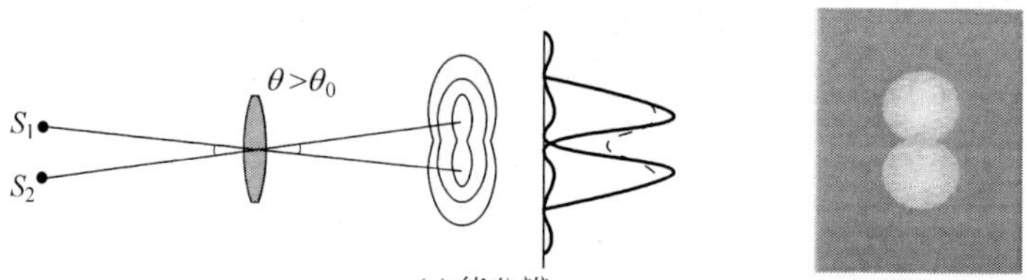

(a) 能分辨

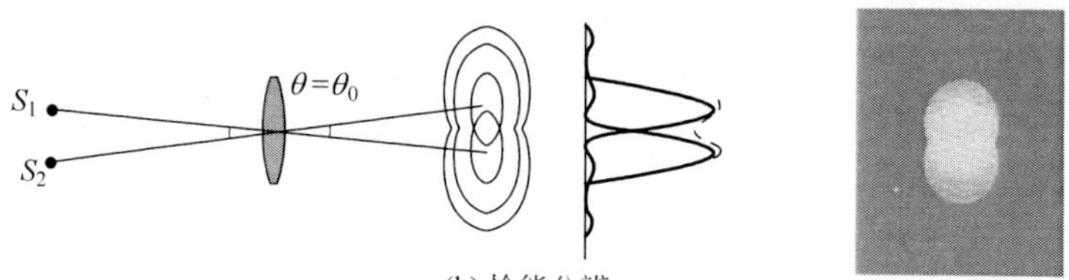

(b) 恰能分辨

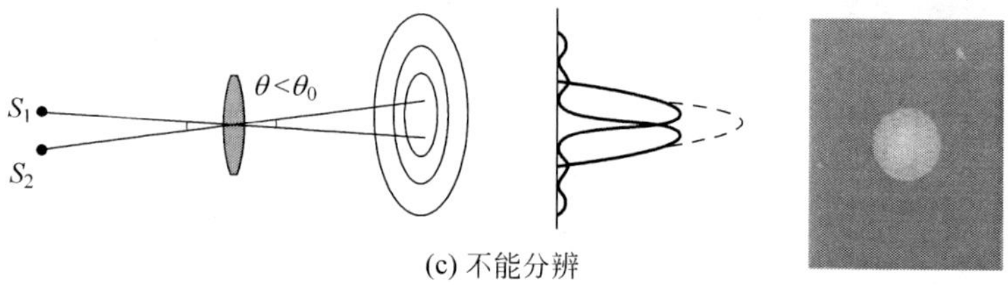

(c) 不能分辨

图 14-29　光学仪器的分辨能力

θ_0 的倒数称为光学仪器的分辨率，用 R 表示，则

$$R = \frac{D}{1.22\lambda}$$

由此可见，光学仪器的分辨率与仪器的孔径成正比，与所用光波的波长成反比。为提高望远镜的分辨率，在天文观察中必须采用大口径的物镜。电子具有波动性（参见第 15 章），一般情况下，其波长比可见光的波长短，所以电子显微镜的分辨率比普通显微镜的分辨率高。

14-3-3　光栅衍射

1. 光栅种类

由许多等宽等间距的平行狭缝构成的光学元件叫光栅。常用的光栅有两种：一是透射光栅；二是反射光栅。我们在玻璃片上刻划出大量等间距的平行刻痕，刻痕处因漫反射而不透光，两刻痕之间的光滑部分可以透光，相当于一狭缝，这样就制成了透射光栅。反射光栅是在不透明的材料上刻划一系列等间距的平行槽纹而形成的，入射光经槽纹反射形成衍射条纹。一般的光栅在每厘米内有几百条乃至上万条刻痕。当光波在光栅上透射或反射时，将形成一定的衍射图样。若入射光是复色光，光栅可以把入射光中不同波长的光分隔开来，形成光谱。所以，光栅是一种重要的光学元件。下面以透射光栅为例，讨论光栅衍射的基本规律。

2. 光栅方程

光栅衍射实验装置如图 14-30 所示，设透射光栅的总缝数为 N，缝宽为 b，缝间不透光的部分宽度为 b'，$b+b'=d$ 为光栅常数，并设平行单色光垂直入射到光栅上。实验观察到光栅衍射条纹(见图 14-31)具有如下特点：在屏上几乎黑暗的背景上呈现出一系列又细又亮的明条纹，且随着缝数 N 的增大，明条纹亮度增大，宽度减小，但位置不变。

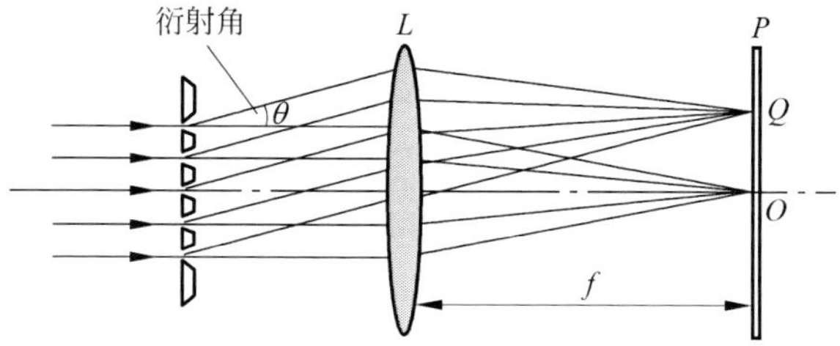

图 14-30　光栅衍射

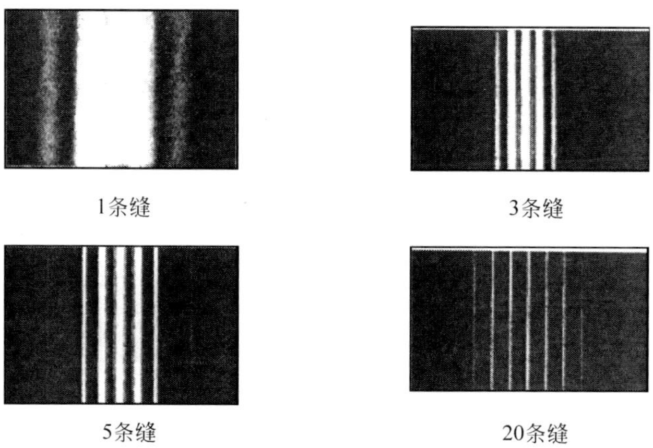

图 14-31　光栅衍射图样照片

首先定性地分析光栅衍射条纹的成因。由于光栅有许多单缝，每一个缝发出的光都有衍射，且 N 个缝的 N 套单缝衍射条纹在屏幕上是完全重合的，另外，光栅上各条缝的衍射光在屏幕上重叠时会产生干涉现象。因此，光栅衍射图样是单缝衍射和多缝干涉的总效果。

下面定量分析光栅衍射条纹的形成。

设光栅的总缝数为 N，由式(14-28)可知，每一条缝发出的光在衍射角为 θ 的方向的光振动的振幅 A_θ 为

$$A_\theta = A_{10}\frac{\sin\beta}{\beta}$$

式中 A_{10} 为每一条缝衍射的中央明纹的振幅。

$$\beta = \frac{\pi b\sin\theta}{\lambda}$$

当各条缝在衍射角为 θ 的方向上的衍射光束在屏上点 Q 处相遇叠加时，其合振幅为

$$E_\theta = A_\theta\frac{\sin\dfrac{N\Delta\varphi}{2}}{\sin\dfrac{\Delta\varphi}{2}}$$

式中 $\Delta\varphi$ 为从相邻两缝射出的光束的相位差，即

$$\Delta\varphi = \frac{2\pi(b'+b)}{\lambda}\sin\theta$$

因此，在屏上点 Q 处，光栅衍射光的合振幅为

$$E_\theta = A_{10}\frac{\sin\beta}{\beta}\frac{\sin\dfrac{N\Delta\varphi}{2}}{\sin\dfrac{\Delta\varphi}{2}}$$

点 Q 处的光强为

$$I_\theta = I_{10}\left(\frac{\sin\beta}{\beta}\right)^2\left(\frac{\sin\dfrac{N\Delta\varphi}{2}}{\sin\dfrac{\Delta\varphi}{2}}\right)^2 \tag{14-31}$$

式(14-31)就是光栅衍射的光强分布。式中 I_{10} 为每一条缝衍射的中央明纹的光强；$\left(\dfrac{\sin\beta}{\beta}\right)^2$ 来自单缝衍射的光强分布，称为单缝衍射因子；$\left(\dfrac{\sin\dfrac{N\Delta\varphi}{2}}{\sin\dfrac{\Delta\varphi}{2}}\right)^2$ 来源于缝间干涉，称为多光束干涉因子。式(14-31)明显地表述了光栅衍射图样是单缝衍射对多光束干涉进行了调制的结果。

下面我们对光栅衍射条纹的主要特征作些说明。

(1) 主极大

多光束干涉因子 $\left(\dfrac{\sin\dfrac{N\Delta\varphi}{2}}{\sin\dfrac{\Delta\varphi}{2}}\right)^2$ 的极大值出现在

$$\frac{\pi d\sin\theta}{\lambda} = k\pi$$

即

$$d\sin\theta = k\lambda,\quad k = 0, \pm 1, \pm 2, \cdots \tag{14-32}$$

此式即为光栅方程。

(2) 暗纹

多光束干涉因子 $\left(\dfrac{\sin\dfrac{N\Delta\varphi}{2}}{\sin\dfrac{\Delta\varphi}{2}}\right)^2$ 的极小值出现在

$$\frac{\pi d\sin\theta}{\lambda} = \pm\frac{k'}{N}\pi,\quad k' = 1,2,3,\cdots,N-1,N+1,\cdots$$

即在两个相邻的主极大之间有 $N-1$ 条暗纹。

(3) 次极大

在相邻主极大之间有 $N-1$ 条暗纹，而在相邻暗纹之间必有一条明纹，所以在相邻主极大之间必有 $N-2$ 条明纹，但这些明纹的强度比主极大的光强小得多，所以上述明纹称为次极大。

(4) 缺级

光栅衍射条纹是衍射和干涉的总效果，所以就会有这种可能：某些主极大的角位置正好处在衍射因子的零值上，这些主极大将消失。这种现象称为光栅的缺级，所缺的级次由光

栅常数 d 和缝宽 b 决定。对于缺级,θ 同时满足

$$d\sin\theta = k\lambda$$

$$b\sin\theta = k'\lambda$$

则所缺级次为

$$k = \frac{d}{b}k', \quad k' = \pm 1, \pm 2, \pm 3, \cdots$$

例如,当 $d=4b$ 时,所缺级次为 $k=\pm 4, \pm 8, \cdots$,图 14-32 所示的是缝数 $N=3, d=3b$ 时的缺级情况。

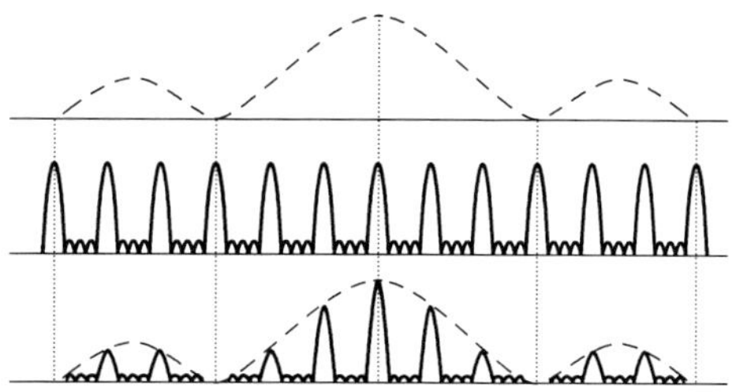

图 14-32 缺级

3. 光栅光谱

如果入射光是复色光,由光栅方程式(14-32)可知,除中央零级外,不同波长的同一级谱线的角位置是不同的,同一级的不同波长的明条纹将按波长顺序排列成一组谱线,级数较高的光谱中有部分谱线相互重叠。光栅衍射产生的这种按波长排列的谱线称为光栅光谱。

各种元素或化合物,各有自己特定的光谱,测定光谱中各谱线的波长,可以分析出发光物质成分;测定谱线的强度,可定量地分析出元素的含量。这种分析方法叫光谱分析。光谱分析是现代物理学研究的重要手段,在科学研究和工程技术上也有广泛的应用。

14-4 X 射线衍射

14-4-1 X 射线的产生

X 射线是一种波长(数量级为 0.1 nm)很短的电磁波,它具有很强的穿透能力,很容易穿透肌肉组织,医学上用 X 射线检查人体生理结构上的病变,就是 X 射线最早的应用之一。X 射线是伦琴在 1895 年发现的,故又称伦琴射线。图 14-33 是 X 射线管的结构原理图。图中 G 是真空玻璃泡,K 是发射电子的热阴极,P 是阳极,也叫对阴极,两极之间加上数万伏高电压时,阴极发射的电子将高速撞击阳极而产生 X 射线。

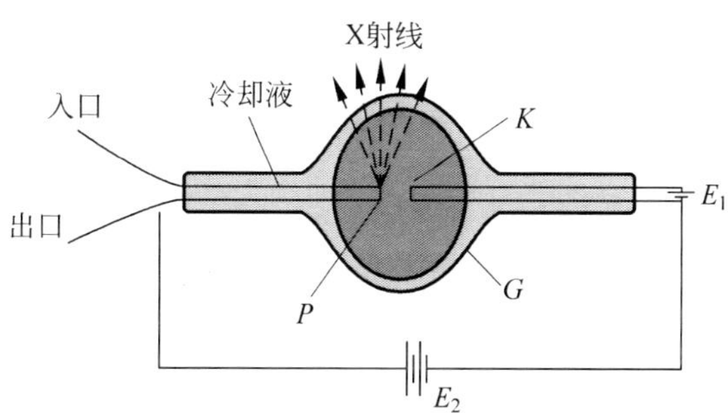

图 14-33 X 射线管的结构原理图

14-4-2 X 射线在晶体上的衍射

X 射线是一种电磁波,因此它也应该可以产生干涉和衍射效应。但是 X 射线的波长太

短，用普通光栅不可能观察到X射线的衍射现象，必须寻求更精微的光栅。1912年，伟大的德国物理学家劳厄想到：天然晶体内部具有周期性的排列，可将晶体点阵等效为一种适合于X射线的三维立体光栅。实验证实了他的想法。目前，晶格衍射方法用于研究晶体结构，已经形成了一门叫做X射线晶体结构分析的新学科。

X射线进入晶体点阵中时，在格点上的原子或离子成为发射子波的波源，这些子波将在空间发生干涉，这与光栅问题类似。为简化问题，我们只关心衍射中的主极大位置。由于晶体点阵是三维的，下面分两步来讨论这个问题。

1. 同一晶面内各格点子波间的干涉

如图14-34所示，设想晶体是由一系列平行的原子（或离子）层构成，这些原子层称为晶面，各晶面间的距离称为晶面间距，用d表示。当一束X射线以掠射角θ射到晶面上时，某一晶面上相邻格点A、B所发射的子波沿角θ'的衍射线为$1'$、$2'$，设$AB=d_1$，两条衍射线$1'$、$2'$之间的光程差为

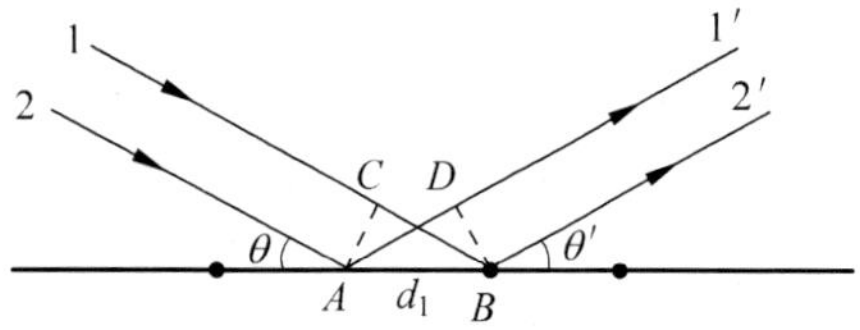

图14-34　同一晶面上各格点子波干涉的零级主极大条件

$$\Delta_1 = d_1(\cos\theta - \cos\theta')$$

当$\Delta_1 = d_1(\cos\theta - \cos\theta') = 0$时，$\theta=\theta'$。这就是说，同一晶面上各格点子波干涉的零级主极大方向，就是以晶面为镜面的反射线方向。

2. 不同晶面上的反射线之间的干涉

如图14-35所示，d为晶面间距，θ为掠射角，由两相邻晶面反射的两条光线间的光程差为$2d\sin\theta$，两反射光干涉加强的条件为

$$2d\sin\theta = k\lambda,\quad k=1,2,3,\cdots \tag{14-33}$$

此式称为布喇格公式或布喇格条件。由此式可测出X射线的波长或晶面间距。1913年，布喇格父子应用X射线研究晶体结构，因此，他们于1915年获得诺贝尔物理学奖。

从不同方向看去，同一晶体点阵的格点形成取向、晶面间距各不相同的许多组平行晶面（见图14-36）。上面我们只讨论了某一取向的平行晶面间的干涉，同理可讨论任何一组具有不同取向的平行晶面上的格点反射。当然，一束X射线射入晶体时，对不同取向的晶面，其晶面间距可以不同，掠射角也可不同。

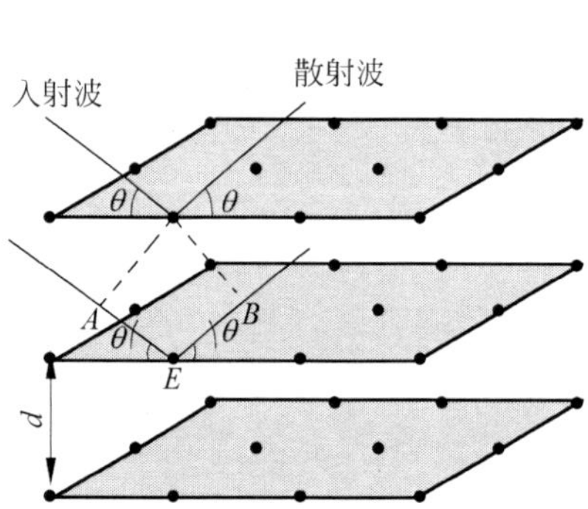

图14-35　布喇格条件

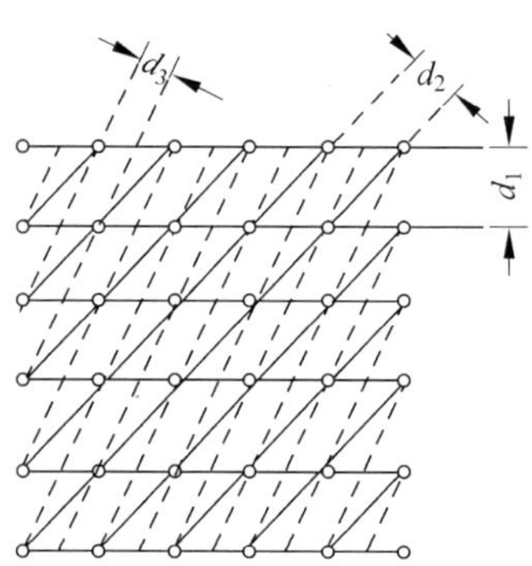

图14-36　多组平行晶面

上面讨论面间干涉时只考虑了反射方向的零级主极大，那是因为如果取高级主极大，所得的面间干涉主极大条件恰好相当于另一取向的平行晶面间干涉的布喇格条件。

14-4-3 劳厄相、德拜相及其应用

由布喇格条件可知，在 X 射线的波长、入射方向和晶体取向三者一定时，有可能根本就没有主极大，换句话说，若想要获得一张 X 射线的衍射图就不能同时限定波长、入射方向和晶体取向。研究 X 射线衍射通常有两种实验方法。

1. 劳厄法

1912 年，劳厄将连续谱的 X 射线通过铅屏的小孔照射在单晶体[见图 14-37(a)]上，相当于给定了晶体的取向，但不给定波长，因此，放置在晶体后的照相底片上会形成按一定规则分布的许多斑点[见图 14-37(b)]，这些斑点叫劳厄斑。这样得到的一张衍射图样，称为劳厄相。根据劳厄斑点分布的对称性可确定相应晶体结构的对称性，劳厄因这方面的工作获得了 1914 年的诺贝尔物理学奖。

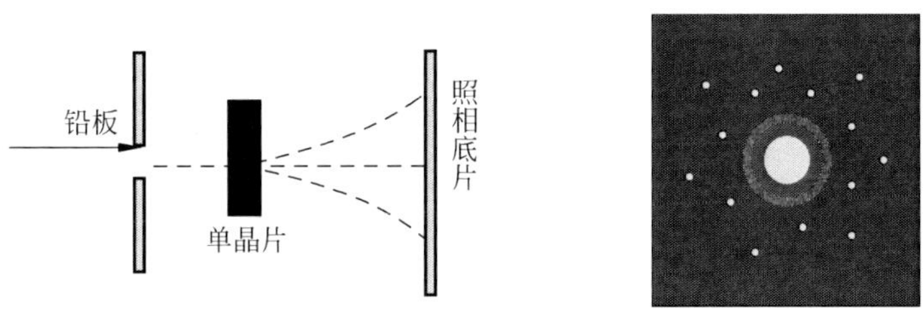

(a) (b)

图 14-37 劳厄实验

2. 粉末法

如果我们用单色的 X 射线照射在多晶粉末样品上，由于粉末的结晶微粒的排列是完全混乱的，总有一些粉末晶粒和 X 射线的相对方位刚好满足布喇格条件。用这种方法在照相底片上得到的衍射图样叫德拜相。德拜相可用于测定晶体的平行晶面间距。

14-5 光的偏振

波都具有干涉、衍射等共同特征。而按照波的振动方向与传播方向是垂直还是平行，又可分为横波和纵波。从 17 世纪到 19 世纪初的一百多年间，人们认为光波是纵波。1817 年，杨(T. Young)根据光在晶体中传播产生的双折射现象，推断光属于横波。菲涅耳也提出了类似的想法，并且利用横波的假设解释了偏振光的干涉。

14-5-1 光的偏振态

横波和纵波的性质差别很大。如果在机械波的传播路径上放置一个狭缝，当缝与横波的振动方向平行时，横波便穿过狭缝继续向前传播；当缝与横波的振动方向垂直时，由于振动受阻，便不能穿过缝继续向前传播。而纵波却总是能穿过狭缝继续向前传播。

已知电磁波是横波，光波是特定频率的电磁波，因而光波属于横波。自然界的一般光源发出的光，在与传播方向垂直的平面内包含各个方向的等振幅的振动光矢量（电场强度矢量 $\boldsymbol{E}$），并且这些光矢量之间没有确定的相位关系，这样的光称为**自然光**（见图 14-38(a)，光沿 z 轴正方向传播）。任意时刻在自然光光场中的任意点，我们都可以把这些等振幅的光矢量在相互垂直的两个确定方向上分解，然后将两个方向上的分量分别相加，得到总光波光矢量的两个相互垂直的分量，每个分量对应光振动的强度都等于自然光总强度的一半。由于自然光中各个光振动是相互独立的，所以这叠加起来的相互垂直的两个光矢量分量之间并没有固定的相位差。为了简明地表示光的传播，常用和传播方向垂直的短线，如图 14-38(b)表示在纸面内的光振动，而用点表示和纸面垂直方向的光振动。对自然光，点和短线数量相等，表示两个方向振动强度相等。

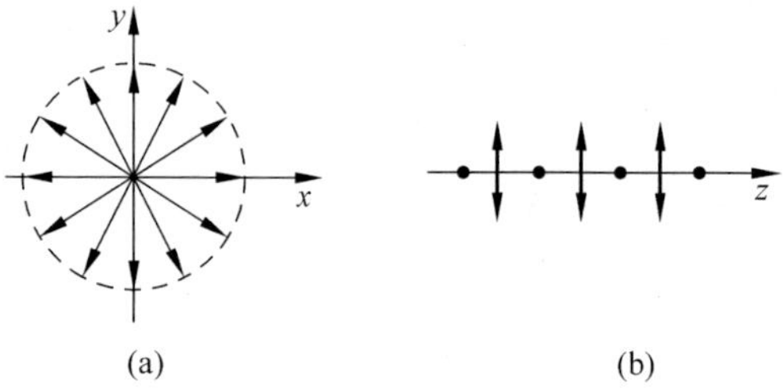

图 14-38　自然光

自然光经过某些晶体后，能变成只在与光的传播方向相垂直的某个特定方向上振动，称为**线偏振光**或**完全偏振光**，如图 14-39(a)和(b)所示。线偏振光的振动方向与传播方向组成的平面，称为振动面。由自然光还可以得到**部分偏振光**，如图 14-40(a)和(b)所示，它与自然光类似，存在与光的传播方向垂直平面内的各个方向的独立振动，只不过各分振动的振幅不再相等，而是在某个方向振幅达到最大，在另一方向上振幅最小，其他中间方向振幅则由最大值连续变化到最小值。

图 14-39　线偏振光

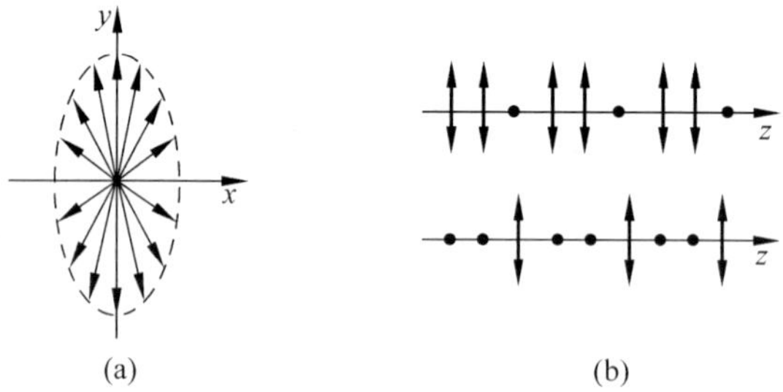

图 14-40　部分偏振光

还存在另外两种偏振状态，椭圆偏振光与圆偏振光（见图 14-41）。如果在与光的传播方向相垂直的平面内，光矢量随时间作周期性转动，且光矢量端点的轨迹为椭圆，这种光称为**椭圆偏振光**。迎着光的传播方向看，如果光矢量作顺时针方向旋转，称为右旋椭圆偏振光；如果光矢量作逆时针方向旋转，称为左旋椭圆偏振光。如果椭圆偏振光的长、短轴相等，即光矢量端点轨迹为圆，则称为**圆偏振光**，它同样分为左旋和右旋两种。

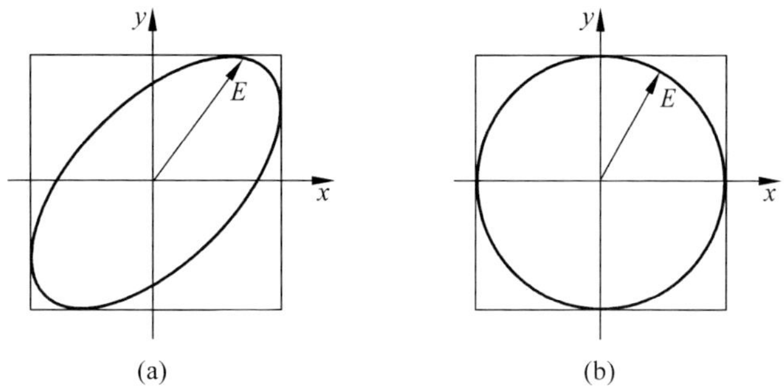

图 14-41　椭圆(a)与圆偏振光(b)中光矢量的旋转

14-5-2　光的起偏与检验

1. 起偏与检偏

自然界一般的光源(除激光外)发出的光都是自然光,自然光通过特定的光学装置后能够变成线偏振光,下面介绍利用偏振片产生线偏振光的方法。

某些物质能吸收某一方向的光振动,而只让与这个方向垂直的光振动通过,这种性质称为**二向色性**。把具有二向色性的材料涂于透明薄片上,就做成了偏振片。当自然光照射到偏振片上时,只有特定方向的光振动通过,这个方向就称为透振方向,通过偏振片后自然光就成为该方向振动的线偏振光。这时偏振片被称为起偏器。在偏振片上一般会用箭头标明透振方向。

起偏器不但可以使自然光变成线偏光,还可以用来检验入射光是否为线偏光(这个过程叫做检偏),这时偏振片称为检偏器。如图 14-42(图中箭头分别标出两偏振片的透振方向)所示,平行放置两块偏振片 P_1、P_2,自然光垂直入射通过偏振片 P_1 后变为线偏振光,然后入射到偏振片 P_2 上,若初始时刻偏振片 P_2 与 P_1 的透振方向平行,则透过 P_1 的线偏振光仍能透过 P_2;当把偏振片 P_2 以光线传播方向为轴缓慢转动,则透射光逐渐变暗,当两偏振片透振方向相互垂直时没有光线透过 P_2。在 P_2 旋转一周的过程中,透过 P_2 的光将经历两次最强和两次最弱的过程。通过这种方式可以判断入射到 P_2 上的是线偏振光。如用自然光垂直入射偏振片 P_2,则在 P_2 旋转一周的过程中,透射光强始终保持不变。这样可以区分出自然光和线偏振光。

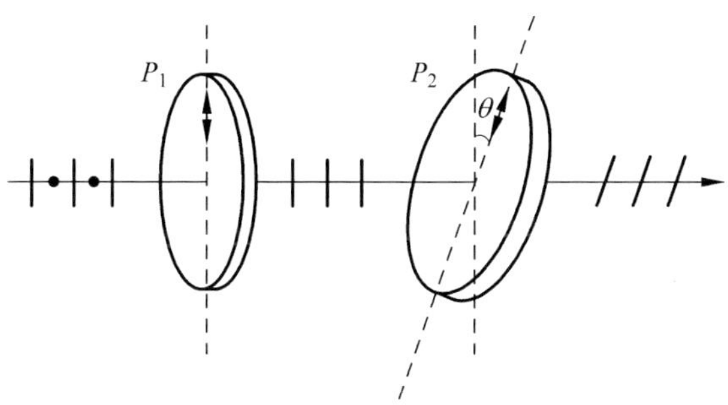

图 14-42　入射光垂直入射通过两平行放置的偏振片

2. 马吕斯定律

下面讨论线偏振光通过偏振片后的光强变化。在图 14-42 中，自然光通过 P_1 后变成线偏振光，设其振幅为 E_0，强度为 I_0。只有沿 P_2 透振方向的光振动才能通过 P_2。两偏振片透振方向的夹角为 θ，所以线偏振光在 P_2 透振方向的分量为 $E_0\cos\theta$，通过偏振片后的出射线偏振光的光强为

$$I = I_0\cos^2\theta \tag{14-34}$$

这个规律是马吕斯(E. L. Malus，1775—1812)于 1808 年发现的，被称为**马吕斯定律**。

当两偏振片的透振方向平行时，$\theta=0$，$I=I_0$，光强最大；当它们的透振方向互相垂直时，$\theta=\pi/2$，$I=0$，光强为零。当 θ 取中间值时，透射光强在最大值与零之间变化。

3. 反射光和折射光的偏振　玻片堆

实验表明，当自然光入射到折射率分别为 n_1 和 n_2 的两种介质(如空气和玻璃)的分界面上时，反射光和折射光都是部分偏振光。如图 14-43 所示，i_1 为入射角，i_2 为折射角，入射光为自然光。在界面上的反射角和折射角遵守反射和折射定律，而根据电磁学中的菲涅耳公式则可以求出任意入射角和任意介质界面的反射、折射光的振幅。

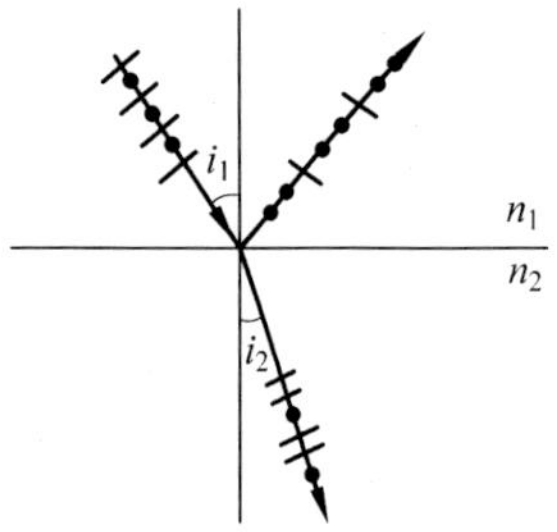

图 14-43　自然光在两种介质界面处的反射和折射

实验发现，反射光的偏振化程度随入射角的变化而变化，并且当入射角满足

$$\tan i_1 = \frac{n_2}{n_1} \tag{14-35}$$

时，反射光就成为垂直于入射面振动的线偏振光，没有平行入射面振动的成分，而折射光仍为部分偏振光。这是 1815 年布儒斯特(D. Brewster，1781—1868)从实验中发现的，称为布儒斯特定律。反射光为线偏振光时的入射角称为起偏角或布儒斯特角。

根据折射定律

$$\frac{\sin i_1}{\sin i_2} = \frac{n_2}{n_1}$$

入射角为起偏角时

$$\tan i_1 = \frac{\sin i_1}{\cos i_1} = \frac{n_2}{n_1}$$

所以

$$\sin i_2 = \cos i_1$$

即

$$i_1 + i_2 = \frac{\pi}{2} \tag{14-36}$$

这说明当入射角为起偏角时，反射光和折射光互相垂直。

因为当自然光以布儒斯特角从空气中入射到一般的光学玻璃时，反射的线偏振光的强度远小于入射光强度，大部分光都能透过玻璃，所以这时获得的线偏振光太弱而无法加以利

用。如果将一些玻璃片叠成平行的玻璃片堆(见图 14-44),并使入射角为起偏角,由于在各个界面上都满足起偏条件,因而反射光都是垂直于入射面振动的线偏振光。经过玻璃片堆后,入射光中绝大部分的垂直光振动都被反射掉了,从玻璃片堆透射出的光中,就几乎只剩下平行于入射面振动的光了,因而可以获得强度较大的近似线偏振光。

***4. 晶体双折射**

一般情况下,一束光线在两种各向同性介质的分界面上发生折射时,只有一束折射光,折射光位于入射面内,并且满足折射定律

$$n_1 \sin i_1 = n_2 \sin i_2 \tag{14-37}$$

其中,i_1 为入射角,i_2 为折射角,n_1、n_2 分别为入射和折射光所在介质的折射率。

而当光线进入一些各向异性晶体时(如方解石),会产生两束折射光线。其中一条折射光的方向遵从折射定律,称为寻常光(简称 o 光);另一束折射光一般不遵从折射定律,甚至折射方向也不在入射面内,称为非常光(简称 e 光),e 光的速度依赖于传播方向。这种现象称为双折射(见图 14-45),能产生双折射的晶体称为双折射晶体。

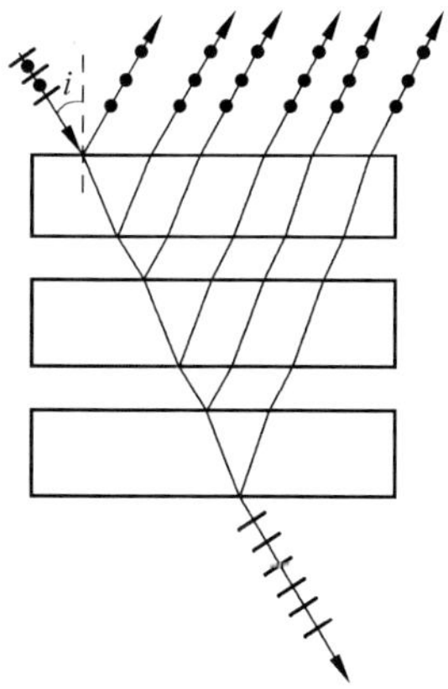

图 14-44　玻璃片堆

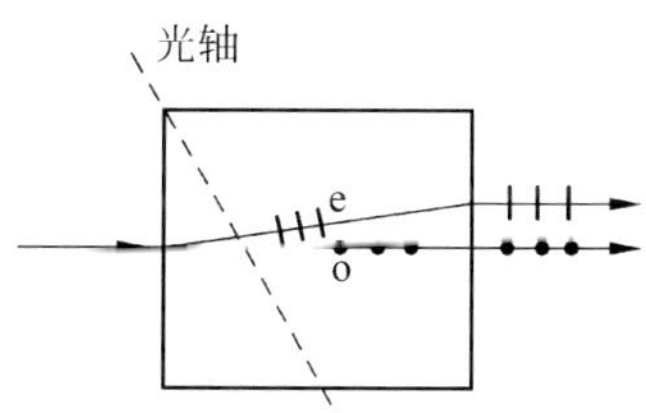

图 14-45　自然光通过双折射晶体

实验表明,双折射晶体内有一特定的方向,光沿该方向传播时,o 光和 e 光具有相同的传播速度,不产生双折射现象,这个方向称为双折射晶体的光轴(如图 14-45 中虚线所示)。需要注意的是光轴表示的是一个方向,而不是某一个确定的直线。

当光线在晶体的某一表面入射时,此表面的法线与晶体的光轴所构成的平面叫做晶体的主截面。在晶体中,某光线的传播方向和光轴方向所组成的平面称为该光线的主平面。寻常光光矢量的振动方向与主平面垂直,而非常光光矢量的振动方向在它的主平面内。

o 光在晶体中各方向的传播速度 v_o 相同,所以其折射率 $n_o = c/v_o$ 也是由晶体决定的常数,与方向无关,称为 o 光的折射率。而 e 光在晶体内的速度依赖于传播方向,通常把真空中的光速 c 与 e 光沿垂直于光轴方向的传播速度 v_e 之比,叫做 e 光的主折射率,即 $n_e = c/v_e$。e 光在其他方向上的折射率介于 n_o 和 n_e 之间。对一部分双折射晶体(石英等),$n_e > n_o$,称之为正晶体;而对另外一些双折射晶体(方解石等),则有 $n_e < n_o$,称为负晶体。

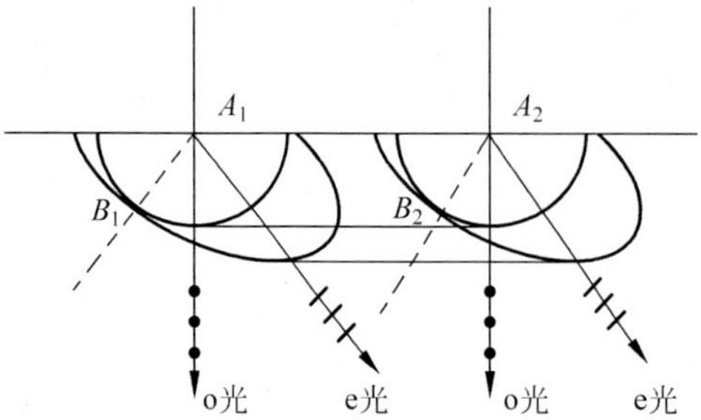

图 14-46　利用惠更斯原理解释双折射现象

根据惠更斯原理用作图法可以解释双折射现象。以方解石晶体为例，如图 14-46 所示，平行光垂直入射方解石晶体表面，光轴在入射面内并与晶体表面成一定角度。因 o 光沿各方向传播速度相等，故 o 光的波面是球面；而 e 光在晶体内沿各方向传播速度不同，惠更斯假设其波面为椭球面。当平面波波面到达晶体表面的 A_1、A_2 两点时，它们在晶体内分别产生两对球形和椭球形的次波波面，并在光轴上的 B_1、B_2 两点（椭球短轴沿光轴方向）相切。根据惠更斯原理，e 光和 o 光所发出的次波的包络面形成各自新的波面，而 e 光和 o 光也将沿不同方向传播。

5. 波晶片

在晶体光轴与晶体表面平行的情况下，当线偏振光正入射晶体表面，虽然在晶体内部 e 光和 o 光传播方向一致，但它们的传播速度及折射率不同，因而从晶体出射时将产生一定的相位差，把这样的双折射晶体称为波晶片。常用的波晶片有四分之一波片和二分之一波片。设晶片厚度为 d，如果

$$(n_o - n_e)d = \pm \frac{\lambda}{4} \tag{14-38}$$

则当光通过该波片后，o 光和 e 光产生的相位差 $\Delta\varphi = \pm\frac{\pi}{2}$，称之为四分之一波片。如果

$$(n_o - n_e)d = \pm \frac{\lambda}{2} \tag{14-39}$$

则当光通过该波片后，o 光和 e 光产生的相位差为 $\Delta\varphi = \pm\pi$，称之为二分之一波片（或半波片）。

6. 偏振元件　尼科耳棱镜

利用双折射晶体中 o 光和 e 光都是线偏振光而又沿不同方向传播，可以制作偏振片。偏振片有很多种，下面介绍应用比较广泛的尼科耳棱镜。

尼科耳棱镜是尼科耳(W. Nicol)于 1828 年首先研制的，它利用双折射现象，将自然光分成 o 光和 e 光，让 o 光全反射溢出而只让 e 光通过棱镜，从而获得一束线偏振光。尼科耳棱镜既可以用作起偏器，也可以用作检偏器。

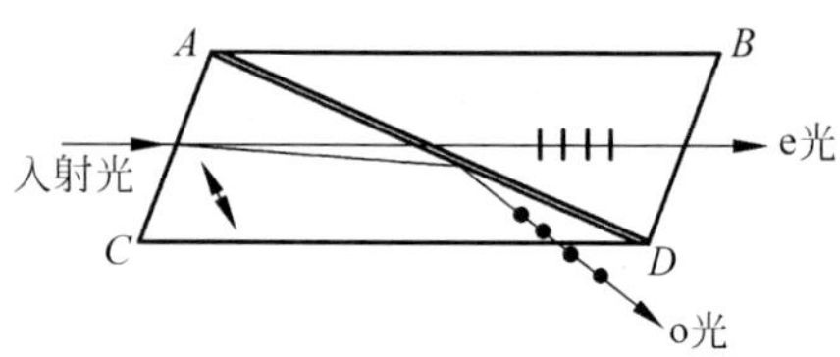

图 14-47　尼科耳棱镜原理图

尼科耳棱镜的剖面结构如图 14-47 所示，它是由两块方解石晶体用加拿大树胶粘合形成的长方形柱形棱镜。尼科耳棱镜的光轴方向（图中箭头所示）在平面 $ABDC$ 内，胶合面垂直于这个平面，AD 是它们的交线。加拿大树胶是一种透明的物质，它对入射光的折射率小于方解石对 o 光的折射率，大于方解石对 e 光的折射率。因而从方解石晶体到树胶，e 光是从光疏到光密介质，而 o 光则是从光密介质到光疏介质。

当入射光沿着与棱镜长棱 AB 平行的方向入射进入棱镜，在左半棱镜内分解为 o 光和 e 光，其中 o 光以大于临界角的入射角入射到树胶层上，被全反射而偏离了入射光线的传播

方向。e 光由光疏介质折射进入光密介质，不会发生全反射，将穿过右半棱镜后透射出，其振动方向在其主平面内。当入射光不是平行于棱镜的侧棱时，一方面如果在方解石-树胶层界面的入射角太小，o 光射到树胶层的入射角就有可能小于其临界角而不发生全反射；另一方面，如果进入树胶层的光的入射角太大，e 光也有可能发生全反射。因而为了既保证 o 光全反射而又要使 e 光不发生全反射，光线在尼科耳棱镜表面的入射角必须在一定范围内取值。使用尼科耳棱镜时，也要避免用高度会聚或发散的光束。

由于加拿大树胶对紫外线有强烈的吸收，故尼科耳棱镜对紫外波段不适用，这时可以用空气隙间隔棱镜来代替它。

14-6　偏振光的干涉

14-6-1　偏振光干涉的实现

同方向振动的同频率线偏振光的叠加可以实现干涉。如图 14-48 两块共轴偏振片 P_1 和 P_2 之间放一块厚度为 d 的波晶片，其光轴沿竖直方向。自然光通过偏振片 P_1 后变成线偏振光，之后波晶片将入射的线偏振光分解成振动方向互相垂直的两束线偏振光，这两束光射出波晶片时产生一定的相位差。最后这两束相互垂直的线偏振光入射到偏振片 P_2 上，各自在沿 P_2 透振方向产生一个分量，这两个具有确定相位差的分量叠加产生干涉。

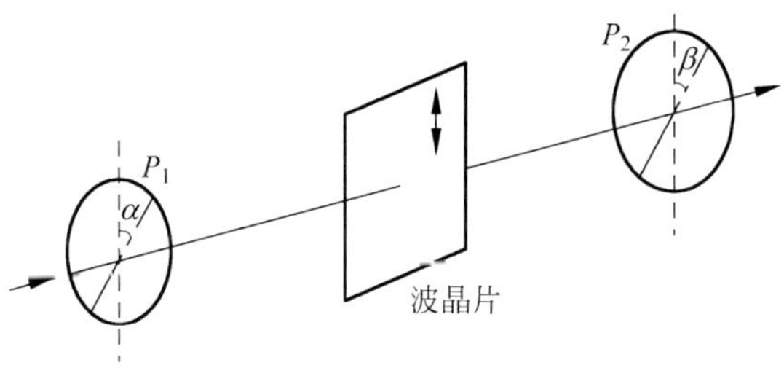

图 14-48　偏振光的干涉

设 P_1、P_2 透振方向与波晶片光轴方向夹角分别为 α、β。单色自然光经过偏振片 P_1 后，成为沿其透振方向振动的线偏振光，设其振幅为 E_1。它在进入波晶片后分解成 o 光和 e 光，振幅分别为

$$E_o = E_1 \sin\alpha, \quad E_e = E_1 \cos\alpha \tag{14-40}$$

这两束光入射到偏振片 P_2 上时，只有在其透振方向上振动的光矢量才能通过。两束透射光的振幅分别为

$$\left.\begin{aligned} E_{2o} &= E_o \sin\beta = E_1 \sin\alpha \sin\beta \\ E_{2e} &= E_e \cos\beta = E_1 \cos\alpha \cos\beta \end{aligned}\right\} \tag{14-41}$$

从偏振片 P_2 透射出来的光，是这两束光的叠加，其光强为

$$\begin{aligned} I &= \sqrt{E_{2o}^2 + E_{2e}^2 + 2E_{2o}E_{2e}\cos\Delta\varphi} \\ &= \sqrt{E_1^2\left[\cos^2(\beta-\alpha) - \sin 2\alpha \sin 2\beta \sin^2\frac{\Delta\varphi}{2}\right]} \end{aligned} \tag{14-42}$$

式中 $\Delta\varphi$ 是从偏振片 P_2 出射时两束光之间的相位差，它由波晶片以及 P_2 相对于 P_1 的取向

所决定，其中由于波晶片引出的相位差

$$\Delta\varphi_0 = \frac{2\pi}{\lambda}(n_o - n_e)d$$

假如 P_2 和 P_1 的透振方向在波片光轴同侧，E_{2o}和 E_{2e}同向，这时不需要引入附加的相位差；假如 P_2 和 P_1 的透振方向处在波片光轴两侧，E_{2o}和 E_{2e}反向，这时需要引入 π 值的附加位相差。

若两块偏振片的透振方向相互平行，$\alpha=\beta$，$\Delta\varphi=\Delta\varphi_0$，则

$$I = \sqrt{E_1^2\left(1 - \sin^2 2\alpha \sin^2 \frac{\Delta\varphi_0}{2}\right)} \tag{14-43}$$

而如果两块偏振片的透振方向相互垂直(有附加相位差 π)，$\alpha+\beta=\frac{\pi}{2}$，则计算可得

$$I = \sqrt{E_1^2 \sin^2 2\alpha \sin^2 \frac{\Delta\varphi_0}{2}} \tag{14-44}$$

如果入射光为白光，则由于对不同波长的光，出现干涉极大和干涉极小的条件不能同时满足，不同波长的光加强或减弱的程度不同，所以出射光为彩色光，并且彩色将随着偏振片 P_2 的转动而发生变化。

偏振光干涉时出现彩色的现象称为显色偏振，它是检验是否具有双折射现象的极为灵敏的方法。用透过晶体的出射光来判断是否出现双折射现象时，如果 o 光与 e 光的折射率差值很小，o 光和 e 光出射后方向相差很小，难以检验是否存在双折射现象。而利用显色偏振原理，只要把待检晶片置于两偏振片之间，然后用白色自然光照射，根据出射光是否有彩色出现即可判断晶体中是否存在双折射现象。

*14-6-2 人为双折射

上面介绍的是光通过天然晶体时所产生的双折射现象，用人工的方法也可以使某些物质呈现双折射现象，这就是人为双折射现象。

1. 电光效应

某些各向同性的非晶体、液体等，在外加电场的作用下，会表现为各向异性，从而能产生双折射现象，这被称为克尔效应，是克尔(J. Kerr，1824—1907)于 1875 年首先发现的。克尔效应是一种电光效应，即材料在外界电场作用下其光学性质随之发生变化的效应，它反映了电与光之间存在联系。

如图 14-49 所示，在两正交偏振片 P_1 和 P_2 之间放置一个充有液体(如硝基苯)的容器，称为克尔盒，容器内接有一对平行板电极，极板间距离为 d。电极上不加电压时，单色自然

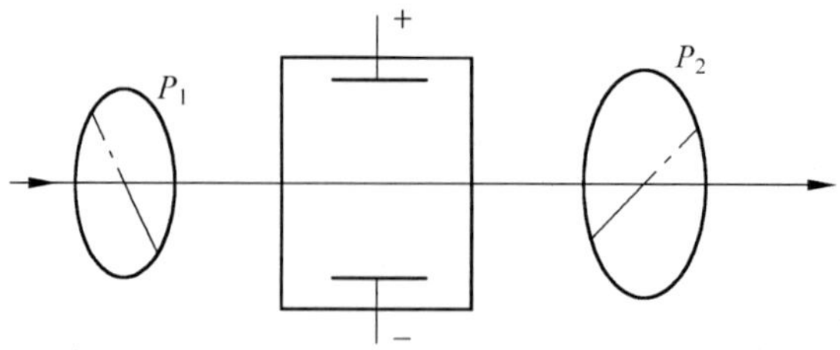

图 14-49 克尔效应

光经偏振片 P_1 后变成线偏振光，经过克尔盒后，将不能透过偏振片 P_2。当在电极上加上电压后，线偏振光通过克尔盒中液体时将产生双折射，分解为振动方向互相垂直的 o 光和 e 光并产生一定的相位差，因而将能部分透过偏振片 P_2。

实验表明，o 光和 e 光的折射率差正比于电场强度 E 的二次方，即

$$n_o - n_e = kE^2 \tag{14-45}$$

式中 k 为克尔常数，它与液体的种类和入射光的波长有关。

o 光和 e 光在经过长度为 d 的液体后产生的相位差为

$$\Delta\varphi = \frac{2d\pi}{\lambda}(n_o - n_e) = \frac{2\pi}{\lambda}kdE^2 \tag{14-46}$$

其中 λ 为入射光在真空中的波长。若两极板间电压为 U，则有 $E=\dfrac{U}{d}$，则相位差为

$$\Delta\varphi = \frac{2\pi}{\lambda}kd\,\frac{U^2}{d^2} \tag{14-47}$$

当施加的电压变化时，相位差随之变化，因而通过克尔盒的透射光强度也将随之变化。

克尔效应的响应时间极短，在加上和撤去外电场的 10^{-9} s 时间内，光强即出现变化。利用克尔效应可以做成“光开关”，即利用调节克尔盒上施加的电压来控制透射光，这已广泛应用到激光通信和电视等领域。

实验中还发现，某些单轴晶体，如 KDP（KH_2PO_4）晶体，当光轴与入射晶体表面垂直时，本身不发生双折射；但是当加上外电场后，会产生沿光轴方向的双折射现象，称为泡克尔斯效应。它是泡克尔斯（F. Pockels，1865—1913）于 1893 年发现的。与克尔效应不同的是，泡克尔斯效应中 o 光和 e 光的折射率差值与所加电场强度一次方成正比，因而属于线性电光效应。泡克尔斯效应也有广泛的应用。

2. 光弹性效应

在应力的作用下，一些像玻璃、塑料等本身为各向同性的材料，也会变成各向异性而产生双折射现象，称为光弹性效应。在材料受到外界压力或者拉力的方向上，形成介质的光轴。实验表明，在一定的应力范围内，o 光与 e 光折射率的差值与应力大小 P 成正比

$$n_o - n_e = kP \tag{14-48}$$

其中 k 为依赖于材料本身性质的常数。经过长度为 d 的介质后，o 光与 e 光产生的相位差为

$$\Delta\varphi = (n_o - n_e)d\,\frac{2\pi}{\lambda} = \frac{2\pi kPd}{\lambda} \tag{14-49}$$

其中 λ 为入射光在真空中的波长。

当从介质出射的两束光沿同方向传播进入介质后面的检偏器时，各自在检偏器的透振方向产生分振动，它们频率相同、相差恒定，因而将产生干涉。

如果介质所受应力分布均匀，则干涉光强度分布均匀。而如果应力分布不均匀，则不同的地方，由于 n_o-n_e 不同而引起 o 光和 e 光之间存在不同的相位差，这时在检偏器后面就可以观察到强弱分布变化的干涉条纹。材料中某处的应力越大，则该处材料的各向异性越厉害，条纹也越细密。利用该原理可以做成光测弹性仪，在工程技术上应用广泛。

*14-7 旋　光

14-7-1 晶体和液体的旋光性

1811 年,阿喇果(D. F. Arago)发现,当线偏振光垂直入射到光轴垂直于入射界面的石英薄片时,透射出来的光虽然仍是线偏振光,但它的振动面以光的传播方向为轴旋转了一个角度,这种现象称为旋光现象,能够使线偏振光的振动面发生旋转的物质叫做旋光性物质。后来在许多其他晶体以及某些液体中也发现了旋光现象。对于不同厚度的旋光物质,振动面旋转的角度随晶片的厚度增加而增大,表明线偏振光在旋光物质内传播时,振动面是在持续旋转的。实验表明,线偏振光振动面旋转的角度 θ 与通过的介质长度 d 之间满足

$$\theta = kd \tag{14-50}$$

其中 k 称为旋光率,与介质的性质及入射光波长有关。由于旋光率与波长有关,若用白光入射,则当把旋光物质放在两个正交尼科耳棱镜之间时,就可以观察到出射光为彩色,并且当转动其中任一个尼科耳棱镜时,彩色随之发生改变。

旋光物质分为左旋和右旋两种。迎着光的传播方向观察,使振动面顺时针方向旋转的称为右旋物质,使振动面逆时针方向旋转的称为左旋物质。当通过旋光物质的线偏振光从镜面上反射回来再通过同一旋光物质时,振动面将恢复到原来位置。由于结晶形态不同,石英有左旋和右旋两种,事实上大多数旋光物质都分为左旋和右旋两种,并且其左、右旋的旋光率相等。

实验表明,对于具有旋光性的一些液体,如糖的水溶液、松节油等,线偏振光振动面的旋转角度正比于光所通过的溶液厚度 d 和旋光性溶液的浓度 C,即

$$\theta = kdC \tag{14-51}$$

系数 k 仍为旋光率,它与溶液的种类,与入射光的波长和外界温度都有关。

在工业生产中,利用糖溶液等的旋光性,可以制作“量糖计”。预先测量出给定溶剂在特定波长和温度下的旋光率,使用时通过测量线偏振光振动面的旋转角,然后就可以算出旋光性溶液的浓度。这种测定旋光性溶液浓度的方法迅速而又精确。

14-7-2 旋光的理论解释

菲涅耳首先对物质的旋光性质给出了唯象的理论解释。他假设在旋光晶体中线偏振光沿光轴传播时分解成左旋和右旋圆偏振光,它们在晶体中的传播速度略有不同,因而将产生额外的相位差,当重新合成为线偏振光时光矢量的振动方向就发生了旋转。

设沿 z 方向传播的单色左旋圆偏振光和右旋圆偏振光的表示式分别为

$$\left.\begin{aligned}\boldsymbol{E}_L &= \boldsymbol{E}_0[x\cos(\omega t - k_L z) + y\sin(\omega t - k_L z)]\\ \boldsymbol{E}_R &= \boldsymbol{E}_0[x\cos(\omega t - k_R z) - y\sin(\omega t - k_R z)]\end{aligned}\right\} \tag{14-52}$$

通过计算可以得到合成后光波的光矢量为

$$\boldsymbol{E} = \boldsymbol{E}_L + \boldsymbol{E}_R = 2E_0[x\cos\alpha + y\sin\alpha]\cos[\omega t - \alpha] \tag{14-53}$$

式中 $\alpha=(k_R-k_L)z/2$。从上式可见,沿着 z 轴上的任一点,合成光仍为线偏振光,不过其振动方向将随 z 的增加而绕光线轴发生连续旋转,产生了旋光现象。若取光线在晶体表面的

入射点为 z 轴坐标原点，则 α 即为 z 点处线偏振光的光矢量振动方向相对于入射点光矢量振动方向的旋转角。

当 $k_R > k_L$ 时，$\alpha > 0$，这时迎着光的传播方向看，光矢量的振动方位沿逆时针方向转过了一个角度 α，因而为左旋物质；相反，当 $k_R < k_L$ 时，$\alpha < 0$，因而为右旋物质。

若晶体的厚度为 d，则出射光波相对入射光波的振动光矢量旋转的角度为

$$\alpha = (k_R - k_L)\frac{d}{2} = \frac{\pi(n_R - n_L)d}{\lambda} \tag{14-54}$$

其中，n_R 和 n_L 是晶体对右旋和左旋圆偏振光的折射率，λ 是入射光波在真空中的波长。因而光矢量转过的角度与旋光晶体的厚度成正比。

14-7-3 磁致旋光

用人工方法也可以产生旋光现象，其中最重要的是磁致旋光。1846 年，法拉第发现当线偏振光通过某些处于通电螺旋管磁场中的物质时，振动面会发生旋转，称为磁致旋光性，也叫法拉第效应。

如图 14-50 所示，在两个正交的偏振片 P_1 和 P_2 之间放一个通电螺线管，管内放入磁致旋光物质，当没通电流时，入射光不能透过 P_2。当螺线管通电后，偏振光的振动面发生了旋转，观察到有光通过 P_2。实验表明，振动面旋转的角度 α 与偏振光在磁致旋光物质中所经过的长度 d 及磁感应强度 B 成正比，即

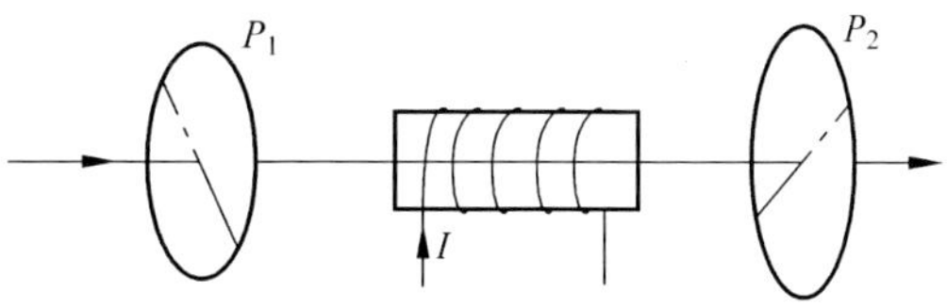

图 14-50 磁致旋光实验装置

$$\alpha = kdB \tag{14-55}$$

式中常系数 k 与磁致旋光物质有关。

与天然旋光现象不同，对于每一种给定的物质，磁致旋转的方向仅由磁场方向决定，和光线的传播方向无关。线偏振光若两次沿相反方向通过同一天然旋光物质，最终的结果是振动面回到原来位置，而若线偏振光沿相反的方向两次通过同一磁致旋光物质时，其旋转角加倍。

利用磁致旋光产生的振动面旋转方向只与外加磁场方向有关，而与光线传播方向无关的性质，可以在激光技术中用做光学隔离器。当从激光器发出的激光经过偏振片 P_1 后通过含有磁致旋光物质的通电螺线管时，入射光的振动面将转过一定角度而刚好能通过透振方向在该方向的偏振片 P_2。经过偏振片 P_2 之后的光路中如果放有反射镜，则反射回来的偏振光通过偏振片 P_2 后再次通过磁致旋光物质时将沿着原旋转方向旋转，因而将无法通过偏振片 P_1，这样就避免了反射光返回到激光器腔内对激光输出造成干扰。

*14-8 光的色散

根据电磁学理论，真空中的光速是恒定的，并且与波长无关。然而在介质中，光速与波长有关，介质的折射率等于真空中光速与介质中光速的比值，即 $n=c/v$。所以，介质中折射率与波长有关，这导致白光在通过非均匀介质时将发生色散现象，不同波长的光将沿不同路

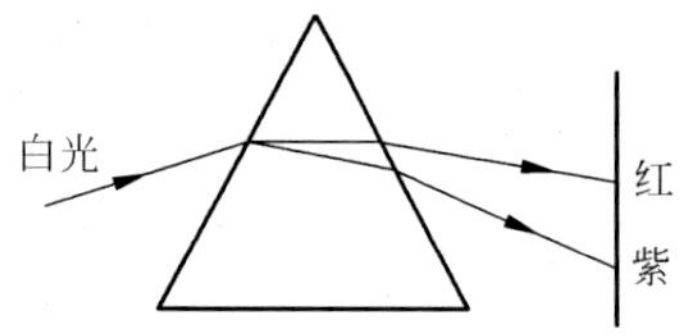

图 14-51 白光通过三棱镜发生色散

径传播。

1672 年，牛顿观察到当白光透过三棱镜后，分解成从红光到紫光的连续变化的单色光，如图 14-51 所示。当利用反射等方法使得这些单色光重新相聚时，再次变成白光，由此看出白光是由颜色（或者波长）连续变化的单色光组成的。

通过测量各种单色光通过棱镜时的折射率，可以求出各种不同棱镜材料的折射率对波长的依赖关系 $n=f(\lambda)$，也就是色散曲线。实验表明，折射率与波长间有比较复杂的关系，不同波段函数关系也不同。

在可见光区域附近，1836 年，柯希（A. L. Cauchy）给出了一个经验公式来描述物质的色散关系

$$n = a + \frac{b}{\lambda^2} + \frac{c}{\lambda^4} \tag{14-56}$$

式中 a、b 和 c 均为与材料有关的正的常数，其数值可由实验来确定。在大多数情况下，如果精度要求不是很高，而且波长的变化范围不是很大，则取柯希公式中的前两项就够了，即

$$n = a + \frac{b}{\lambda^2} \tag{14-57}$$

可以看出，在柯希公式成立的范围内，波长越短，则折射率越大。

在有些情况下，折射率和波长之间会满足比柯希公式更为复杂的关系，这时候波长越短，折射率越小，称为反常色散。大量的实验表明，反常色散实际上是物质在强烈吸收带附近所具有的普遍现象，并且不限于可见光区域，在紫外或者红外光谱中一样会出现。

14-9 非线性光学

14-9-1 非线性光学

当光与物质相互作用时，光波中的电场强度 $\boldsymbol{E}$ 的作用使物质中的原子产生感应电偶极矩，单位体积中的电偶极矩的矢量和就形成极化强度矢量 $\boldsymbol{P}$。变化的极化强度矢量形成极化场，并发射次级电磁辐射。这就是光与物质相互作用的经典图像。

通常情况下，外界入射光的电场强度远小于物质原子内部场强，这时光引起的介质中感生电极化强度矢量与入射光波的电场强度矢量成正比

$$\boldsymbol{P} = \chi\varepsilon_0\boldsymbol{E} = \alpha\boldsymbol{E} \tag{14-58}$$

式中 χ 为极化率，是与介质有关的常数。如果入射光以频率 ω 作简谐振动，则 $\boldsymbol{P}$ 及其产生的次级电磁辐射将以同样的频率振动。这时光在介质中传播时将保持频率不变，等于入射光的频率，这就是传统光学所研究的情况。因而介质对光场的响应与光的电场强度矢量成线性关系，所以称其为线性光学。

当强光入射进入介质时，根据光学理论，物质对光场的响应与光的场强的关系为非线性的

$$\boldsymbol{P} = \alpha\boldsymbol{E} + \beta\boldsymbol{E}^2 + \gamma\boldsymbol{E}^3 + \cdots \tag{14-59}$$

式中 α,β,γ 等是与介质有关的常数，而且一般说来越高阶的项的系数越小。

若我们在上式中仅取前两项,即

$$P = \alpha E + \beta E^2 \tag{14-60}$$

自然界中常见的光源发出的光入射介质时,由于光强较弱,第二项总是远小于第一项(线性项),因而可以将其忽略不计,这时即表现为线性光学现象。但是当外界电场可与原子内平均场强相比拟时,非线性项就不能忽略不计了。20 世纪 60 年代激光问世后,由于它是一种相干性和方向性都很好的高亮度光源,因而引起了新兴的非线性光学的蓬勃发展。人们制备出各种非线性光学晶体,如 KH_2PO_4、$LiNbO_3$ 等,并利用它们对各种丰富多彩的非线性光学现象进行了研究。时至今日,非线性光学依然充满生机和活力,在白光和多色激光的产生、量子信息等前沿领域具有广泛的应用。

下面将介绍一种具有代表性的非线性光学现象——二倍频。

14-9-2　二倍频

假设入射光为简谐波,光矢量为 $\boldsymbol{E}=\boldsymbol{E}_0\cos\omega t$,光与介质相作用时,取极化强度矢量与光场中电场强度的关系式中的前两项,有

$$\boldsymbol{P} = \alpha\boldsymbol{E} + \beta\boldsymbol{E}^2 = \frac{1}{2}\beta\boldsymbol{E}_0^2 + \alpha\boldsymbol{E}_0\cos\omega t + \frac{1}{2}\beta\boldsymbol{E}_0^2\cos 2\omega t \tag{14-61}$$

可以看出,电极化强度除了有直流成分和频率为 ω 的基频成分外,还有频率为 2ω 的倍频成分,因而相应地将产生基频极化波和倍频极化波。而基频极化波和倍频极化波又将产生相应的基频次级电磁辐射 $\boldsymbol{E}'(\omega)$ 和倍频次级电磁辐射 $\boldsymbol{E}'(2\omega)$,因而出射光中将含有二倍频光,称非线性晶体内发生的这种导致比入射光的频率加倍的光的产生过程为二倍频,这是一种重要的非线性光学过程。

理论计算表明,频率为 ω 的单色光通过非线性光学晶体后,产生的出射光中二倍频光的光强为

$$I(2\omega) \propto d^2\left(\frac{\sin\dfrac{d\Delta k}{2}}{\dfrac{d\Delta k}{2}}\right)^2 \tag{14-62}$$

其中,d 为光学晶体的厚度,$\Delta k=2k_1-k_2$,$k_1=\dfrac{2\pi}{\lambda_1}$为入射激光的波数,$k_2=\dfrac{2\pi}{\lambda_2}$为二倍频光的波数。从上式可以看出,当 $\Delta k=0$ 时,出射的二倍频激光具有最大值。当 $\Delta k\neq0$ 时,二倍频光的强度将随激光在晶体内传播距离增加而迅速减小。$\Delta k=0$ 称为二倍频的位相匹配条件。理论结果表明严格的位相匹配条件应为 $\Delta k=2k_1-k_2=0$。这就要求二倍频光与基频光的波矢方向及相速度都要相同,因而它们的折射率也必须相等。对于一般的光学介质来说,这个条件是无法满足的,实际应用中是利用了晶体的双折射现象,使入射基频光为晶体的寻常光,而使二倍频光为非常光,在特定的方向上它们的折射率相等,从而在该方向实现位相匹配条件。满足位相匹配条件时入射激光与非线性晶体光轴之间的夹角,称为匹配角。

当入射光波为两种频率不同的光波 ω_1、ω_2时,计算表明,在晶体内部的非线性光学过程,除了会产生两种入射基频光的二倍频光外,还将产生两入射光的和频光 $\omega_1+\omega_2$和差频光 $\omega_1-\omega_2$。

习　题

14-1　在杨氏双缝干涉实验中，用波长为 632.8 nm 的单色光照射，双缝与屏的距离为 0.35 m，测得中央明纹两侧的两个第六级明条纹的间距为 9 mm，求双缝间距。

14-2　杨氏双缝干涉实验中两个缝分别被折射率为 1.35 和 1.82 的两个厚度相等的玻璃片所遮盖，观察到插入两玻璃片后，观测到屏上原中央极大明纹位置变为第四级明纹。假定入射光波长为 470 nm，求玻璃片厚度。

14-3　白光垂直照射到放置于空气中的厚度为 400 nm 折射率为 1.5 的肥皂膜上，问肥皂膜的正、反面分别呈现什么颜色？

14-4　一油膜覆盖在玻璃板上，油膜的折射率为 1.30，玻璃的折射率为 1.50。用单色平面光垂直照射油膜，若其波长连续可调，可观察到 500 nm 和 700 nm 两个单色光在反射中消失，求油膜的厚度。

14-5　在折射率为 1.60 的照相机镜头表面涂有一层折射率 1.4 的增透膜，若此增透膜仅适用于波长 560 nm 的入射光，求增透膜的最小厚度。

14-6　利用空气劈尖测细丝直径，已知入射光波长为 650 nm，劈尖长度 D 为 3.4 cm，测得 50 条明纹的总宽度为 0.39 cm，求细丝的直径。

14-7　利用牛顿环装置测量某单色光波长，当用波长为 580 nm 的光垂直照射，测得第一、四级暗环间距为 4.0 mm，当用待测单色光垂直照射，第一、四级暗环间距变为 3.9 mm，求该单色光的波长。

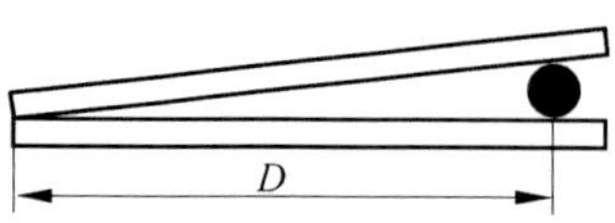

习题 14-6 图

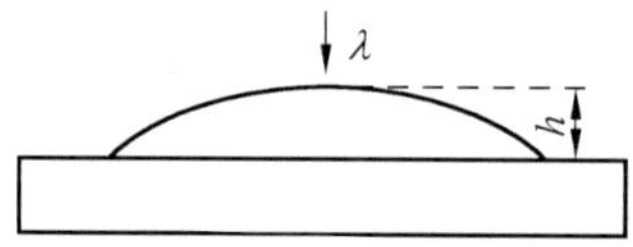

习题 14-8 图

14-8　折射率为 1.33 的油滴落在折射率为 1.50 的平板玻璃上，形成一上表面近似为球面的油膜，测得油膜中心(最高点)的高度 h 为 1.5 μm，用波长为 589 nm 的单色光垂直照射油膜，求(1)油膜周边是暗环还是明环？(2)整个油膜区域可看到几个完整的暗环？

14-9　在牛顿环装置的平凸透镜与平板玻璃之间充以某种液体，观测到第 10 个明环的直径由充液体前的 12.8 cm 变为充液体后的 11.2 cm，求液体的折射率。

14-10　把折射率为 1.5 的介质膜放入迈克耳孙干涉仪其中的一臂，引起 9 条条纹的移动，求介质膜的厚度，已知入射光波长为 650 nm。

14-11　单缝衍射实验中单缝宽度为 0.4 mm，用波长为 632.8 nm 的单色光以 30°入射角斜入射到单缝上，已知透镜焦距为 1.0 m，求(1)第二级暗纹距中心的距离；(2)第三级明纹距中心的距离。

14-12　一未知波长的单色平行光垂直照射到单缝上，若其第五级明纹恰好与波长为 650 nm 的单色光入射时的第四级明纹位置重合，求该单色光的波长。

14-13　已知单缝宽度为 0.15 mm，透镜焦距为 0.6 m，分别用波长为 532 nm 和 650 nm 的单色平行光垂直照射单缝，求这两种光的第三级明纹之间的距离。若用每厘米刻有 2000 条刻线的光栅代替这个单缝，则这两种单色光第三级明纹间的距离又是多少？

14-14　迎面而来的一辆汽车的两车头灯相距为 1.2 m，问汽车离人多远时，两车灯刚好能被人眼分辨？已知人眼的瞳孔直径为 4.8 mm，光在空气中的波长为 500 nm。

14-15　焦距为 1.5 m 的透镜放在一直径为 1.22 mm 的圆孔后，以波长为 560 nm 的平行光照射圆孔，求焦平面上的爱里斑半径有多大？

14-16　一束平行光垂直入射到某光栅上，该光束含有两种波长分别为 400 nm 和 600 nm 的单色光，实验中发现，两种波长的谱线(不计中央明纹)第二次重合于衍射角为 60°的方向上，求此光栅的光栅常数。

14-17　用一厘米内有 3000 条刻痕的平面透射光栅观察波长为 589 nm 的钠光谱，设透镜焦距为 1.0 m，问(1)光线垂直入射时，最多能看到第几级光谱；(2)光线以入射角 60°入射时，最多能看到第几级光谱；(3)若用白光垂直照射光栅，求第一级光谱的线宽度。

14-18　波长为 560 nm 的单色光垂直入射到一光栅上，第二级主极大出现在 $\sin\varphi=0.2$ 处，第四级缺级，求(1)光栅相邻两缝的间距是多少？(2)光栅的单个狭缝的宽度是多少？(3)衍射观测屏上实际呈现的全部级数？

14-19　测得从池塘水面反射出来的太阳光是线偏振光，已知水的折射率为 1.35，求此时太阳相对地平线的仰角。

14-20　自然光入射于重叠在一起的两偏振片。(1)如果透射光的强度为最大透射光强度的 1/3，问两偏振片的偏振化方向之间的夹角是多少？(2)如果透射光强度为入射光强度的 1/3，问两偏振片的偏振化方向之间的夹角又是多少？

第15章

量子物理

引子：从崂山道士之术到量子贯穿

在蒲松龄的《聊斋志异》里，有一位会穿墙术的崂山道士，他能够轻易穿过厚厚的墙壁而毫发无损。这一传说在微观世界中成为了现实，在那里每个粒子都是精通“穿墙术”的小崂山道士。

我们知道，一个人不能穿过墙壁的原因在于他没有足够的运动能量。用经典物理学语言来说，墙壁就是一个势垒，只有运动能量超过势垒高度的物体才能穿过墙壁，例如，一枚高速运动的炮弹就可以穿过墙壁。

然而，对于生活在微观世界中的粒子，这些反常识情况将会出现。根据量子运动的规律，即使粒子的能量低于势垒的高度，它同样有可能穿过势垒，尽管这种穿越过程只能以很小的概率发生。人们给这种势垒穿越过程起了个十分形象的名字——隧穿过程。其量子图像是，粒子云从远处向势垒运动过来，当它与势垒相遇时，粒子云的形状将发生变化，并包含两部分，其中大部分粒子云被势垒反射回去，但无论势垒有多高，总有一小部分粒子云会穿过势垒，并一直运动下去。也就是说，粒子将有一定的分布密度或概率出现在穿过势垒的那部分粒子云中。如果我们对势垒外的区域进行测量，将会以一定的概率发现粒子。看来，微观粒子的确是名副其实的小崂山道士，尽管只是概率型的。

那么，粒子为什么能够穿越比它能量更高的势垒呢？它又是如何穿越的呢？如果假定粒子穿越势垒的过程是个连续运动过程，即可以无限精确地跟踪粒子的轨道，那么理论和实验都令人惊奇地显示，粒子穿越势垒的过程竟然是超光速的。要想解决这个矛盾，只有放弃经典轨道的概念。对微观粒子来说，不存在完全不可逾越的势垒，因为粒子不是连续的在空间运动，而是非连续的跳跃。开始时刻粒子在势垒的这边，下一时刻它就可能非连续地跳跃到那一边了，而粒子在势垒中的超光速行为可以解释为量子运动的叠加性所导致的。

其实关于粒子是如何运动的问题，很早就有人研究了。关于粒子如何运动的一个经典悖论是芝诺悖论——“你永远赶不上乌龟”。但是由于在人们的生活经验中，轨道运动的概念似乎总是对的，特别是，牛顿力学的成功更使轨道运动的思想根深蒂固。尽管运动轨道是否存在从没有人精确测量过。海森伯曾说“我的所有微弱的努力就是要消除并适当地替换掉那个无法观察到的轨道”。

看起来不可思议的“穿墙术”，已经在我们的日常生活中发挥了作用。1981年，宾尼希和罗雷尔利用电子的隧道效应制成了扫描遂穿显微镜。利用扫描遂穿显微镜能给出晶体表面的三维图像，可以观察到单个原子在物质表面的排列及行为。这对表面科学、纳米材料及生命科学的研究都有实际意义。宾尼希和罗雷尔因此被授予 1986 年诺贝尔物理学奖。同年，宾尼希又在扫描遂穿显微镜的基础上制成了原子力显微镜。

现在量子力学基本概念和基本理论还在继续深化发展中，其应用范围从夸克、原子、凝聚态直至宇宙，遍及物质世界的各个层次。它在物理、化学、生物、材料、能源、信息、激光等方面的科学研究和技术创新中，发挥着越来越重要的作用，也促使我们的世界观、运动观发生了深刻的改变。

15-1　辐射量子性（光的粒子性）

19 世纪末、20 世纪初，经典物理学理论已经发展到了相当完善的地步，一般的物理现象都可以从相应的理论中得到说明：物体远低于光速的机械运动准确地遵循牛顿力学的规律；电磁现象的规律被总结为麦克斯韦方程组；光的现象有光的波动理论；热现象可以用完整的热力学与统计物理学来描述。

就在物理学的经典理论取得上述辉煌成就的同时，人们发现了一些新的物理现象，它们意外地不能用经典物理学来解释。正是这些现象揭露了经典物理学的局限性，突出了经典物理学与微观世界规律性的矛盾，推动人们突破经典物理的限制，提出新的思想、新的理论来认识微观粒子的运动规律。经过近 20 年艰苦而曲折的探索，终于诞生了 20 世纪物理学最重大的进展之一——量子力学。

从对现代物理学和人类物质文明的影响来说，量子力学的诞生是人类认识世界的一个里程碑。在这征途中闪烁着普朗克、爱因斯坦、玻尔、海森伯、玻恩、泡利、德布罗意、薛定谔、狄拉克等光辉的名字。我们将遵循逻辑的次序，结合实验和理论的历史交错发展，介绍量子力学的基本概念和理论。

本节从黑体辐射、光电效应、康普顿效应等实验事实出发，用超越经典物理学的新思想对这些实验事实逐一解释，展示人们被迫放弃能量连续性观念的历史过程，说明量子概念引入的历史必然。

15-1-1　黑体辐射、普朗克能量子假说

1. 黑体辐射与经典物理的矛盾

我们知道，所有物体都发射出热辐射，即电磁辐射。同时对于外来的辐射，物体有反射或吸收的本领。如果一个物体能全部吸收投射在它上面的辐射而无反射，这种物体就称为黑体。黑体只是一种简化的理想模型，实际上在一个空腔壁上开一个小孔，小孔口表面就可以近似地看作黑体，因为射入小孔的电磁辐射，经腔壁的多次反射和吸收后，很少再能出来。

在冶金高温测量技术及天文学等方面的需要下，推动了对热辐射的研究。实验分析表明，当空腔中的电磁辐射与周围物体处于平衡状态时，从小孔表面发射（或吸收）的电磁辐射包含各种频率成分，而且不同频率成分的强度也不同。在单位时间内，从黑体的单位面积上辐射的能量密度 M_ν 称为**单色辐射出射度**，简称**单色辐出度**，与空腔的形状及组成的物质无关，而只与黑体的绝对温度和频率（或波长）有关，即 $M_\nu = M_\nu(T)$。其对所有频率的积分

$$M(T) = \int_0^\infty M_\nu(T)\mathrm{d}\nu$$

为**辐出度**，它只是温度的函数。

1896 年，维恩从热力学普遍理论考虑以及分析实验数据得出了黑体辐射的半经验公式。用 $M_\nu \mathrm{d}\nu$ 表示单位时间从小孔单位面积上频率在$(\nu,\nu+\mathrm{d}\nu)$之间的辐射能量为

$$M_\nu \mathrm{d}\nu = c_1\nu^3\exp[-c_2\nu/T]\mathrm{d}\nu$$

c_1 与 c_2 是两个经验参数，T 为平衡时的温度。维恩的公式在短波波段与实验曲线符合，起初在长波波段实验表明，维恩公式与实验有明显偏离。

与此同时，人们已经知道，物体所发射出的热辐射也是一定波长范围内的电磁波。瑞利(1900)和金斯(1905)根据经典电动力学和统计物理理论，得出了另一个黑体辐射公式

$$M_\nu \mathrm{d}\nu = \frac{2\pi\nu^2}{c^2}kT\mathrm{d}\nu$$

式中 k 为玻耳兹曼常数，c 为光速。由经典理论得出的瑞利-金斯公式在长波（低频）部分与实验符合得很好，但在短波（高频）部分却出现巨大的分歧。对于温度给定的黑体，瑞利-金斯公式给出单色辐出度将随频率的增高而趋于“无限大”，但实验却指出应趋于零，此即物理史上“紫外发散困难”。

总之，19 世纪末，许多物理学家企图由经典物理出发，从理论上找出与实验符合的黑体辐射能量频率分布，但都未能如愿。

2. 普朗克能量子假说

黑体辐射的问题是普朗克在 1900 年引进量子概念后才得到解决的。普朗克首先分析实验的最新测量与维恩公式在长波极限的偏差，提出了一个精确的符合实验的经验公式，进而赋予理论说明。普朗克假定，黑体以 $h\nu$ 为能量单位不连续地发射或吸收频率为 ν 的辐射，而不是像经典理论所要求的那样可以连续地发射或吸收辐射能量。能量单位称为能量子，即

$$\varepsilon = h\nu \tag{15-1}$$

黑体发射或吸收的能量只能是能量子的整数倍，即

$$\varepsilon = nh\nu$$

式中 n 为正整数，h 为普朗克常数。普朗克按照他的这一能量子假设，并利用玻耳兹曼统计，得到了与实验结果符合得很好的黑体辐射公式

$$M_\nu \mathrm{d}\nu = \frac{2\pi h\nu^3}{c^2}\frac{\mathrm{d}\nu}{e^{h\nu/kT}-1} \tag{15-2}$$

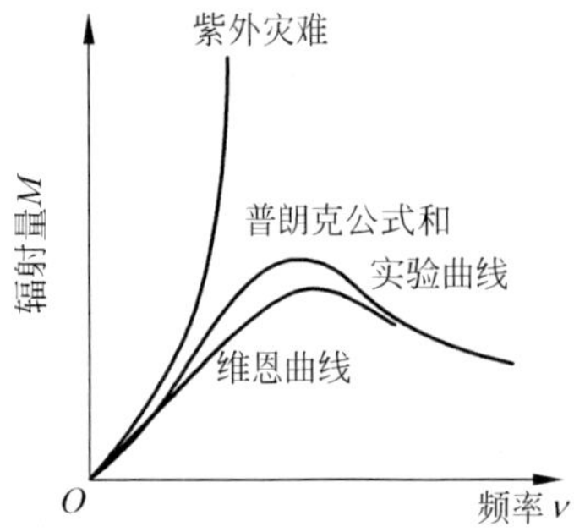

图 15-1 黑体辐射的理论曲线和实验结果的比较

不难看出，普朗克公式在高频部分趋于维恩公式，在低频部分趋于瑞利-金斯公式。

随后，许多实验物理学家用普朗克公式去分析当时最精确的实验数据，发现符合得非常好，如图 15-1 所示。图中也比较了其他两个公式的结果。通过拟合实验曲线，可得普朗克常数 h，其现代国际推荐值为

$$h = 6.626\,075\,5(40)\times10^{-34}\ \mathrm{J\cdot s}$$

普朗克在很长一段时间里，并不愿意接受他自己提出的量

子化观点，而且只是在后来他才认识到，他的能量子实际上就是电磁场(光)量子。从现代物理学看，黑体辐射的本质是腔内光子气体的泻流过程。今天我们回顾历史才体会到普朗克理论的可贵，能量子假说第一次突破了经典物理学在微观领域内的束缚，揭开了微观世界量子化的特征，打开了认识微观世界的大门。

3. 黑体辐射的两个定律

从普朗克公式可以看出，辐射能量密度按频率或波长的分布曲线，即 $M_\nu(T)$-ν 或 $M_\lambda(T)$-λ 曲线的形状与温度有关，如图 15-2 所示。曲线下的面积和曲线峰值位置都与温度有关，其具体关系可以由早被发现的斯特藩-玻耳兹曼定律和维恩位移定律决定。从普朗克公式可以直接导出这两个基本定律。

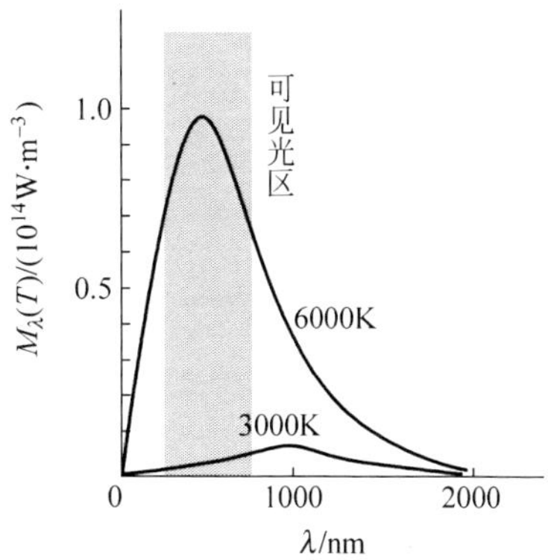

图 15-2　不同温度下的 $M_\nu(T)$-λ 曲线

(1) 斯特藩-玻耳兹曼定律

1879 年，奥地利物理学家斯特藩从实验中发现，单色辐出度曲线下面的面积，即**黑体的辐出度 $M(T)$ 与黑体的热力学温度**的四次方成比例，即

$$M(T) = \sigma T^4 \tag{15-3}$$

玻耳兹曼于 1884 年从热力学理论也得到这个关系，故此式常被称为斯特藩-玻耳兹曼定律。从普朗克公式(15-2)可以给该定律一个理论解释。对式(15-2)直接积分，得

$$M(T) = \int_0^\infty M_\nu(T)\mathrm{d}\nu = \frac{2\pi^5 k^4}{15h^3 c^2}T^4 = \sigma T^4$$

其中常数 σ 为斯特藩-玻耳兹曼常数，可确定为

$$\sigma = \frac{2\pi^5 k^4}{15h^3 c^2} = 5.670 \times 10^{-8}\ \text{W} \cdot \text{m}^{-2} \cdot \text{K}^{-4}$$

(2) 维恩位移定律

1893 年，维恩从热力学理论得到 $M_\nu(T)$-λ 曲线的**峰值位置的波长 λ_m 与温度**成反比关系，即

$$\lambda_m T = b \tag{15-4}$$

这个关系被称为维恩位移定律，也可由普朗克公式得到说明。注意到

$$\lambda = \frac{c}{\nu},\quad \mathrm{d}\lambda = -\frac{\lambda^2}{c}\mathrm{d}\nu$$

则由式(15-2)可得

$$M_\lambda \mathrm{d}\lambda = M_\nu(-\mathrm{d}\nu) = \frac{2\pi hc^2}{\lambda^5}\frac{1}{e^{hc/\lambda kT}-1}\mathrm{d}\lambda$$

由 $M_\nu(T)$对 λ 求导，容易得到其峰值波长 λ_m 与温度 T 的关系为

$$\lambda_m T = \frac{hc}{4.965k} = b$$

由此可确定常数 b 为

$$b = \frac{hc}{4.965k} = 2.898 \times 10^{-3}\ \text{m} \cdot \text{K}$$

例 1 在大气层外飞船上，测得太阳辐射连续光谱的谱峰位于 $\lambda_{max}=0.50\ \mu m$。视太阳为黑体，估计太阳表面温度和辐出度。

解 根据维恩位移定律，太阳表面温度为

$$T=\frac{b}{\lambda_{max}}=\frac{2.898\times10^{-3}\ m\cdot K}{0.5\times10^{-6}\ m}=5.80\times10^{3}\ K$$

由斯特藩-玻耳兹曼定律，得太阳辐出度为

$$M=\sigma T^{4}=5.670\times10^{-8}\times(5.80\times10^{3})^{4}\ W/m^{2}=6.4\times10^{7}\ W/m^{2}。$$

15-1-2 光电效应、爱因斯坦光量子论

1. 光电效应实验

早在 1888 年，赫兹就发现了光电效应，但对其机制还解释不清。直到 1896 年汤姆生通过气体放电及阴极射线的研究发现了电子，人们才认识到，在光的照射下，电子从金属表面逸出，因而产生光电效应。研究光电效应的实验装置如图 15-3 所示。当一定频率的光照射到阴极 K 上，产生光电子，从而形成光电流。图 15-4 显示了电流和电压之间的关系。在正向电压较大时，电流趋于饱和值，而当加上反向电压后电流变小，在反向电压达到遏止电压 U_0 时，电流为零。这时，电场刚好克服电子的最大动能 $E_{k,max}$，即有

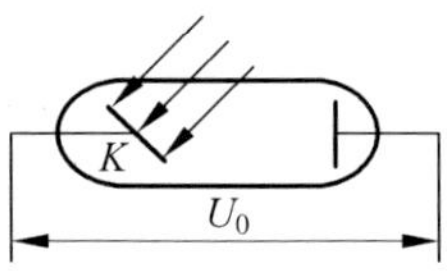

图 15-3 光电效应实验装置示意图

$$E_{k,max}=eU_0$$

经过实验研究，发现光电效应呈现下列三个特点：

(1) 对于一定的金属材料做成的表面光洁的电极，有一个确定的临界频率 ν_0。当入射光频率 $\nu<\nu_0$ 时，无论光的强度多大，都没有光电子从电极上逸出。只有当入射光频率 $\nu>\nu_0$ 时，电子才能从电极上逸出。

(2) 每个光电子的最大动能 $E_{k,max}$ 以及相应的遏止电压 U_0 与光强度无关，与入射光的频率 ν 成线性关系，如图 15-5 所示。光强度只影响到单位时间从电极单位面积上逸出的电子的数目，所以饱和电流与光强成正比。

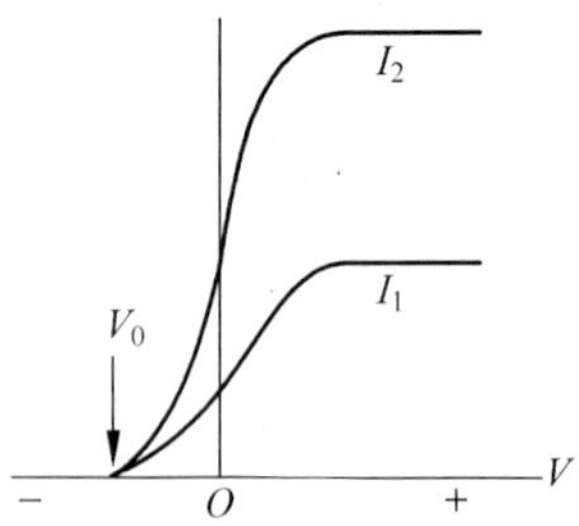

图 15-4 光电效应伏安曲线

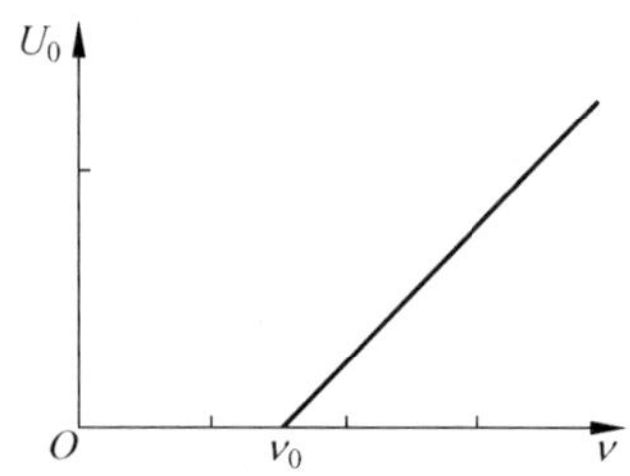

图 15-5 截止电压与光子频率的线性关系

(3) 当入射光频率 $\nu>\nu_0$ 时，不管光强度多微弱，只要光一照上，几乎立即就有光电子逸出，这就是所谓的光电效应的“瞬时性”。

按照经典理论，无论何种频率的入射光，只要其强度足够大，就能使电子具有足够的能量而从金属表面逃逸，同时电子要获得逸出金属所需的能量，必须有一定的能量积累时间。

这些都与实际观测到的光电效应格格不入。

2. 爱因斯坦光量子论

虽然普朗克第一个提出了能量的量子化概念，但与大多数物理学家一样，他仍然不能忘怀本来和谐的经典物理，甚至徒劳地企图将量子化纳入经典框架之中。第一个认识到普朗克量子化思想的深刻意义，并想到用普朗克的量子假设去解决光电效应问题的是爱因斯坦。他认为电磁辐射不仅在被发射或吸收时以能量子的微粒形式出现，而且以这种形式以速度 c 在空间运动。爱因斯坦第一个完全肯定光除了波动性之外还具有微粒性，进而提出了光量子概念，即认为辐射场由光量子组成，每一个光量子的能量与辐射场的频率和波长满足关系式

$$E = h\nu = \frac{hc}{\lambda} \tag{15-5}$$

其中，hc 为常用常数组合，数值为 $hc=1240\ \text{eV}\cdot\text{nm}$。对单个光子来说，其能量决定于频率。频率 ν 越高的光束，每一个光子所携带的能量越大；对给定频率的光束来说，每个光子所携带的能量是相同的，光的强度越大，就表示单位时间内通过的光子数目越多。

当频率为 ν 的入射光照射到金属电极表面时，能量为 $h\nu$ 的光子被单个电子所吸收。电子把这能量的一部分用来克服金属表面对它的束缚，剩下的部分就是电子离开金属表面后的最大动能。这个能量关系式可以表示为

$$h\nu = \frac{1}{2}mv_{\max}^2 + W \tag{15-6}$$

式中 m 为电子质量，$v_{\max}$ 为电子逃逸出金属表面后的最大速度，W 为电子逃逸出金属表面所需要做的功，称为逸出功。

用爱因斯坦的新理论可以很好地解释光电效应。当光子所携带的能量恰好等于逸出功时，电子刚好能逸出金属表面，电子的初动能为零，此时光子的频率即为实验测到的临界频率 ν_0，有 $\nu_0=W$。这样式(15-6)可写为

$$h\nu = eU_0 + h\nu_0 \tag{15-7}$$

由此可见电子的最大初动能 $E_{k,\max}=eU_0$ 与入射光子的频率 ν 成线性关系，其比例常数即为普朗克常数 h。1914 年密立根用 Na，Mg，Al，Cu 等作阴极，首先从实验上验证了线性关系，并测定了普朗克常数。

如果入射光子的频率 ν 小于临界频率 ν_0，电子所吸收到的光子能量不足以克服逸出功，无论光强多大，电子都是不能逃逸出来的。只有入射光子的频率 ν 大于临界频率 ν_0 时，电子才能获得足够能量而从金属表面逃逸。并且光的强度越大，单位时间照射到金属表面单位面积上的光子数目就越多，吸收光子的电子数目也就越多，光电流必然就越大。另外，由于光电子的释放和光的照射几乎是同时发生的，光电效应的发生也一定是“瞬时的”。

3. 光子

爱因斯坦的光量子假说不仅成功地解释了光电效应，还使人们对光的本性在认识上有了一个飞跃。早期，牛顿认为光是由粒子组成的，19 世纪 20 年代，光的干涉和衍射实验后，人们逐渐接受了惠更斯的光的波动说，19 世纪下半叶，电磁场理论的逐步发展和完善，使人们进一步认识到，光是电磁波。而 19 世纪末 20 世纪初，从光电效应和黑体辐射所揭示出的困难又促使人们重新认识到光的粒子性一面。但爱因斯坦所提出的光的粒子性绝非牛顿微

粒说的简单回归,更不是否定光的波动性,而是认识到光具有微粒和波动的双重性质,这种性质被称为波粒二象性。一般来说,光在传播过程中,波动性表现比较显著,而在与物质相互作用时,粒子性表现比较显著。

光子不但具有确定的能量(见式(15-5)),而且具有动量。由于真空中光子以光速运动,必须用相对论处理。由相对论能量动量关系式 $E=m_0^2c^4+p^2c^2$,式中 m_0 是粒子的静止质量,对于光子,其静止质量为零,得到光子能量 E 与动量 p 之间的关系 $E=pc$。所以光子的能量和动量分别是

$$E = h\nu = \hbar\omega \tag{15-8}$$

$$\boldsymbol{p} = \frac{h\nu}{c}\boldsymbol{n} = \frac{h}{\lambda}\boldsymbol{n} = \hbar\boldsymbol{k} \tag{15-9}$$

式中 $\omega=2\pi\nu$ 表示角频率,$\hbar=h/2\pi$ 为约化普朗克常数,λ 是波长,k 为波矢,n 表示沿光子运动方向的单位矢量。上面的两个关系式把光子的两重性——波动性和粒子性联系起来了,等式左边的动量和能量是描写粒子特性的,而等式右边的频率和波长则是波的特性,等式两边通过普朗克常数 h 联系,所以 h 常被称为作用量子。

例 2 金属钨的逸出功是 4.52 eV。求:(1)光电效应红限波长 λ_c,(2)用 200.0 nm 光照射该金属时的截止电压。

解 (1) 由 $hc/\lambda_c=W$,可得截止波长为

$$\lambda_c = \frac{hc}{W} = \frac{1240\ \text{eV}\cdot\text{nm}}{4.52\ \text{eV}} = 274\ \text{nm},$$

(2) 由 $h\nu=eU_0+W$ 可得

$$U_0 = \frac{\dfrac{hc}{\lambda}-W}{e} = \frac{\dfrac{1240\ \text{eV}\cdot\text{nm}}{200\ \text{nm}}-4.52\ \text{eV}}{e} = 1.68\ \text{V}。$$

4. 康普顿效应

光量子概念和光的粒子性在 1923 年康普顿光子电子散射实验中得到了直接的证实。实验装置如图 15-6 所示,波长 λ 的 X 射线入射石墨样品上发生散射后,在 θ 方向用晶体测量散射光的波长,在电离室里用探测器测其强度。实验结果见图 15-7,具有以下特征。

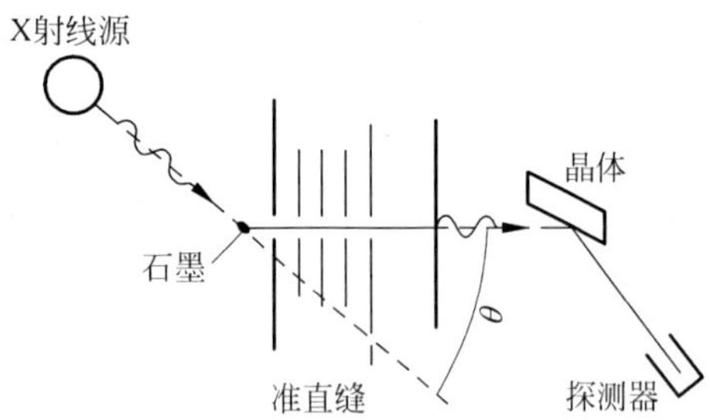

图 15-6 康普顿效应实验装置示意图

(1) 散射 X 射线中除了原波长 λ 的 X 射线外,还观测到 $\lambda'>\lambda$ 的 X 射线,其差值 $\Delta\lambda=\lambda'-\lambda$,称为康普顿位移,与散射物质和入射波长 λ 无关,随散射角 θ 的增加而增大。

(2) 原波长为 λ 的散射光的强度随原子序数增大而增大,而随散射角 θ 的增加而减小。波长为 λ' 的散射光变化趋势则与之相反。

经典电动力学认为,电磁波被散射后频率不应改变。康普顿建议采用爱因斯坦的相对论和光量子理论,把这个过程看作是光子与外层电子的碰撞过程(见图 15-8),从而成功地解释了实验现象。

在碰撞前电子速度很小,可视为静止。而且外层电子在原子中的束缚能,相对于 X 射线

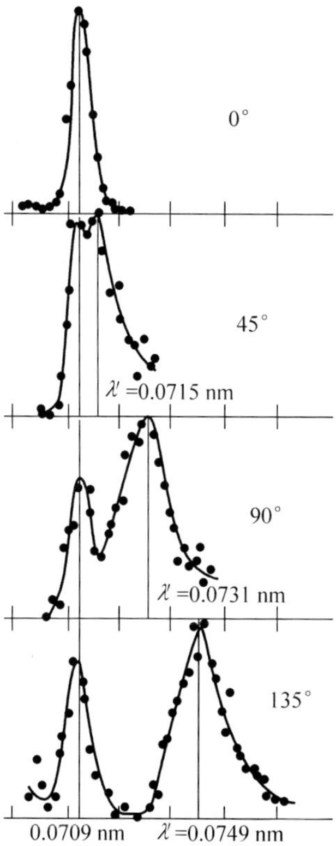

图 15-7　康普顿散射光的波长与角度的关系

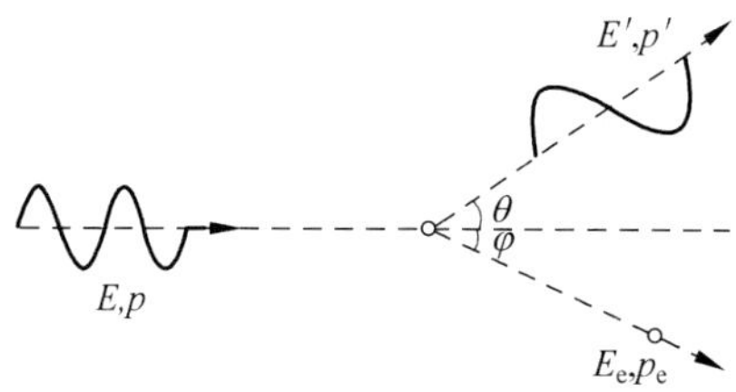

图 15-8　光子与自由电子的碰撞过程

中的光子能量，也很小，因此，与光子散射的电子可视为自由电子。设波长为 λ 的光子沿 x 轴方向入射，与电子弹性碰撞后，波长为 λ' 的散射光子沿与 x 轴成 θ 角的方向散射，同时电子获得了反冲动量 $\boldsymbol{p}_e$，沿与 x 轴成 φ 角的方向运动。假设在微观的单个碰撞事件中，动量和能量守恒律仍然成立。

由动量守恒

$$\boldsymbol{p} = \boldsymbol{p}' + \boldsymbol{p}_e$$

利用几何关系

$$p_e^2 = p^2 + p'^2 - 2pp'\cos\theta$$

或

$$(p_e c)^2 = (pc)^2 + (p'c)^2 - 2pc \cdot p'c\cos\theta = E^2 + E'^2 - 2E \cdot E'\cos\theta$$

在碰撞过程中，能量守恒

$$E + E_{0,e} = E' + E_e$$

对于电子

$$E_e^2 = E_{0,e}^2 + (p_e c)^2$$

由这两式，可得

$$(p_e c)^2 = E^2 - 2EE' + E'^2 + 2(E - E')E_{0,e}$$

比较由动量守恒和能量守恒得到的 $(p_e c)^2$ 的表达式，可知

$$2EE'(1 - \cos\theta) = 2(E - E')E_{0,e}$$

注意，$E=\frac{hc}{\lambda}$，$E'=\frac{hc}{\lambda'}$，$E_{0,e}=m_e c^2$，代入上式化简后，即得

$$\Delta\lambda=\lambda'-\lambda=\frac{hc}{E_{0,e}}(1-\cos\theta)=\lambda_c(1-\cos\theta) \tag{15-10}$$

其中 λ_c 为康普顿波长，大小为

$$\lambda_c=\frac{hc}{m_e c^2}=\frac{1240\ \text{eV}\cdot\text{nm}}{0.511\ \text{MeV}}=0.00243\ \text{nm}$$

式(15-10)给出了散射光波长与散射角 θ 之间的变化关系。随散射角 θ 的增加，散射波波长 λ' 比入射波波长越长；只有当散射角 θ 恰为零时，散射波波长才等于入射波波长。只有散射波波长改变量的值与散射波波长的数量级接近才易于观测到康普顿效应。这与波长较短时康普顿效应较为显著的实验结果是一致的。另外，上面的推导只适用于对电子束缚较弱的轻原子，即原子量小的物质康普顿效应较显著。对于束缚很紧的大原子量物质，光子与电子的碰撞应看作是光子与整个原子的碰撞，由于原子的质量很大，光子碰撞后只改变速度方向，而不会显著损失能量，因而散射后波长保持不变，即康普顿效应不明显。这和实验结果也是吻合的。

康普顿效应的发现，以及理论分析和实验结果的一致，不仅有力地证实了普朗克-爱因斯坦关系式(15-8)、式(15-9)的正确性，而且对一个曾在历史上引起激烈争论的问题，即在微观过程中动量和能量是统计地守恒还是在单个事件中就是守恒的，给出了重要结论——在微观的单个碰撞事件中，动量和能量守恒律仍然成立，而不仅仅是平均值守恒。这一正确结论在后来的“电子对湮灭”现象中再次得到证实。

在电子对湮灭时，考虑到动量守恒，至少要产生两个光子，即 $e^+ + e^- \rightarrow 2\gamma$，设正反电子湮灭前速度很小，则湮灭后释放的两个光子的动量数值相同，但方向相反。设产生的光子角频率为 ω，由于能量守恒律，有 $2\hbar\omega=2m_e c^2$，即波长为 $\lambda=\frac{2\pi c}{\omega}=\frac{h}{m_e c}=2.43\times10^{-12}$，与电子的康普顿波长相同。

例 3 康普顿散射中，入射 X 射线波长 $\lambda=0.20$ nm。(1)由常数组合 hc，$E_0=m_e c^2$，求 λ_c。(2)反冲电子可能获得的最大动能。

解 (1) $\lambda_c=\frac{h}{m_e c}=\frac{hc}{m_e c^2}=\frac{1240\ \text{eV}\cdot\text{nm}}{0.511\ \text{MeV}}=2.43\times10^{-3}\ \text{nm}$

(2) 由能量守恒，可得反冲电子的动能为

$$E_k=h\nu_0-h\nu=\frac{hc}{\lambda_0}-\frac{hc}{\lambda}$$

要求动能 E_k 最大，即 λ 要最大。根据公式

$$\lambda-\lambda_0=\lambda_c(1-\cos\theta)$$

可知 $\theta=\pi$ 时，λ 取最大值，为

$$\lambda_{max}=\lambda_0+2\lambda_c=0.20\ \text{nm}+2\times2.43\times10^{-3}\ \text{nm}=0.205\ \text{nm}$$

于是，可得反冲电子可能获得的最大动能为

$$E_{k,max}=\frac{hc}{\lambda_0}-\frac{hc}{\lambda_{max}}=\frac{1240\ \text{eV}\cdot\text{nm}}{0.20\ \text{nm}}-\frac{1240\ \text{eV}\cdot\text{nm}}{0.205\ \text{nm}}=151\ \text{eV}$$

从黑体辐射、光电效应和康普顿效应等实验事实可以看出：光在与物质相互作用过程中，显露出粒子性。爱因斯坦在普朗克量子观念启发下，发展了光量子学说，得到密立根光

电效应实验证实，由此获得 1922 年诺贝尔物理学奖。为了协调光的粒子性和波动性，他还提出过光子的概率统计解释，这些都对量子论的发展起到了重要作用。

15-2　粒子波动性

光的粒子性被揭示之后，在 1923 年，德布罗意通过类比，提出实物粒子的波动性。这是量子概念的新突破，对德布罗意波的实验验证和理论说明，为量子物理的波动力学的发展开辟了道路。德布罗意因此在 1929 年获得诺贝尔物理学奖。

15-2-1　德布罗意波

1. 德布罗意波假设

考虑到光具有波动和粒子两重性，德布罗意设想实物粒子（指静质量不为零的粒子）也可能具有波粒二象性。他仔细分析了几何光学中的最短光程原理与经典力学中的最小作用原理的相似性，提出了他的物质波假说，即与具有一定能量 E 及一定动量 p 的粒子相联系的波的频率及波长分别为

$$\left.\begin{aligned}\nu &= E/h\\ \lambda &= h/p\end{aligned}\right\}\tag{15-11}$$

上式称为德布罗意公式，这种波称为德布罗意波。

例如，一静质量为 m_0 的粒子，以速率 v 作匀速直线运动，则粒子的德布罗意波长为 $\lambda=\frac{h}{m_0 v}$，如考虑相对论效应，则为 $\lambda=\frac{h\sqrt{1-v^2/c^2}}{m_0 v}$。

自由粒子的能量和动量都是常量，所以与自由粒子联系的德布罗意波的频率和波长都不变，即自由粒子的波动性可用一单色平面波表示。

德布罗意的物质波假设，一方面把实物粒子与波的理论统一起来，另一方面他把原子中的能量量子化与有限空间驻波的频率的不连续性联系起来，从而克服了玻尔量子化条件的人为性，使人们能更自然地理解微观粒子能量的不连续性。例如从德布罗意波的驻波条件可比较自然地得出角动量量子化条件。

如图 15-9 所示，在氢原子中作稳定的圆轨道运动的电子所相应的波形成驻波，其条件为波绕原子核传播一周后应光滑地衔接起来，否则叠加起来的波将会由于干涉而相消。这样就对轨道有所限制，即圆轨道的周长应该是波长的整数倍，即

$$2\pi r = n\lambda,\quad \lambda = 2\pi r/n,\quad n = 1,2,3,\cdots,$$

再利用德布罗意公式，可得粒子的角动量为

$$L = rp = \frac{nh}{2\pi} = n\hbar,$$

这正是玻尔的角动量量子化条件。同样的方式，人们还可以很自然地理解束缚粒子能量的量子化问题。不过从此后建立起来的量子力学的观点来看，这种联系还是不够确切的。

德布罗意波假设提出以后，人们自然会问，物质粒子既然是波，为什么人们在日常生活中把它们看成经典粒子，却并没有犯什么错误呢？这是因为，实物粒子的德布罗意波长是很短的，在一般宏观尺度下，其波动性不会表现出来，用经典力学来处理是恰当的。只有到了

原子尺度(1 Å)，物质粒子的波动性才有可能明显表现出来，这时，经典力学就无能为力了。处理原子世界中粒子的运动就需要一种新的力学规律。这正如几何光学不能用来处理光的干涉与衍射现象一样。

2. 德布罗意波实验证实

德布罗意波的假设和实物粒子波动性，在1927年前后被多个实验证实。下面介绍两个最具代表的实验：戴维孙-革末实验、汤姆孙实验。

如图15-10所示，戴维孙-革末让一束很细的加速电子垂直投射到镍单晶体的磨光面上，测量散射后不同角度上反射波的强度发现，反射波的强度表现出明显的选择性，只有在加速电压$U=54$ V，且入射方向与反射方向夹角φ成50°时，反射波的强度才有最大值(见图15-11)。

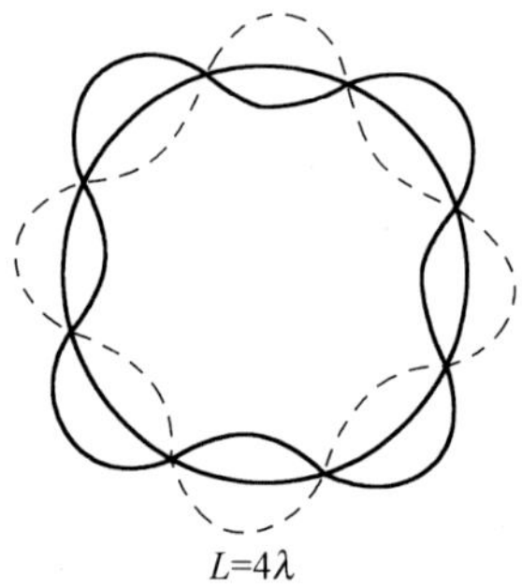

图15-9　氢原子中的电子驻波

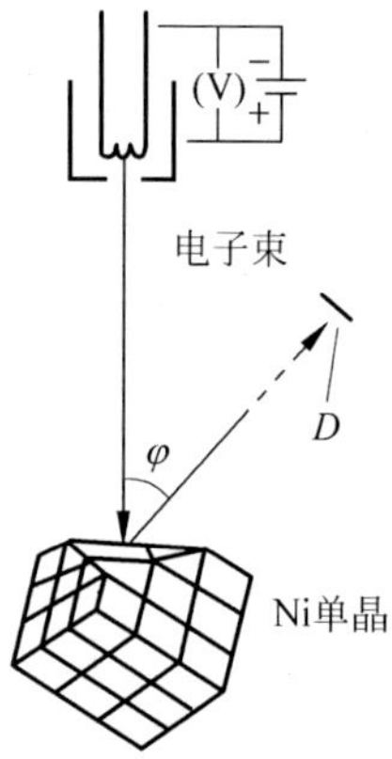

图15-10　戴维孙-革末装置示意图

用电子的波动性可以合理解释这一实验现象：如图15-12所示，设晶体是间隔均匀的原子规则排列而成的，两相邻晶面的距离为d，两个相邻平面反射的电子束发生相干加强的条件为

$$2d\sin\theta = k\lambda \tag{15-12}$$

其中k为整数。由X射线衍射可测出$d=0.091$ nm，由$\varphi=50°$可知$\theta=65°$，取$k=1$代入式(15-12)可得$\lambda=0.165$ nm。而在加速电压为$U=54$ V时电子的波长德布罗意波长为

$$\lambda = \frac{h}{p} = \frac{hc}{\sqrt{2mc^2E_k}} = \frac{1240}{\sqrt{2\times 0.511\times 10^6\times 54}}\ \text{nm} = 0.167\ \text{nm}$$

与实验值一致。

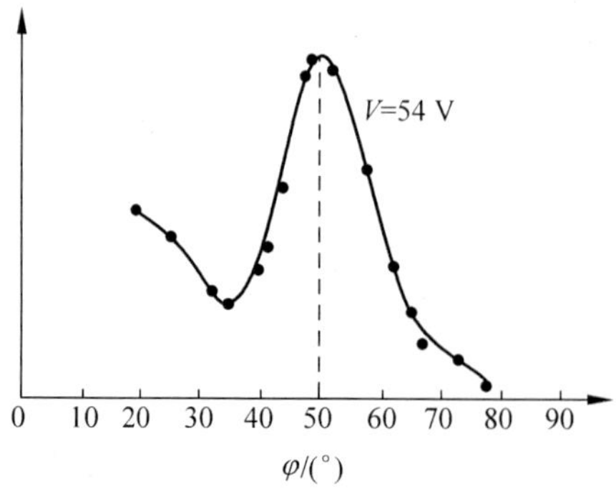

图15-11　散射强度与φ角的关系

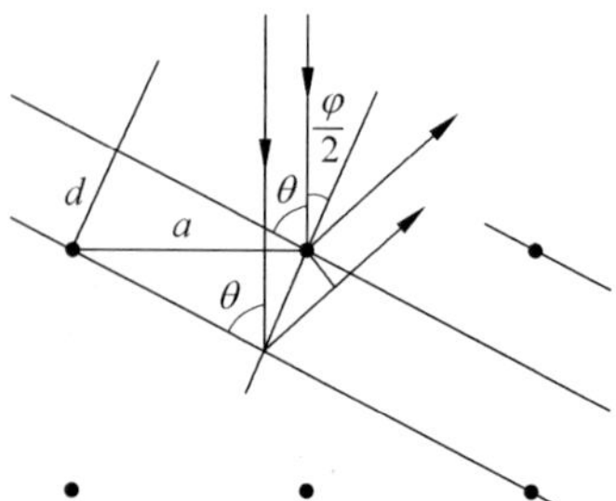

图15-12　布喇格衍射示意图

汤姆孙使电子通过加速电场和小孔得到一束能量约为千电子伏特的，很细的平行电子束，发现当电子束穿过一多晶薄片后，也像 X 射线一样产生衍射现象，如图 15-13 所示。由于电子通过狭缝的衍射实验，需要极细的狭缝才能看到，直到 1961 年，才由蒋森（C. Jönsson）得到电子的双缝、三缝、四缝和五缝衍射图样，如图 15-14(a)、(b)、(c)和(d)所示。

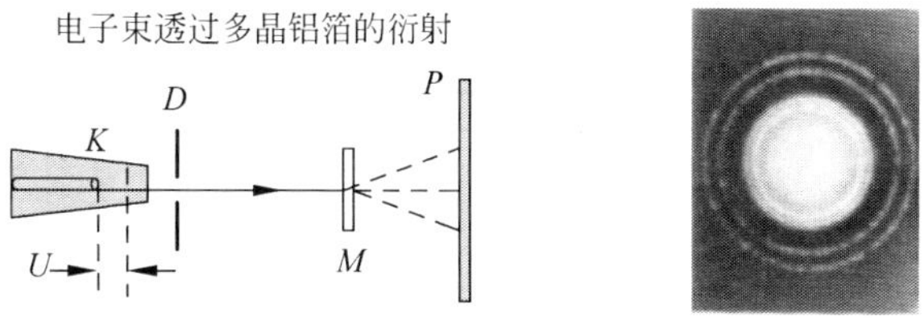

图 15-13　多晶电子衍射装置和衍射环

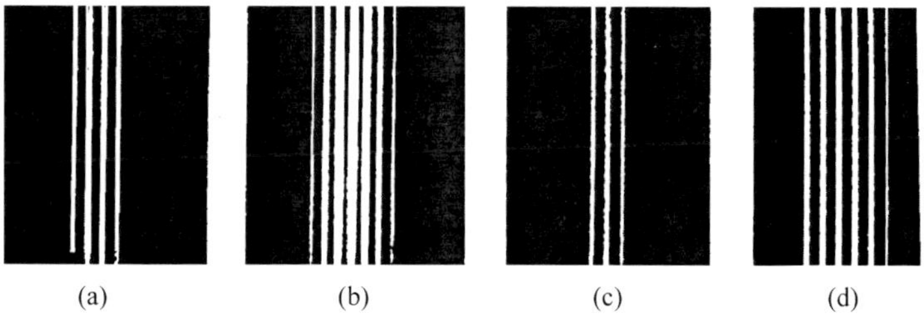

图 15-14　电子多缝衍射图样

此外，也陆续观测到原子、分子和中子等微观粒子的衍射现象，实验数据的分析都肯定衍射波波长和粒子动量间存在德布罗意关系。

至此，人们逐渐承认波粒二象性是微观粒子普遍具有的不同于宏观质点的性质。需要强调的是，微观粒子是粒子和波动二象性矛盾的统一，这里的波不再是经典概念下的波，粒子也不是经典概念下的粒子。

3. 德布罗意波统计解释

对于光的衍射图样来说，亮处表示波的强度大，暗处波的强度小。同时，根据光子的观点，某处光的强度大，表示单位时间内到达该处的光子数目多，某处光的强度小，表示单位时间内到达该处的光子数目少，而从统计的观点来看，这就相当于，光子到达亮处的概率要远大于光子到达暗处的概率。

用同样的观点分析电子的衍射图样。从粒子的观点来看，衍射图样的出现，是由于电子射到各处的概率的不同而引起的，电子密集的地方表示电子到达的概率很大，电子稀疏的地方则概率很小；而从波动的观点来看，电子密集的地方表示波的强度大，稀疏的地方表示波的强度小。所以，某处附近电子出现的概率就反映了该处德布罗意波的强度。

对于其他微观粒子也是如此。普遍地说，某处德布罗意波的强度是与粒子在该处邻近出现的概率成正比的，这就是德布罗意波的统计解释。

最后需要强调的是，德布罗意波是对微观粒子运动的统计描述，与经典物理中研究的波是截然不同的。

例 4　求下列物体的德布罗意波的波长。(1)质量 10 g，速度 100 m/s 的小球；(2)动能为 0.05 eV 的中子；(3)动能为 0.511 MeV 的电子。

解 根据德布罗意公式，$\lambda=\dfrac{h}{p}$，可求德布罗意波的波长。

(1) $\lambda=\dfrac{6.63\times10^{-34}}{10\times10^{-3}\times100}\ \text{m}=6.63\times10^{-34}\ \text{m}$

可见宏观物体的波动性是极小的。

(2) $\lambda=\dfrac{h}{p}=\dfrac{h}{\sqrt{2mE_k}}=\dfrac{hc}{\sqrt{2mc^2E_k}}=\dfrac{1240}{\sqrt{2\times940\times10^6\times0.05}}\ \text{nm}=0.13\ \text{nm}$

(3) 电子动能 E_k 等于其静止能量 E_0，必须用相对论公式求其动量。电子的总能量为

$$E=E_k+E_0=2E_0$$

由能量-动量关系式 $E^2=E_0^2+(pc)^2$ 可得

$$pc=\sqrt{3}E_0$$

于是可得

$$\lambda=\frac{h}{p}=\frac{hc}{pc}=\frac{1240\ \text{eV}\cdot\text{nm}}{\sqrt{3}\times0.511\times10^6\ \text{eV}}=1.40\times10^{-3}\ \text{nm}$$

例 5 试用驻波理论确定宽度为 a 的一维无限深势阱中质量为 m 的粒子的能量。

解 粒子局限在 $0<x<a$ 的无限深势阱中，其德布罗意波形成驻波，条件是势阱宽度为德布罗意波半波长的整数倍，即

$$a=n\cdot\frac{\lambda_n}{2}$$

由此可得粒子动量为

$$p=\frac{h}{\lambda_n}=n\cdot\frac{h}{2a}$$

不考虑相对论效应，有

$$E_n=\frac{p^2}{2m}=n^2\cdot\frac{h^2}{8ma^2}$$

可见能量是量子化的。

15-2-2 不确定关系

前面的讨论我们已经知道，微观粒子既具有粒子性，又具有波动性。微观粒子的波粒二象性必然导致量子力学的一个基本原理——不确定原理，又称测不准原理，即对于微观粒子不能同时以确定的位置和确定的动量来描述。这一点与经典力学是完全不同的，在经典力学中，粒子（质点）的运动状态是用位置和速度（动量）来同时准确描述的，这正是人们常说的牛顿力学的确定性。与牛顿力学相比，量子力学则是具有“不确定性的”。另外，由于势能是位置的函数，动能与动量有关，所以，可推出微观粒子的势能和动能不能同时具有确定值，这样，说在某一点或某一区域内粒子的能量等于动能与势能之和也就没有意义了。

下面以电子的单缝衍射实验为例，来说明微观粒子位置与动量不确定的范围。如图 15-15 所示，设有一束电子通过宽度为 b 的狭缝而形成衍射图样。如果我们仍用坐标 x 和动量 p 来描述每个电子的运动状态，我们知道每一个电子都是从狭缝上通过而射到屏上，共同形成了衍射图样的，但我们并不能准确地知道每一个电子是怎样通过狭缝的，即我们不能准确知道每一个粒子通过狭缝瞬时的坐标 x，以及它的运动方向的变化（由于衍射的

缘故,电子的动量大小虽未变化,但动量的方向可能有改变)。

我们可以认为电子通过狭缝时坐标的不确定范围

$$\Delta x = b$$

如果只考虑一级衍射图样,在同一瞬时,电子动量沿与狭缝平行方向的不确定范围为

$$\Delta p_x = p\sin\theta = p\,\frac{\lambda}{b}$$

考虑到德布罗意关系 $\lambda = h/p$,得

$$\Delta p_x = \frac{h}{b} = \frac{h}{\Delta x}$$

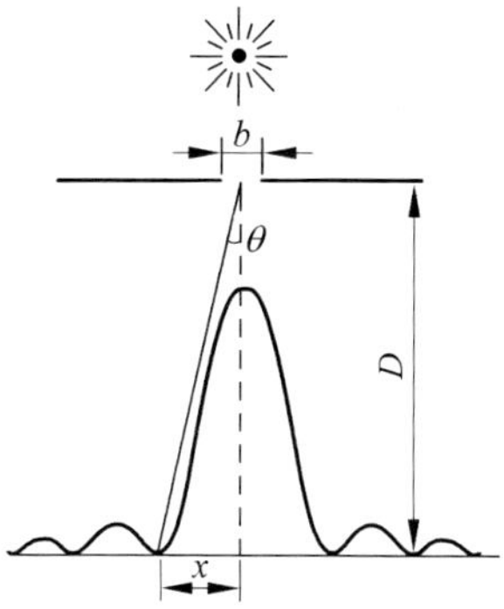

图 15-15 电子衍射示意图

这样,电子在通过狭缝的瞬时,其坐标和动量都存在各自的不确定范围,并且这两个不确定度是相互关联的:狭缝愈窄,则位置的不确定度愈小而动量沿位置方向的不确定度愈大;反之亦然。如果把衍射图样的次级也考虑在内,则有

$$\Delta x \cdot \Delta p_x \geqslant h$$

这个关系式称为不确定关系。

不确定关系是由海森伯在 1927 年提出的,后来他根据玻恩对波函数的统计诠释对其加以严格证明,使其表述和含义更为确切。更严格的测不准关系为

$$\Delta x \cdot \Delta p_x \geqslant \frac{\hbar}{2} \tag{15-13}$$

不确定关系表明,微观粒子的位置和动量不能同时具有完全确定的值,它是物质的波动与粒子二象性矛盾的反映。因为按照德布罗意关系式 $p=h/\lambda$,其中波长是描述波在空间变化快慢的一个量,是与整个波动相联系的量,因此,正如"在空间某点 x 的波长"的提法没有意义一样,"微观粒子在空间某点的动量"的提法也是没有意义的,因而粒子运动轨道的概念也就没有意义了。当然,由于 h 是一个非常小的量($h=6.626\times10^{-34}$ J·s),不确定关系与我们日常生活经验并无矛盾,迄今,人们所做过的任何精确测量所得的 Δx 与 Δp 的乘积,都远比 h 的数量级大得多。所以在一般的宏观现象中,仍然不妨使用轨道运动等经典力学概念。从另一个角度来说,海森伯的不确定关系给人们指出了使用经典粒子概念的一个限度,这个限度用普朗克常量 h 来表征。

由位置-动量不确定关系进一步可得到能量-时间不确定关系。假设粒子在 x 方向运动,在 Δt 时间内通过 Δx 距离,其速度为 $v=\dfrac{\Delta x}{\Delta t}$。由相对论能量-动量关系式(4-40)$E^2=E_0^2+(pc)^2$,两边微分可得

$$2E\Delta E = 2pc\cdot\Delta pc$$

$$\frac{\Delta E}{\Delta p} = \frac{pc}{E}\cdot c$$

注意到式(4-39),$\beta=\dfrac{v}{c}=\dfrac{pc}{E}$,从而有

$$\frac{\Delta E}{\Delta p} = v = \frac{\Delta x}{\Delta t},\quad \Delta E\cdot\Delta t = \Delta x\cdot\Delta p$$

于是我们从位置-动量不确定关系式(15-13)得到能量-时间不确定关系为

$$\Delta E \cdot \Delta t \geqslant \frac{\hbar}{2} \tag{15-14}$$

例 6 一维简谐振子的能量可表示为

$$E = \frac{p_x^2}{2m} + \frac{1}{2}m\omega^2 x^2$$

试根据不确定关系求其零点振动能。

解 由对称性，可知$\bar{x}=0$，$\bar{p}_x=0$，从而

$$\Delta x^2 = \overline{x^2}, \quad \Delta p_x^2 = \overline{p_x^2}$$

于是能量平均值可表示为

$$\bar{E} = \langle \frac{p_x^2}{2m} \rangle + \langle \frac{1}{2}m\omega^2 x^2 \rangle = \frac{\Delta p_x^2}{2m} + \frac{1}{2}m\omega^2 \Delta x^2$$

由 $a^2+b^2 \geqslant 2ab$，有

$$\bar{E} \geqslant 2\sqrt{\frac{\Delta p_x^2}{2m} \cdot \frac{1}{2}m\omega^2 \Delta x^2} = \Delta x \cdot \Delta p_x \cdot \omega$$

由测不准关系有 $\Delta x \cdot \Delta p_x \geqslant \frac{\hbar}{2}$，从而有

$$\bar{E} \geqslant \frac{1}{2}\hbar\omega$$

可知 $\bar{E}_{\min} = \frac{1}{2}\hbar\omega$，此即为零点振动能。

例 7 试根据海森伯不确定关系估算电子局限于(1)原子(尺度 $d \approx 0.1$ nm)(2)原子核($d \approx 10$ fm)内的最小平均动能。

解 x 方向动量不确定度的定义为

$$(\Delta p_x)^2 = \overline{p_x^2} - \bar{p}_x^2$$

由于空间对称性，$\overline{p_x}=0$，因而

$$\overline{p_x^2} = (\Delta p_x)^2$$

位置不确定度 Δx 可估计为 $\Delta x = \frac{d}{2}$，根据测不准关系 $\Delta x \cdot \Delta p_x \geqslant \frac{\hbar}{2}$，可得

$$\Delta p_x \geqslant \frac{\hbar}{2\Delta x} = \frac{\hbar}{d} \quad 或 \quad \overline{p_x^2} \geqslant \left(\frac{\hbar}{d}\right)^2$$

对于三维空间，由对称性有

$$\overline{p^2} \geqslant 3 \cdot \left(\frac{\hbar}{d}\right)^2$$

(1) 电子局限原子中，可不考虑相对论效应，估计其动能为

$$E_k = \frac{p^2}{2m_e} = \frac{3\hbar^2}{2m_e d^2} = \frac{3(\hbar c)^2}{2m_e c^2 \cdot d^2} = \frac{3 \times (197.35)^2}{2 \times 0.511 \times 10^6 \times 0.1^2}\ \text{eV} = 11\ \text{eV}$$

这说明在原子内电子平均动能的量级约为 10 eV。

(2) 电子局限于原子核中，其动能会很大，在 $E_k \gg E_0 = m_0 c^2$ 时，按相对论，有

$$E_{k,\min} \approx pc = \frac{\sqrt{3}\hbar c}{d} = \frac{\sqrt{3} \times 197.35\ \text{eV} \cdot \text{nm}}{10 \times 10^{-6}\ \text{nm}} = 34\ \text{MeV}$$

这个动能很大，而典型的原子核束缚能为 8 MeV，则电子足以从核内逸出，说明早期关于原

子核可能是质子和电子构成的猜想是错误的。

15-3 量子力学简介

量子力学是反映微观粒子运动规律的理论，它是 20 世纪 20 年代在总结大量实验事实和旧量子论的基础上建立起来的。物质结构问题只有在量子力学基础上才原则上得以解决。同时，没有哪一门现代物理学的分支(例如，固态物理学、粒子物理学、量子化学、量子生物学、激光物理、表面物理、天体物理等)能够离开量子力学这个基础。

1923 年，在巴黎大学的洛伦兹提出，人们必须发展出一种关于量子的新的力学，一种非连续性的力学，1924 年，玻恩在一篇名为《关于量子力学》的文章中首次将这一有待建立的新力学命名为量子力学。

沿着玻尔原子理论和对应原理所指引的方向，海森伯放弃了经典轨道模型，而只研究与发射光的频率和强度相对应的那些量之间的关系，建立了只包含频率和振幅的新的力学方程，最终导致了量子力学的矩阵形式的建立；通往量子力学的另一条道路是爱因斯坦开创的，德布罗意发展了爱因斯坦的思想，把波粒二象性推广到所有微观粒子，最后，由薛定谔找到了物质波所满足的波动方程，从而建立了量子力学的波动形式。本书就是按照后一条路径向读者逐步展示量子力学的诞生和发展的。

本节首先将简要介绍非相对论量子力学的最基本概念——波函数，并给出波函数满足的方程——薛定谔方程，然后以一维定态问题为例求解薛定谔方程，并推广到多电子原子，最后提及量子力学的一些关于基本问题的争论。

15-3-1 波函数的统计解释

由于微观粒了的波粒二象性，仕何自由粒子都可以用平面波来表示，并且平面波的频率和波长与自由粒子的能量和动量通过德布罗意关系式联系起来。如果粒子受到随时间或位置变化的力场的作用，它的能量和动量不再是常数，这时就不能用平面波来描述，而必须用复杂的波来描写。在一般情况下，人们用一个复数函数表示描写粒子的波，并称之为波函数。

波函数与它所描写的粒子之间的关系曾经有过不同的看法。有人提出波是由它所描写的粒子组成的，即是由大量粒子分布于空间而形成的疏密波，如果是这样，那么粒子的衍射图样就是由粒子之间的相互作用而产生的。而实验发现，衍射图样和入射粒子流强无关，即使把粒子流强减小到使得粒子一个一个地通过，只要经过足够长的时间，所得到的衍射图样也还是一样的。这说明波函数不是由它所描写的粒子组成的，粒子的波动性并不依存于大量粒子的聚集，单个电子就具有波动性。也正是由于单个电子具有波动性，才能理解氢原子(只有一个电子)的稳定性和能量的量子化；还有人把波理解为它所描写的粒子的某种实际结构，即把粒子看成在三维空间连续分布的物质波包，波包的群速度即是粒子的速度。但理论分析发现，这样的波包即使原来很窄，在经历一段时间后必然要扩散，这与实验是矛盾的。

波函数的统计解释是 1926 年玻恩在研究散射问题时提出的。他认为德布罗意波或后面薛定谔方程中的波函数所描述的波，并不像经典波那样代表某个实在的物理量的波动，而只不过是刻画粒子在空间的概率分布的概率波而已，即波函数在空间中某点的强度(振幅绝对值的平方）和在该点找到粒子的概率成比例。

下面以粒子衍射实验来说明波函数的统计解释。如果入射粒子流很强，很快就出现衍射图样。如果入射粒子流很弱，屏幕上先是出现一个一个的点，它们看起来似乎是毫无规律地散布着，随着时间的延长，点的数目逐渐增多，它们在屏幕上的分布就形成了衍射图样。由此可见，实验所显示的粒子的波动性是许多粒子在同一实验中的统计结果，或者说是，一个电子在许多次实验中的统计结果。波函数正是为了描写粒子的这种行为而引进的。

波函数的统计诠释赋予了波函数以确切的物理含义，同时也对波函数的具体形式提出了限制。设波函数用 $\psi(\boldsymbol{r})$表示，那么在点 $\boldsymbol{r}$ 附近的体积微元 $\mathrm{d}V=\mathrm{d}x\mathrm{d}y\mathrm{d}z$ 中找到粒子的概率为

$$|\psi(\boldsymbol{r})|^2\mathrm{d}V=\psi^*(\boldsymbol{r})\psi(\boldsymbol{r})\mathrm{d}x\mathrm{d}y\mathrm{d}z \tag{15-15}$$

在非相对论情况下（无粒子的产生与湮灭现象），统计解释要求该粒子在空间各点的概率之和为 1，即要求波函数满足条件

$$\int|\psi(r)|^2\mathrm{d}V=1,$$

这称为波函数的归一化条件。如果某一波函数 $\psi(\boldsymbol{r})$不满足归一化条件，如 $\int|\psi(r)|^2\mathrm{d}V=A$，可构造一个新的波函数 $\psi'(r)=\dfrac{\varphi(r)}{\sqrt{A}}$，$\psi'(r)$满足 $\int|\psi'(r)|^2\mathrm{d}V=\int\left|\dfrac{\psi(r)}{\sqrt{A}}\right|^2\mathrm{d}V=1$，并且原来的波函数与新的波函数所描述的概率波是完全一样的。换句话说，将波函数乘上一个常数后，所描写的体系的状态并不改变。量子力学中的波函数的这种性质是经典波所没有的。人们还可以用一个常数 $\mathrm{e}^{\mathrm{i}\delta}$（$\delta$ 为实常数）乘以波函数，这样既不影响空间各点找到粒子的几率，也不影响波函数的归一化，这称为波函数的相位不定性。

除了由波函数振幅绝对值的平方可以得出粒子在空间任意一点出现的概率以外，由波函数还可以得出体系的各种力学量，如能量、动量、坐标等，因此人们用波函数来描写体系所处的量子状态。但是与经典力学不同，由于粒子具有波粒二象性，粒子的许多力学量不能同时具有确定值。当粒子处于某一量子态时，它的力学量一般有多个可能值，这些可能值各自以一定的概率出现，并且这些概率都可以从描述体系所处量子态的波函数得出。

一般来说，波函数在全空间应满足三个条件：有限性、连续性、单值性。这三个条件称为波函数的标准条件。

例 8 已知一维无限深势阱中处于基态的粒子波函数为

$$\psi(x)=A\sin(\pi x/a),\quad 0<x<a$$

求：(1)常数 A，(2)最概然的位置，(3)在区间$[0,a/4]$内的概率。

解 (1) $\int_0^a\psi^*(x)\psi(x)\mathrm{d}x=A^2\int_0^a\sin^2\left(\dfrac{\pi x}{a}\right)\mathrm{d}x=A^2\cdot\dfrac{a}{2}=1$

$$A=\sqrt{\frac{2}{a}}$$

(2) 概率密度为

$$\rho(x)=\psi^*(x)\psi(x)=\frac{2}{a}\sin^2\left(\frac{\pi x}{a}\right)$$

当$\dfrac{\pi x}{a}=(2k+1)\dfrac{\pi}{2}$，即 $x=(2k+1)\dfrac{a}{2}$时，ρ 最大。

注意 $0<x<a$，可知 $x_{mp}=\frac{a}{2}$。

(3)处于区间 $\left[0,\frac{a}{4}\right]$ 内的概率为

$$p=\int_0^{\frac{a}{4}}\psi^*(x)\psi(x)\mathrm{d}x=\int_0^{\frac{a}{4}}\frac{2}{a}\sin^2\left(\frac{\pi x}{a}\right)\mathrm{d}x=0.091。$$

15-3-2　薛定谔方程

前面已经提到，人们用波函数来描述微观粒子所处的量子态，波函数确定以后，粒子的任何一个力学量的各种可能值，以及取每种可能值的几率也都完全确定。现在要问的是，这些量子态怎样随时间演化。1926 年，薛定谔提出了量子力学的波动方程——薛定谔方程，成功地解决了这个问题。薛定谔方程是量子力学的基本方程，其地位就相当于经典力学中的牛顿方程。方程来自于猜想，它的正确性是由无数实验证实的。

下面先对自由粒子推测出其满足的波动方程，再推广到一般情况。利用德布罗意关系式，动量为 $\boldsymbol{p}$、能量为 E 的自由粒子的波函数是平面波

$$\psi(\boldsymbol{r},t)=A\mathrm{e}^{\frac{\mathrm{i}}{\hbar}(\boldsymbol{p}\cdot\boldsymbol{r}-Et)}$$

在量子力学中，力学量对应于一个个算符。要求某个力学量，把相应算符作用于波函数即可。例如在自由粒子情况下，若要求粒子能量，则用能量算符 $\hat{E}\psi=\mathrm{i}\hbar\frac{\partial}{\partial t}\psi=E\psi$，若要求粒子动量，则用动量算符 $\hat{p}=-\mathrm{i}\hbar\nabla$ 作用于波函数，得

$$\hat{p}\psi=-\mathrm{i}\hbar\nabla\psi=\boldsymbol{p}\psi$$

进一步可得

$$(-\mathrm{i}\hbar\nabla)^2\psi=p^2\psi$$

利用自由粒子非相对论能量和动量关系式 $E=\frac{p^2}{2\mu}$，则可得到

$$\mathrm{i}\hbar\frac{\partial\psi}{\partial t}=-\frac{\hbar^2}{2\mu}\nabla^2\psi,$$

这就是三维空间自由粒子的含时薛定谔方程。

值得指出，如在经典的自由粒子能量动量关系式 $E=\frac{p^2}{2\mu}$ 中，作如下替换 $E\rightarrow\mathrm{i}\hbar\frac{\partial}{\partial t}$，$p\rightarrow-\mathrm{i}\hbar\nabla$，即把经典力学中的哈密顿量算符化，然后作用于波函数上，就可得到薛定谔方程。进一步考虑处于势场 $V(r)$ 中的粒子，其经典能量动量关系为 $E=\frac{p^2}{2\mu}+V$，对其作同样替换，再作用于波函数上，即得

$$\mathrm{i}\hbar\frac{\partial}{\partial t}\psi(r,t)=\left[-\frac{\hbar^2}{2\mu}\nabla^2+V\right]\psi(r,t)\tag{15-16}$$

这就是薛定谔在 1926 年提出的**含时薛定谔方程**，它揭示了微观世界中物质运动的基本规律。薛定谔方程是非相对论量子力学的基本方程，它保证体系的粒子总数在随时间的演化中守恒，对于单粒子体系来说，即在全空间找到它的概率总和不随时间改变。

下面来讨论薛定谔方程定态解。如果势场 V 不随时间变化，即 $V=V(r)$，薛定谔方程的解可以写成

$$\psi(\boldsymbol{r},t)=\psi(\boldsymbol{r})f(t),$$

代入方程(15-16)，并把方程两边同除以 $\psi(\boldsymbol{r})f(t)$，得到

$$\frac{\mathrm{i}\hbar}{f}\frac{\mathrm{d}f}{\mathrm{d}t}=\frac{1}{\psi(\boldsymbol{r})}\left[-\frac{\hbar^2}{2\mu}\nabla^2\psi(\boldsymbol{r})+V(r)\psi(\boldsymbol{r})\right],$$

此式左边只是 t 的函数，右边只是 r 的函数，t 与 r 为相互独立的变量，所以只有当两边都等于同一常量时，等式才能满足，设此常量为 E，则有

$$-\frac{\hbar^2}{2\mu}\nabla^2\psi(\boldsymbol{r})+V(r)\psi(\boldsymbol{r})=E\psi(\boldsymbol{r}) \tag{15-17}$$

$$\mathrm{i}\hbar\frac{\mathrm{d}f}{\mathrm{d}t}=Ef,$$

容易解得

$$f(t)=C\mathrm{e}^{-\frac{\mathrm{i}E}{\hbar}t},$$

其中 C 为任意常数。这样可得到薛定谔方程的特解为

$$\psi(\boldsymbol{r},t)=C\psi(\boldsymbol{r})\mathrm{e}^{-\frac{\mathrm{i}E}{\hbar}t},$$

即波函数与时间成正弦关系，角频率 $\omega=E/\hbar$，由德布罗意关系得，常量 E 就是体系处于这个波函数所描写的状态时的能量，由于能量具有确定值，所以这种状态称为定态，式(15-22)称为**定态薛定谔方程**。

定义能量算符(或哈密顿算符) $\hat{H}=-\frac{\hbar^2}{2\mu}\nabla^2+V(r)$，(算符是指作用在一个函数上得出另一个函数的运算符号，在量子力学中常用算符来表示微观粒子的力学量)，则定态薛定谔方程可写为 $\hat{H}\psi(\boldsymbol{r})=E\psi(\boldsymbol{r})$，这种类型的方程称为本征值方程，$E$ 称为算符 $\hat{H}$ 的本征值，ψ 称为算符 $\hat{H}$ 的本征函数。

15-3-3 一维定态问题

一维定态问题是处理各种复杂问题的基础，用薛定谔方程来处理这类问题较容易得出严格结果，同时，量子力学体系的许多特征，都可以在这些简单的一维问题中展示出来。我们这里只讨论一维势阱问题和一维势垒问题。

1. 一维无限深方势阱

如图 15-16 所示，无限深方势阱势场可表示为 $V(x)=\begin{cases}0, & 0<x<a\\ \infty, & x<0,x>a\end{cases}$。

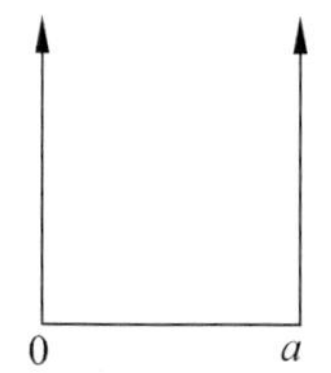

图 15-16 一维无限深方势阱

在势阱内部，薛定谔方程可化为

$$\frac{\mathrm{d}^2}{\mathrm{d}x^2}\psi+\frac{2\mu}{\hbar^2}E\psi=0,$$

其中 μ 为粒子质量。令 $k=\sqrt{\frac{2\mu E}{\hbar^2}}$，方程的解为

$$\psi(x)=A\sin(kx+\delta),$$

其中 A 和 δ 为待定常数。由于势阱无限深，在势阱壁和势阱外部，波函数为零，即有

$$\psi(0)=0,\quad \psi(a)=0,$$

考虑到波函数的连续性，则要求

$$\delta = 0, \quad \sin(ka) = 0,$$

这说明

$$ka = n\pi, \quad n = 1,2,3,\cdots$$

于是可得粒子能量为

$$E = E_n = \frac{\hbar^2 \pi^2 n^2}{2\mu a^2} \tag{15-18}$$

可见系统的能量是量子化的，所构成的能级是分立的。对应于能级 E_n 的归一化波函数为

$$\psi_n(x) = \sqrt{\frac{2}{a}} \sin\left(\frac{n\pi x}{a}\right) \tag{15-19}$$

图 15-17 示意画出了一维无限深方势阱中粒子的能级和波函数。可以看出：粒子的最低能量为 $E_1 = \hbar^2\pi^2/(2\mu a^2) \neq 0$，这与经典粒子不同。从测不准关系来看，由于粒子被局限在无限深势阱中，位置的不确定度 $\Delta x \approx a$，按不确定度关系 $\Delta p \approx \hbar/a$，因此能量不可能精确为零，而是 $E \approx (\Delta p)^2/(2\mu) \approx \hbar^2/(2\mu a^2)$，此值与计算结果 E_1 数量级一致。

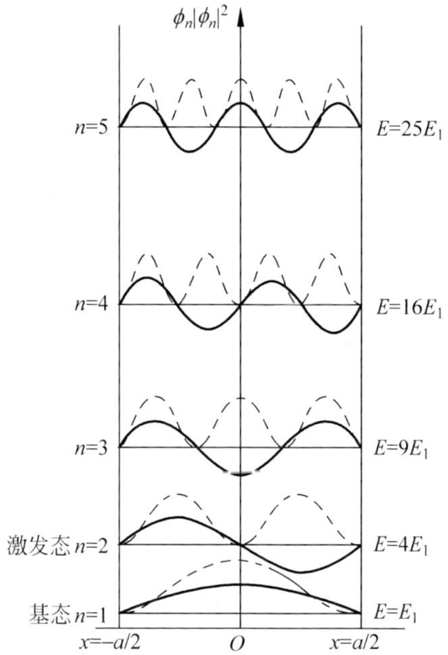

图 15-17　一维无限深方势阱中粒子的能级和波函数

由于 $E_n \propto n^2$，能级分布是不均匀的。能级越高，能级越密集。势阱中两相邻能级的距离为 $\Delta E = E_{n+1} - E_n = (2n+1)\frac{\hbar^2}{2\mu a^2}$，即能级差随 n 的增加而增加，且与粒子质量和势阱宽度 a 有关。当 a 很小，小到原子尺度以内，能级之间的间隔较大，因而粒子在原子内运动，能级的量子化十分显著。相反，当 a 为普通宏观尺度时，即使 n 值较大，相邻能级之间的间隔仍是很小的，可以把能量看成是连续变化的。另外，能级的相对间隔近似为 $\frac{\Delta E_n}{E_n} \approx \frac{2}{n}$，即随 n 的增加，能级的相对间隔减小，当 n 很大时，ΔE_n 比 E_n 小很多，这时，量子效应就不明显了。

从图 15-17 中还可以看出，粒子在势阱中各处出现的概率是不均匀的，而按经典力学，粒子在势阱内各处出现的概率应当是相等的。当 $n=1$ 时，波函数无节点，第一激发态 $(n=2)$ 的波函数有一个节点，第 k 个激发态 $(n=k+1)$ 有 k 个节点。随着 n 的增大，节点数增多，相邻节点间距减小，粒子在势阱中各处出现的概率趋于相同，即非常接近于经典力学的结论。

2. 一维势垒

下面考虑一维势垒问题。这类问题属于粒子被势场散射的问题，粒子由无限远处来，被势场散射后又到无限远处去，粒子的能量是预先给定的。由于没有无限远处波函数为零的约束，体系的能量可以取任意值，即组成连续谱，不同于前面提到的一维势阱等束缚体系中

的分立能级。

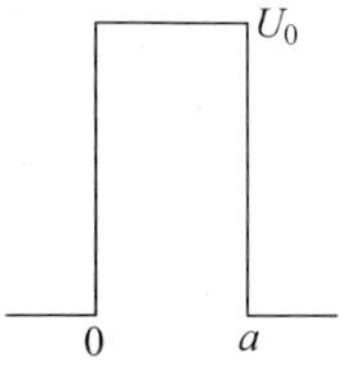

图 15-18 一维势垒

如图 15-18 所示,具有一定能量 E 的一束粒子,沿 x 轴正方向射向方势垒

$$V(x)=\begin{cases}U_0, & 0<x<a\\ 0, & x>a,x<0\end{cases}$$

其中 U_0 为一正常数。

考虑 $E<U_0$ 的情况。按照经典力学观点,如粒子能量 $E<U_0$,则粒子不能进入势垒,将全部被弹回去。但从量子力学观点来看,考虑到粒子的波动性,与波透过介质层相似,有一部分波穿过,一部分波反射,即粒子有一定概率穿过势垒,有一定概率被势垒反射回去。

在势垒之外($x<0,x>a$),薛定谔方程为

$$\frac{\mathrm{d}^2}{\mathrm{d}x^2}\psi=-k^2\psi,$$

其中 $k=\sqrt{2\mu E}/\hbar$。它的两个线性无关解为 $\mathrm{e}^{\mathrm{i}kx}$ 和 $\mathrm{e}^{-\mathrm{i}kx}$,由于粒子从势垒左侧入射,在 $x<0$ 区域,既有入射波,也有反射波,但在 $x>a$ 区域,只有透射波,取入射波波幅为 1,$|R|^2$ 为反射系数,$|S|^2$ 为透射系数,即

$$\psi(x)=\begin{cases}\mathrm{e}^{\mathrm{i}kx}+R\mathrm{e}^{-\mathrm{i}kx}, & x<0\\ S\mathrm{e}^{\mathrm{i}kx}, & x>a\end{cases}$$

在势垒内部($0<x<a$),薛定谔方程为

$$\frac{\mathrm{d}^2}{\mathrm{d}x^2}\psi=\beta^2\psi,$$

其中 $\beta=\sqrt{2\mu(U_0-E)}/\hbar$。通解为

$$\varphi=A\mathrm{e}^{\beta x}+B\mathrm{e}^{-\beta x},$$

在 $x=0$ 点和 $x=a$ 点,由波函数及其一阶导数分别连续的条件可得,

$$1+R=A+B$$

$$\frac{\mathrm{i}k}{\beta}(1-R)=A-B,$$

$$A\mathrm{e}^{\beta a}+B\mathrm{e}^{-\beta a}=S\mathrm{e}^{\mathrm{i}ka}$$

$$A\mathrm{e}^{\beta a}-B\mathrm{e}^{-\beta a}=\frac{\mathrm{i}k}{\beta}S\mathrm{e}^{\mathrm{i}ka},$$

不难解出

$$\left.\begin{aligned}|S|^2&=\left[1+\frac{1}{\frac{E}{U_0}\left(1-\frac{E}{U_0}\right)}\sinh^2\beta a\right]^{-1}\\ |R|^2&=\frac{(k^2+\beta^2)^2\sinh^2\beta a}{(k^2+\beta^2)\sinh^2\beta a+4k^2\beta^2}\end{aligned}\right\}\tag{15-20}$$

可以看出 $|S|^2+|R|^2=1$,$|R|^2$ 代表粒子被势垒反射回去的概率,$|S|^2$ 代表粒子穿透势垒的概率,两者之和为 1,正是概率守恒的表现。在一般情况下 $|S|^2$ 不为零,表示粒子能穿过比它动能更高的势垒,这种现象被称为隧道效应。图 15-19 给出了势垒穿透的波动图像。

对透射系数作一个简单估算。设 $\beta a \gg 1$，则 $\sinh \beta a \approx \frac{1}{2}e^{\beta a} \gg 1$，透射系数近似表示成

$$|S|^2=\frac{16E(V_0-E)}{V_0}e^{-\frac{2a}{\hbar}\sqrt{2\mu(V_0-E)}},$$

说明透射系数与势垒宽度 a,V_0-E 以及粒子质量 μ 的依赖关系都很敏感，随 a 增加，透射系数将指数衰减，所以在宏观实验中，不容易观测到粒子穿透势垒的现象。

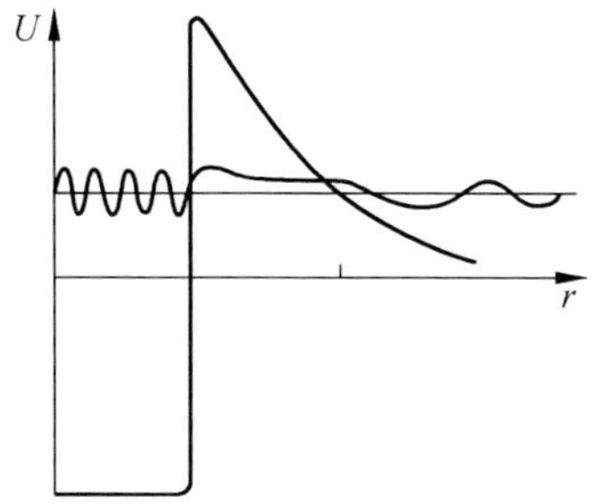

图 15-19　势垒穿透的波动图像

例 9　一维无限深势阱中的定态波函数为 $\psi_n(x)=\sqrt{\frac{2}{a}}\sin\frac{n\pi x}{a}$，$0<x<a$，(1) 求 $n=1,2$ 和 $n\to\infty$ 时粒子处在 $\left[0,\frac{a}{3}\right]$ 之间的概率；(2) 求 x 的平均值。

解　(1) 粒子处在 $\left[0,\frac{a}{3}\right]$ 之间的概率为

$$\begin{aligned}p&=\int_0^{\frac{a}{3}}|\psi_n(x)|^2dx=\frac{2}{a}\int_0^{\frac{a}{3}}\sin^2\left(\frac{n\pi x}{a}\right)dx\\&=\frac{2}{a}\left[\frac{x}{2}-\frac{a}{4n\pi}\sin\frac{2n\pi x}{a}\right]_0^{\frac{a}{3}}=\frac{1}{3}-\frac{1}{2n\pi}\sin\frac{2n\pi}{3}\end{aligned}$$

由此可得

$n=1$ 时，　$p=\frac{1}{3}-\frac{1}{2\pi}\times\frac{\sqrt{3}}{2}=19.6\%$

$n=2$ 时，　$p=\frac{1}{3}+\frac{1}{4\pi}\times\frac{\sqrt{3}}{2}=40.2\%$

$n\to\infty$ 时，　$p=\frac{1}{3}=33.3\%$

可见在 $n\to\infty$ 时，粒子的概率分布与经典理论一致。

(2) x 的平均值为

$$\begin{aligned}\bar{x}&=\int_0^a x|\psi_n(x)|^2dx=\frac{2}{a}\int_0^a x\sin^2\left(\frac{n\pi x}{a}\right)dx\\&=\frac{1}{a}\int_0^a x\left(1-\cos\frac{2n\pi x}{a}\right)dx\\&=\frac{1}{a}\int_0^a\frac{1}{2}dx^2-\frac{1}{a}\int_0^a\frac{a}{2n\pi}xd\sin\frac{2n\pi x}{a}\\&=\frac{a}{2}+\frac{1}{2n\pi}\int_0^a\sin\frac{2n\pi x}{a}dx\\&=\frac{a}{2}-\frac{1}{2n\pi}\cdot\frac{a}{2n\pi}\cos\frac{2n\pi x}{a}\Big|_0^a\\&=\frac{a}{2}\end{aligned}$$

平均值与 n 无关，这正符合对称性的要求。

例 10　假如粒子限制在尺寸为 a 的二维无限深势阱中，试求出(1)基态和第一激发态

的能量和简并度(对应于同一能量的量子状态数目)；(2)能量为 $E_n=50\frac{h^2}{8ma^2}$的简并度。

解 (1) 对于处于二维无限深势阱中的粒子，其 x，y 方向的运动是独立的，因而其能量可表示为

$$E_n=\frac{h^2}{8ma^2}(n_x^2+n_y^2)$$

其中 n_x，n_y 取大于零的整数。

基态能量最低，$n_x=1$，$n_y=1$，$E_{1,1}=\frac{h^2}{4ma^2}$ 简并度为 1。

第一激发态能量比基态高，$n_x=1$，$n_y=2$ 或 $n_x=2$，$n_y=1$，故 $E_{1,2}=E_{2,1}=5\frac{h^2}{8ma^2}$，简并度为 2。

(2) 能量 $E_n=50\cdot\frac{h^2}{8ma^2}$，说明

$$n_x^2+n_y^2=50$$

n_x，n_y 必须为整数，(n_x,n_y)可取的组合只有三种(1,7)(7,1)和(5,5)，说明该能级是三重简并的。

15-3-4 量子力学基本问题的争论

人们通过经验和猜测建立了量子理论，这是科学的幸运，但也因此导致了这个理论的异常神秘和不可捉摸。在量子力学建立之后，它的缔造者们希望进一步理解它的真实含义。围绕这个问题产生了两种不同的观点：正统观点和反对观点。两种不同的观点相互斗争，共同促进了量子力学的不断发展和完善。

玻恩的概率波解释、海森伯的不确定关系和玻尔的互补原理共同形成了理解量子力学含义的正统观点。玻恩认为“粒子的运动遵循概率定律”，这里，概率的出现并不是由观察者的无知或理论本身的无能所导致，而必须看作是自然的一种本性。这样，量子力学一般只预言一个事件的概率，而对这个事件的发生不作任何决定论的断言。海森伯的不确定关系对经典的物理概念，如位置和速度，施加了一种限制，他认为，利用量子力学中的波函数所表示的电子态一般不允许人们赋予电子以确定的性质，人们所能做的仅仅是谈论概率。泡利对海森伯的不确定关系曾给出过一个更通俗的陈述“一个人可以用 p 眼来看世界，也可以用 q 眼来看世界，但是当他睁开双眼时，他就会头昏眼花了”。玻尔认为对微观现象的说明必须利用互补性思想，粒子图像和波动图像是对同一微观客体的两种互补描述。即，用不同实验装置得到的关于微观客体的资料可以详尽无疑地概括关于微观客体的一切可设想的知识，但是，当企图把这些资料结合成单独一种图像时，它们却显得相互矛盾。于是，任何一幅单独的经典实在图像，如粒子或波，都无法提供关于微观现象的详尽说明，人们只能用互补的经典图像来提供这种完备的说明。如果单独使用粒子图像或波动图像，它们的应用必将受到限制，这种限制由海森伯的不确定关系所精确表征。正统观点指出“量子力学是一个完备的理论，它的基本的物理和数学的假设不再允许修正”。

持反对观点的代表人物是爱因斯坦和薛定谔，他们曾经是量子探索的旗手，然而他们并不满意量子力学目前的形式，以及关于量子力学的正统观点。他们不断寻找量子力学理论

本身的缺陷，希望从新的方向来完善量子力学。反对派攻击正统观点的两个最著名的思想实验：爱因斯坦的 EPR 论证和薛定谔的量子猫，至今仍为人们所津津乐道。爱因斯坦的 EPR 论证对量子力学的完备性提出了质疑。他设想了一个涉及两个粒子的思想实验。在实验中，两个粒子经过短暂的相互作用后分离，这一相互作用产生了两个粒子之间的位置关联和动量关联。由于通过对粒子 1 的位置测量可以知道粒子 2 的位置，而根据相对论的定域性假设，这一测量不会立即影响粒子 2 的状态，从而粒子 2 的位置在测量之前是确定的，同理，粒子 2 的动量在测量之前也是确定的。于是，粒子 2 的位置和动量在测量之前都具有确定的值，而一个完备的理论应当同时给出粒子 2 在测量之前的位置值和动量值，但量子力学只能给出关于这些值的统计信息。因此，量子力学是不完备的。薛定谔猫实验是说，一只猫被关在一个金属盒内，盒中放置一小块辐射物质，它在一个小时内可能有一个原子发生衰变，或者没有原子发生衰变，两者的发生几率相同。如果发生衰变，计数器便放电并通过继电器释放一个重锤，进而击碎一个盛有氢氰酸的小瓶。如果人们将整个系统放置一个小时，那么人们知道，如果在此期间没有原子衰变，这只猫是活的，而一次原子衰变后猫必定被毒死。根据量子力学，盒内的猫将处于奇怪的活与死的叠加态。然而，根据我们的宏观经验，盒中的猫要么活着，要么死了，两者必居其一。那么，猫的状态到底是怎样的呢？它又是何时从又死又活的状态转变成我们所看到的或死或活的状态的呢？对于第一个问题，正统派认为谈论这样的问题没有意义，因为他们只关心实验测量，对于没有测量时猫的状态不感兴趣。这正如玻尔所宣扬的“一个物理量只有当它被测量之后才是实在的”，对此，爱因斯坦无论如何也不能同意，他回敬道“难道月亮只有在我看它时才存在吗?”。对于第二个问题，正统派似乎怎么也说不清，因为他们无法说出经典与量子之间的精确边界。

量子力学中由波函数所描述的系统一般不具有确定的性质，只有对这种性质进行测量后才能得到一个唯一的确定值。这一事实似乎意味着在测量之前不存在真实的、确定的世界。1952 年，玻姆提出了一个最直接的补救办法就是给波函数增加额外的隐变量，从而可以赋予系统的性质以确定值，这就是隐变量理论。隐变量理论虽然为粒子找回了轨迹，但却是一条永远不可见的轨迹，因为理论中引入的隐变量原则上不可测知。1964 年，贝尔意外地发现了著名的“贝尔不等式”，并证明量子力学竟然禁止定域隐变量理论的存在，这一结论被称为贝尔定理。贝尔定理首次清晰地揭示了量子世界的非定域性。至今，它已被大量实验所证实。贝尔定理排除了人们最熟悉的一类隐变量——定域隐变量，指出，隐变量如果存在将必然包含一种难以理解的非定域性，这种隐变量被称为非定域隐变量。贝尔的发现进一步显示，隐藏在量子现象背后的物理实在将更加微妙，更加不可捉摸，而量子探索之路无疑也将更加艰辛。

15-4　原子结构理论

15-4-1　原子有核模型

在 20 世纪初，从实验事实已经知道电子是一切原子的组成部分。但物质通常是中性的，足见原子中还有带正电的部分。又从电子的荷质比的测量，知道一个电子的质量差不多是氢原子质量的两千分之一。

汤姆孙设想原子的带正电部分是一个原子那么大的、具有弹性的、冻胶状的球，正电荷均匀分布，电子嵌于球内或球上。这些电子能在它们的平衡位置上作简谐振动。原子所发光谱的各种频率认为就相当于这些振动的频率。但随后的 α 粒子散射实验否定了汤姆孙的模型。

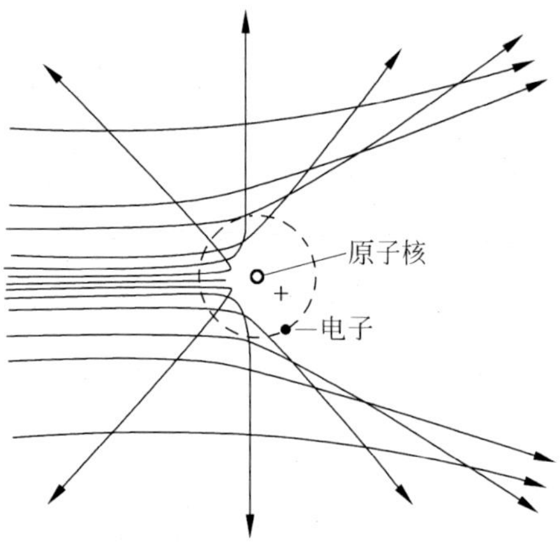

图 15-20　α 粒子流在原子核附近散射的示意图

在 1909 年 α 粒子散射实验中观察到一个重要现象（见图 15-20），就是 α 粒子受铂的薄膜散射时，大多数 α 粒子平均只有 2°～3°的偏转，但约有八千分之一的 α 粒子偏转大于 90°，甚至接近 180°，并且这些大角度偏转多数是一次碰撞的结果。这一现象不可能在汤姆孙模型那样的原子中发生。

1911 年，卢瑟福提出了原子的有核模型，他设想，原子的中心有一带正电的原子核，核的尺寸与整个原子相比是很小的，但它几乎集中了原子的全部质量，电子围绕这个核旋转。

在核式模型框架下，假设由于靶很薄，靶中原子核前后不相互遮蔽，同时由于原子核很小，核间空间很大，α 粒子穿过薄靶发生多次碰撞的机会很小，可得卢瑟福散射公式

$$d\sigma = \left(\frac{1}{4\pi\varepsilon_0}\right)^2 \left(\frac{Ze^2}{Mv^2}\right)^2 \frac{d\Omega}{\sin^4 \dfrac{\theta}{2}} \tag{15-21}$$

式中 $d\sigma$ 是 α 粒子散射到 θ 与 $\theta + d\theta$ 之间那么一个立体角 $d\Omega$ 内每个原子的有效散射截面，即 $d\sigma$ 代表散射到 θ 与 $\theta + d\theta$ 之间的几率的大小。

设薄膜面积为 A，厚度为 t，单位体积中的原子数为 N，则薄膜中的总原子数为 $N' = NAt$，散射到 θ 与 $\theta + d\theta$ 之间的总有效散射截面为

$$d\Sigma = N' d\sigma = NAt\, d\sigma。$$

如果有 n 个 α 粒子散射到薄膜的全部面积 A 上，其中有 dn 个散射到 θ 与 $\theta + d\theta$ 之间的 $d\Omega$ 中，那么这些 α 粒子必定落在 $d\Sigma$ 上，即 $\frac{dn}{n} = \frac{d\Sigma}{A} = Nt d\sigma$，则 $d\sigma = \frac{dn}{Ntn}$，把此式代入卢瑟福散射公式得

$$\frac{dn}{d\Omega}\sin^4 \frac{\theta}{2} = \left(\frac{1}{4\pi\varepsilon_0}\right)^2 Nnt \left(\frac{Ze^2}{Mv^2}\right)^2 = \text{const},$$

1913 年，盖勒和马斯顿实验证实了这个关系式。至此原子的核式结构逐渐被人们接受。但需要指出的是，这一模型与经典物理有着深刻的矛盾。根据经典电磁理论，加速运动的电子会不断向外辐射能量，因而原子应该是一个不稳定的系统，同时由于所辐射能量的连续性，原子发射的光谱也应该是连续光谱，这些都与实验观测矛盾。

15-4-2　氢原子玻尔模型

1. 氢原子线状光谱

人们很早就发现氢原子光谱在可见区和近紫外区有好多条谱线，构成一个很有规律的

系统，具体可以总结为

(1) 光谱是线状、彼此分立的，谱线有一定位置。

(2) 谱线构成一个谱线系，每一谱线的波数$\tilde{v}=1/\lambda$都可以表达为两光谱项之差，为

$$\tilde{v}=T(m)-T(n)=R_{\mathrm{H}}\left(\frac{1}{m^2}-\frac{1}{n^2}\right) \tag{15-22}$$

该式被称为巴耳末-里德伯公式。对于每一个 m 值，$n=m+1,m+2,\cdots$，如

赖曼系($m=1$)　$\tilde{v}=R_{\mathrm{H}}\left(\frac{1}{1^2}-\frac{1}{n^2}\right),\quad n=2,3,4,\cdots$

巴耳末系($m=2$)　$\tilde{v}=R_{\mathrm{H}}\left(\frac{1}{2^2}-\frac{1}{n^2}\right),\quad n=3,4,5,\cdots$

帕邢系($m=3$)　$\tilde{v}=R_{\mathrm{H}}\left(\frac{1}{3^2}-\frac{1}{n^2}\right),\quad n=4,5,6,\cdots$

布喇开系($m=4$)　$\tilde{v}=R_{\mathrm{H}}\left(\frac{1}{4^2}-\frac{1}{n^2}\right),\quad n=5,6,7,\cdots$

普丰特系($m=5$)　$\tilde{v}=R_{\mathrm{H}}\left(\frac{1}{5^2}-\frac{1}{n^2}\right),\quad n=6,7,8,\cdots$

其中 $R_{\mathrm{H}}=1.0967758\times10^7\,\mathrm{m}^{-1}$，称为里德伯常数。图 15-21 给出了巴耳末系的线状光谱。

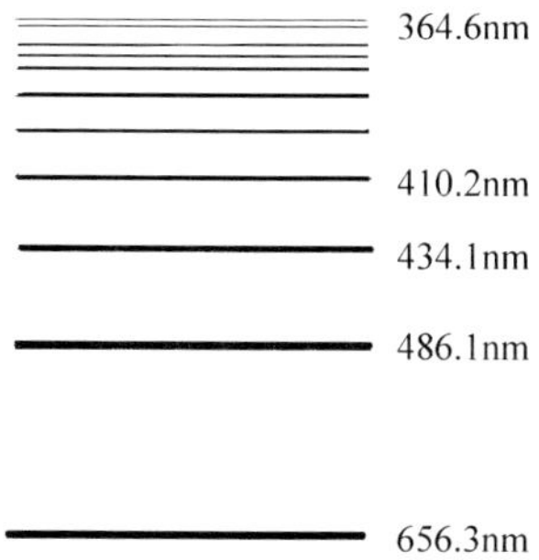

图 15-21　巴耳末系的线状光谱

接着，人们又陆续发现碱金属的线光谱也有类似于氢原子线光谱的规律性。原子的线状光谱及其规律性启示人们，原子的内部存在着固有的规律，而这种规律性必将为原子结构理论的建立提供丰富信息。

2. 玻尔半经典量子论

卢瑟福的原子有核模型虽然成功地解释了 α 粒子大角度散射，但无法解释原子的稳定性和原子光谱的规律性。玻尔创造性地把爱因斯坦能量不连续的概念运用到原子结构和原子光谱的问题上来，提出了原子的量子论。玻尔的量子论中包含了两个极为重要的假设：

(1) 定态假设：原子能够而且只能够，稳定地存在于与分立的能量 E_n 相对应的一系列状态中，这些状态称为定态。

(2) 跃迁假设：原子在两个定态(分别属于能级 E_n 和 E_m，设 $E_n>E_m$)之间跃迁时，吸收或发射的辐射的频率 ν 由下式给出

$$h\nu=E_n-E_m \tag{15-23}$$

该式被称为玻尔频率条件或频率法则。

如果说第一个原子能量量子化的假设还可以从爱因斯坦的光量子论中得到启发，第二个量子跃迁和频率条件假设，又称辐射的频率法则，则是玻尔很了不起的创见。因为玻尔把原子辐射的频率与原子的两个定态的能量差联系起来，并把原子不连续的定态能量与原子光谱经验公式直接联系起来，使量子跃迁概念深刻地反映了微观粒子运动的特征。这两条假设在后来建立起来的量子力学中，仍被保留了下来。

在卢瑟福的原子有核模型下研究氢原子。氢原子核外只有一个电子，电子在原子核的库仑场中运动，原子核质量远大于电子质量，库仑力提供电子圆周运动向心力，即

$$\frac{mv^2}{r}=\frac{1}{4\pi\varepsilon_0}\frac{Ze^2}{r^2},$$

其中，r 为电子离原子核的距离，m 和 v 是电子的质量和速度。假设原子核不动（动能为零），取无限远处为零势能点，原子的能量包括电子的动能与体系的势能两部分，即

$$E=\frac{1}{2}mv^2-\frac{1}{4\pi\varepsilon_0}\frac{Ze^2}{r},$$

结合以上两式可得电子总能量，为

$$E=-\frac{1}{2}mv^2=\frac{1}{2}\left(-\frac{1}{4\pi\varepsilon_0}\frac{Ze^2}{r}\right),$$

此式只表示了总能量 E 与动能和势能的关系，对 r 值和 E 值没有任何限制。

由氢原子光谱经验公式(15-22)可得

$$hc\,\tilde{v}=h\nu=\frac{hcR_{\mathrm{H}}}{m^2}-\frac{hcR_{\mathrm{H}}}{n^2},$$

该式与玻尔辐射频率法则 $h\nu=E_n-E_m$ 之间有直接的对应关系，可得

$$E=-\frac{hcR_{\mathrm{H}}}{n^2},$$

此式代表原子能量只能取一系列彼此分立的数值，不能连续变化。与前面得到的能量比较，得到电子轨道半径也只能取一系列彼此分立的数值，为

$$r=\frac{1}{4\pi\varepsilon_0}\frac{n^2e^2}{2hcR_{\mathrm{H}}}$$

上面虽然已经得到了量子化的氢原子轨道和能级，但都与实验值 R_{H} 相关，需要进一步推究到与原子内部运动有关的物理量。玻尔从对应理论（认为在大量子数极限条件下，量子体系的行为将逐渐地趋于经典惯例，参见习题 15-17），推断角动量必须是量子化的，即

$$L=rmv=n\frac{h}{2\pi}=n\hbar \tag{15-24}$$

其中 $n=1,2,3,\cdots$。引入角动量量子化条件后可以得出实验值 $R_{\mathrm{H}}=\frac{2\pi^2me^4}{h^3c}$，其值与光谱学定出的里德伯常数相当符合。代入里德伯常数，得到量子化的轨道值

$$r_n=a_1\frac{n^2}{Z} \tag{15-25}$$

其中，$a_1=\frac{4\pi\varepsilon_0h^2}{4\pi^2me^2}=0.529\,166\times10^{-10}$ m 为玻尔半径。a_1 正是氢原子中电子的最小轨道半径，其数量级和其他实验结果一致。氢原子量子化能量值为

$$E_n=-\frac{2\pi^2me^4Z^2}{(4\pi\varepsilon_0)^2n^2h^2}=-\frac{Z^2}{n^2}E_{\mathrm{R}} \tag{15-26}$$

其中 E_{R} 称为里德伯能量，为

$$E_{\mathrm{R}}=\frac{2\pi^2me^4}{(4\pi\varepsilon_0)^2h^2}=\left(\frac{e^2}{4\pi\varepsilon_0}/\hbar c\right)^2mc^2=\alpha^2mc^2=13.6\ \mathrm{eV}$$

上式中 α 称为精细结构常数，是个非常重要的常数，其值约为

$$\alpha=\frac{e^2}{4\pi\varepsilon_0}/\hbar c\approx\frac{1}{137.15}。$$

这样，在玻尔的原子量子化理论中，氢原子的轨道半径是量子化的，角动量是量子化的，

相应的一系列原子能量值也是量子化的。量子化成为微观客体的特性。表达这些物理量的各公式中的 n 称为量子数。

图 15-22 给出了氢原子的能级图和几个光谱线系。要指出的是，实验证明，在原子光谱线系之外接着一个连续带。具体情况是，有些电子离原子核很远，体系势能为零，总能量就等于动能，记作 $E=\frac{1}{2}mv_0^2$，为一连续正值。当这电子向原子核接近时，它的轨道是双曲线的一支，是不闭合的，这时体系的能量

$$E=\frac{1}{2}mv_0^2=\frac{1}{2}mv^2-\frac{Ze^2}{4\pi\varepsilon_0 r},$$

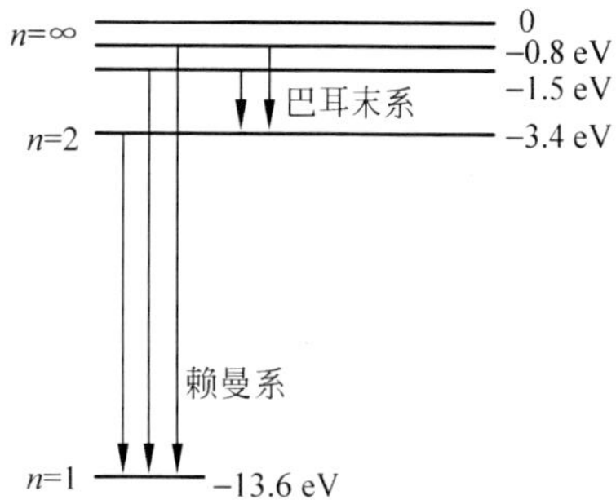

图 15-22　氢原子的能级图和几个光谱线系

不是量子化的，可以是任何正值。如果电子从这个非量子化的轨道跃迁到一个量子化的轨道，原子发射的一个光子的能量为

$$h\nu=E-E_n=\left(\frac{1}{2}mv^2-\frac{Ze^2}{4\pi\varepsilon_0 r}\right)+\frac{2\pi^2 me^4 Z^2}{(4\pi\varepsilon_0)^2 n^2 h^2}=\frac{1}{2}mv_0^2+\frac{hcR_{\mathrm{H}}}{n^2},$$

此式第一项是可以连续变化的任何正值，第二项相当于一个谱线系限的能量，所以发出的光的频率是连续变化的，数值从谱线系限起向上增加，这就是连续光谱带。

3. 弗兰克-赫兹实验

玻尔原子间隔能级的存在成功地解释了原子的稳定性和原子光谱。在玻尔理论发表的第二年，即 1914 年，弗兰克和赫兹用电子碰撞原子的方法使原子从低能级被激发到高能级，从而证明了原子能级的存在。

弗兰克和赫兹进行实验的仪器如图 15-23 所示。在玻璃容器中充入少量汞蒸汽，电子由热阴极 K 发出，在 K 与栅极 G 之间加电场使电子加速。在 G 与接收极 A 之间有 0.5 V 的反电压，如果电子进入 GA 空间时，仍有较大能量，就能冲过反电场而达到电极 A，使电流计有电流通过。

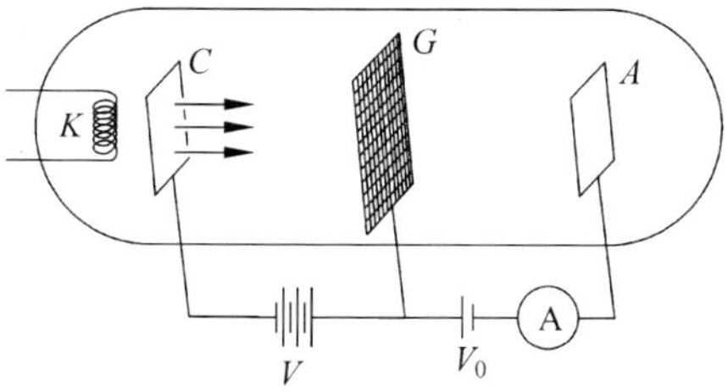

图 15-23　弗兰克-赫兹实验装置示意图

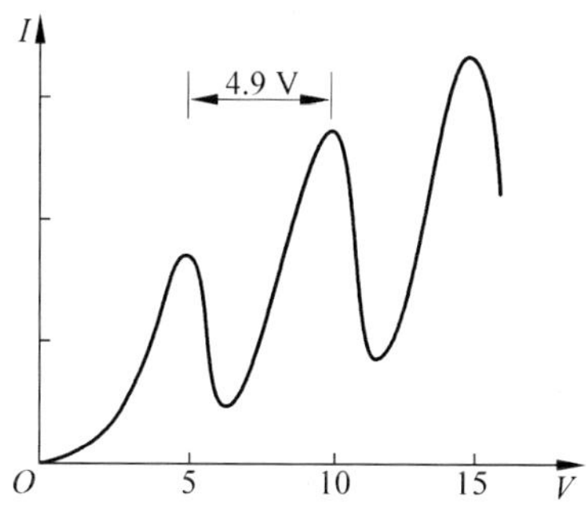

图 15-24　弗兰克-赫兹实验中电流与电压的关系

实验时，把 KG 间电压由零逐渐连续地增加，观察电流计的电流随电压的变化（见图 15-24）。实验发现，电流起初上升，当电压达到 4.1 V 时，电流突然下降，不久又上升，到 9.0 V 的电压时，电流又下降，然后再上升，到 13.9 V 的电压时，电流再次下降。人们注意到三个电流突然下降时的电压差都为 4.9 V（第一个和零相差稍小，为 4.1 V，是由于仪器接

触电势的存在）。即实验发现，KG 间电压为 4.9 V 的倍数时，电流就会突然下降，这是为什么呢？

人们利用原子能级的概念给出了如下的解释：当 KG 间电压低于 4.9 V 时，电子在 KG 空间被加速而获得能量，此时如果与空间的汞原子碰撞，由于电子所携带的能量较低，还不足以影响汞原子的内部能量。当 KG 间电压达到 4.9 V 时，电子如果与汞原子碰撞，有可能把携带的能量全部传递给汞原子，汞原子获得的这些能量刚好够其从基态跃迁到最近的一个能量较高的状态，而那些电子由于没有了能量，就不能克服反向电压而达到 A 极，所以观测到电流突然下降了。等到 KG 间电压超过 4.9 V 较多时，电子与汞原子碰撞转移部分能量后，还留下足够的能量可以克服反电势而达到 A 极，这样电流又开始上升。当 KG 间电压恰为 4.9 V 的两倍时，电子在空间有可能与汞原子经两次碰撞而失去所有能量，因而又造成电流的下降。同理，当 KG 间电压恰为 4.9 V 的三倍时，电子有可能与汞原子经三次碰撞而失去所有能量，因而电流再次下降。

这样 4.9 V 称为汞原子的第一激发电势。这一激发电势表示，一个电子被加速而获得 4.9 eV 的能量，如果与汞原子碰撞，则刚好能把汞原子从最低能级激发到最近的较高能级。同样，如果汞原子从这个激发态能级上又跃迁到最低能级，就应当有 $\varepsilon=4.9\ \text{eV}$ 的能量放出，发射出一定波长的光。光波长计算值为

$$\lambda=\frac{hc}{\varepsilon}=\frac{1240\ \text{eV}\cdot\text{nm}}{4.9\ \text{eV}}=2.53\times10^{2}\ \text{nm}$$

实验中确实观测到了这个光谱线，波长为 253.7 nm，与由激发电势算得的符合。把实验仪器稍作改进，还可以测得较高的激发电势。

从以上的实验可以看出，原子被激发到不同状态时，吸收一定数值的能量，这些数值是不连续的，说明原子的内部能量是量子化的，也就是说，弗兰克和赫兹的实验确实证实了原子能级的存在。

4. 早期量子论的困难

玻尔的原子量子化理论，获得了很大成功，它首次打开了人们认识原子结构的大门。但它存在的问题和局限性也逐渐被人们发现，如玻尔理论虽然能成功地说明氢原子和类氢离子光谱的规律性，但对于复杂的原子光谱则无法解释；又如，在光谱学中，除了谱线的波长之外，还有一个重要的观测量，即谱线的强度和宽度，玻尔理论不能提供系统的解决办法；另外，此理论只能处理简单的周期运动，而不能处理非束缚态问题。此外，玻尔理论提出的原子能量不连续概念和角动量量子化条件多少带有人为性质，并未从根本上解决不连续性的本质。玻尔理论的这些缺陷，主要是由于把微观粒子看作是经典力学中的质点。直到 1924 年，德布罗意揭示出微观粒子具有根本不同于宏观质点的性质——波粒二象性后，一个较完整的描述微观粒子运动规律的理论——量子力学才逐步建立起来。在今天看来，早期的量子论已经为量子力学所代替，但是玻尔的深刻思想，对量子力学的建立和对近代物理的发展都有重要的影响。

例 11 一组氢原子受单色光照射后，发射的巴尔末谱线系中只能观察到三条谱线。求(1)入射单色光子的能量和波长；(2)可观察的谱线总数目。

解 (1) 巴尔末线系是由 m 高能级向 $n=2$ 能级跃迁发射的谱线。由于只观察到三条谱线，说明 $m=5$。入射光使电子由基态 $n=1$ 跃迁到能级 $m=5$，故其能量为

$$E_\lambda = \frac{hc}{\lambda} = E_5 - E_1 = -E_R\left(\frac{1}{5^2} - \frac{1}{1^2}\right) = \frac{24}{25} \times 13.6\ \text{eV} = 13.1\ \text{eV}$$

由此即得入射光子波长为

$$\lambda = \frac{hc}{E_\lambda} = \frac{1240\ \text{eV} \cdot \text{nm}}{13.1\ \text{eV}} = 94.7\ \text{nm}$$

(2) 电子受外界光子激发到最高能级 $m=5$ 后,可以逐级向下跃迁,可观察到的谱线总数目为

$$4+3+2+1=10$$

其中有三条是巴尔末线系的谱线,分别由 $m=3,4,5$ 向 $n=2$ 能级跃迁辐射。

15-4-3 氢原子的量子理论

1. 薛定谔方程的求解

前面利用玻尔理论已经对氢原子的光谱作了定性解释,但由于在玻尔理论中,电子被认为在作轨道运动,这与微观粒子的波粒二象性矛盾。而建立在德布罗意波基础上的量子力学将对氢原子问题给出更完满更自洽的论述。

氢原子是最简单的原子,其薛定谔方程可以严格求解。求解氢原子是求解复杂原子及分子结构的基础。本节将具体解出薛定谔方程,得出氢原子能级与波函数,从而对氢原子光谱线特征给出定量说明。

由于氢原子是由一个带单位正电荷的原子核与一个带单位负电荷的电子组成,我们要研究的是两个粒子在库仑场中的运动,这是一个两体问题。利用经典力学的经验,可以把这个两体问题归结为一个粒子在场中的运动。该粒子约化质量为 $\mu \equiv \frac{\mu_1\mu_2}{\mu_1+\mu_2}$,运动方程为

$$-\frac{\hbar^2}{2\mu}\left(\frac{\partial^2}{\partial x^2} + \frac{\partial^2}{\partial y^2} + \frac{\partial^2}{\partial z^2}\right)\psi + V(x,y,z)\psi = E\psi \tag{15-27}$$

该式是描写电子相对于原子核运动波函数所满足的方程,相对运动能量 E 就是电子的能级。在氢原子情况下,

$$V = -\frac{e^2}{4\pi\varepsilon_0\sqrt{x^2+y^2+z^2}} = -\frac{e^2}{4\pi\varepsilon_0 r},$$

由于质子质量远大于电子质量,所以约化质量 μ 近似等于电子质量 μ_1。

在球坐标下,式(15-27)表示为

$$-\frac{\hbar^2}{2\mu r^2}\left[\frac{\partial}{\partial r}\left(r^2\frac{\partial}{\partial r}\right) + \frac{1}{\sin\theta}\frac{\partial}{\partial\theta}\left(\sin\theta\frac{\partial}{\partial\theta}\right) + \frac{1}{\sin^2\theta}\frac{\partial^2}{\partial\varphi^2}\right]\psi - \frac{e^2}{4\pi\varepsilon_0 r}\varphi = E\psi,$$

用分离变量法解,设

$$\psi(r,\theta,\varphi) = R(r)Y(\theta,\varphi),$$

以 λ 表示一常数,上面的方程分离成两个方程

$$\frac{1}{r^2}\frac{\mathrm{d}}{\mathrm{d}r}\left(r^2\frac{\mathrm{d}R}{\mathrm{d}r}\right) + \left[\frac{2\mu}{\hbar^2}\left(E + \frac{e^2}{4\pi\varepsilon_0 r}\right) - \frac{\lambda}{r^2}\right]R = 0 \tag{15-28}$$

$$\frac{1}{\sin\theta}\frac{\partial}{\partial\theta}\left(\sin\theta\frac{\partial Y}{\partial\theta}\right) + \frac{1}{\sin^2\theta}\frac{\partial^2 Y}{\partial\varphi^2} = -\lambda Y \tag{15-29}$$

式(15-28)称为径向方程。式(15-29)是角动量平方的本征值方程,它的解为球函数 $Y_{lm}(\theta,\varphi)$,

为使 Y 在 θ 变化的整个区域$(0\sim\pi)$内都是有限的，必须要求

$$\lambda = l(l+1),\quad l = 0,1,2,\cdots \tag{15-30}$$

相应于每一个 l 值，m 称磁量子数，可以取

$$m = -l, -l+1, \cdots, -2, -1, 0, 1, 2, \cdots, l-1, l \tag{15-31}$$

共$(2l+1)$个值。

对于式(15-28)只考虑 $E<0$ 情况，这里只给出结果，即氢原子能级（能量本征值）为

$$E_n = -\frac{\mu e^4}{(4\pi\varepsilon_0)^2 2\hbar^2 n^2},\quad n = 1,2,3,\cdots \tag{15-32}$$

其中，n 称为主量子数或总量子数，且有

$$n = n_r + l + 1 \tag{15-33}$$

n_r 为径向量子数，l 为角量子数，且 n_r 和 l 都为正整数或零。

氢原子能级与 n 平方成反比，当 n 趋于无穷大时，氢原子能量趋于零($E_\infty=0$)，此时电子不再束缚在原子核的周围，而可能完全脱离原子核，即发生电离，E_∞ 与电子基态能量之差称为电离能。氢原子的电离能为 13.60 eV。

另外，电子由能级 E_n 跃迁到 E_m 时辐射出光的频率为

$$\nu = \frac{E_n - E_m}{2\pi\hbar} = \frac{\mu e^4}{(4\pi\varepsilon_0)^2 4\pi\hbar^3}\left(\frac{1}{m^2} - \frac{1}{n^2}\right) = R\left(\frac{1}{m^2} - \frac{1}{n^2}\right),$$

计算发现，上式中的 R 恰好与光谱分析中的里德伯常数一致。

粒子的径向波函数与 n 和 l 都有关，具体为

$$R_{nl}(r) = N_{nl}\mathrm{e}^{-\frac{r}{na_0}}\left(\frac{2r}{na_0}\right)^l L_{n+l}^{2l+1}\left(\frac{2r}{na_0}\right),$$

其中，$a_0 = \dfrac{4\pi\varepsilon_0\hbar^2}{\mu_1 e^2}$ 是氢原子的第一玻尔半径，L_{n+l}^{2l+1} 为缔合勒盖尔多项式，N_{nl} 是归一化常数。由总波函数的归一化条件

$$\begin{aligned}
&\int_{r=0}^{\infty}\int_{\theta=0}^{\pi}\int_{\varphi=0}^{2\pi}\varphi^*(r,\theta,\varphi)\varphi(r,\theta,\varphi)r^2\sin\theta\,\mathrm{d}r\mathrm{d}\theta\mathrm{d}\varphi \\
&= \int_{r=0}^{\infty}R_{nl}^2(r)r^2\,\mathrm{d}r\int_{\theta=0}^{\pi}\int_{\varphi=0}^{2\pi}Y_{lm}^*(\theta,\varphi)Y_{lm}(\theta,\varphi)\sin\theta\,\mathrm{d}\theta\mathrm{d}\varphi \\
&= 1
\end{aligned}$$

和球谐函数 $Y_{lm}(\theta,\varphi)$ 的归一化条件

$$\int_{\theta=0}^{\pi}\int_{\varphi=0}^{2\pi}Y_{lm}^*(\theta,\varphi)Y_{lm}(\theta,\varphi)\sin\theta\,\mathrm{d}\theta\mathrm{d}\varphi = 1$$

得径向波函数 $R_{nl}(r)$ 的归一化条件

$$\int_{r=0}^{\infty}R_{nl}^2(r)r^2\,\mathrm{d}r = 1$$

则可以得出归一化常数

$$N_{nl} = \frac{2}{a_0^{3/2}n^2(2l+1)!}\sqrt{\frac{(n+l)!}{(n-l-1)!}}$$

下面给出前面几个径向波函数的表达式：

$n = 1$（基态），　　$R_{10} = \dfrac{2}{a_0^{3/2}}\mathrm{e}^{-r/a_0}$，

$$n=2,\qquad R_{20}=\frac{1}{\sqrt{2}a_0^{3/2}}\left(1-\frac{r}{2a_0}\right)\mathrm{e}^{-r/2a_0},$$

$$R_{21}=\frac{2}{2\sqrt{6}a_0^{3/2}}\frac{r}{a_0}\mathrm{e}^{-r/2a_0},$$

$$n=3,\qquad R_{30}=\frac{2}{3\sqrt{3}a_0^{3/2}}\left[1-\frac{2r}{3a_0}+\frac{2}{27}\left(\frac{r}{a_0}\right)^2\right]\mathrm{e}^{-r/3a_0},$$

$$R_{31}=\frac{8}{27\sqrt{6}a_0^{3/2}}\frac{r}{a_0}\left(1-\frac{r}{6a_0}\right)\mathrm{e}^{-r/3a_0},$$

$$R_{32}=\frac{4}{81\sqrt{30}a_0^{3/2}}\left(\frac{r}{a_0}\right)^2\mathrm{e}^{-r/3a_0},$$

2. 量子数

氢原子属于能级 E_n 的定态波函数为

$$\psi_{nlm}(r,\theta,\varphi)=R_{nl}(r)Y_{lm}(\theta,\varphi)$$

或者说量子数 n,l,m 的一组值就对应氢原子的一个定态。对应于第 n 个能级

$$l=0,1,2,\cdots,n-1,\quad m=-l,\cdots,l \tag{15-34}$$

有 $\sum\limits_{l=0}^{n-1}(2l+1)=n^2$ 个波函数，则称此能级是简并的，第 n 个能级的简并度为 n^2。还要说明的是，这里得出的氢原子能级与玻尔理论中所得的结果是一致的。并且此能级只与主量子数 n 有关，而与角量子数 l 和磁量子数 m 无关。能级与 l 无关是由库仑场的特殊性带来的，能级与 m 无关则是由于势场为中心力场。

通过对氢原子的薛定谔方程的求解，不但得到了量子化的能级公式，还很自然地得出了氢原子中电子的量子化的角动量

$$L=\sqrt{l(l+1)}\,\hbar \tag{15-35}$$

并且它的取值要受到主量子数的限制，如 $n=1$，则 l 只能取 0；$n=2$，则 l 可以取 0 或 1。在玻尔的理论中，角动量的量子化被作为假设而引入，即 $L=n\hbar$，由于 n 最小为 1，则 L 没有零值。

最后，我们注意到在解氢原子波函数时，式(15-29)的解为球谐函数，具体可写成

$$Y_{lm}(\theta,\varphi)=\Theta(\theta)\Psi(\varphi)=(-1)^m\sqrt{\frac{(l-|m|)!(2l+1)}{(l+|m|)!4\pi}}P_l^m(\cos\theta)\mathrm{e}^{\mathrm{i}m\varphi} \tag{15-36}$$

$P_l^m(\cos\theta)$为缔合勒让德多项式，并且对于每一个 l 值，有 $2l+1$ 个 m 值，($m=-l,\cdots,-2,-1,0,1,2,\cdots,l$)，也就是说，对于每一个量子化的角动量值 L，有 $2l+1$ 个不同的量子态。这些量子态对应于原子在空间不同的取向，这意味着角动量在空间的取向是量子化的，在某特定方向的分量 L_Z 的取值为

$$L_Z=m\hbar \tag{15-37}$$

也是量子化的，这就是说，角动量在空间的方位不是任意的，它在某特定方向上的分量是量子化的，这就称为原子空间取向的量子化。后面在多电子原子中，还会提到原子空间取向的量子化的实验证实(斯特恩-盖拉赫实验)以及理论分析。

3. 径向与角向概率分布

知道了氢原子的波函数，就可以讨论氢原子中的电子在空间各点和各方向的概率分布。

当氢原子处于 $\psi_{nlm}(r,\theta,\varphi)$ 态时，电子在 (r,θ,φ) 点周围的小体积元 $\mathrm{d}V=r^2\sin\theta\mathrm{d}r\mathrm{d}\theta\mathrm{d}\varphi$ 内的概率是

$$|\psi_{nlm}(r,\theta,\varphi)|^2 r^2\sin\theta\mathrm{d}r\mathrm{d}\theta\mathrm{d}\varphi \tag{15-38}$$

对角向积分后得到在半径 $r\sim r+\mathrm{d}r$ 的球壳内找到电子的几率为 $R_{nl}(r)r^2\mathrm{d}r$，则

$$\rho(r)=R_{nl}(r)r^2 \tag{15-39}$$

为**径向几率密度**。图 15-25 表示几率密度在不同的 n,l 值时随 r/a_0 的变化关系。从图上看出或理论计算（见例题），当氢原子处于基态时，在电子在核距离为 a_0 处出现几率最大，称为最概然半径，它恰好与玻尔早期量子论给出的半径一致。需要强调的是，在量子力学中，并没有玻尔的经典轨道概念，只有电子位置分布概率。

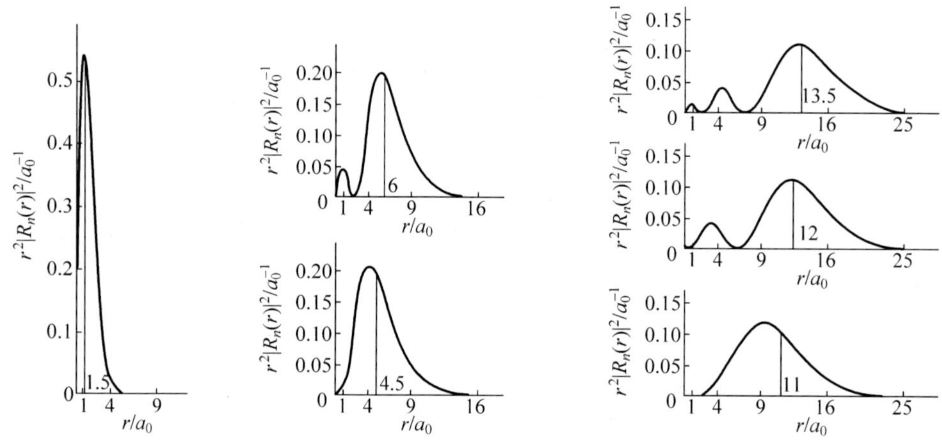

图 15-25 径向概率密度随 r/a_0 的变化关系

与上类似，还可以求出电子在 (θ,φ) 方向的立体角 $\mathrm{d}\Omega$ 中的概率，即把式（15-38）对径向积分后得到在 (θ,φ) 方向的 $\mathrm{d}\Omega$ 立体角内找到粒子的概率为 $|Y_{lm}(\theta,\varphi)|^2\mathrm{d}\Omega$，则 $|Y_{lm}(\theta,\varphi)|^2$ 为相应的概率密度。图 15-26 表示在各种 l,m 值中，角分布概率密度随 θ 的变化。由于角分布概率密度与 φ 无关，所以这些图形都是绕 z 轴旋转对称的。如当 $l=0,m=0$ 时，几率为 $1/(4\pi)$，为一球面；当 $l=1,m=-1$ 或 1 时，概率为 $\frac{3}{8\pi}\sin^2\theta$，$m=0$ 时，概率为 $\frac{3}{4\pi}\cos^2\theta$。

原子中的电子，可近似看成在一个中心力场中运动，能级多是简并的。实验发现，当把原子放置于强磁场中，如果原子发出的每条光谱线都分裂为等间距的三条，这种现象称为正常塞曼效应。谱线的分裂表示原子能级的简并被消除或部分消除了。

为简单起见，我们考虑碱金属原子，即每个原子中只有一个价电子，其处于原子核及内层满壳电子所产生的屏蔽库仑场中运动。由于屏蔽场与纯库仑场不同，原子的球对称性被破坏，价电子在屏蔽场中的能级与径向量子数 n_r 和角向量子数 l 都有关，即能级记为 E_{n_rl}，即能级的简并度为 $(2l+1)$，比前面提到的氢原子中电子能级简并度 n^2 降低了。当外加均匀磁场 B 以后，考虑电子沿外加磁场方向的轨道磁矩 $\mu_Z=-\frac{el_Z}{2\mu_1 c}$ 引起的能级移动，此时电子的能级公式为 $E_{n_rlm}=E_{n_rl}+\frac{eB}{2\mu_1 c}m\hbar$，其中 $n_r,l=0,1,2,\cdots$，$m=l,l-1,\cdots,-l$，此时能级的简并度完全解除了，即原来的能级 E_{n_rl} 分裂成 $(2l+1)$ 条，并且分裂后的相邻能级间距为

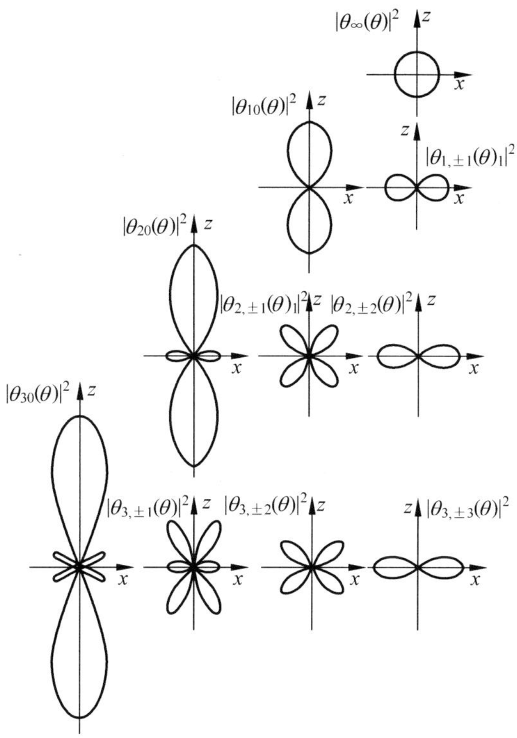

图 15-26　角分布概率与 θ 的关系

$\dfrac{e\hbar}{2\mu_1 c}B$。其值与外加磁场有关，外磁场越强，分裂越大。

要注意的是，正常赛曼效应中光谱线分裂为三条，是由跃迁的选择定则决定的，能级分裂不一定都是三条。

例 12　氢原子处于基态时，求最概率半径 r_{mp} 和平均半径 $\bar{r}$。

解　氢原子轨道波函数可表示为 $\psi_{nlm}(r,\theta,\varphi)=R_{nl(r)}\Theta_{lm}\Psi_m(\varphi)$，其处在 $dV=r^2\sin^2\theta drd\theta d\varphi$ 中的概率为 $|\psi_{n,l,m}(r,\theta,\varphi)|^2 dV$，对 θ 和 φ 积分可得径向概率分布为

$$\rho(r)dr=|R_{ne}(r)|^2 r^2 dr\int_0^\pi|\Theta_{lm}(\theta)|^2\sin\theta d\theta\cdot\int_0^{2\pi}|\Psi_m(\varphi)|^2 d\varphi$$

由于 $R_{nl}(r)$，$\Theta_{lm}(\theta)$ 和 $\Psi_m(\varphi)$ 是归一化的，所以

$$\rho(r)dr=|R_{nl}(r)|^2 r^2 dr$$

对于基态 $R_{1,0}(r)=\dfrac{2}{a_1^{3/2}}e^{-\frac{r}{a_1}}$，从而有

$$\rho(r)=\frac{4}{a_1^3}r^2 e-\frac{2r}{a_1}$$

取极大值条件为

$$\left.\frac{d\rho(r)}{dr}\right|_{r=r_{mp}}=\frac{1}{a_1^3}e^{-\frac{2r}{a}}\left(2r-\frac{2r^2}{a_1}\right)\bigg|_{r=r_{mp}}=0$$

由此得 $r_{mp}=a_1$。故氢原子处于基态时，玻尔半径为最概然半径。平均半径则为

$$\bar{r}=\int_0^\infty r\rho(r)dr=\frac{4}{a_1^3}\int_0^\infty r^3 e^{-\frac{2r}{a_1}}dr=\frac{3}{2}a_1$$

可见在量子力学中，氢原子中电子半径是有概率分布的，说明玻尔模型中确定轨道是不符合严格量子论的。

例 13 假设氢原子处于 $n=2,l=1$ 激发态，试计算可能取向的角动量与 z 轴之间的夹角。

解 角动量大小为 $L=\sqrt{l(l+1)}\hbar$，其 z 分量为 $L_z=m_l\hbar$，故夹角 θ 满足 $\cos\theta=\frac{L_z}{L}=\frac{m_l}{\sqrt{l(l+1)}}$。

由于 $l=1$，m_l 只能为 0 和 ±1，于是

$$m_l=1,\qquad \cos\theta_1=\frac{1}{\sqrt{2}},\quad \theta_1=\frac{\pi}{4}$$

$$m_l=0,\qquad \cos\theta_2=0,\quad \theta_2=\frac{\pi}{2}$$

$$m_l=-1,\qquad \cos\theta_3=-\frac{\sqrt{2}}{2},\quad \theta_3=\frac{3\pi}{4}$$

可能取向的角动量 z 轴之间的夹角分别为 $\frac{\pi}{4}$，$\frac{\pi}{2}$ 和 $\frac{3\pi}{4}$。

15-4-4 多电子原子

1. 电子自旋

量子理论的提出，使得人们对光谱规律的认识更深入了，但进一步的光谱实验结果，如光谱精细结构、反常塞曼效应等，又使理论解释陷入困境。

为了解释实验现象，1925 年，乌仑贝克（G. E. Uhlenbeck）和古兹密特（S. A. Goudsmit）类比地球绕太阳运动时既有公转又有自转，引入了电子的自旋角动量，并限定值为

$$S=\sqrt{s(s+1)}\hbar,\quad s=1/2 \tag{15-40}$$

再类比轨道角动量取向的量子化，提出自旋角动量在空间任何一个方向的投影

$$S_z=m_s\hbar,\quad m_s=\pm\frac{1}{2} \tag{15-41}$$

只能取两个值 $+\frac{\hbar}{2}$，$-\frac{\hbar}{2}$，与自旋相关联的磁矩为

$$\mu=\frac{e\hbar}{2\mu_1 c} \tag{15-42}$$

今天我们知道，把电子自旋看成机械的转动是错误的。电子自旋及相应的磁矩就像电子的质量、电荷一样，是电子本身的内禀属性，是标志一个基本粒子的很重要的物理量。电子自旋的存在，标志着电子还有一个在经典物理中从未碰到的新的自由度。这个自由度是从相对论性狄拉克（Dirac）方程中自然出现的。

2. 斯特恩-盖拉赫实验

1921 年，斯特恩和盖拉赫通过实验证实了原子空间取向的量子化现象，并发现其正确理解有赖于电子自旋的引入。

实验装置如图 15-27 所示。在电炉 O 内使银蒸发，银原子通过狭缝后形成细束，经过一不均匀磁场后在相片上看到两条黑斑，说明银原子在经过不均匀磁场区域时分成了两束。

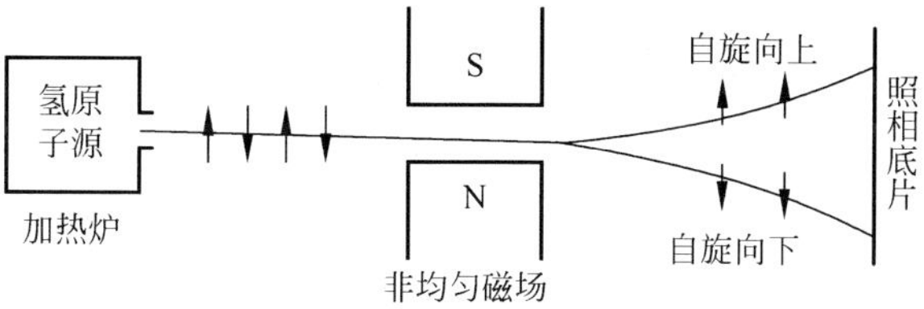

图 15-27　斯特恩和盖拉赫实验示意图

设磁场方向为 z 轴，磁矩为 μ 的银原子在随空间变化的磁场中受到与运动方向垂直的磁场力为

$$f = \boldsymbol{\mu}_Z \cdot \frac{\mathrm{d}\boldsymbol{B}}{\mathrm{d}z} = \mu \frac{\mathrm{d}B}{\mathrm{d}z}\cos\beta$$

即原子所受力与原子磁矩值、磁感应强度沿 z 轴变化率及两者夹角有关，用不均匀磁场就是要把不同 $\boldsymbol{\mu}_Z$ 值的原子分出来。设原子质量为 m，纵向速度为 v，狭缝到屏距离为 L，则原子偏离原来运动方向的距离为

$$S = \frac{1}{2}at^2 = \frac{1}{2}\frac{f}{m}\left(\frac{L}{v}\right)^2 = \frac{1}{2m}\frac{\mathrm{d}B}{\mathrm{d}z}\left(\frac{L}{v}\right)^2\mu\cos\beta$$

由于上式中除 β 以外，都是常数，如果 β 取 0°和 180°，恰好可以解释实验现象，从而清楚地显示了原子在磁场中取向的量子化。

3. 多电子原子中电子的分布

除了氢原子以外，其他原子都有两个以上的电子。元素的性质取决于原子中电子所处的状态和电子的分布情况。

电子的状态由**四个量子数**标记，即主量子数 $n(n=1,2,3,\cdots)$，它代表总能量的主要部分和电子运动区域的大小；轨道角动量量子数 $l(l=0,1,2,\cdots,n-1)$，它表示轨道的形状和轨道角动量的大小，也与总能量有关；轨道磁量子数 $m_l(m_l=l,l-1,\cdots,0,\cdots,-l)$，它表示轨道在空间的取向，或者说，表示轨道角动量在某方向上的分量；自旋角动量量子数 $S=1/2m_s(m_s=1/2,-1/2)$，m_s 表示它在某方向上的分量。按照这四个量子数可以标记原子中的电子组态。

在多电子原子中电子是分层分布的，这种电子的分布层次叫做**电子壳层**。壳层由主量子数 n 来区分，$n=1$ 称 K 壳层，$n=2$ 称 L 壳层，$n=3$ 称 M 壳层，$n=4$ 称 N 壳层等。在每个壳层上，对应于 $l=0,1,2,3,\cdots$，又可分成 $s,p,d,f,\cdots$ 等分壳层。在每个壳层上只能容纳一定数目的电子，电子的分布由下面的两个原则确定，即泡利不相容原理和能量最低原理。

由于电子作为微观粒子是全同的，不可分辨，相互交换应不改变电子概率分布。其自旋为 1/2，满足交换对称性要求的波函数必须是反对称的，因此**在原子中不能有两个电子处在同一单粒子状态，即不能有两个电子具有完全相同的四个量子数**。这被称为**泡利不相容原理**。在原子中具有相同主量子数的电子构成一个壳层，在每个壳层中，对于不同的 l，又分成几个不同的次壳层。按泡利不相容原理可以推算每个壳层和每个次壳层最多可以容纳的电子数。对于每个次壳层 l，可以有 $2l+1$ 个 m_l，对于每个 m_l 又可以有两个 m_s，则次壳层 l 有 $2(2l+1)$ 个不同的状态，即可以容纳的电子数为 $N_l=2(2l+1)$。对于壳层 n，可以有

n 个不同的 l 值，则可以容纳的最大电子总数为每个次壳层可以容纳的最大电子数之和，即

$$N_n = \sum_{l=0}^{n-1} 2(2l+1) = 2[1+3+5+\cdots+(2n-1)] = 2n^2。$$

能量最低原理是说，在原子系统中，每个电子趋向于占有最低的能级。当原子中电子的能量最小时，整个原子的能量最低，这时原子处于最稳定的状态，即基态。由于能量的高低主要取决于主量子数，主量子数越小，能量越低。因此，一般来说，电子总是从最内层（主量子数最小的壳层）开始逐步向外排列的。由于原子能级除了由主量子数决定以外，还与其他量子数有关，所以电子并不是完全按照 $K,L,M,N\cdots$ 等壳层次序来排列的，而是按下列量子态次序在各个次壳层上排列：$1s,2s,2p,3s,3p,4s,3d,4p,5s,4d,5p,6s,4f,5d,6p,7s,6d,\cdots$。

已知 E_n 能级能容纳的电子数为 $2n^2$，从基态累加至 n 能级所能容纳的电子数目为 $\sum_{k=1}^{n} 2k^2$，此值称为**幻数**。对应于 n 从 1 到 5，幻数分别为(2,10,28,60,110)。另一方面，人们又发现在元素周期表中电子数分别为 2,10,18,36,54,86 的元素的原子都特别稳定。最低的两个壳层所相应的幻数与周期律一致，从 $n=3$ 壳层开始，周期律就与从纯库仑势得出的幻数不一致。这反映多电子原子中电子所受的引力势与纯库仑势不同。但对于一个多电子原子，要通过严格求解薛定谔方程来求出其能级分布是不可能的，人们往往采用一种近似模型——壳模型。在此模型中，一个电子所受到的原子核的库仑引力势和其他电子的库仑斥力用某种单体的平均势场来代替。特别是价电子往往用某种屏蔽库仑势来描述，屏蔽效应与价电子的轨道角动量 l 很有关，对于 l 较大的电子，它离开原子核的平均距离较大，内层电子的屏蔽效应就大，从而能级往上移动就较大。这样得出的能级分布，计算的幻数与周期律所示的恰好一致。

原子中电子的壳层分布，使人们窥见了原子的内部结构，以及对为什么某些原子具有相似性质等问题有了更本质的认识，同时还为新元素的寻找提供了线索。

20 世纪 40 年代的实验分析发现，原子核的许多性质也有类似于原子的周期性变化，受原子壳层结构的启发，人们提出了原子核的壳层结构模型。但原子核中的壳结构比原子中的电子壳结构要复杂得多，因为原子核中有两类全同粒子（质子和中子），它们有各自的壳结构，它们之间的相互作用又使两种壳结构相互影响。

4. 碱金属原子

碱金属元素是锂(Li)、钠(Na)、钾(K)、铷(Rb)、铯(Cs)、钫(Fr)。它们都是只有一个价电子，具有相似的化学性质。碱金属原子虽然有多个电子，但由于大多数电子处于满壳层，形成完整而稳固的原子实结构，只多余一个电子，其原子结构类似于核外只有一个电子的氢原子。碱金属原子的光谱可以用同氢原子光谱相仿的公式来表达，并且当 n 较大时，碱金属原子能级很接近于氢原子能级。

但如果用高分辨率的仪器进行观测，会发现碱金属的每一条光谱线多不是简单的一条线，而是由两条或三条线组成的，这称作光谱线的精细结构。碱原子只有一个价电子，原子实对其的作用可近似用一个屏蔽场来描述。碱金属原子的低激发能级是由价电子激发而来的。原子实的总角动量为零，所以价电子的角动量就等于原子的总角动量。考虑到电子的自旋角动量的存在，电子的总角动量 $\boldsymbol{L}_j$ 是自旋角动量 $\boldsymbol{L}_s$ 和轨道角动量 $\boldsymbol{L}_l$ 之和，即

$$\boldsymbol{L}_j = \boldsymbol{L}_s + \boldsymbol{L}_l \tag{15-43}$$

按量子力学中角动量值的公式有

$$L_s = \sqrt{s(s+1)}\,\hbar, \quad s = 1/2$$

$$L_l = \sqrt{l(l+1)}\,\hbar,$$

$$L_j = \sqrt{j(j+1)}\,\hbar, \quad j = l+s,\ l-s \tag{15-44}$$

上式说明由于电子自旋同轨道运动的相互作用和自旋只有两个取向，使得具有相同轨道角动量值的态分成具有不同总角动量值的两个态。又由于原子的能级与总角动量有关，即考虑了具有自旋磁矩的电子处在由于轨道运动而感受的磁场中，使得具有相同轨道角动量值的能级分裂为具有不同总角动量值的两个能级，这就是碱金属原子光谱的双线结构。

以钠原子为例，说明碱金属原子的双线结构。钠原子的价电子属于 $3s_{1/2}$，对于 $s(l=0)$ 没有自旋轨道相互作用引起的能级分裂，钠原子的第一激发态是价电子处于 $3p$ 能级，由于自旋轨道耦合，$3p$ 能级分裂成两条，即 $3p_{1/2}$ 与 $3p_{3/2}$，$3p_{1/2}$ 表示碱金属原子态 nL_j，即 n 为主量子数，L 为轨道量子数，j 为总角动量量子数的状态。有时也用 n^2L_j 表示碱金属原子态，上标 2 表示其双线结构。这两条靠近的能级上的电子往基态跃迁，就产生了钠原子的两条径向结构的双线光谱，即

$$3p_{3/2} \rightarrow 3s_{1/2}, \quad \text{波长} = 5890\ \text{Å};$$

$$3p_{1/2} \rightarrow 3s_{1/2}, \quad \text{波长} = 5896\ \text{Å}。$$

最后介绍与电子自旋有关的反常塞曼效应，再次说明电子自旋自由度的存在。在前面的正常塞曼效应中，只计入了电子的轨道磁矩，而没有考虑电子的自旋磁矩，现在计及电子的内禀磁矩与外磁场的相互作用，则原子能级平移为

$$E_{n_r l m_l m_s} = E_{n_r l} + \frac{eB}{2\mu_1 c}\hbar(m_l + 2m_s) = E_{n_r l} + \frac{eB}{2\mu_1 c}\hbar m$$

其中 m_s，m_l，m 分别为自旋、轨道和总磁量子数，$m_s = 1/2, -1/2$，$m_l = 0, 1, 2, \cdots$，$m=j, j-1, \cdots, -j$，j 为总角动量量子数。

下面用来标记原子态，其中 S 表示原子的总自旋量子数，L 表示总轨道量子数，j 表示总角动量量子数（原子实的轨道角动量、自旋角动量、总角动量都为零）。钠光谱线的精细结构涉及三条钠原子的能级，波长为 5896 Å 的谱线是电子从能级跃迁到能级时发出的，波长为 5890 Å 的谱线是电子从能级跃迁到能级时发出的，在外磁场中，能级分裂为 $(2j+1) = 2\times 1/2+1=2$ 条，能级也分裂为 $(2j+1) = 2\times 1/2+1=2$ 条，能级分裂为 $(2j+1) = 2\times 3/2+1=4$ 条，在考虑到选择定则的限制，一般情况，跃迁只能发生在能级间总角动量的磁量子数 m 的差 $\Delta m=0, +1, -1$ 时，这样 5896 Å 的谱线恰好分成 4 条，而 5890 Å 的谱线恰好分成 6 条，与实验结果一致。详见图 15-28。反常赛曼效应的合理解释证实了电子自旋的存在。

例 14　某原子最外层有两个 $3p$ 电子。求(1) $3p$ 电子所有可能的量子态总数；(2) 两电子占据这些状态可能方式的总数。

解　(1) 对于 $3p$ 电子，$n=3$，$l=1$。由于 $-l \leqslant m_l \leqslant l$，$m_l$ 只能取 0 和 ± 1，$m_s = \pm\frac{1}{2}$，电子的量子态由 (n, l, m_l, m_s) 标志，故量子态总数为 $3\times 2=6$。

(2) 对于 $3p$ 电子，总共有 6 个子量子态。对于第一个电子，有 6 种选择，对于第二个电

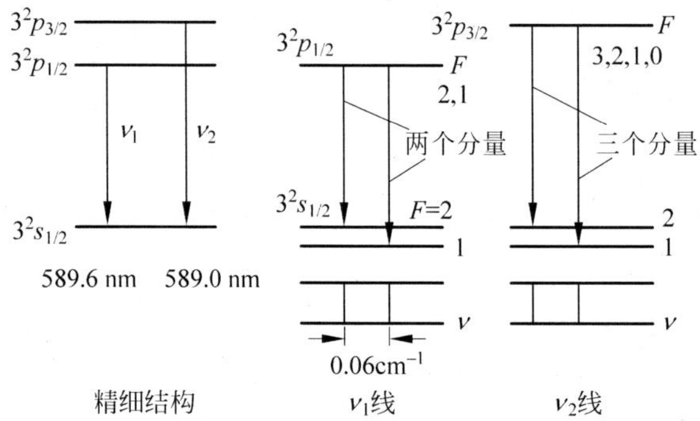

图 15-28 Na 的超精细分裂能级

子，由于泡利不相容原理，只剩下 5 种选择，总计有 6×5＝30 种占据方式。但实际上电子是不可分辨的，我们不能对它们标号，因而实际的占据方式总计有$\frac{1}{2}$×30＝15 种不同方式。

例 15 试确立$_5$B，$_{14}$Si 和$_{15}$P 的电子组态和最外层价电子数目。

解 原子中子填充单粒子能级遵循两个原理：一是泡利不相容原理，二是能量最低原理。对于 n 能级壳层，可容纳的总电子数为 $2n^2$，从低到高允许电子数为 2，8，18 等。于是可确定各原子电子组态和价电子数目为

$_5$B：$1s^2 2s^2 2p^1$，价电子数为 3；

$_{14}$Si：$1s^2 2s^2 2p^6 3s^2 3p^2$，价电子数为 4；

$_{15}$P：$1s^2 2s^2 2p^6 3s^2 3p^3$，价电子数为 5。

15-5 固体量子理论

15-5-1 晶体的结构

固体材料包含大量的原子（或离子），1 cm^3 体积中大约有 10^{23} 个，它们按一定的固体结构在空间排列而成。图 15-29 示意给出了二维固体结构的典型形式。图 15-29(a)呈一种规则排列，具有周期性，称为**晶体**。图 15-29(b)则是一种无规则排列，只具有短程序，称为**非晶体**。1984 年从实验上发现一类既区别于晶体又区别于非晶体的**准晶体材料**，如图 15-29(c)所示，它具有长程的取向序而没有长程的平移对称序（周期性）。

晶体区别于准晶体和非晶体的最主要特征即在于其周期性或平移对称性，这样我们可以选取最小的周期单元——**原胞**作为建构单元，像拼地板一样把它们在空间周期排布形成晶体。每一个原胞被抽象为空间的一个格点，它们在空间形成的空间格子（或点阵），称为**布拉伐格子**。原胞中包含的原子群则被称为**基元**。实际晶格就是在布拉伐格子的每个格点上放上基元，因此晶格可看成是布拉伐格子加基元。

在晶体学中为了反映晶体的对称性，选取的是能够反映对称性的周期性单元——**晶胞**，它一般要比原胞大。图 15-30 给出的就是简单立方、体心立方和面心立方三种晶格的晶胞，因其均为立方体形状，称为立方晶系，其边长 a 为晶格常数。为了对实际晶体结构有所了解，我们简要地介绍两种以面心立方晶格为基础的晶体结构。

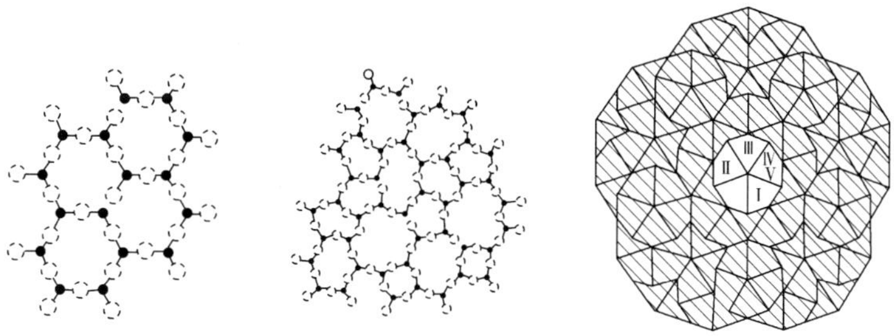

(a)　(b)　(c)

图 15-29　固体结构的二维示意图

(a) 晶体；(b) 非晶体；(c) 准晶体

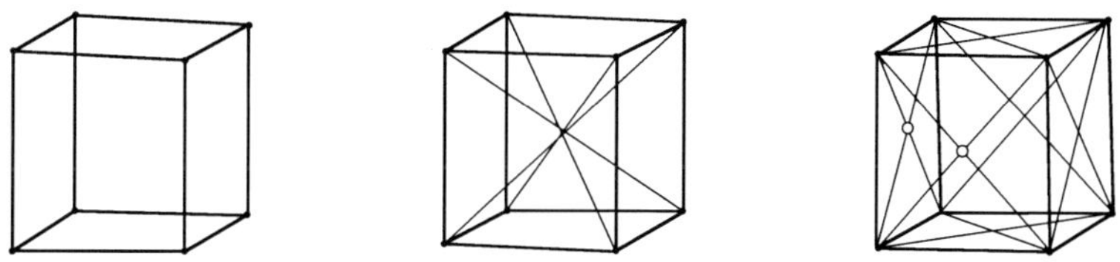

(a)　(b)　(c)

图 15-30　立方晶系晶格的晶胞

(a) 简单立方；(b) 体心立方；(c) 面心立方

1. 氯化钠结构

氯化钠晶体是一种典型的离子晶体，其结构如图 15-31 所示，图中黑点代表 Na^+，白点代表 Cl^-，Na^+ 和 Cl^- 交错排列。所有 Na^+ 周围的情况完全相同，而所有 Cl^- 周围的情况也完全相同，称为等价离子。由一个 Na^+ 和一个 Cl^- 构成一个基元，通过基元的重复排列得到这样的结构。氯化钠结构可看作是 Na^+ 构成的面心立方晶格和 Cl^- 构成的面心立方晶格沿晶胞边长方向错开 $a/2$ 套构而成，因而它属于立方晶系，是一个面心立方点阵。

2. 金刚石结构

金刚石结构是一种重要的晶体结构（见图 15-32），这是常见的半导体材料硅和锗所具有的结构。它由同种原子形成的两套面心立方晶格，沿对角线方向错开 1/4 对角线长度套

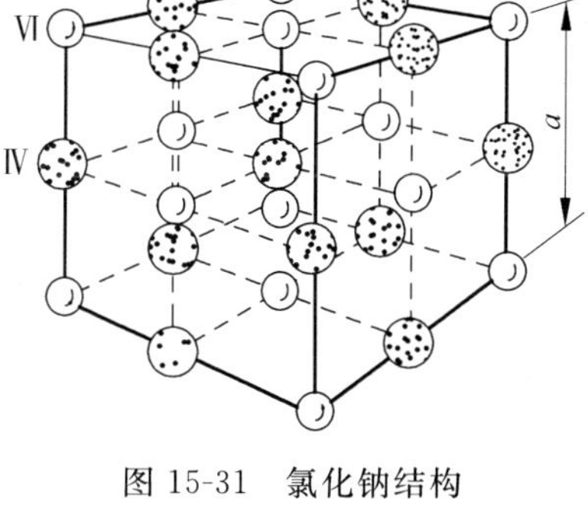

图 15-31　氯化钠结构

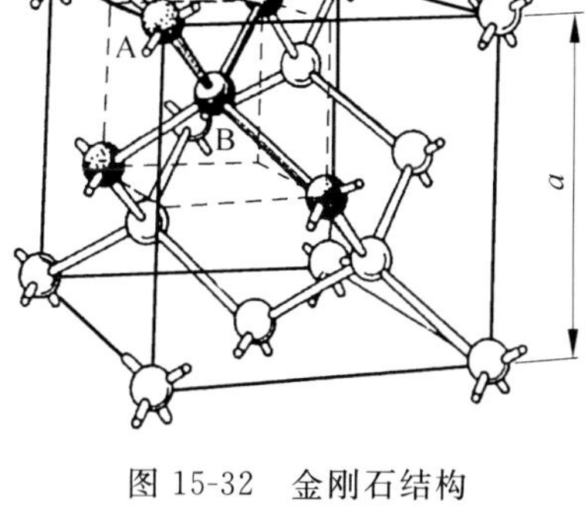

图 15-32　金刚石结构

构而成。这两套格子中的原子不等价，如果一套格子上放上 Zn，另一套格子上放上 S，则可形成闪锌矿晶格。这两种结构的重要特点是：每个原子有 4 个最近邻，它们正好在一个正四面体的顶角。这种正四面体结构是在形成共价键时发生 sp^3 杂化所导致的结果。

15-5-2 晶体电子能带

1. 晶体中能带的形成(紧束缚近似)

原子中的电子在原子核的势场和其他电子平均势场的作用下，分布在不同的能级上，形成所谓电子壳层。当原子相互接近形成晶体时，不同原子的内外各电子壳层之间就有了一定程度的交叠，电子不再完全局限在某一个原子上，可以由一个原子转移到相邻的原子上去，因而，电子将可以在整个晶体中运动，称为电子的共有化运动。但须注意，因为各原子中相似壳层上的电子才有相同的能量，电子只能在相似壳层间转移。由于内外壳层交叠程度很不相同，所以，只有最外层电子的共有化运动才显著。

晶体中电子作共有化运动时的能量是怎样的呢？先以两个 Na 原子为例来说明。当两个原子相距很远时，如同两个孤立的原子，原子的能级如图 15-33(a)所示，每个能级都有两个态与之相应，是二度简并的(暂不计原子本身的简并)。当两个原子互相靠近时，每个原子中的电子除受到本身原子的势场作用外，还要受到另一原子势场的作用，其结果是每一个二度简并的能级都分裂为两个彼此相距很近的能级；两个原子靠得越近，分裂得越厉害。这时电子不再属于某一个原子，而为两个原子所共有，相当于一个双原子分子的情形，其能级如图 15-33 (b)所示。

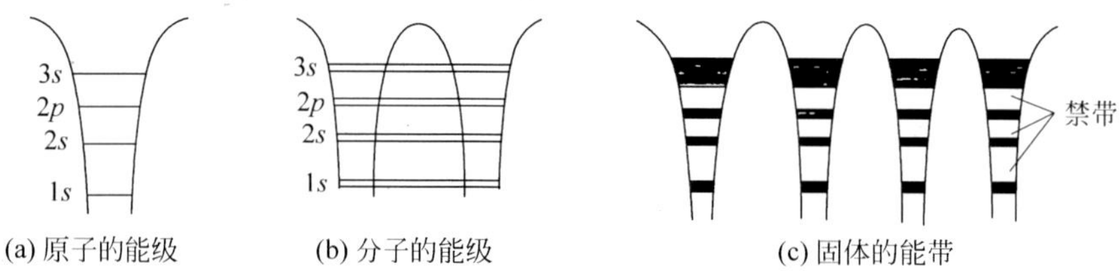

图 15-33 原子能级与固体能带

当 N 个 Na 原子互相靠近结合成晶体后，每个电子都要受到周围原子势场的作用，其结果是第一个 N 度简并的能级都分裂成 N 个彼此相距很近的能级，形成一个准连续的能带。这时电子不再属于某一个原子而是在晶体中作共有化运动。分裂的每一个能带都称为允带，允带之间因没有能级称为禁带。图 15-33(c)示意地画出了原子能级分裂为能带的情况。

内壳层的电子原来处于低能级，共有化运动很弱，其能级分裂得很小，能带很窄，外壳层电子原来处于高能级，特别是最外层的价电子，共有化运动很显著，如同自由运动的电子，常称为“准自由电子”，其能级分裂得很厉害，能带很宽。图 15-33 也示意地画出了内外层电子的这种差别。

2. 能隙产生的物理原因(近自由电子近似)

在空间自由运动的电子的能量是连续的，可以取任意值，而晶体中的电子则处在周期势场中，其能量会怎样呢？以一维周期势场中的电子为例，可以给出周期势场中电子能量的一般特征。图 15-34 中画出了周期势场 $V(x)$的示意图。$V(x)$满足平移对称性

$$V(x) = V(x + na) \tag{15-45}$$

式中，a 为原子间距，na 为第 n 个原子到原点的坐标。

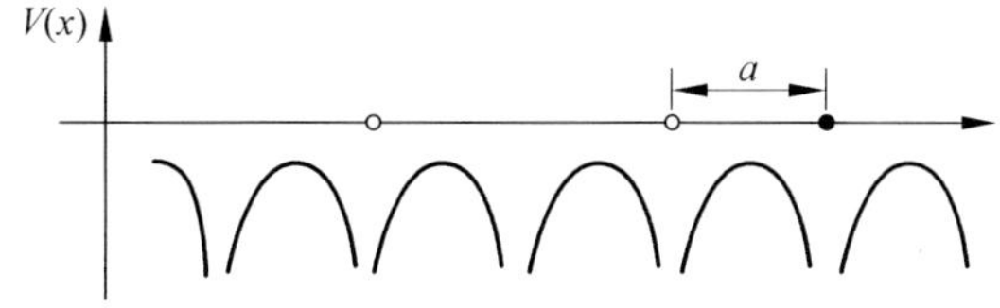

图 15-34　一维周期势场

假设晶体的周期势很弱，它对晶体中电子的行为影响很小，因此晶体中电子的行为基本上与自由电子相似(但并不会完全相同)。我们关心的是周期势的引入，对电子的能谱究竟有何影响，这就是近自由电子近似。

按照量子力学的微扰理论，求解这一问题的方法是：从势场严格为零(完全自由电子近似)的薛定谔方程的解出发，把弱周期势当作微扰，对完全自由电子的能谱进行修正。以一维晶格为例，完全自由电子的波函数和能量为

$$\Psi_x^{(0)} = \frac{1}{\sqrt{L}}e^{ikx}$$

$$E_x^{(0)} = \frac{\hbar^2 k^2}{2m}$$

式中上标"0"表示未受微扰的解。E_k^0-k 关系为抛物线，如图 15-35(a)所示。

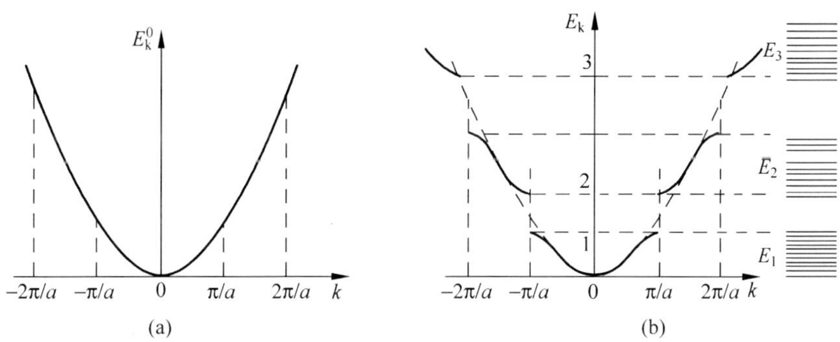

图 15-35　自由电子和准自由电子的 E_k^0-k 关系

考虑到晶体周期势的影响以后，E_k-k 关系如图 15-35(b)所示。由图可见，其形状与完全自由基本相同，但在波矢 $k=\pm\frac{\pi}{a},\pm\frac{2\pi}{a},\pm\frac{3\pi}{a},\cdots$ 等处出现了能隙，完全自由电子的连续能谱分裂成一个又一个的能带。为什么在波矢 $k=\pm\frac{\pi}{a},\pm\frac{2\pi}{a},\cdots$ 等处会出现能隙呢？这可以用电子波在这些地方发生布喇格反射来加以解释。

以一维晶格为例，当波矢 $k=\pm n\frac{\pi}{a}$(n=整数)时，根据

$$\lambda = \frac{2\pi}{k} = \frac{2a}{n}$$

得

$$n\lambda = 2a$$

对于入射角为 90°，原子间距 $d=a$ 的情况，有

$$2d\sin\theta = n\lambda$$

这就是布喇格反射定律。由于电子波发生了布喇格反射，因而前进波和反射波相互叠加形成驻波，可以得到 ψ_+ 和 ψ_- 两种态。图 15-36 中给出这两种状态的电子空间分布。ψ_+ 态（虚线）电子集中于正离子实之间的区域，它远离原子实，从而使势能升高到平面波所对应的势能之上。ψ_- 态（实线）电子则集中于原子实附近，使得势能降到平面波所对应的势能之下。由于 ψ_+ 态电子和 ψ_- 态电子势能的升降，从而使得在 $k=\pm\dfrac{\pi}{a},\pm\dfrac{2\pi}{a},\cdots$ 等处出现了能隙。

以上我们通过两种截然不同的情况讨论了固体中能带的形成，一种情况认为原子聚集成固体时，电子基本上束缚在原子的周围；另一种则恰恰相反，认为电子基本上是自由的。这两个不同的极端都得出固体的能谱为分立的能带的结论，说明能带的形成绝不是由于近似方法所致，而是固体的基本特征。

3. Kronig-Penney 模型

固体中的电子问题是一个十分复杂的多体问题，因为每一个电子不仅受晶体中原子或正离子的势场作用，还要受到其余电子的作用，解决问题的关键在于如何近似处理电子之间的相互作用。常用的近似方法是单电子近似，即认为每一个电子都在一个相同的有效势场中运动，单电子所满足的薛定谔方程为

$$\left[-\frac{h^2}{2m}\nabla^2+V(r)\right]\psi(r) = E\psi(r) \tag{15-46}$$

求解此方程的关键是如何确定势能 $V(r)$ 的形式。一个最简单的形式是 1931 年 Kronig-Penney 提出的一维晶体势场的模型，如图 15-37 所示。它是由方形势阱和势垒作周期性排列所组成，每个势阱宽度为 c，势垒宽度为 b，高度为 U_0，晶体势场的周期为 $a=b+c$，即

$$V(x) = \begin{cases} 0 & 0<x<c \\ U_0 & -b<x<0 \end{cases} \tag{15-47}$$

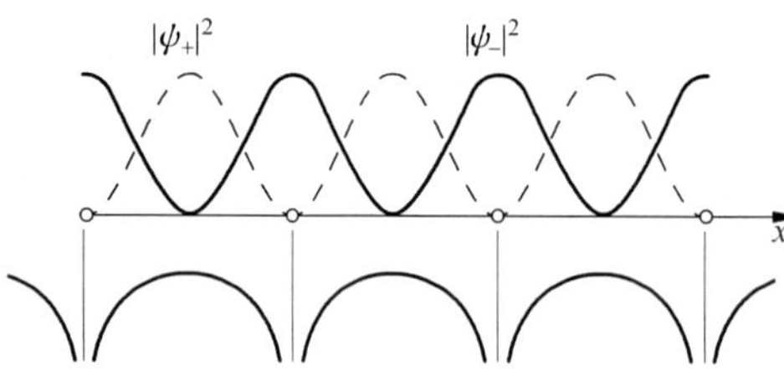

图 15-36 ψ_+ 和 ψ_- 态电子空间分布

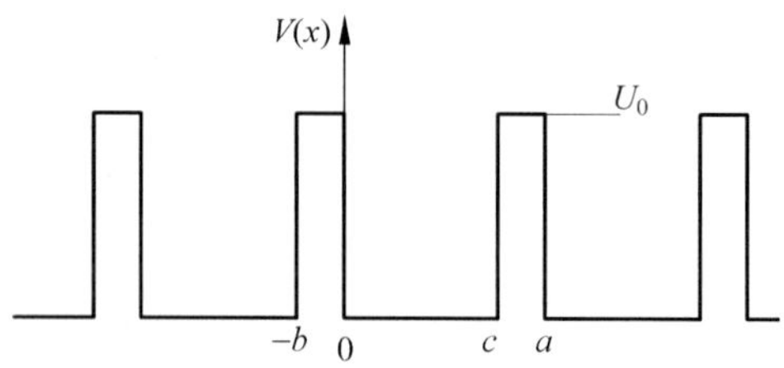

图 15-37 Kronig-Penney 一维晶体势场模型

在势阱内薛定谔方程及其解为

$$-\frac{\hbar^2}{2m}\frac{\mathrm{d}^2\psi_1}{\mathrm{d}x^2} = E\Psi_1,\quad \Psi_1 = A\mathrm{e}^{\mathrm{i}k_1x}+B\mathrm{e}^{-\mathrm{i}k_1x},\quad k_1^2 = 2mE/\hbar^2$$

在势垒内薛定谔定程及其解为

$$-\frac{\hbar^2}{2m}\frac{\mathrm{d}^2\psi_2}{\mathrm{d}x^2}+U_0\psi_2 = E\psi_2,\quad \psi_2 = C\mathrm{e}^{\mathrm{i}k_2x}+D\mathrm{e}^{-\mathrm{i}k_2x},\quad k_2^2 = 2m(E-U_0)/\hbar^2$$

根据布洛赫的证明，周期场中运动的电子波函数具有一个共性，即具有下列的特殊形式

$$\psi(x) = u(x)e^{ikx}, \quad u(x) = u(x+a) \tag{15-48}$$

因此有

$$\psi_1(c<x<a) = \psi_1(-b<x<0)e^{ika}$$

用标准的量子力学步骤可求得波矢与能量的关系如下

$$\cos ka = \frac{mabU_0}{\hbar^2}\frac{\sin \alpha a}{\alpha a} + \cos \alpha a = f(\alpha a) \tag{15-49}$$

其中 $\alpha=\sqrt{\dfrac{2mE}{\hbar^2}}$。

图 15-38 为 $f(\alpha a)$-αa 关系图，由于式(15-49)左边为余弦函数，图 15-38 中只有在 $[-1,1]$ 区间内的线段才是允许的。由此可以得到 E 对 k 的图，如图 15-39 所示。E-k 图中，在 $k=\pm\dfrac{\pi}{a},\pm\dfrac{2\pi}{a},\cdots$ 等曲线出现缺口，缺口对应的能量是不允许的，由此构成了禁带。

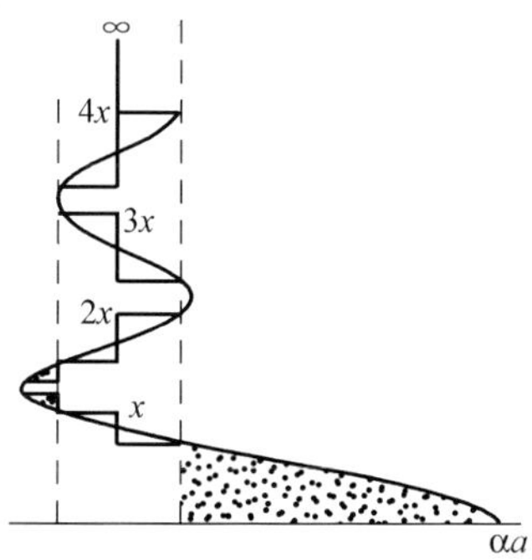

图 15-38 $f(\alpha a)$-αa 关系图

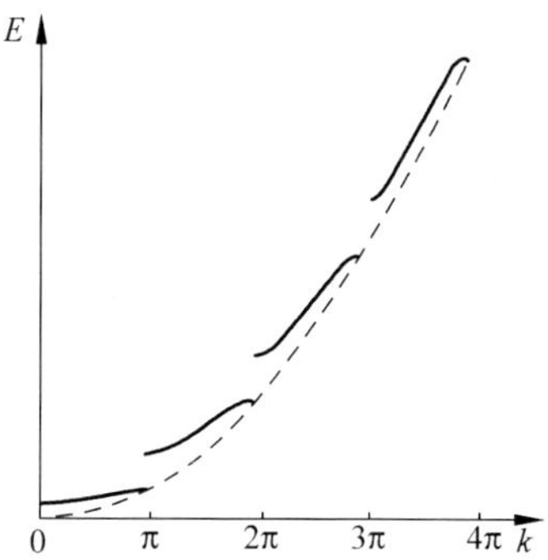

图 15-39 E-k 关系图

通过 Kronig-Penney 模型我们了解到固体能带的一般特征，在许多实际问题中这也是个重要的模型，例如在半导体超晶格我们也还用到这个模型。

15-5-3 导体、绝缘体和半导体

固体按照其导电性能的差异常分为导体、绝缘体和半导体。根据能带理论，完全填满电子的能带是不导电的，只有那些不满的能带才能导电，因而晶体的导电性主要取决于晶体的能带结构及电子在能带中的填充情况。

图 15-40 中给出了导体和非导体的能带模型。在导体中，电子填满最低的一系列能带以后，还有一个能带只是部分地被电子填充，可起导电作用，称为导带；在非导体中，电子恰好填满最低的一系列能带，再高的各带都是空的，由于满带不产生电流，所以尽管存在很多电子，并不导电。根据能带理论，半导体和绝缘体都属于上述非导体的类型。但是，半导体能隙较小，由于热激发（称为本征激发）使少数电子由满带激发到导带底，这样导带底有了电子，而满带（称为价带）出现了空穴，从而产生所谓本征导电。而绝缘体能隙很大，几乎不能激发电子，故而是绝缘的。

那么在什么情况下，能带才是部分填满的呢？让我们通过几个典型的例子来加以说明，在图 15-41 中给出了典型导体、绝缘体和半导体的能带填充情况。

1. 金属导体：钠

当原子合成晶体后，由于原子的内层电子状态均被占满，内层电子能级转化为能带后也

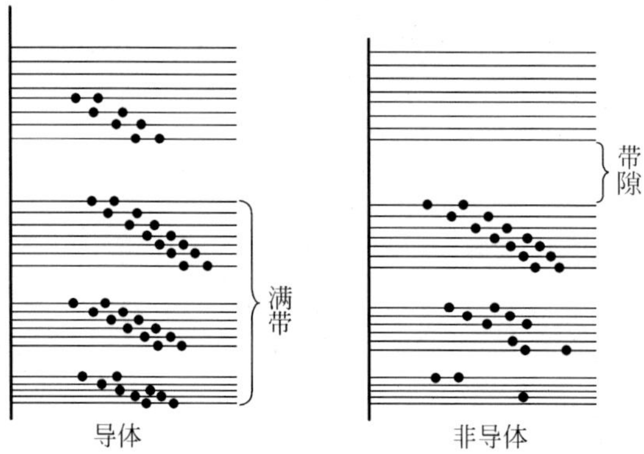

图 15-40　导体和非导体的能带模型

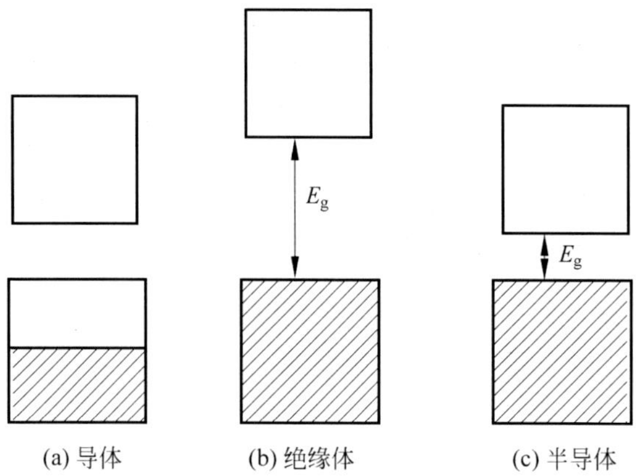

图 15-41　典型导体、绝缘体和半导体的能带填充情况示意图

是占满的。因此，为了判断晶体的导电性能，只需要考虑价电子在能带中的填充情况即可。钠原子共有 11 个电子，其电子组态为 $1s^2 2s^2 2p^6 3s^1$，其中 10 个为内层电子，1 个为价电子。当 N 个钠原子聚集起来形成金属钠时，在晶体中每个原胞只有一个价电子，整个晶体共有 N 个价电子。而对于 $3s$ 能级构成的一个能带，共可容纳 $2N$ 个电子。可见，这个能带是未被填满的，所以钠金属是导体。所有的一价金属都有类似的情形，它们都是良导体。通常，我们把价电子能级对应的能带，称为导带。导带以下的第一个满带称为价带。

2. 绝缘体: 金刚石

金刚石是一种典型的绝缘体。它是由四价的碳原子按一定的规律排列而成，通常称为金刚石结构。这种结构的每一个原胞中都有两个碳原子，每个碳原子提供 4 个价电子，两个 s 电子，两个 p 电子。在形成晶体时，s 和 p 轨道杂化并和近邻杂化轨道组成分子轨道，最后形成的能带与成键轨道和反成键轨道相对应。N 个原胞组成的金刚石共有 $8N$ 个原子，正好填满与成键轨道相对应的能带，这是最高满带，称为价带。与反成键轨道相对应的导带为空带，由于晶体能带全满或全空，故不能导电。由于绝缘体价带与其上面的空带之间的禁带宽度很大，热激发只能把极少数(几乎可以忽略不计)的电子激发到空带上去，所以绝缘体的导电性能极差。

3. 半导体：锗和硅

锗、硅与碳都是四价元素，它们的晶体结构与金刚石相同，都为金刚石结构，其能带的填充情况也和金刚石相似，但是半导体的禁带宽度较窄，一般以 2～3 eV 以下（例如锗的禁带宽度为 0.74 eV，硅的禁带宽度为 1.17 eV），在 $T\neq 0$ K 时，可以依靠热激发，把满带（价带）上的电子激发到本来是空着的能带（从而变成导带）上，因而具备了导电能力。

除了本征激发，半导体还有杂质激发。没有掺杂的半导体称为本征半导体，掺有杂质的半导体称为杂质半导体。如果在硅中掺入少量五价的磷原子，那么一个磷原子提供的五个价电子中有四个参与成键，还有一个自由电子可以在晶体内运动，成为载流子。像磷原子这样的杂质，由于可提供额外电子，被称为施主杂质。掺有施主杂质的半导体称为 N 型半导体。如果掺入的是三价的硼原子，只有三个价电子，这样就有一个悬挂键，形成一个空位，称为空穴，也是载流子。这样的杂质称为受主杂质，相应的杂质半导体称为 P 型半导体。图 15-42 和图 15-43 分别给出这两种杂质半导体的结构示意图和相应的能带图。

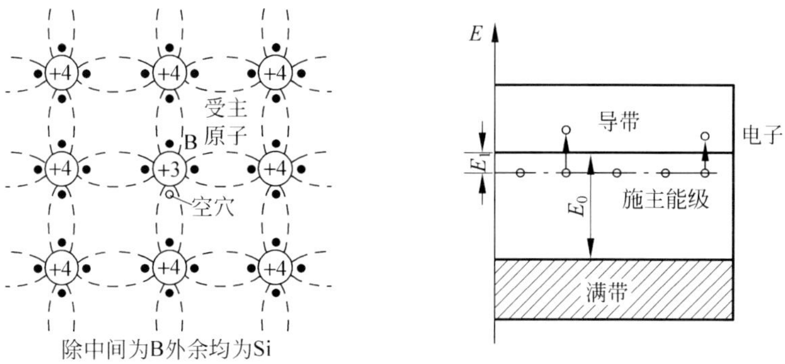

(a) 晶体结构示意图　　(b) 能带结构示意图

图 15-42　N 型半导体

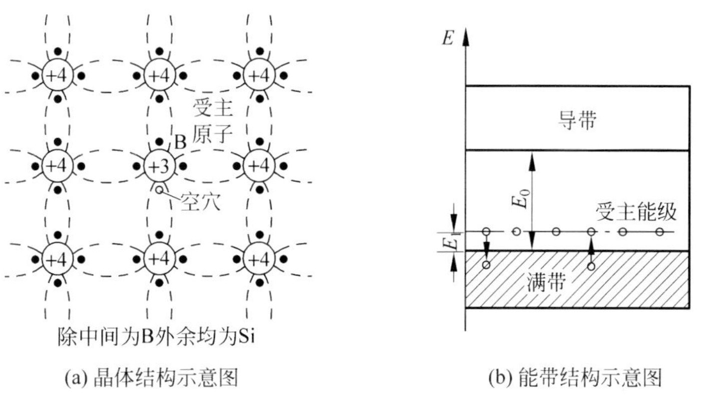

(a) 晶体结构示意图　　(b) 能带结构示意图

图 15-43　P 型半导体

15-5-4　半导体激光器

光与物质相互作用主要涉及三个过程：自发辐射、受激吸收和受激辐射。常温下物质中只有少数粒子处于激发态，由于其不稳定，在不受外界影响的条件下，可以自发跃迁到基态而发出光子，称为自发辐射。对于处在基态的粒子则可以吸收一定频率的光子跃迁到高能级，称为受激吸收。受激辐射的概念最早由爱因斯坦提出，指处在高能级的粒子受到外界光子的作用辐射出相同特性的光子，光辐射的频率、偏振态、位相、传播方向等都与入射光相同。激光就是受激辐射光，是"辐射受激发射光量子放大"的简称，是一种亮度极高，方向性和单色性好的相干光。

半导体激光器是以半导体材料为工作介质的一类重要的激光器，具有体积小、结构简单和可靠性高等优点。为了提高发光效率，一般采用直接带隙的半导体，1962 年首先制成 GaAs 半导体激光器，这里就以此为例介绍激光的基本原理。

要发出激光，最重要的是要实现**粒子数反转**，即高能级的粒子数要比低能级的粒子数多。图 15-44 给出 0 K 时 GaAs 粒子反转时的能带图，电子被激发跃迁到导带上，形成粒子数反转。电子占据导带中的最高能级导带底能量 E_C 高出 Δ_n，电子占据价带的最高能级能量比价带底 E_V 低 Δ_p。电子遵循费米-狄拉克统计，在热平衡时占据能级 E 的概率为

$$f=\frac{1}{e^{\frac{E-E_F}{kT}}+1} \tag{15-50}$$

其中 E_F 为费米能级。容易看出，在 0 K 时，低于费米能的能级的占据几率为 1，高于费米能的能级占据几率为零，故有 $(E_F)_n=E_C+\Delta_n$，$(E_F)_p=E_V-\Delta_p$，所以激光的频率必须满足条件

$$(E_F)_n-(E_F)_p>h\nu\geqslant E_g=E_C-E_V \tag{15-51}$$

这个条件对于有限温度的半导体也成立。

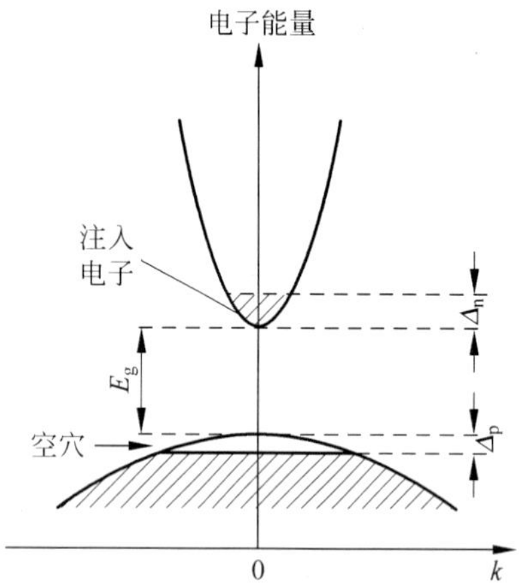

图 15-44　GaAs 粒子反转能带图

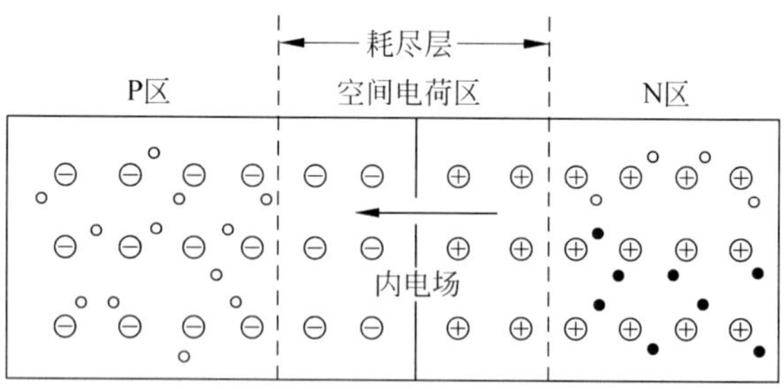

图 15-45　平衡状态下的 PN 结

粒子数反转可以通过 PN 结的电注入机制来实现。PN 结是把 P 型半导体和 N 型半导体相接触形成的，如图 15-45 所示。接触后 P 区空穴扩散到 N 区，而 N 区电子要扩散到 P 区，这些扩散形成的少数载流子又可能与各区的多数载流子复合消失。但扩散不会一直下去，因为正负离子不会移动，它们在界面形成一个电荷耗尽层，从而在界面两端建立一个电势差以阻止继续扩散。在平衡时，这个势垒使 P 区能带相对 N 区能带向上移动，以保持两边费米能级一致。为了实现粒子数反转，需要用简并半导体（重掺杂）构成的 PN 结，其平衡状态下的能带图示于图 15-46。图中所示为 N 大于 P 的情形，阴影表示填充的电子态，半导体能隙宽度为 E_g。设 N 侧电子填充导带直至占据此导带底能量高出 Δ_n 的能级，而在 P 侧

价带中空穴填充直至比价带底低 Δ_p 的能级。由于是重掺杂的，平衡势垒很高，可以加上一个正向偏置电压 V_a，使得 N 侧电子的能量相对于 P 侧的增量 $eV_a > E_g$，则达到如图 15-47 所示情形。电子将被注入 P 区，在靠近结区一个很窄的范围内形成一个分布反转区域(称为激活区，如图中箭头所示)。这种呈现反转分布的活性区中的电子可能与空穴复合并发射光子。

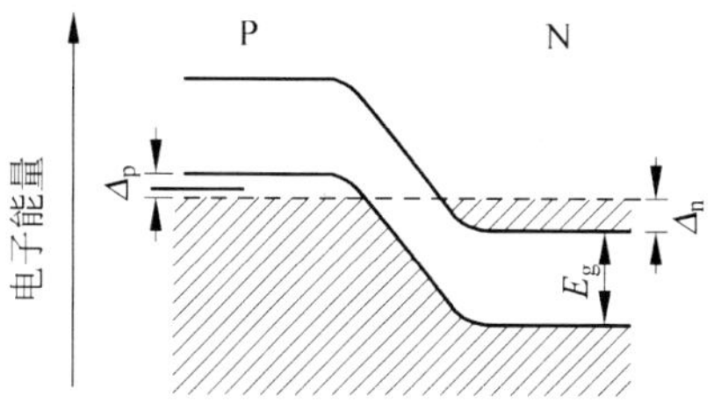

图 15-46 简并 PN 结平衡状态能带图

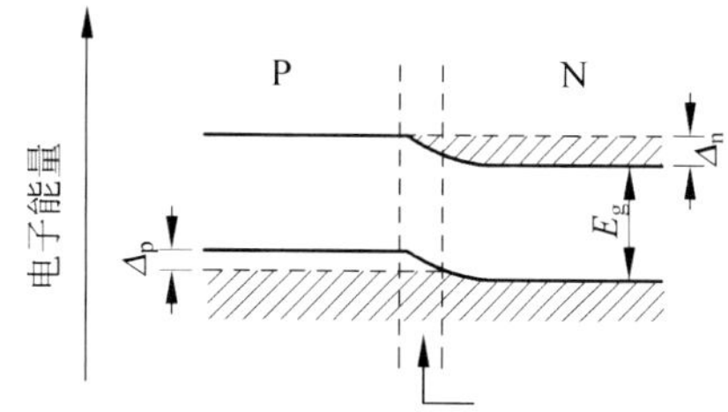

图 15-47 简并 PN 结正向偏置时能带图

随着渡过 PN 结的正向电流的增加，将经历一个从光子的自发辐射到受激辐射的转变过程，相应于转变点的电流称为阈值电流。在阈值电流以下的光发射称为半导体二极管发光，它是自发辐射。超过阈值电流的光发射才可能是激光，它是受激辐射。若仅考虑导带电子与价带空穴的复合，则反应发射能量大至 $E_g + \Delta_n + \Delta_p$，小于 E_g 的光子。实际情况并非如此，这是因为为了制备一个简并 PN 结，需要掺杂大量杂质原子，在存在反转分布的 P 区将会有空穴杂质能带。持续的跃迁将是发生在导带的电子态和受主杂质态之间，因此所发射的光子能量可能小于带隙能量。无论是何种情况都可能产生能量为 E_g 附近的光的受激辐射。

为了获得一定寿命和强度的激光，半导体结型激光器的结构(见图 15 48)通常还要包含一个长度为 L 的光学共振腔，L 须为半波长的整数倍，若 λ 是半导体中的波长，而 λ_0 是真空中的波长，则有 $\lambda = \lambda_0 / n$，其中 n 是折射率。共振腔长度 L 必须满足的条件是

$$L = m(\lambda/2) = m(\lambda_0/2n)$$

其中 m 为整数。于是可得，光在真空中的波长 λ_0 为

$$\lambda_0 = 2nL/m \tag{15-52}$$

在注入电流超过阈值电流以后，受激辐射光谱的波长必然是光学共振腔所决定的模。于是激光发射波长就由共振腔在能隙宽度 E_g 附近的可能跃迁范围内选择。

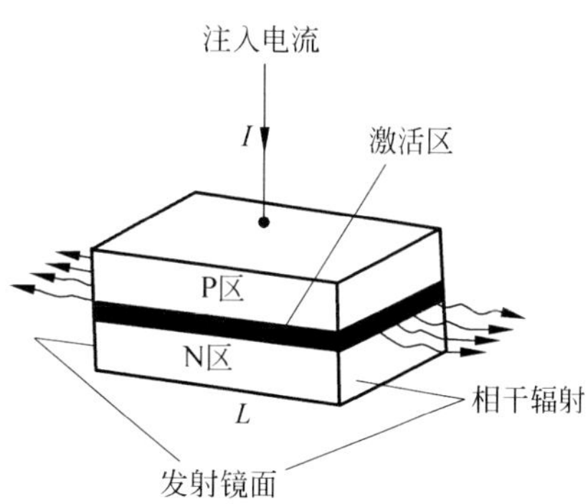

图 15-48 半导体结型激光器的结构示意图

综上述，激光的发射必须有三个基本条件：①粒子数反转，②具有共振腔，③达到阈值电流。用许多直接能隙半导体都成功制成了半导体结型激光器，单模发射的光电子能量通常近似等于能隙宽度，能隙越窄，激光波长越长，用某些窄能隙半导体作成的结型激光器其发射波长甚至可长至 22 μm。

15-5-5 超导物理基础

1908 年，随着低温技术的进步，荷兰莱登大学卡末林·翁纳斯(K. Onnes)终于成功液化了最后一个“永久气体”——氦气，得到了 4.25 K 以下的低温，从而为研究极低温下的金属电学性质创造了条件。1911 年，翁纳斯在测量当时最纯的金属材料汞的低温电阻时，发现完全超出当时理论预期的结果：当温度降为 4.15 K 时，汞的电阻不是趋近于一个由杂质决定的有限值，而是突然下降为零，如图 15-49 所示。翁纳斯声称发现物质的一个新态，称之为**超导态**。这是一种奇特的宏观量子现象，人们很快意识到其应用的巨大前景并进行了不懈的研究，从而开拓了一个新的超导物理领域。

1. 超导态的主要特性

(1) 直流零电阻

超导体在电学方面的一个基本特性是：当温度降至某一**临界温度** T_c 时，其直流电阻突然消失为零。应该指出的是，在交流电情况下，由于交流损耗，从而存在交流电阻。受到测量仪器灵敏度的限制，实验上只能确定超导态电阻的上限，最好的实验方法是观测超导环中持续电流的衰减。如图 15-50 所示，将面积为 S 的超导环置于变化的磁场 B 中，因感应现象，环内产生感生电流 I。设超导环电感为 L，电阻为 R，则有

$$-S\frac{\mathrm{d}B}{\mathrm{d}t}=RI+L\frac{\mathrm{d}I}{\mathrm{d}t}$$

如果 $R=0$，可得

$$S\frac{\mathrm{d}B}{\mathrm{d}t}+L\frac{\mathrm{d}I}{\mathrm{d}t}=0$$

从而有

$$SB+LI=\text{const} \tag{15-53}$$

也就是说**通过零电阻的超导环的总磁通不变**。当外场不再改变时，则有

$$RI+L\frac{\mathrm{d}I}{\mathrm{d}t}=0$$

则可得

$$I(t)=I(0)\mathrm{e}^{-\frac{Rt}{L}} \tag{15-54}$$

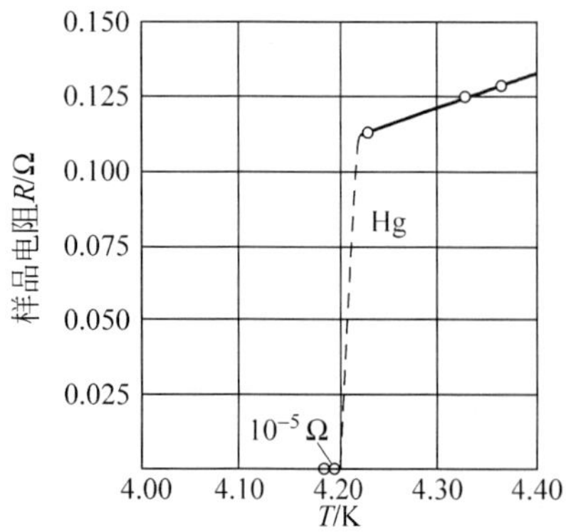

图 15-49 汞的电阻突然消失

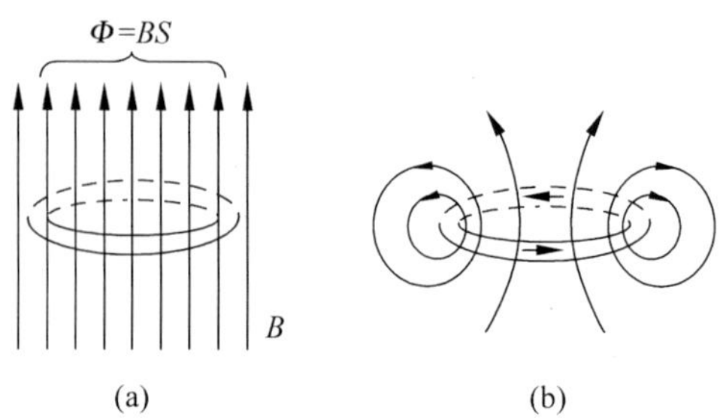

图 15-50 超导环的磁通和电流

通过实验测量 $I(t)$，从而确定电阻。若电流不改变，则 $R=0$。1962 年，Quinn 等人测得超导铅的电阻率上限为 $10^{-25}\ \Omega\cdot m$，与现在最纯的铅的电阻率 $10^{-11}\ \Omega\cdot m$ 相比较，可以认为其超导电阻率为零。

对于超导体的实际应用，超导体的临界温度最好接近室温。但自超导态发现以后到 1973 年，找到的最好材料是铌三锗 Nb_3Ge 合金，临界温度为 23.2 K，此后十多年没有什么进展。这些临界温度低于 30 K 的超导体被称为常规超导体，其临界温度随其组元的同位素平均质量改变，$T_c \propto M^{-\alpha}$，$\alpha \approx 0.5$，这被称为同位素效应。1986 年，IBM 在苏黎世实验室的柏诺兹和谬勒(J. G. Bednorz 和 K. A. Muller)取得突破性进展，发现钙钛矿结构的铜氧化物超导体 La-Ba-Cu-O 的超导临界温度大于 30 K。紧接着，美国华裔科学家朱经武(C. W. Chu)和中国科学院物理所赵忠贤实验组在 Y-Ba-Cu-O 系列超导体中把临界温度提高到 90 K以上，目前这类**高温超导体**中 $HgBa_2Cu_3O_8$ 具有最高的临界温度为 193 K。现在除氧化物超导体外，还发现其他一些非常规超导体，例如重费米子超导体、超晶格超导体、有机超导体等。高温超导材料的发现对超导物理理论提出了挑战，也为超导应用开辟了广阔前景。

(2) 完全抗磁性

超导态在磁学方面的一个基本特性是完全抗磁性：对于处在或不处在外磁场中的超导体，不论外场大小，只要其小于**临界磁场 $\boldsymbol{H}_c$**，一旦进入超导态，就把磁通量完全排除出超导体外而保持内部磁感应强度 $\boldsymbol{B}$ 为零。这个效应早在 1933 年由德国物理学家迈斯纳和奥森菲尔德发现，通常称为**迈斯纳效应**。

迈斯纳效应表明超导体不能单纯地看作理想导体。如前所述，如果是理想导体，其电阻为零，则总磁通保持不变，那么改变加磁场的次序则会得到不同的结果，如图 15-51 所示，图(a) 为无外场时使金属进入超导态，再加外磁场后，超导体内部则无磁场，图(b)为有外磁场时使金属进入超导态，则其内部就有磁场。显然这样的结论是不符合实验事实的。这说明直流零电阻和迈斯纳效应是超导的两个独立特性，不能由任何一个推知另一个的存在，它们分别说明超导体内电场和磁场为零。

迈斯纳效应还表明超导态是热力学平衡态，与制备过程无关，因而可以用热力学来处理超导体从正常态到超导态的相变等热力学问题。实验表明，临界磁场 $\boldsymbol{H}_c$ 与温度的关系如图 15-52 所示，可表示为

$$H_c(T) = H_c(0)\left[1-\left(\frac{T}{T_c}\right)^2\right] \tag{15-55}$$

与临界磁场相应的是**临界电流 $\boldsymbol{I}_c$**，当电流超过临界电流后，其产生的磁场超过临界磁场，从而破坏超导态，导致失超。

具有确定临界磁场 $\boldsymbol{H}_c$ 的超导体被称为第Ⅰ类超导体或软超导体，它们大多是纯净的样品，没有多大实用价值。重要的和具有实用价值的是所谓第Ⅱ类超导体或硬超导体，具有两个临界磁场，分别用 $\boldsymbol{H}_{c1}$(下临界磁场)和 $\boldsymbol{H}_{c2}$(上临界磁场)表示。当外磁场 $\boldsymbol{H}<\boldsymbol{H}_{c1}$ 时，具有完全抗磁性，体内磁感应强度处处为零。外磁场满足 $\boldsymbol{H}_{c1}<\boldsymbol{H}<\boldsymbol{H}_{c2}$ 时，超导态和正常态同时并存，磁力线通过体内正常态区域，称为混合态或涡旋态。外磁场 $\boldsymbol{H}$ 增加时，超导态区域缩小，正常态区域扩大，$\boldsymbol{H}>\boldsymbol{H}_{c2}$ 时，超导体全部变为正常态。

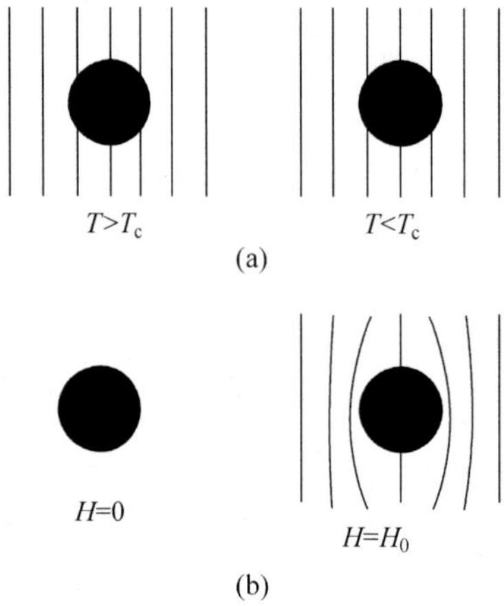

图 15-51　理想导体在两种次序外加磁场后的行为

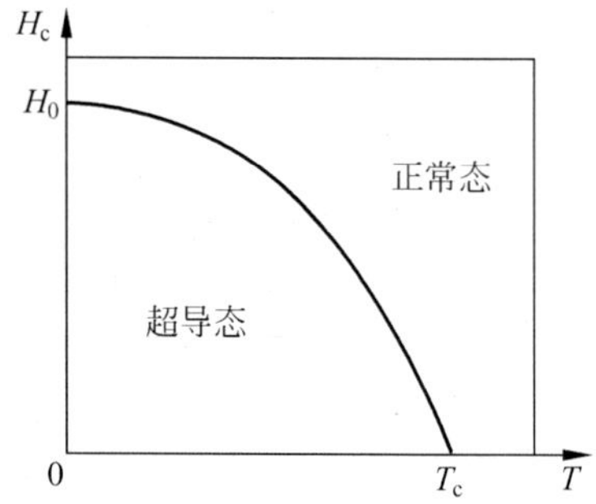

图 15-52　临界磁场与温度的关系

2. 超导电性的基本理论

自 1911 年发现超导电性开始，人们一直在努力探索超导电性的理论解释。1934 年，高特(C. J. Gorter)和卡西米尔(H. G. B. Casimir)提出第一个唯象理论——二流体模型，解释了超导态的直流无电阻和交流有电阻的特性。1935 年，F. 伦敦和 H. 伦敦两兄弟在二流体模型的基础上运用麦克斯韦电磁理论提出了超导体的宏观电磁理论，给出超导电流伦敦方程，成功地解释了超导体的零电阻现象和迈斯纳效应。根据伦敦的理论，磁场可穿入超导体的表面层内，磁感应强度随着深入体内的深度 x 指数地衰减：$B(x)\propto e^{-x/\lambda}$，衰减常数 λ 称为穿透深度。当超导体的线度小于穿透深度时，体内的磁感应强度并不等于零，故只有当超导体的线度比穿透深度大得多时，才能把超导体看成具有完全的抗磁性。实际测量证实了存在穿透深度这一理论预言，但理论数值与实验不符。1953 年 A. B. 皮帕德考虑到超导电子间的关联作用，对伦敦的理论进行了修正，得到了与实验相符的穿透深度。这些唯象理论虽然在一定程度上解释了超导现象，但没有揭示出超导现象的微观本质。关于超导态的微观理论，是由 J. 巴丁、L. N. 库珀和 J. R. 施里弗三人于 1957 年建立的，简称 BCS 理论。这里只作简单的介绍。

1950 年，费勒利希注意到金银等良导体不是超导体，而常温下导电性不好的材料在低温下却可能是超导体，认为晶格振动的声子与电子的相互作用与超导态的产生有关，并很快得到同位素效应实验的支持。理论计算表明，电子可以通过与声子相互作用产生相互吸引力，其物理解释如图 15-53 所示。一个运动中的电子会吸引附近的正离子，引起晶格畸变，然后这种畸变会通过格波传播，在远处形成局部的正电中心，吸引另一个电子。用声子语言来说就是第一个电子发出一个声子，被另一个电子所吸收，如图 15-54 所示。1953 年，库珀证明了费米面附近一对动量大小相等、方向相反以及自旋相反的电子可以形成库珀电子对。库珀电子对的束缚能为 2Δ，正好解释了实验上观测到的超导态在费米面附近存在的能隙。这种库仑电子对之间的相互吸引，使超导态的能量低于正常态，这是发生在动量空间的凝聚现象。

在电-声子相互作用的微观机制基础上，BCS 理论于 1957 年完全建立，可以导出与伦敦方程、皮帕德方程以及京茨堡-朗道方程相类似的方程，解释了大量的超导现象和实验事实，

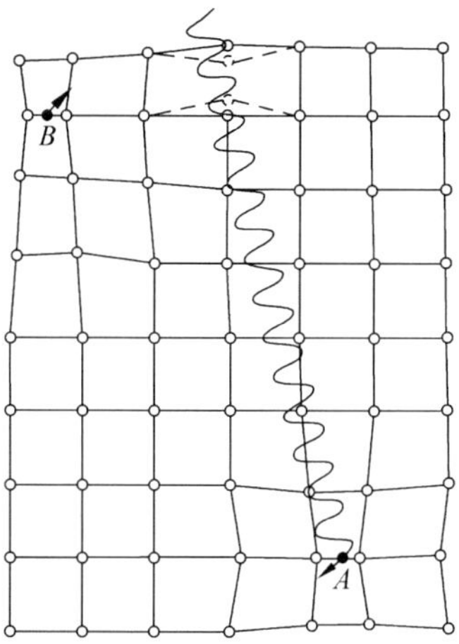

图 15-53 电声子相互作用示意图

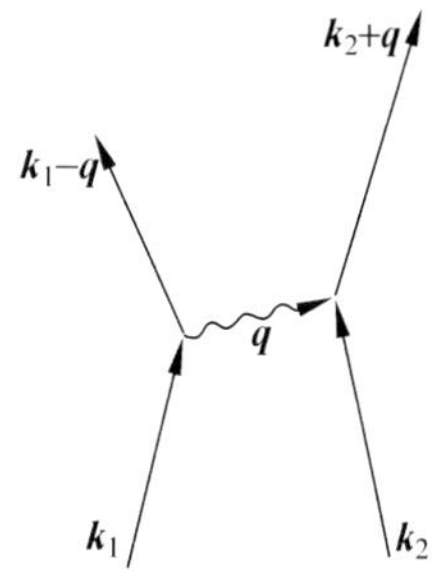

图 15-54 电子通过声子间接相互作用

是目前唯一成功的超导微观理论。在 BCS 理论的基础上发展起来的超导强耦合理论可以解释汞和铅等超导体的一些特异现象，但是有关高温超导体的微观机制目前还不清楚，有待进一步研究和发展。

3. 超导体应用简介

随着高温超导体的发展，临界温度从液氦温区提高到液氮温区以上，使得超导体在能源、工业、交通、医疗、航天、国防和科学实验等领域中得到广泛的应用，显示出突出的优点和广阔的前景。超导体的应用可分为两大类：一类是用于强电，超导体的零电阻和完全抗磁性可用来提供强电流和强磁场，用超导体可制成大尺度的超导器件，如超导磁铁、电机、电缆等，用于发电、输电、储能和交通运输等方面。另一类是用于弱电，主要基于约瑟森隧道效应，用超导体制成小尺度的器件，如超导量子干涉器件（简称 SQUID）和制成计算机的逻辑元件，用于精密仪器仪表、计算机等方面，这里只选择一些影响比较大或者技术比较成熟的应用对其进行简要介绍。

（1）超导输电线路。超导材料还可以用于制作超导电线和超导变压器，从而把电力几乎无损耗地输送给用户。据统计，目前的铜或铝导线输电，约有 15%的电能损耗在输电线路上，仅在中国，每年的电力损失即达 1000 多亿度。若改为超导输电，节省的电能相当于新建数十个大型发电厂。

（2）强磁场超导磁体。利用超导体，消耗很小的励磁功率，就可在较大体积内产生强度为几十特的磁场，它具有性能良好，质量小等优点。例如，磁感应强度可达 4～5 T 的超导磁体，质量只有 300～500 g，而要产生同样磁场强度的磁体质量却有 15～20 t。

（3）超导磁悬浮列车。利用超导材料的完全抗磁性，将超导材料放在一块永久磁体的上方，由于磁体的磁力线不能穿过超导体，磁体和超导体之间会产生排斥力，使超导体悬浮在磁体上方。利用这种磁悬浮效应可以制作高速超导磁悬浮列车，我国上海于 2003 年利用德国技术建成磁悬浮列车，时速达 430 km/h。

（4）超导量子干涉计（SQUID）

SQUID 是使超导物质特有的 Josephson 效应与超导环形成的磁通捕集器组合而构成

的高灵敏度磁强计，可分辨 $10^{-14}\sim10^{-15}$ T 的磁场，其测量精度比其他仪器高出 3～4 个数量级。SQUID 磁强计可用来测量极其微弱的磁场及磁场的微小变化，除可用于生物体测量之外，还可用于极低温下的磁温度计、核磁测量、重力波测量等，应用范围十分广泛。

15-5-6 A-B 效应

在经典电动力学中，描述电磁场的基本物理量是电场强度 $\boldsymbol{E}$ 和磁感应强度 $\boldsymbol{B}$，标量势 Φ 和矢量势 $\boldsymbol{A}$ 是为了方便而引入的，它们不是具有直接观测意义的物理量。但是在量子力学中，电磁势 Φ 和 $\boldsymbol{A}$ 不再是数学运算中的辅助量，是比 $\boldsymbol{E}$ 和 $\boldsymbol{B}$ 更基本的物理量，具有可观测的物理意义。1959 年阿哈罗诺夫(Y. Aharonov)和玻姆(D. Bohm)从理论上预言了由电磁场的势引起波函数相位改变的量子效应，被称为阿哈罗诺夫-玻姆效应，简称 ***A*-*B*** 效应。由矢势 $\boldsymbol{A}$ 引起的称为磁 ***A*-*B*** 效应，由标势 Φ 引起的称为电 ***A*-*B*** 效应。

在经典电磁理论中，电磁场的基本运动规律由麦克斯韦方程描述，基本物理量是场强 $\boldsymbol{E}$ 和 $\boldsymbol{B}$。迄今，没有公认的实验表明磁单极子的存在，磁场是无源的，其散度 $\nabla\cdot\boldsymbol{B}=0$，因此可以引入矢势 $\boldsymbol{A}$，使得

$$\boldsymbol{B}=\nabla\times\boldsymbol{A} \tag{15-56}$$

对于静电场，$\nabla\times\boldsymbol{E}=0$，可引入标量电势。有变化磁场存在时，一般有 $\nabla\times\boldsymbol{E}=-\frac{\partial\boldsymbol{B}}{\partial t}$，移项后有

$$\nabla\times\boldsymbol{E}+\frac{\partial B}{\partial t}=\nabla\times\left(\boldsymbol{E}+\frac{\partial\boldsymbol{A}}{\partial t}\right)=0$$

故又可以引入标势 Φ，使得

$$\boldsymbol{E}=-\nabla\Phi-\frac{\partial\boldsymbol{A}}{\partial t} \tag{15-57}$$

请注意，一般而言 Φ 不是电势，只有在没有变化磁场时，它才等同于静电场的电势。

对于确定的电磁场来说，这里引入的矢势 $\boldsymbol{A}$ 和标势 Φ 并不唯一确定。作规范变换

$$\boldsymbol{A}'=\boldsymbol{A}-\nabla\chi,\quad \Phi'=\Phi+\frac{\partial\chi}{\partial t} \tag{15-58}$$

由新的矢势 $\boldsymbol{A}'$ 和标势 Φ' 还得到原来的场强 $\boldsymbol{E}$ 和 $\boldsymbol{B}$，被称为规范不变性。因此，在经典电磁理论中，人们认为场强 $\boldsymbol{E}$ 和 $\boldsymbol{B}$ 才是基本量，而矢势 $\boldsymbol{A}$ 和标势 Φ 只是数学辅助量而已。

在量子力学中，情形则发生了改变。考虑电量为 q 的粒子在电场为 $\boldsymbol{E}$，磁场为 $\boldsymbol{B}$ 的电磁场中运动，所受的力为

$$\boldsymbol{F}=q(\boldsymbol{E}+v\times\boldsymbol{B})=q\left[-\nabla\Psi-\frac{\partial\boldsymbol{A}}{\partial t}+v\times(\nabla\times\boldsymbol{A})\right]$$

经过推导可以得到体系的哈密顿量为

$$H=\frac{1}{2m}(\boldsymbol{p}-q\boldsymbol{A})^2+q\Phi \tag{15-59}$$

其中，$\boldsymbol{p}$ 为正则动量，$q\boldsymbol{A}$ 为电磁场动量，$q\Phi$ 为势能。可见，哈密顿量涉及的是矢势 $\boldsymbol{A}$ 和标势 Φ，而不是 $\boldsymbol{E}$ 和 $\boldsymbol{B}$。利用正则方程可验证，由上述哈密顿量能够得到粒子受到的力确实符合洛伦兹公式。把哈密顿量算符化后，可得薛定谔方程

$$\hat{H}\psi(r,t)=\left[\frac{1}{2m}(-\mathrm{i}\hbar\nabla-qA)^2+q\Psi\right]\psi(r,t)=\mathrm{i}\hbar\frac{\partial}{\partial t}\psi(r,t) \tag{15-60}$$

其通解为

$$\psi(r,t)=\psi_0(r,t)\mathrm{e}^{\mathrm{i}\frac{q}{\hbar}\left\{\int_{r_0}^{r}A\cdot\mathrm{d}r-\int_{t_0}^{t}\Psi\mathrm{d}t\right\}} \tag{15-61}$$

其中 $\psi_0(r,t)$是 $\boldsymbol{A}$ 和 Φ 为零时的波函数。可见,矢势 $\boldsymbol{A}$ 和标势 Φ 的作用相当于对波函数作规范变换,使其相位增加

$$\varphi=\frac{q}{\hbar}\left\{\int_{r_0}^{r}A\cdot\mathrm{d}r-\int_{t_0}^{t}\Phi\mathrm{d}t\right\} \tag{15-62}$$

这个相位因子被称为**不可积相位因子**,它与积分路径有关,而且矢势 $\boldsymbol{A}$ 和标势 Φ 不同规范的选择也使其值不唯一,不具有可观测性。但对于相同端点的两条给定路径,可以证明其相位差 $\Delta\varphi$ 具有规范不变性,具有可观测性。

要观测矢势和标势对相位的相位的影响,最好排除动力学作用即在 $\boldsymbol{E}=\boldsymbol{B}=0$,但 $\boldsymbol{A}$ 或 Ψ 不为零的区域。为此,阿哈罗诺夫和玻姆于 1959 年设计了两个理想的实验,如图 15-55(a)、(b)所示。

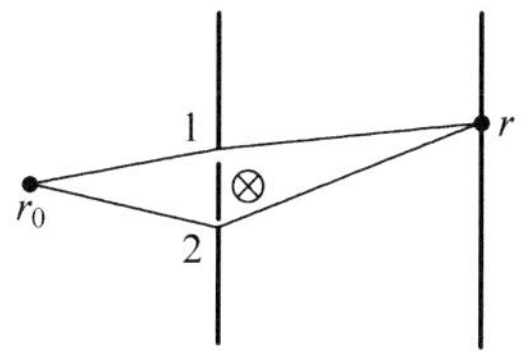

(a) 磁**A-B**效应

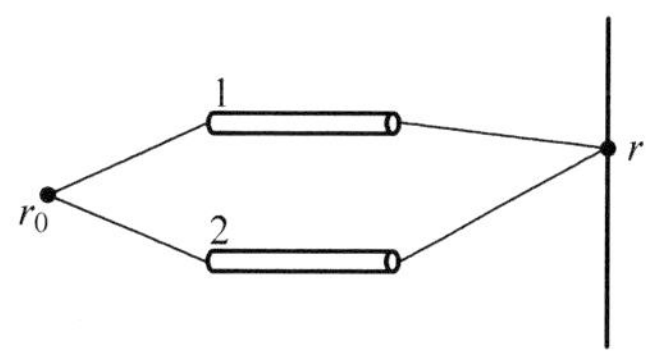

(b) 电**A-B**效应

图 15-55 **A-B** 效应实验示意图

图 15-55(a)是电子双缝干涉实验,在紧靠缝屏的两缝之间放置一细长的螺线管。电子束在 r_0 处相干地分成两束,分别通过 1,2 缝由路径 1,2 到达 r,形成干涉花样。两束电子束在螺线管通电后比未通电时额外多出矢势 $\boldsymbol{A}$ 引起的相位差

$$\begin{aligned}\Delta\varphi&=\frac{q}{\hbar}\left\{\int_{r_0}^{r(1)}\boldsymbol{A}\cdot\mathrm{d}\boldsymbol{l}-\int_{r_0}^{r(2)}\boldsymbol{A}\cdot\mathrm{d}\boldsymbol{l}\right\}\\&=\frac{q}{\hbar}\left\{\int_{r_0}^{r(1)}\boldsymbol{A}\cdot\mathrm{d}\boldsymbol{l}+\int_{r(2)}^{r_0}\boldsymbol{A}\cdot\mathrm{d}\boldsymbol{l}\right\}\\&=\frac{q}{\hbar}\oint_{r_0 1r2r_0}\boldsymbol{A}\cdot\mathrm{d}\boldsymbol{l}=\frac{q}{\hbar}\int_S\boldsymbol{B}\cdot\mathrm{d}\boldsymbol{S}=\frac{q}{\hbar}\varphi\end{aligned} \tag{15-63}$$

其中,φ 是以 $r_0 1r2r_0$ 回路为边界的曲面的磁通量,即螺线管的磁通量。因此,若持续增强螺线管中的磁场,将使相位差发生从 $0\sim2\pi$ 的周期变化,从而导致干涉条纹的周期性移动。这就是由矢势 $\boldsymbol{A}$ 引起的磁 **A-B** 效应。

图 15-55(b)用于观测标势 Φ 所产生相位差影响的理想实验。1,2 分别是两个屏蔽的金属筒,电子束在 r_0 处分成两束,各自进入金属筒。在筒 1 上加上电势 Φ_1,在 2 上加上电势 Φ_2。由于屏蔽作用,电子束并未受电场的作用,但是相位发生了变化,相位差的改变量为

$$\Delta\varphi=\frac{q}{\hbar}\left\{\int_{t_0}^{t}\Phi_1\mathrm{d}t-\int_{t_0}^{t}\Phi_2\mathrm{d}t\right\}=\frac{q}{\hbar}\int_{t_0}^{t}(\Phi_1-\Phi_2)\mathrm{d}t \tag{15-64}$$

这同样会导致干涉条纹的移动,此即由标势 Φ 引起的称为电 **A-B** 效应。

A-B 效应在阿哈罗诺夫和玻姆提出后次年即得到钱伯斯(R. G. Chambers)实验的初步验证,但实验条件并不非常严格。1985 年,外村彰(Akira Tonomura)等人按照杨振宁(C.

N. Yang)的建议改进了他们 1982 年的实验，做出了令人信服的实验。**A-B** 效应的提出和验证，使人们认识到，矢势和标势比 $\boldsymbol{E}$ 和 $\boldsymbol{B}$ 更基本，而在 20 世纪 70 年代吴大峻和杨振宁进一步指出**不可积相位因子**才是描述电磁场最恰当的物理量。**A-B** 效应是第一个实验让人们意识到相位在量子力学中的重要性，相位业已成为现代物理的主旋律之一。

习　　题

15-1　试估计人体辐射单色辐出度最大时的波长 λ_m 和总辐射功率。

15-2　假如把钢炉当作黑体，当炉温从 800 ℃变到 1500 ℃时，总辐射本领增加了几倍？

15-3　假设太阳和地球都可近似看作黑体，试估计地球接受的太阳能和其辐射损失的能量相平衡时地球表面的平均温度。（已知太阳温度为 5.8×10^3 K，半径为 6.69×10^8 m，地日距离为 1.49×10^{11} m）。

15-4　已知垂直照射地球表面的日光动率（称为太阳常数）为 1.37×10^3 W，假设日光平均波长为 550 nm，试问(1)地表每平方厘米上有多少光子照射？(2)若这些光子完全为地表吸收，产生的光压强是多大？

15-5　已知可见光的波长在 400～700 nm 范围内，试确定可见光的频率和能量范围。

15-6　已知钾的逸出功为 2.26 eV。求(1)钾的截止频率和相应的红限波长；(2)用的光照射时，逸出电子的最大动能；(3)用 $\lambda=600$ nm 光照射的遏止电压。

15-7　用波长 $\lambda=410$ nm 的单色光照射某金属表面，若产生的光电子最大动能 $E_{\mathrm{k,max}}=1.00$ eV，试求能使该金属发生光电效应的入射光的最大波长是多少？

15-8　设在光电效应实验中，测得某金属的遏止电压 U_0 与入射光的波长 λ 的三组数据：

(1)$\lambda=360$ nm，$U_0=1.40$ V；(2)$\lambda=300$ nm，$U_0=2.00$ V；(3)$\lambda=240$ nm，$U_0=3.10$ V。

试用作图法求普朗克常数和金属的逸出功。

15-9　康普顿散射中，一个静止电子被波长为 3×10^{-3} nm 的光子碰撞后，能获得的最大动能是多少？

15-10　康普顿散射中，入射光子的能量为 1×10^4 eV，散射光子的方向与入射方向垂直，求(1)散射光子的波长和能量；(2)反冲电子的动能；(3)反冲电子动量的大小和方向。

15-11　在康普顿散射中，散射光的波长与入射光波长相比较，改变量为 $\Delta\lambda/\lambda=1\%$，求入射光的波长。

15-12　一个高能光子 γ 与一个静止电子相碰撞，产生正负电子对：$\gamma+\mathrm{e}^-\rightarrow\mathrm{e}^++\mathrm{e}^-+\mathrm{e}^-$，如果碰撞后正电子和两个电子具有相同的动量，求入射光子的能量。

15-13　根据动量和能量守恒，证明：一个具有足够能量的光子在自由空间里不可能自动产生电子和正电子。

15-14　根据动量和能量守恒，证明：一个自由电子在与光子碰撞中不能完全吸收光子。

15-15　求以下常数组合在给定单位下的数值：

(1) $\dfrac{e^2}{4\pi\varepsilon_0}$(eV · nm)；(2) m_ec^2(MeV)；(3) hc(eV · nm)。

并计算玻尔半径 $a_{\mathrm{B}}=\hbar^2\Big/\left(\dfrac{e^2}{4\pi\varepsilon_0}\cdot m_e\right)$和里德伯能量 $E_{\mathrm{R}}=\dfrac{e^2}{4\pi\varepsilon_0}\cdot\dfrac{1}{2a_{\mathrm{B}}}$。

15-16 证明玻尔模型中处于 n 轨道的电子速度为 $v=\frac{1}{n}\alpha c$，其中 α 为精细结构常数 $\alpha=\frac{e^2}{4\pi\varepsilon_0}/\hbar c$。估计相对论效应对能级的影响。

15-17 证明在 n 很大时，相邻能级的跃迁产生的光子频率和经典理论结果相同，符合对应原理。

15-18 假如玻尔模型可用于太阳-地球系统，试证明地球半径可表示为 $r_n=kn^2$，k 为常数，n 为量子数。通过数量级估计，说明宏观系统中轨道半径可认为是连续的。

15-19 把玻尔模型应用于电子偶素：一个正电子和负电子组成的系统，求其允许的能级。

15-20 通过计算说明氢光谱中，莱曼线系在紫外波段，帕邢线系在红外波段，而巴耳末线系则处在可见和紫外两个波段。

15-21 离化能是从原子某个能级上移去电子所需的能量。试求以下类氢原子指定能级的离化能：(1)氢原子 $n=3$ 能级；(2)一价 He^+ 离子，$n=2$ 能级；(3)二价 Li^{+5} 离子，$n=4$ 能级。

15-22 证明帕邢线系中 $n=4\rightarrow n=3$ 产生的第一条谱线可表示为 $\lambda=\lambda_\alpha\lambda_\beta/(\lambda_\alpha-\lambda_\beta)$，其中 λ_α，λ_β，分别为巴耳末线系中第一、第二条谱线 H_α，H_β 的波长。

15-23 已知氢光谱的某一谱线系的极限波长为 364.7 nm，其中有波长为 656.5 nm，由玻尔理论求相应两个能级的能量和轨道半径。

15-24 求以下粒子或物体的德布罗意波长：(1)室温大气中的 N_2 分子；(2)室温下的中子；(3)动能为 5.0 MeV 的质子；(4)动能为 0.50 MeV 的电子；(5) $v=10^6$ m/s 的电子；(6)质量 $m=2\times10^3$ kg，速度 150 km/h 的汽车。

15-25 假如电子和光子的波长相同，它们的动量和动能之比是多少？

15-26 利用电子显微镜研究直径约为 0.10 μm 的微晶体，需要用多大的电压加速电子？

15-27 动能为 22 GeV 的电子可用来探测线度为 10^{-15} m 的原子核内部结构吗？为什么？

15-28 在电子双缝衍射实验中，电子动能为 3 eV，如果要使 $n=1$ 的干涉缝出现在 $\theta=15°$，缝宽 d 应为多少？

15-29 证明在戴维孙-革末电子衍射实验中，电子能量至少应为 $h^2/8m_e d^2$，其中 d 为晶面间距。

15-30 假设动量不确定度为千分之一，试求下列物体位置的不确度：(1)质量为 5.0×10^{-3} kg，速度为 5 m/s 的子弹；(2)速度为 $0.6c$ 的电子。

15-31 若一维自由粒子能量可写为 $E=p^2/2m$，试由动量-位置、不确定关系 $\Delta x\cdot\Delta p\geqslant h$，证明 $\Delta E\cdot\Delta t\geqslant h$。

15-32 π 介子的静能为 140 MeV，寿命为 26 ns，试确定其能量的不确定度。

15-33 He-Ne 激光器所发光的波长为 $\lambda=632.8$ nm，谱线宽度 $\Delta\lambda=10^{-9}$ nm，试估计其波列长度。

15-34 试用不确定关系估计：一维、二维和三维无限深势阱中的粒子的基态能量(设势阱宽度为 a)。

15-35 试用驻波理论确定一维无限深势阱中粒子允许的能量值。

15-36 已知处在$[0,a]$之间的一维无限深势阱中的粒子的波函数为

$$\psi_n(x) = A\sin\frac{n\pi x}{a}$$

(1) 求归一化条件常数 A;(2) 计算粒子处在$[a/4,a/2]$之间的概率。

15-37 试讨论一个电子能否靠静电能束缚在原子核内,设核半径为 5 fm,核电荷为 $50e$。

15-38 试由不确定关系估计氢原子中电子的基态能量。

15-39 设一维运动的粒子波函数为

$$\psi(x) = cx\mathrm{e}^{-ax^2}, \quad a > 0$$

求(1)归一化常数 c;(2)最概然的位置;(3)位置的不确定度 $\Delta x=\sqrt{\overline{x^2}-\bar{x}^2}$。

15-40 说明 $\psi(x,t)=\psi(x)\mathrm{e}^{-\mathrm{i}Et/\hbar}$是定态波函数。

15-41 已知简谐势场 $U(x)=\frac{1}{2}m\omega^2x^2$ 中的谐振子的基态波函数形如 $\psi(x)=A\mathrm{e}^{-ax^2}$,试求其零点能为 $E_0=\frac{1}{2}\hbar\omega$。

15-42 求一维无限深势阱中处于 E_n 能级粒子对阱壁的作用力。

15-43 求宽度为 $L=0.2$ nm 的一维无限深势阱中电子最低三个能级的能量。

15-44 示意画出一维无限深势阱中处于第三激发态的粒子空间概率分布并确定最概然的空间位置。

15-45 试求一维无限深势阱中处于基态的粒子位置和动量不确定度 Δx 和 Δp,并验证测不准关系。

15-46 粒子被限制在宽度为 L 的一维无限深势阱中,试比较势阱处在$[0,L]$和$\left[-\frac{L}{2},\frac{L}{2}\right]$两种情形时的波函数和能级。

15-47 边长为 a 的三维立方盒子,可以当作三维无限深势阱,处于该势阱中粒子的能量可表示为 $E_n=\frac{\hbar^2\pi^2}{2m^2a^2}(n_x^2+n_y^2+n_z^2)$,试求 $E_n=62\times\frac{\hbar^2\pi^2}{2m^2a^2}$时,对应该能级的量子态的数目(称为简并度)。

15-48 假设氢原子中电子处于 $n=4$,$l=2$ 的激发态,求该电子的角动量和 z 方向的分量。

15-49 原子中的电子态可由(n,l,m_l,m_s)标志,试给出 n 和 l 两个量子数给定情况下的状态数目。

15-50 已知 NaCl 晶体的密度为 2.165 g/cm^3,试根据其晶体结构确定离子间的最短距离。

第16章

非线性物理简介

引子：英国的海岸线有多长
——浅谈分形理论

1967年，美国科学家曼德尔布罗在《科学》杂志上发表了一篇文章，题目是《英国的海岸线有多长？统计自相似和分形维》。海岸线曲曲弯弯，包含了数不清的小湾和小半岛。如果一个巨人一步能跨一公里，他可以沿着海岸走，丈量出海岸线的一个长度。如果他一步只有五百米，他就会丈量出一个长一些的长度。如果是一个一步只有一米的人来丈量，他可以分辨出更多的细节，得到更长的长度。随着尺子变小，长度越来越长。那英国的海岸线到底有多长？这看起来平庸的问题却开创了一门新的学科——分形几何学。

分形一词是由拉丁文"fractus"转化而来，原意为不规则的、支离破碎的物体。1975年，曼德尔布罗翻阅儿子拉丁语字典时得到启发，用该词创造出一个新英文单词"fractal"，用以描述他一直研究的各种不规则的几何体。1982年，他在《大自然的分形几何学》中写道："为什么几何给人的印象那么枯燥乏味？原因之一是它不能描绘出云彩、山峰或树的自然形状。因为云朵不是球面，山坡不是锥体，海岸不是圆形，树皮不光滑，闪电也不是直线。"那么隐藏在这些不规则形状之后的是什么呢？

曼德尔布罗发现："如果你仔细观察一棵树，就会发现它的每一部分都形似它的整体。"这样的例子在自然界里比比皆是：花菜、雪花、闪电、云彩、山峰、肺、血管……曼德尔布罗认为这种部分与整体的自相似性就是自然结构的基本特性，他在1986给出定义"一分形乃以其某种方式使部分相似于整体的形状"。

分形概念一经提出很快就越出数学的范畴。在物理学里，分形结构就有很多：一维准晶体；枝晶生长图样；聚合物生长；介电质击穿形成的放电图样；逾渗模型里的集团结构；相变过程的临界行为；布朗运动；混沌系统里的奇异吸引子等。20世纪90年代，美国宇宙学家林德甚至提出，真空场的起伏波，由于时空膨胀而冻结，成为新的时空膨胀点，从而使整个宇宙生长为一个分形时空树。

现在分形的研究已成为非线性科学研究中的一个重要内容，并扩展到生命、生态、经济、人文等许多领域，在一些电子艺术中甚至出现奇异绚丽的分形视觉艺术作品，在计算机上也可以生成美丽如画的自然风光。

著名的美国理论物理学家、天文学家约翰·惠勒曾表示：在过去，一个人如果不懂得"熵"是什么，就不能说是有良好的科学素养；在将来，一个人如果不熟悉分形，他就不能称作一个科学上的文化人。

16-1 非线性系统

非线性现象在自然界和人类社会中广泛存在，其背后的基本规律也如爱因斯坦所言，“真正的物理规律不可能是线性的”。但在20世纪以前，由于数学求解的困难，不得不将一些复杂问题线性化，而且一些实际线性问题如电磁波的传播也具有技术上的重要性，因而人们研究的兴趣主要集中于线性系统。随着计算机能力的迅速提高，为人们研究非线性系统提供了强有力的工具，同时数学上也发展了一些求解非线性方程的新方法，如逆散射方法，从而使得非线性科学得到了迅猛的发展，成为相对论、量子论之后的又一大物理学革命。非线性问题既广泛又复杂，迄今还没有形成统一的研究范式，本章只简单介绍一些非线性物理的基本概念和方法。

16-1-1 非线性系统的主要特征

长期以来，人们往往更多地关注线性问题，因而容易养成线性思维。“人多力量大”的说法就是这种思维的体现，但一个国家的力量并不完全正比于其人口数目。由人构成的社会组织、集团、国家是有其内部结构的，个体之间存在复杂的相互联系和相互作用，从而使得其整体性质和行为并不可以还原为个体的特征。一个系统的整体往往不能简单地等于部分之和，根本的原因就在于系统的各部分存在相互作用而使系统成为非线性系统。这是非线性系统的一个基本特征。

从数学上讲，“线性”和“非线性”首先用于区别函数 $y=f(x)$ 对自变量 x 的依赖关系。线性函数 $y=ax+b$ 在直角坐标系里表示为一条直线，变量间的变化率 $\mathrm{d}y/\mathrm{d}x$ 是个常数。在直线上任何位置，自变量 x 如果改变一点点，应变量 y 也只改变一点点。任何对线性关系的偏离都是非线性的，即表现为曲线形式。图16-1给出了一个线性系统和一个非线性系统的输入-输出响应关系的示意图。对于非线性系统，同样大小的输入改变在其曲线不同位置引起的输出响应变化大不相同，这是非线性系统的一个显著特征。

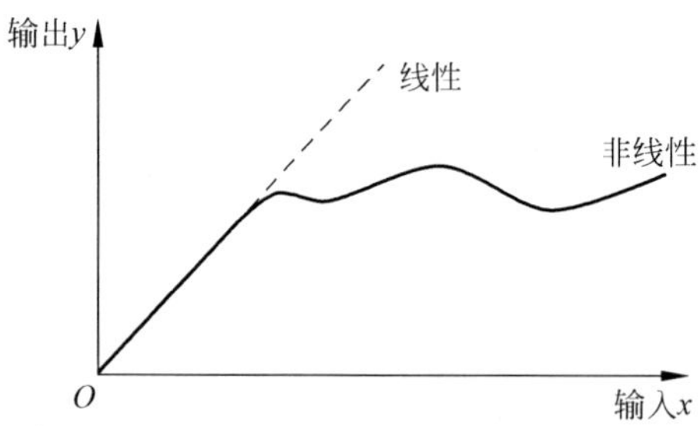

图16-1 线性系统和非线性系统的输入-输出响应关系

对于一个线性系统，我们往往可以用线性叠加原理来处理问题。以单摆为例，在小角度近似下其动力学方程表示为

$$\ddot{\theta}+\omega^2\theta=0 \tag{16-1}$$

这是个线性方程，因为方程的两个解 θ_1 和 θ_2 之和 $\theta_1+\theta_2$ 还是这个方程的解。这被称为**线性叠加原理**。但是这个原理对于非线性方程就失效了。理想单摆严格的动力学方程是个非线性微分方程

$$\ddot{\theta}+\omega^2\sin\theta=0 \tag{16-2}$$

因为

$$\sin(\theta_1+\theta_2)\neq\sin\theta_1+\sin\theta_2$$

可知其不满足叠加原理。在非线性系统中，叠加原理的失效可源于动力学方程本身的非线性，有些情况下也可能是由于边界条件的变动性。

由于叠加原理不再适用于非线性系统，因而其信号响应会发生频谱结构的变化。例如，对于一个线性电阻 R 器件，电压 V 和电流 I 的关系是线性的，即

$$V=RI$$

假设输入信号 I 只包含两种频率 ω_1,ω_2 的交流信号

$$I=I_0[\cos(\omega_1 t)+\cos(\omega_2 t)]$$

电压 V 也只包含同样的频率 ω_1,ω_2。然而，如果电压电流关系中出现了非线性项，例如

$$V=RI+R_1I^2$$

由三角函数关系

$$[\cos(\omega_1 t)+\cos(\omega_2 t)]^2=1+\frac{1}{2}[\cos(2\omega_1 t)+\cos(2\omega_2 t)]+[\cos(\omega_1+\omega_2)t+\cos(\omega_1-\omega_2)t]$$

可见，对于同样的交流输入，由于非线性的作用，不论其有多小(即 $R_1\ll R$)，电压 V 中就会有直流($\omega=0$)、倍频 2ω、和频($\omega_1+\omega_2$)和差频($\omega_1-\omega_2$)等新的频率成分。然而当非线性大到一定程度时，系统行为就可能发生突变，这时输出信号中可能突然出现某些分频，如 $\omega/2$，$\omega/4$ 甚至 $\omega/3$。非线性系统往往在一系列参量阈值上发生突变，每次突变都伴随着某种新的分频成分，最终进入混浊状态。这是非线性系统中出现的重要现象。

16-1-2　非线性系统的动力学方程

非线性系统，就是指由一些相互联系、相互作用的组元构成的、具有非线性行为特征的集合。这些组元可以是粒子、个人、企业，甚至生产力和知识等较抽象的事物，它们可以形成不同的系统结构。系统的状态可用一些状态变量来表征，如单个粒子的坐标和动量，气体的体积、压强和温度等。当系统处于非平衡态时，这类状态变量会随时间变化，此时系统称为动力(或动态)系统。动力学就是研究动力系统中状态变量如何随时间变化(即系统的运动)的一个学科。

动力系统状态变化的规律既可能表示为连续形式的微分方程或微分积分方程，也可能用关于状态变量的离散方程表示。对于一个动力学系统，假设在给定的时间内，系统状态由 N 个连续变量 $x_1,x_2,\cdots,x_N$ 的值定义，动力学演变规律可由 N 个常微分方程

$$\begin{cases}\dot{x}_1=f_1(x_1,x_2,\cdots,x_N,t)\\ \dot{x}_2=f_2(x_1,x_2,\cdots,x_N,t)\\ \quad\vdots\\ \dot{x}_N=f_N(x_1,x_2,\cdots,x_N,t)\end{cases}\tag{16-3}$$

表示。这 N 个独立变量 $x_1,x_2,\cdots,x_N$ 构成一个 N 维状态空间内的向量，叫做**状态向量**，描述其运动变化规律的微分方程组称为动力学方程或运动方程。若动力学方程中显含时间 t，则系统称为非自治的；若不显含时间 t，系统就称为自治的。

如果一个动力系统涉及一元高阶常微分方程，那么从数学上来说，则可以把各阶导数当

作新的变量，从而使其变为多元的一阶常微分方程组。对于一个偏微分方程则可以看成是无穷维的常微分方程组。对于非自洽方程组，则可把时间当成新的变量，令 $z=t$，并引入一新的方程 $\dot{z}=1$，这样就变成自洽方程组了。于是，可以把一阶自洽微分方程组作为**动力学方程的标准形式**

$$\dot{x}_i = f_i(x_j), \quad i,j = 1,2,\cdots,n \tag{16-4}$$

若把标准方程写成矢量形式，则为

$$x = f(x) \tag{16-4a}$$

式中 x 是 n 维欧几里得空间 R^n 中的矢量（$x\in R^n$），其第 i 方向的分量就是 x_i。也可把标准方程写成矩阵形式

$$\begin{bmatrix} \dot{x}_1 \\ \dot{x}_2 \\ \vdots \\ \dot{x}_n \end{bmatrix} = \begin{bmatrix} f_1(x_1,x_2,\cdots,x_N) \\ f_2(x_1,x_2,\cdots,x_N) \\ \vdots \\ f_N(x_1,x_2,\cdots,x_N) \end{bmatrix} \tag{16-4b}$$

$$x = (x_1,x_2,\cdots,x_n)^{\mathrm{T}} \in R^n$$

$$f = (f_1,f_2,\cdots,f_n)^{\mathrm{T}} \in R^n$$

从动力（学）方程的标准形式(16-4)容易看出其物理意义：每一方程表示动力系统每一状态变量随时间的变化率，而状态演变的变化率决定于以前的状态；这种形式的方程具有时间平移不变性，即方程形式不随时间变化，从而表明系统动力学规律的不变性。

下面我们来讨论一些具体的例子，一方面可体会到非线性系统的广泛性，另一方面也显示出动力学方程标准形式的一般性。

1. 非线性单摆

对于小角度摆动的线性摆，在方程(16-1)中引入非线性阻尼 $\alpha(\theta^2-1)\dot{\theta}$，记 θ 为 x，我们可得到范德玻尔(Van der Pol)方程

$$\ddot{x} + \alpha(x^2-1)\dot{x} + \omega^2 x = 0 \tag{16-5}$$

若把严格的单摆动力学方程(16-2)中的 $\sin\theta$ 展开为级数并只取前两项，$\sin\theta\approx\theta-\frac{1}{6}\theta^3$，则可得

$$\ddot{\theta} + \omega^2\theta - \frac{1}{6}\omega^2\theta^3 = 0 \tag{16-6}$$

这相当于取了一个双势阱模型，$V(x)=\frac{1}{2}kx^2+\frac{1}{4}ux^4$。进一步考虑阻尼作用，则变为杜芬(Duffing)方程的形式

$$\ddot{x} + \alpha\dot{x} + \kappa x + \mu x^3 = 0 \tag{16-7}$$

在周期外力驱动下则变为

$$\ddot{x} + \alpha\dot{x} + \kappa x + \mu x^3 = F\cos\Omega t \tag{16-8}$$

2. 非线性化学振荡

在 1958 年至 1964 年间，苏联化学家贝洛索夫(Belousov)和扎博津斯基(Zhabotinski)先后发现：在硫酸溶液中，以铈作催化剂，丙二酸为溴酸盐所氧化，在时间上会表现出还原

和氧化状态的交替出现，若放在陪斯培养皿中反应，则出现美丽的空间有序结构(图 16-2)。这个反应被称为 B-Z 反应，具体反应过程很复杂。普里高津-勒菲弗(Lefever)-尼科利斯(Nicolis)做了一个假想的基元反应模型，能够模拟该反应出现的复杂的分岔和混沌现象。

图 16-2　浅盘中 B-Z 反应呈现的螺旋状化学波

假想基元反应如下

$$\left.\begin{aligned}&\mathrm{A}\xrightarrow{k_1}\mathrm{X}\\&\mathrm{B}+\mathrm{X}\xrightarrow{k_2}\mathrm{D}+\mathrm{Y}\\&2\mathrm{X}+\mathrm{Y}\xrightarrow{k_3}3\mathrm{X}\\&\mathrm{X}\xrightarrow{k_4}\mathrm{E}\end{aligned}\right\}\tag{16-9}$$

以上反应的总效果是

$$\mathrm{A}+\mathrm{B}\rightarrow\mathrm{D}+\mathrm{E}$$

其中 A、B 和 D、E 是起始和最终产物，中间物 X 和 Y 可看作是催化剂。

把各反应物的浓度以相应小写字母表示，假定各反应过程都不可逆，不计扩散效应，并令上述反应的速率常数 k_1, k_2, k_3 和 k_4 都为 1(相当于作无量纲化)，则可得

$$\begin{cases}\dfrac{\mathrm{d}x}{\mathrm{d}\tau}=a+x^2y-bx-x\\[2mm]\dfrac{\mathrm{d}y}{\mathrm{d}\tau}=-x^2y+bx\end{cases}\tag{16-10}$$

这个方程可解释 B-Z 反应的时间振荡，若进一步考虑扩散效应，在一定参数下，中间物在空间也是周期分布的，形成空间有序结构。

3. 非线性生态系统

生态系统中一个相对简单的模型是人(虫)口模型。马尔萨斯(T. R. Malthas)曾在《论人口原理》中，分析了 19 世纪欧美一些地区的人口增长规律后得出结论说："每 25 年增加

一倍，即按几何级数增长。”如以 25 年为一代，把第 n 代的人口记为 y_n，则不难把这种“马尔萨斯人口论”写成数学形式

$$y_{n+1} = \alpha y_n \tag{16-11}$$

这是简单的线性关系，其中 $\alpha=2$ 是比例系数。容易看出，人口呈现为指数增长模式

$$y_n = \alpha^n y_0$$

其中，y_0 是开始计算的那一代人口数，只要 $\alpha>1$，y_n 很快就趋向无穷大，发生“人口爆炸”。

由于生存空间的限制，人口的增长是有极限的。为了反映人口变化的实际情况，需要修正马尔萨斯的线性模型。事实上，随着人口的增多，相互间生存竞争的压力也会增加。战争，疾病，食物匮乏，水源紧张等都是人口减少的因数。假设人口减少的数目正比于 y_n^2，方程(16-11)可以修正为

$$y_{n+1} = \alpha y_n - \beta y_n^2$$

这个方程同时考虑了人口增长和减少两种因素，反映出“过犹不及”的效应，因而具有更普遍的意义和用途。

重新“标度”以上方程，例如取 αy_n 为新的变量，而以 β/α 作为新的参量，并取最大人口数目为 1，这样就得到一个抽象的，标准的人(虫)口方程

$$x_{n+1} = \mu x_n(1 - x_n) \tag{16-12}$$

这个方程也被称为逻辑斯缔方程，其中 x_n 的变化范围是[0,1]线段，而参量 μ 通常在 0～4 之间。这个看起来很简单的方程，却可以展现出丰富多彩的动力学行为。

16-1-3 相空间分析

非线性系统的性质可以通过求解其动力学方程来加以了解，但大多数情形下难以得到解析解，只能借助于计算机求得数值解。这些计算结果可以在相空间里用相图形象化表示出来，从而方便研究系统状态演变的整体趋向和性质，这种分析方法的数学基础是法国数学家庞加莱(Poincare)创立的微分方程定性理论。

1. 相空间和相图

我们以单自由度的单摆系统来说明相空间分析的基本概念，其方法易于推广到更多自由度系统。在经典力学中，振子的振动状态可以由坐标和动量(速度)唯一描述，它们张成一个二维的实空间，称为相空间(二维情形下即为相平面)，相空间内几何点与系统的状态一一对应。当系统状态随时间演化时，相点在相空间中作相应的运动而描出一条曲线，称为**相轨线或相轨迹**。由相轨线所构成的图形称为**相图**(phase diagram)。

对于单摆，令 $x_1=\theta$，$x_2=\dot{\theta}$，可以把其动力学方程表为标准形式

$$\left.\begin{aligned} \dot{x}_1 &= f_1(x_1, x_2) \\ \dot{x}_2 &= f_2(x_1, x_2) \end{aligned}\right\} \tag{16-13}$$

式中 $\dot{x}_1$，$\dot{x}_2$ 是相点在相平面上运动速度的分量，称为相速度。在小角度近似下，单摆作线性自由振荡，这时 f_1 和 f_2 可表示为

$$\dot{x}_1 = f_1 = x_2$$

$$\dot{x}_2 = f_2 = -\omega^2 x_1$$

易解得 $x_1=A\cos(\omega t+\varphi)$，$x_2=-\omega A\sin(\omega t+\varphi)$，消去时间 t 则可得相轨线方程为

$$\omega^2 x_1^2 + x_2^2 = E$$

这是一个椭圆方程，E 是与系统能量对应的一个常数，其相图如图 16-3(a)所示。在有内在阻尼的情况和外驱动的情况下，可以作类似的处理，借助于数值积分，用计算机可画出相应的相图，如图 16-3(b)、(c)所示。

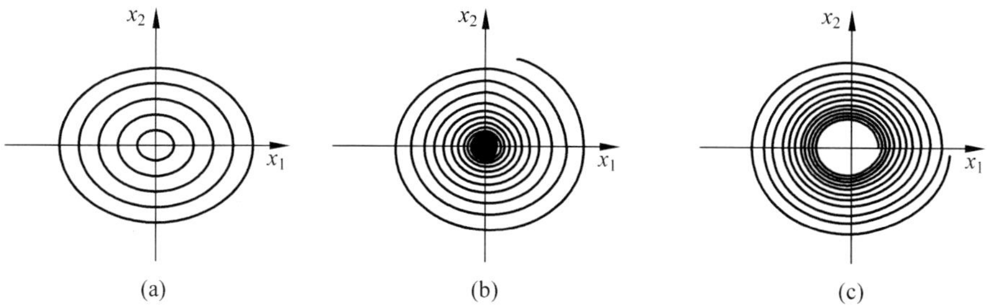

图 16-3　单摆的相图

(a) 自由振动；(b) 阻尼振动；(c) 受迫振动

可以看到，线性谐振子的相轨道是椭圆；而在有阻尼情形下，相轨道则为螺旋轨道。不论初始条件如何，系统的能量由于阻尼不断耗散，相轨道最后总是终止于原点(0,0)。这表明原点代表的状态是系统的平衡态，是一种结构性稳定的定态。对于周期驱动的阻尼振子，从相图上看，不同初始条件对应的不同螺旋轨道最后都收敛到被称为极限环的同一个周期轨道上。

2. 定态和吸引子

对于动力系统，我们感兴趣的问题往往是其整体演变的趋势，例如是否会到达某平衡态，以及其稳定性如何；或者如果不趋向某个点，是否能在相空间趋向某个有限的区域。这样的区域往往被称为**吸引子**。显然，最简单的吸引子是一个点，对应于系统的某个平衡态，这时状态参量的变化率为零，因而也被称为**定态**、**定点**或**不动点**。

以单自由度单摆系统为例，由标准动力学方程(16-13)易得相轨线 $x_2=f(x_1)$ 的斜率为

$$\frac{\mathrm{d}x_2}{\mathrm{d}x_1} = \frac{f_2(x_1,x_2)}{f_1(x_1,x_2)} \tag{16-14}$$

可见，在 x_1，x_2 给定的情况下，斜率是确定的，这表明相空间的轨线一般是不相交的，但是在定态时，由于

$$\left.\begin{aligned} \dot{x}_1 &= f_1(x_1,x_2) = 0 \\ \dot{x}_2 &= f_2(x_1,x_2) = 0 \end{aligned}\right\} \tag{16-15}$$

从而定态处的斜率无法确定，不动点(x_1,x_2)又被称为**奇点**、**临界点**等。在相空间中，奇点以外的点则称为寻常点或**解析点**。

非线性方程往往不止一个定点，按其稳定性可以分为**中心点**、**焦点**、**节点**和**鞍点**。对于无阻尼无外力的线性振子，图 16-3(a)中的原点就是一个中心点。由于在中心点附近，相轨线是闭合的曲线，而不趋近于中心点，因而中心点是李雅普诺夫稳定而不是渐近稳定的定态。一般来说，焦点、节点和鞍点(双曲不动点)可称为零维吸引子，如图 16-4 所示。图 16-4(a)中心是节点，它的吸引子过程最为简单，是直接到达的；图 16-4(b)中心是焦点，经过螺旋曲线到达；图 16-4(c)有些像马鞍，一个方向“趋近”中心，另一方向则“远离”中心，

其中心被称为鞍点。

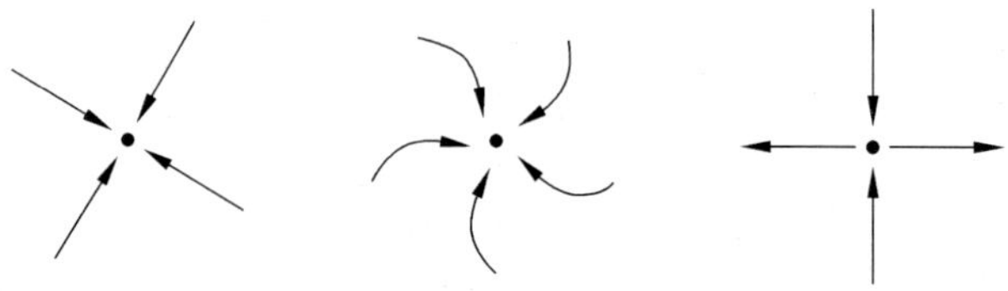

(a) (b) (c)

图 16-4 零维吸引子：焦点、节点和鞍点

除了定点外，吸引子还可以为一个"闭轨"，例如在受迫阻尼振子情形下，其相轨线最终趋向了一个周期轨道，数学上称为**极限环**[图 16-3(c)]。作为一维吸引子，极限环只有在二维以上相空间中才可能出现。三维和高维空间为系统提供了更加广阔的舞台，其吸引子的形态更加多姿多彩。总之，从数学上讲，吸引子是系统相空间中的一个"子空间"，即一个维数比原来相空间低的区域，它代表了系统的长期趋势。研究吸引子及其稳定性有助于我们了解非线性系统的整体性质和长期行为。

16-2 孤波和孤子

孤波和孤子是最早在自然界观察到，并且可以在实验室产生的非线性现象之一。通过研究，人们从描述河水，液氦，液晶，非线性光学晶体，超导体，等离子体，高分子化合物，生物体蛋白质，甚至涡旋星云等各类系统的一大类非线性偏微分方程中得到解析的孤波或孤子解。通常绝大多数非线性常微分方程都没有解析解（不可积），更别说是相当于无穷维常微分方程组的非线性偏微分方程了。因此，孤波一方面让我们通过其解析解更加理解非线性的作用，另一方面也给偏微分方程的求解提供了新的方法。

16-2-1 孤波的发现

1834 年，英国工程师罗素（J. S. Russell）在爱丁堡——格拉斯高运河上首先观察到孤波。十年之后，他在《论波动》中回忆说：

"当时，我正在观看由两匹马牵引的，沿着不宽的河道迅速向前运动的一只小船。当小船突然停止时，河道里由船推动的一大堆水并不停止，而是聚集在船头，激烈地摇动着，随后呈现出一个很大的、孤立的隆起，那是一个滚圆的、光滑的、而且周界分明的水堆。它突然离开小船，以很高的速度向前运动，而将小船甩在它后面。这个水堆沿着河道继续行进，没有明显地改变它的形状或者降低它的速度。我骑马紧跟，并赶上了它。它仍然以大约每小时 8 或 9 英里的速度滚滚向前，并且保持着原来的大约 30 英尺长、1 英尺到 1 英尺半高的外形。随后，它的高度逐渐下降。在我追赶了一两英里之后，它在河道的弯曲处消失了。因此，1834 年 8 月是我第一次有机会见到这一奇特、美妙的现象。"

这个美丽而且非凡的现象，罗素当时称之为"平移波"，现在我们称为孤波，这个术语来源于罗素在 1840 年的报告中所用名字"*A large Solitary progressive wave*"。作为一个训练有素的科学家，罗素敏锐地觉察到这是个与通常线性波本质上不同的新现象，就如他在其著作中所说："不管怎样，以前没有人能有幸地看到它，或者知道它意味着什么。"

罗素在发现孤波之后,从 1835 年到 1840 年间,花费了大量的时间在运河里和实验室中进行实验研究。在罗素参加的波动委员会于 1837 年的报告中,罗素总结了有关孤波的两个主要性质:

(1) 流体中存在一种局域的动力学实体——孤波,在运动中保持确定的形状和速度 $v=\sqrt{g(h+d)}$,其中 h 为波在未被扰动的水面上的高度,d 为未被扰动的水的深度,g 为重力加速度。

(2) 如果水的初始质量足够大,有可能产生两个或更多的孤波,它们相互碰撞时,彼此互相穿透,速度没有任何改变。

尽管罗素主要是根据实验而没有使用多少数学得到孤波的这两点性质,但他对孤波性质的理解是深刻的,唯一的不足之处是罗素认为波的形状是旋轮线。然而,罗素的发现和研究遭到爱瑞(G. B. Airy)和斯托克斯(G. Stokes)这两位对波动颇有造诣的科学家的怀疑:一个完整的波动为什么会全部在水面上,而不是一部分在水面上,一部分在水面下;波在传播的过程中,为什么波幅不会衰减,波的运动速度 $v=[g(h+d)]^{1/2}$ 也与他们的研究结果不符。后来,瑞利(Lord Rayleigh)经过仔细的研究之后指出,斯托克斯和罗素研究的波是有差别的,因而传播速度也就不同;而色散效应引起的波包扩散和非线性引起的波包收缩效应共同使得孤波形状保持不变。

16-2-2　KdV 方程

1895 年,荷兰的考特维格(D. J. Korteveg)和德弗里(G. de Vries)师生二人,为解释罗素观察到的孤波现象时,首次提出浅水中非线性波动方程,并正确地解释了孤波现象。从他们导出的浅水波方程通过变换,可以得到

$$u_t - 6uu_x + u_{xxx} = 0 \tag{16-16}$$

这就是著名的 KdV 方程。由于其中含有非线性项 $6uu_x$,故它是非线性偏微分方程。

我们先考察 KdV 方程中线性项的作用。忽略 KdV 方程中的非线性项,得到线性波动方程

$$u_t + u_{xxx} = 0$$

其解就是简谐波 $u(x,t)=A\sin(kx-\omega t)$ 或它们的线性叠加而成的波包。代入上面方程,得

$$\omega(k) = k^3$$

进一步可得相速度和群速度分别为

$$v_p = \frac{\omega(k)}{k} = k^2, \quad v_g = \frac{d\omega}{dk} = 3k^2$$

可见相速度与波包速度不一致,而且 ω 随 k 变化,故不同波长单色波的相速度不一样,使得波包扩散[图 16-5(a)]。再看非线性的影响。略去 KdV 方程中的线性项,得到

$$u_t - 6uu_x = 0$$

上述方程具有如下形式的行波解

$$u(x,t) = f(x-vt)$$

其相速度 $v=6u$,表明波包不同部分行进速度与高度有关:高度越大处速度越大,从而随着时间流逝,波包要受到挤压[图 16-5(b)]。

综上所述,线性项(u_{xxx})的色散效应使波包要扩散,非线性项($6uu_x$)却要使波包受到挤

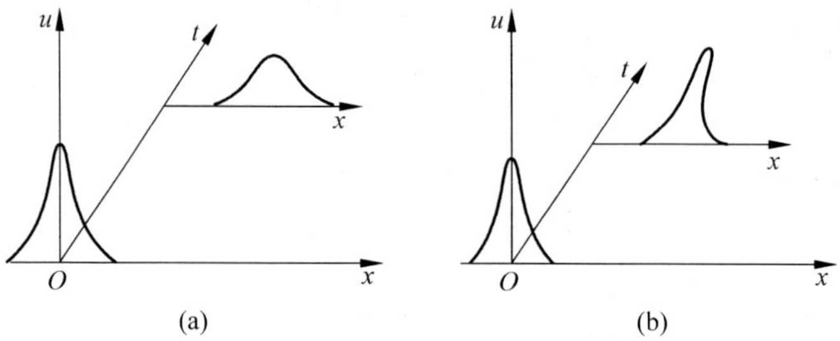

图 16-5

(a) 色散引起的波包扩散；(b) 非线性引起的波包挤压

压，这两个效应相互抵消就可能维持孤波的固定形状。

不难求出这样固定形状分布在有限区域的行波解，设其具有如下形式

$$u(x,t)=f(x-vt)=f(z) \tag{16-17}$$

代入方程(16-16)中可得到以 z 为变量的常微分方程

$$f'''-6ff'-vf'=0$$

对 z 积分一次得

$$f''-3f^2-vf=c_1$$

再用 f'乘上式两边，对 z 再次积分，得

$$\frac{1}{2}f'^2=f^3+\frac{1}{2}vf^2+c_1f+c_2$$

式中 c_1 和 c_2 都是积分常数。于是得到

$$z-z_0=\int(2f^3+vf^2+2c_1f+2c_2)^{1/2}\mathrm{d}f \tag{16-18}$$

由于假设波(解)仅限于有限的空间范围内，则可取边界条件为：当 $z\to\pm\infty$时，$f(\pm\infty)=0$，$f'(\pm\infty)=0$，$f''(\pm\infty)=0$，于是 $c_1=c_2=0$，式(16-18)简化为

$$z-z_0=\int(2f^3+vf^2)^{1/2}\mathrm{d}f=-\frac{2i}{v}\arctan\left(\frac{2f+v}{-v}\right)^{1/2}$$

最后得到解析解

$$f(z)=-\frac{v}{2}\mathrm{sech}^2\left[\frac{\sqrt{v}}{2}(z-z_0)\right] \tag{16-19}$$

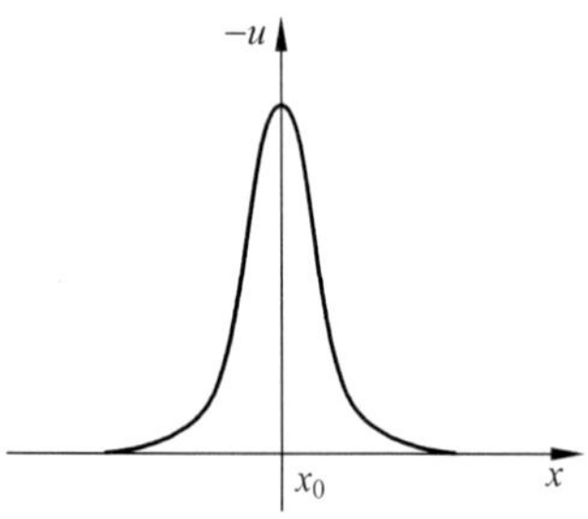

图 16-6　KdV 方程孤波解的形状

这个行波解的图形就像是一个钟形的水柱，如图 16-6 所示，其基本性质可概括为如下几点：

(1) 波是局域分布的，即分布在有限的空间范围。

(2) 波以速度 v 向右(x 轴的正方向)单向传播。

(3) 波幅$\left(\frac{v}{2}\right)$与波速 v 成正比，说明幅度高的孤波跑得快。

(4) 由于色散和非线性两种效应相互抵消，波形不变。

由此可见，KdV 方程的孤波解可以满意地解释罗素观察到的实验结果。

16-2-3　孤子的性质

从罗素发现孤波到 KdV 方程的提出经历了 60 年，此后 60 年间孤波现象又不为人们所注意。直到 1955 年，著名物理学家费米（E. Fermi）及其合作者（J. R. Pasta 和 S. M. Ulam）提出 FPU 模型。他们用计算机模拟研究能量在一维晶格中的迁移过程，发现晶格之间的非线性相互作用，使得能量只集中在少数相近的振动模上并形成波包，而没有像德拜（P. Debye）等人理论所预期的那样能量均分并趋于热平衡。这就使 KdV 方程和孤波在沉睡了几十年后重新引起了人们的注意。

后来，扎布斯基（Zabusky）和克鲁斯卡尔（M. D. Kruskal）对 KdV 方程进行了仔细的数值分析，而普林斯顿大学的数学家、物理学家加德纳（C. S. Gardner）、格林（J. M. Green）、克鲁斯卡尔（M. D. Kruskal）和三浦（R. M. Miura）合作应用逆散射法（inverse scattering method）得到全部解析的孤子解。他们发现，KdV 方程的确存在一些脉冲（波包或波堆）式的孤波解，这些孤波的振幅和宽度不同，传播的速度也不等，不同孤波可以互相碰撞，碰撞后它们各自维持原来形状和速度而继续前进，这就是所谓弹性碰撞，如图 16-7 所示。值得注意的是，两个孤波产生非线性叠加时，其合成波幅小于波幅较高者的幅度，这说明线性叠加原理在这里不适用。

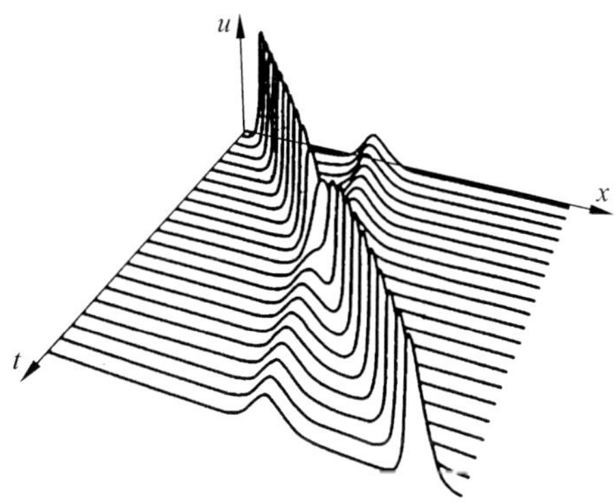

图 16-7　两个 KdV 孤子的弹性碰撞过程

扎布斯基和克鲁斯卡尔正式将这种波包形式的孤波称为孤子（或孤立子，Soliton），因为它们跟粒子一样，能够弹性碰撞，满足动量和能量定律。已发现比较典型的、具有孤立子解的微分方程有以下四类：

（1）KdV 方程。它可以用来正确描述浅水波、等离子体离子波及弹性波等；

（2）sine-Gordon 方程：$u_{tt}-u_{xx}+\sin u=0$。它主要用于电荷密度波、晶格位错的传播、基本粒子的模型等；

（3）非线性薛定谔方程：$\mathrm{i}u_t+u_{xx}\pm|u|^2u=0$。它用于深水波、非线性光学及一维铁磁体等；

（4）φ^4 场方程。它用于场论模型等。

这些方程的孤子解具有以下两个性质：①能量有限，且分布在有限的空间范围内；②弹性碰撞（即在碰撞后能恢复到原来的波形和速度）。数学家往往要求孤子严格满足这两条性质，但从物理学的观点看，一般认为，具有性质①的特殊解就可以称为孤子。

目前，孤子理论已从一维发展到多维，由单一的孤子演化方程发展到耦合演化方程组，由经典物理发展到量子物理，并与多学科交叉，而且有可能在实际中得以应用。例如在光纤通信中，光纤的色散效应使得通信容量受到了很大的限制，而光纤的损耗又限制了光脉冲信号的传输距离。1973 年，哈瑟加瓦（A. Hasegawa）首先指出，利用媒质的非线性作用和光纤的色散效应，形成光孤子，实现光孤子通信，可以大大增长传输距离，增大信息容量，且信号失真极小。1980 年，莫勒瑙尔（L. F. Mollenauer）等人从实验证实了这一理论。

16-3 确定性混沌

混沌，译自英文“chaos”，原意是混乱无序，这是通常的用法。在古代中国和希腊的天地创生神话中，混沌指宇宙元初的状态；而在现代非线性科学中，则是用来描述确定性动力系统出现的现象：由于系统的非线性，初值如果“差之毫厘”，系统的长期行为即“失之千里”而不可预期，表现为对初值的极端敏感性，这就是确定性混沌。

16-3-1 混沌的发现

在经典物理学中，对自然有两种描述方式：**确定性描述和概率论描述**，各有其典型的模型系统。

理想的线性单摆就是一个典型的确定论系统，描述该系统的数学方程(16-1)完全确定，不包含任何随机因素的。它的解是完全确定的，可以写成

$$\theta(t) = A\cos(\omega t + \varphi)$$

一旦初始条件给定，或者说严格知道系统的初始状态，则它以后任何时刻 t 的运动状态就完全确定，或者说可以精确地预言。初始条件的小小变化，不会造成摆的行为大的变化，也就是说，线性摆的运动状态对于初始条件的细微变化并不敏感。

随机运动的经典实例则是在液体中无规运动(称为布朗运动)的花粉颗粒(称为布朗粒子)。液体分子对布朗粒子的碰撞是随机的，可以用一个随机力 $\sigma\xi(t)$ 来代表其作用，其中 σ 是反映随机力大小的一个参数，$\xi(t)$ 则是随时间无规变化的随机数。布朗粒子的动力学规律可以用朗之万(Langevin P)方程

$$k\dot{x} = f(x) + \sigma\xi(t) \tag{16-20}$$

来描述，其中 $f(x)$ 代表外场对粒子的作用。在适当的假定和条件下，该方程的解可以与初始条件没有关系。

在经典物理中，确定性描述和概率论描述表面上截然不同，但其核心思想是一贯的：世界在本质上是决定论的。牛顿力学在天文学上的巨大成功毫无疑问强化了决定论信念，因而才有拉普拉斯那样的豪言壮语：给定宇宙的初始条件，我就能预言它的未来。概率论描述则是不得已而为之，或因为布朗粒子的外部随机性，或由于热力学系统中的大数粒子，但内心还是深信：只要精确地知道所有粒子的初始条件，那么任意时刻的粒子或系统状态是可以精确预言的。正是怀着坚定的决定论思想：“上帝不投骰子”，爱因斯坦才一直质疑量子力学的完备性，他总认为在量子概率后面还隐藏着什么决定性因素。

然而现代物理的发展，极大地动摇了经典的决定论思想。量子力学的发展业已表明量子过程本质上就是随机的，而即便在经典的确定论系统里也发现了随机的行为。人们往往习惯于把一个系统的随机行为归之于外部因素或内部尚未清楚的原因，这样的随机性对于一个确定论系统只是一种外在随机性。但是在非线性确定论系统中，即使没有所谓的外在随机性，系统完全按确定的动力学规律演变，也会表现出某种随机性，这被称为确定性混沌。这是由于确定论系统内部的非线性所导致的内在随机性：系统对初值的极端敏感性使得对确定性系统的长期预测成为幻想。

早在19世纪末，法国伟大的数学家、物理学家庞加莱在研究三体运动时就已经认识到

确定性的不可预测性，并提出用相空间分析法来研究不可积系统的整体动力学行为特征。在《科学与方法》中，他写道："初始条件中的微小差别会在最后现象中产生非常大差别的情况也会发生，前者的微小误差将在后者中产生巨大的误差……"。但他的这种思想，部分由于其数学上的奇特和艰难，长期未引起物理学家足够的关注。

1961 年冬的一天，美国气象学家洛伦兹，在用他描述天气变化的数学模型（一个三阶非线性微分方程）进行计算时，重新发现了确定性的不可预测性。为了省事，他把前面已经算出的系列数据中的一个中间数据当作初值输入，而没有按以前的初值从头计算。出乎意料的是，同样的程序计算得到的结果很快就偏离了原来的系列（图 16-8）。他很快意识到这并非计算机出了故障，原因在输入的初值数据上。计算机储存的是 6 位小数 0.506 127，但他输入的只是打印出的 3 位数据 0.506。初值的这千分之几的微小差异导致了结果序列的逐渐分离。基于此，他得出结论：天气的长期预报是不可能的。

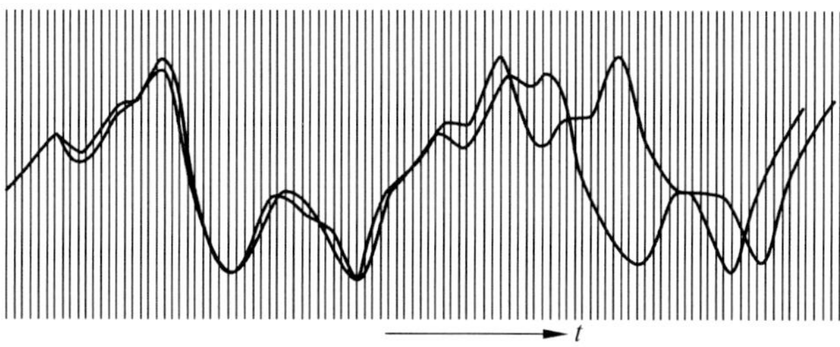

图 16-8　洛伦兹模型的气候演变图线

1963 年，洛伦兹在纽约科学院的一篇文章中引述了一位不具名的气象学家的说法：若混沌理论属实，一只海鸥双翅的轻拍，就足以改变地球的整个未来天气系统。在 1972 年的会议中，他重新表述了自己的观点，"可以预见：亚马孙流域的一只蝴蝶扇动翅膀，就可能会掀起密西西比河流域的一场风暴。"这就是所谓的"**蝴蝶效应**"，它形象地表现了非线性系统对初值的极端敏感性。正是洛伦兹对混沌的重新发现和形象宣传，混沌理论才广为人知。

16-3-2　通向混沌之路

人（虫）口模型描述了一个相对简单的决定性非线性生物系统，我们通过它来探究通向混沌之路。虫口模型的标准方程为逻辑斯缔方程（16-12），$x_{n+1}=\mu x_n(1-x_n)$，其中，x_n 的变化范围是[0,1]线段，x_{n+1} 可取的最大值为 $\mu/4$，而参量 μ 取在 0～4 之间，保证 x_{n+1} 还在[0,1]区间。从数学上来说，这是定义在[0,1]之间的线段到线段自身的区间映射，其一般形式为

$$x_{n+1} = f(\mu, x_n),\quad x_n \in I \tag{16-21}$$

其中 $f(\mu,x)$ 是依赖于参量 μ 的一个非线性函数。

我们首先来求虫口方程的不动点。令 $x_{n+1}=x_n=x^*$，得二次方程

$$x^* = \mu x^*(1-x^*)$$

它有两个解

$$x_1^* = 0,\quad x_2^* = 1-1/\mu \tag{16-22}$$

也就是说虫口方程有两个不动点，但在 $0<\mu<1$ 时，注意到 x 的范围，事实上只有一个不动点 $x_1^*=0$。

为了考察不动点的稳定性，可在不动点附近作展开。令

$$x_n = x^* + \Delta x_n,\quad x_{n+1} = x^* + \Delta x_{n+1}$$

代回原来迭代方程并取一级近似，可得

$$\Delta x_{n+1} = f'(x^*)\Delta x_n \tag{16-23}$$

如果不动点处$|f'(x^*)|<1$，经过一次迭代以后，到不动点的距离$|\Delta x|$变小，也就是说经过多次迭代会逼近这个不动点，说明这是个**稳定不动点**。反之，如果$|f'(x^*)|>1$，则随着一次次的迭代，x会远离这个不动点，说明这是**不稳定不动点**。

对于虫口模型，容易求得

$$f'(x) = \mu(1-2x) \tag{16-24}$$

从而可以判定：在$0<\mu<1$时的不动点$x_1^*=0$是稳定不动点；在$1<\mu<3$时，$x_1^*=0$是不稳定不动点，$x_2^*=1-1/\mu$是稳定不动点；在$3<\mu<4$时这两个不动点都是不稳定不动点。

让我们来看一个具体的数值例子。取$\mu=2$，初始值$x_0=0.1$，用一个计算器就可得到

$$\begin{aligned}
x_1 &= 0.18\\
x_2 &= 0.2952\\
&\vdots\\
x_6 &= 0.499\,999\,686\,1\\
x_7 &= 0.5
\end{aligned}$$

可以看到，每次迭代后越来越远离不稳定不动点$x_1^*=0$，7次迭代后，到达稳定不动点$x_2^*=1-1/\mu=1/2$。这个迭代过程可以形象地作图表示出来，如图16-9所示。图中画出了非线性函数$f(x)$和代表$y=x$的45°倾斜的分角线。在横轴上取初值x_0，垂直向上找到与抛物线$f(x)$的交点A，其纵坐标就是x_1；然后水平地找到与分角线的交点B，其纵横坐标都是x_1；再从B点向上作垂直线交抛物线于C点，即可确定x_2，以此类推。这样，只要初值不为0和1，最后总会到达不动点P。掌握这种图上作业，对于理解虫口方程的动力学很有帮助。

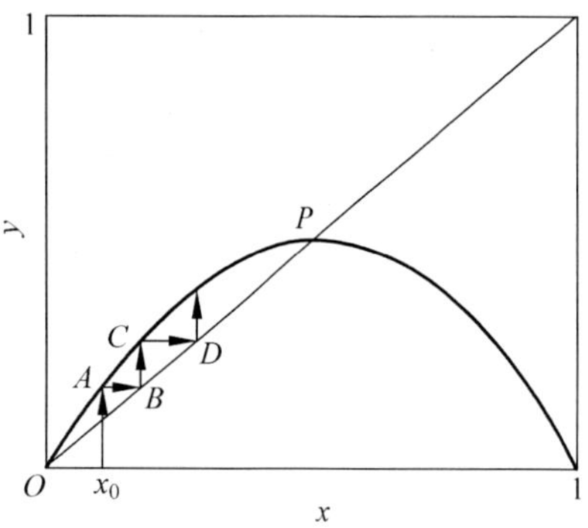

图16-9 一维映射的迭代过程

综上可知：在$0<\mu<1$时，不论初值如何，最终趋于$x=0$，即种群会灭绝；而在$1<\mu<3$时，种群会达到一个稳定的规模。那么当$3<\mu<4$时，这两个不动点都不稳定，会出现什么情况呢？把参量改为$\mu=3.3$，从初值$x_0=0.5$出发，经过一段过渡后轨道成为两个数的交替：

$$\begin{aligned}
&\vdots\\
x_{32} &= 0.479\,427\,020\\
x_{33} &= 0.823\,603\,283\\
x_{34} &= 0.479\,427\,020\\
x_{35} &= 0.823\,603\,283\\
&\vdots
\end{aligned}$$

这是一条周期2轨道，对初值也不敏感，所有的初值最终都殊途同归，达到这个**周期2吸引子**。对于虫口模型，这表明如果今年夏天虫子数目多，明年夏天就少，如此交替下去，这是较

为符合实际情形的结果。

容易证明，只有参量处在 $\mu_1=3<\mu<\mu_2=1+\sqrt{6}$ 范围内时才出现周期 2 吸引子。当 $\mu_2=1+\sqrt{6}<\mu<\mu_3=3.54\cdots\cdots$ 时，迭代很快进入稳定的四点周期。一般而言，存在一系列特殊参数值 μ_n，当 $\mu_n<\mu<\mu_{n+1}$ 时，多次迭代就会进入 2^n 周期。当 n 较大时，这些参量靠得越来越近，很快趋近一个极限 $\mu_\infty=3.5699$，这时周期变为无穷大，实际上也就是无规则的运动，即出现混沌。

我们可以把改变参量值而走向混沌的道路形象地显示在图 16-10 所示的分岔图中。从 $\mu_1=3$ 到 $\mu_\infty=3.5699$，周期不断加倍，图形不断分岔，最后进入混沌区域，这就是通向混沌的道路之一——**一倍周期分岔道路**。在混沌区域，若仔细观察，还会发现不少周期窗口，最明显的是周期 3 窗口，其起始点可确定为 $\mu_c=1+\sqrt{8}=3.828\,427$。减小 μ 值，可以从周期 3 窗口左端进入混沌区，这时产生的是阵发混沌，这是产生混沌的另一条道路——**阵发混沌道路**。一般而言，从非混沌状态到混沌状态的演化过程是多种多样的，这里讨论的只是一维映射通向混沌之路的两种基本方式。

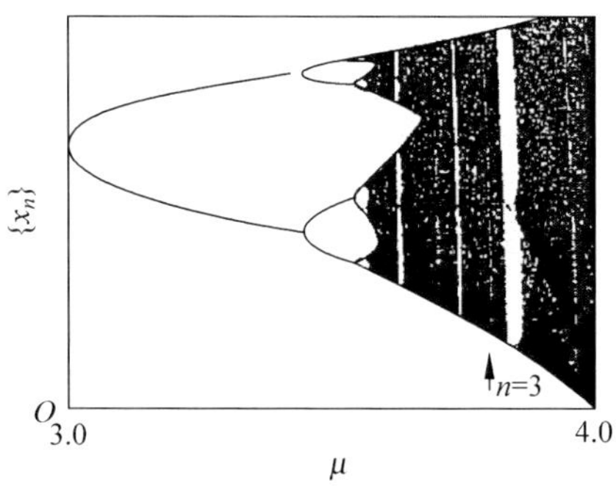

图 16-10　虫口模型的分岔图

16-3-3　费根包姆常数、李雅普诺夫指数

混沌是确定性系统的内在随机性现象，看起来毫无规律，那么有没有一些内在的规律呢？或者说能不能找到一些特征常数或指数来描述混沌呢？这里介绍两种特征参数。

1. 费根包姆常数

费根包姆通过研究发现，在倍周期分岔道路中，分岔点趋近其极限的方式是一种普适的方式，可表示为

$$\mu_n=\mu_\infty-\frac{c}{\delta^n} \tag{16-25}$$

其中，常数 c 与具体的映射有关。常数 δ 是普适的，即与具体模型无关，可表示为

$$\delta=\lim_{n\to\infty}\frac{\mu_{n+1}-\mu_n}{\mu_{n+2}-\mu_{n+1}} \tag{16-26}$$

数值计算的结果是

$$\delta=4.669\,201\,609\cdots \tag{16-27}$$

他还发现分岔宽度也存在一个普适的缩小因子

$$\alpha=2.502\,907\,875\cdots \tag{16-28}$$

不论在一维映射还是更复杂的微分方程中，只要看到倍周期分岔现象，都可以得到这两个普适常数，它们被称为**费根包姆常数**。这表明需要一个普适的理论来说明这种普适的性质，正是普适性的研究加深了人们对混沌现象的认识。

2. 李雅普诺夫指数

混沌最重要的一个特性就是对初值的极端敏感性，指的就是对初值 x_0 的一点点偏差

Δ_0,在迭代 n 次后的偏差 Δ_n 就会变得很大。一般可假设偏差按指数规律变化,即可写成

$$\Delta_n = \Delta_0 e^{\lambda n} \tag{16-29}$$

其中参数 λ 只有在大于零时才对应混沌状态,否则相差不大的两个轨道就不会快速分开。当 $n \to \infty$ 时,这样定义的参数 λ 就被称为**李雅普诺夫指数**。

前面我们讨论过在不动点附近经过一次迭代后偏差的改变可由式(16-23)决定,略作推广就可以得到迭代 n 次后的偏差为

$$\Delta_n = f'(x_{n-1})f'(x_{n-2})\cdots f'(x_0)\Delta_0$$

与前面的定义相比较,可得李雅普诺夫指数的计算公式为

$$\lambda = \lim_{n\to\infty}\frac{1}{n}\sum_{i=0}^{n-1} \mid f'(x_i) \mid \tag{16-30}$$

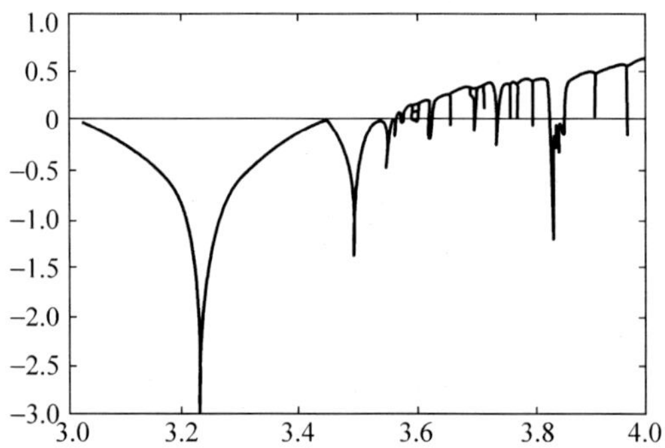

图 16-11 虫口模型的李雅普诺夫指数随控制参数的变化关系

这个公式容易用于数值计算。对于虫口模型,对于不同的参数 μ,计算到 $n=2000$ 的结果如图 16-11 所示。与图 16-10 对照,可以发现:$\lambda<0$ 对应于周期窗口,而 $\lambda>0$ 则对应于混沌区域。

可见,李雅普诺夫指数可以用来表征混沌和非混沌状态。在混沌状态,李雅普诺夫指数就为正,说明混沌是一种对初值极端敏感的非线性现象。但这种现象乱中有治,表面无序,内涵规律。确定性混沌超越了传统的确定性描述和概率论描述,为人们理解世界、改变世界提供了新的模式。

16-4 分形和标度不变性

大自然中一直存在着各种游移于传统几何学视野之外的不规则形状:雄伟的山川、蜿蜒的河流、美丽的云朵、奇特的闪电……曼特尔布罗在这些表面的不规则之中发现了内在的整体与部分之间的自相似性,于 20 世纪 70 年代提出了分形几何学。分形这个几何概念很快超出了数学领域,与物质系统和物理过程的标度不变性取得内在的联系,在表面无序和内在有序之间架起了桥梁,现在已成为非线性科学研究领域的一个重要内容,在物理、化学、生物、计算机图形学、视觉艺术等领域有广泛的应用。

16-4-1 分形及分维

分形概念是曼特尔布罗在研究如海岸线这样表面不规则而又具有内在自相似性的几何对象时引入的。1978 年,他曾给出一个试探性的严格的数学定义:**分形乃一集合,其豪斯道夫维严格超过拓扑维**。按照他在 1986 所给的不那么抽象的定义"一分形乃以其某种方式使部分相似于整体的形状",分形首先可以理解为一类具有扩展对称性或自相似性的几何图像。

图 16-12 给出了常见的几种典型的具有严格自相似性的几何对象。图(a)为康托尔集

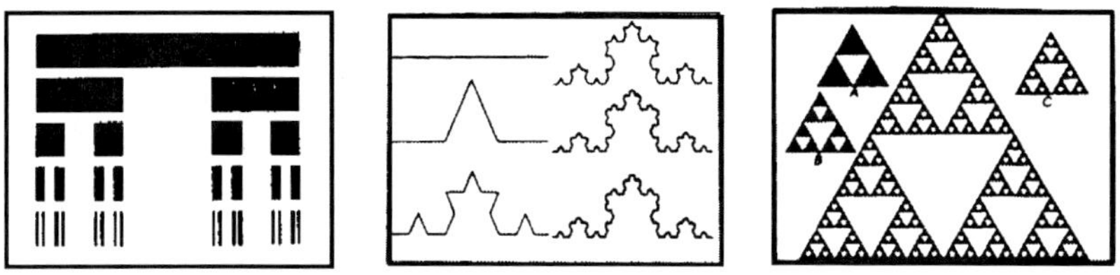

(a)　(b)　(c)

图 16-12　几种典型的几何分形图形

合：取一单位长度直线把它分为三等分，中间部分去掉，余下左右两个短线，重复同样的做法直至无穷，这样就形成康托尔集合。容易看出其任意一部分具有与整体一样的结构，也就是具有自相似性。图(b)为科赫曲线：将单位长度的线段分为三段，用一折线取代中间一段，保持折线的每段长度与原来相等，然后对每条线段上进行相同的操作，经无穷多次操作后，就构成了科希曲线。科希曲线处处连续，但处处不可微。它具有严格的自相似性，可以利用它模拟海岸线或雪花的边线。图(c)为谢尔品斯基地垫片：在二维欧几里得空间中，作一个正三角形，将各边二等分，构成了四个小正三角形，去掉中间那个，对余下的正三角形作同样操作以至无穷即得所谓谢尔品斯基地垫片。也可以尝试用正方形来构造类似的结构，称为谢尔品斯基地毯。

这些数学上定义的分形具有严格的自相似性，当我们用不同的尺度去度量它们时会看到同样的结构，也就是说，如果以用放大镜来观察物体，不管放大倍数的大小，观察得到的结构是相同的。这表明我们不能确定其特征长度，那么该怎么描述分形呢？我们可以用豪斯道夫维数来刻画不同的分形对象。

通常所说的“维数”是拓扑维数，它指的描述一个几何体独立变量的数目，例如点、线、面、体的维数分别为零维、一维、二维、三维。但是这种简单直观的维数定义对分形难以运用。换个角度来理解，如果以 ε 为基本单位长度，分别以大小为 ε^1、ε^2 和 ε^3 的线段、方块、立方体来度量一维线段的长度、二维平面的面积、三维立体的体积，所得数目均可表示为

$$N(\varepsilon) = \frac{V}{\varepsilon^d} = V\varepsilon^{-d} \tag{16-31}$$

由此可以定义**豪斯道夫维数为**

$$d = \lim_{\varepsilon \to 0} \frac{\ln N(\varepsilon)}{\ln \dfrac{1}{\varepsilon}} \tag{16-32}$$

利用豪斯道夫维数的定义可以算出分形的维数。例如，对于科赫曲线，若取 $\varepsilon = 1/3$，则得 $N=4$；若取 $\varepsilon = (1/3)^2$，则得 $N=4^2$；一般地若取 $\varepsilon = (1/3)^k$，则得 $N=4^k$。于是根据定义可得其维数为

$$d = \lim_{k \to 0} \frac{\ln 4^k}{\ln 3^k} = \frac{\ln 4}{\ln 3} = 1.2618$$

可见其维度为介于 1 和 2 之间的一个分数。如果不能正确认识其维度，用低于正确维度的一维“尺子”去量，则会得到无穷大的数目；而如果用高于正确维度的二维“尺子”去量，则得零。

上面我们所举的例子具有严格的自相似性，我们也可以讨论具有近似和统计意义上的

自相似性的无规分形，如雪花、海岸线、山脉、高分子聚合物等。在实际复杂的系统里，还可能出现需要多个分形维数参量的多重分形。另外，自相似性也不限于空间结构，也可以表现在时间结构上，这被称为时间分形，例如粒子的布朗运动、股市的价格振荡等。

16-4-2　逾渗模型

流体在像土壤、肝脏、枝叶等多孔介质中流动时，不同于通常的扩散运动，将会表现出由于介质结构作用所产生的随机性。为了描述流体在无序介质中运动或扩散，布罗得本特和哈梅斯利于 1957 年首先提出了逾渗模型，其后在合金薄膜的结构相变、无序材料的金属-绝缘相变、大分子凝胶、岩石中的地震、土壤水流、流行病传染等广泛领域得到研究和应用。

我们以能够严格计算的一维格子(如图 16-13 所示)上的逾渗模型来说明逾渗现象，其基本概念和基本方法可推广应用到到高维格子上的逾渗模型。假设图 16-13 中格点为一维导线上的开关所在位置，开关的“开”和“关”对应于格点的“占据”(以黑点表示)与“未占据”，这被称为座(格点)逾渗模型。格点间的连线则被称为键。键的占据与否可对应于连线为导体或绝缘体。若仅考虑键的占据则被称为键逾渗模型。若同时考虑格点和键的占据，则可称为座-键逾渗模型。在同一个格子上座逾渗模型和键逾渗模型是相互独立的，下面我们只讨论座逾渗模型。

图 16-13　一维格子上的座逾渗模型

如果格点占据与否是随机的，设其占据概率为 p。相互紧邻的被占据的格点构成相互连通的一个集团，其尺度大小可由格点数目 s 表示。当 p 较小时，一维链上出现一些独立的、尺度不同的集团(如图 16-13 所示)，此时电流无法通过整个网格。容易理解，只有格点随机占据的概率 p 达到一定的临界值或逾渗阈值 p_c(一维格子 $p_c=1$)，才能出现一个被称为逾渗集团的贯穿整个网格的集团，整个一维链才能导电。

从相变的角度看，逾渗集团的出现可以看成在逾渗阈值 p_c 点发生了几何相变。逾渗阈值，与格子有关。例如：二维正方形网格上的键逾渗阈值 $p_c^b=0.5000$，座逾渗 $p_c^s=0.5937$；二维三角格子上 $p_c^b=0.3473$，$p_c^s=0.5000$。一般来说，若点阵中的每个座有 z 个最近邻的座，则相同的点阵中的每条键有 $2(z-1)>z$ 条相邻的键，故键逾渗比座逾渗容易发生，$p_c^b>p_c^s$。

虽然格点的占据是随机的，但我们可以把处在 r_i 和 r_j 的两个格点同属一个有限集团的概率定义为这两个格点之间的关联函数 $g(r_i,r_j)$。在一维情况下，如果 r_i 格点被占据，那么只有 r_j 格点以及它与 r_i 格点之间所有格点被占据，这两个格点才隶属于一个集团。在占据概率为 p 时，关联函数具体形式为

$$g(r_i,r_j)=p^r \tag{16-33}$$

其中 $r=|r_i-r_j|$ 为两个格点的距离(以格子间距为单位)。显见关联函数随距离的增加而减小。把关联函数改写为

$$g(r_i,r_j)=p^r=\exp(\ln p^r)=\exp(-r/\xi)$$

其中 ξ 为一个特征长度，称为**关联长度**，可表示成

$$\xi=-\frac{1}{\ln p}=-\frac{1}{\ln[1-(p_c-p)]} \tag{16-34}$$

在 $p \to p_c = 1$ 时，容易得到

$$\xi \propto | p - p_c |^{-\nu} \tag{16-35}$$

其中 $\nu = 1$ 为正数。在一般的逾渗中，相关长度 ξ 代表了同一个集团中两个座的平均距离，在逾渗阈值附近变得很大，在 p_c 点则会发散，其行为也可表示为式(16-35)的形式，被称为**指数律**。其中 ν 称为临界指数，与逾渗阈值不同，它与格子无关，只与维度有关，具有普适性。

可见，在 p 较小时，关联长度也较小，而这时集团的平均大小也较小，那么集团的平均尺寸也与关联长度一样具有相同的临界行为吗？为计算平均集团尺寸，先计算具有 s 个座的集团出现的概率 $n(s)$。注意每个座占据概率为 p，不占据率为 $1-p$，共有 s 个座要被占据，而该集团端点处两个格点不占据(忽略边缘效应)，则可得

$$n(s) = p^s (1-p)^2 \tag{16-36}$$

对于任何一个座，它属于大小为 s 的集团的概率为

$$n(s) = s \cdot p^s (1-p)^2 \tag{16-37}$$

进一步可得集团的平均大小

$$\bar{s} = \frac{\sum_{s=1}^{\infty} n(s) \cdot s \cdot s}{\sum_{s=1}^{\infty} n(s) s} = \frac{1+p}{1-p} \tag{16-38}$$

比较式(16-38)与式(16-35)，可见集团的平均尺寸也与关联长度一样具有相同的临界行为。

逾渗过程可以看成一种几何相变，其序参量是逾渗几率，即点阵上的任何一座属于无限大逾渗集团的概率，记作 $P_\infty(p)$。对于上面的一维链，当 $p < p_c$ 时，任何一个座均不可能属于逾渗集团，此时 $P_\infty(p) = 0$；当 $p \geqslant p_c = 1$ 时，则有些座属于逾渗集团，则有 $P_\infty(p) = 1$。容易验证

$$P_\infty(p) + \sum_{s=1}^{\infty} s n(s, p) = p \tag{16-39}$$

这个式子很容易理解，它表明一个座属于有限大小集团和无限大集团的概率等于座占据概率，它也适用于高维情况。

上面介绍了一些有关逾渗的基本概念，尤其着重于几何相变时的临界行为和临界指数，其主要特征与各种物理系统的实际相变具有很大的类似性，因此这是一个具有广泛实际运用的物理模型。其实，逾渗集团本身就是一个值得研究的典型的、具有统计自相似特征的分形结构，如图 16-14 所示。

16-4-3　标度不变性

一般的物理系统都有特征尺度，通常可用数量级表示。例如人的高度为 1 m，其能力受制于这个尺度，并不能像在大人国或小人国里那样可以随意放缩。但具有分形结构的系统，却没有特征长度，可以把度量尺子放缩，看到的结构是相似的。尺子放缩被称为标度变换，在标度变换下的相似性称为**标度变换对称性**。

对于 d 维的分形，若把尺子由 ε 缩小为 ε/λ，即作标度变换 $\varepsilon \to \varepsilon/\lambda$ 时，其数目的变换为

$$N(\varepsilon/\lambda) = \frac{V}{(\varepsilon/\lambda)^d} = \lambda^d V \varepsilon^{-d} = \lambda^d N(\varepsilon) \tag{16-40}$$

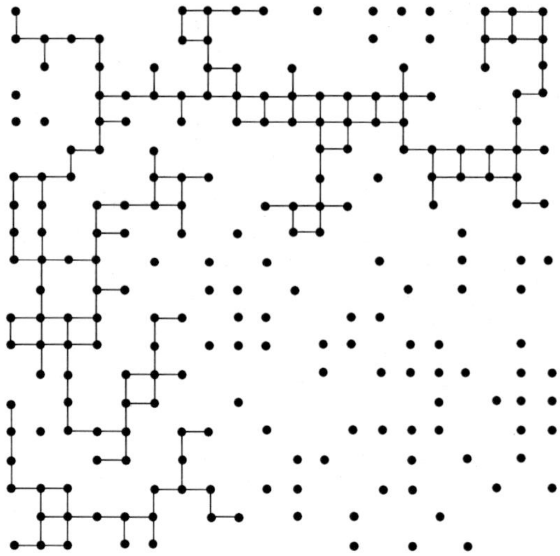

图 16-14　二维 20×20 正方格子在 $p=0.5575$ 时形成的座逾渗集团结构

由此可见分形的维数是标度变换下的一个不变量，可表示为

$$d=\frac{\ln[N(\varepsilon/\lambda)/N(\varepsilon)]}{\ln\lambda} \tag{16-41}$$

这也就是标度变换下的不变性，利用此性质可以更方便地计算分形维数。

在发生相变时，关联长度趋于无穷大，这时拿什么尺子量，都是无穷大，因此也具有标度变换对称性。下面我们来考察一维格子上座逾渗模型在标度变换下的性质。把链上每 $b=2$ 个格点当作一新格点，则这个新格点是否占据取决于原来两个格点占据的情况，实行“一票否决制”，即只要原来有一个格点未占据，则新格点也未占据，只有原来两个格点都占据时，新格点才被占据。图 16-15 示意显示线性链连续进行这样变换的过程。容易看出，只要最初占据概率 $p<0$，最后结果就是整个格子上没有被占据的格点，即其占据概率为 $p^*=0$。如果 $p=1$，则 $p^*=1$，在变换过程中始终占据。

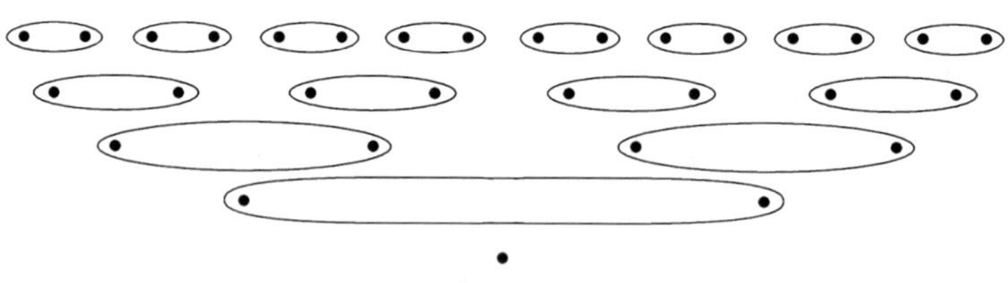

图 16-15　一维格子上集团归并过程

我们可以从格点占据概率的变换来理解上面变换的结果。新格点占据概率 p' 决定于归并格点数目 b 和原来格点的占据概率 p，记为 $R_b(p)$。在一维链情况下，容易得到

$$p'\equiv R_b(p)=p^b \tag{16-42}$$

通常把 $R_b(p)$ 称为 p 的**重正化变换**。在 $p<0$ 时，连续变换的结果必然趋于 $p^*=0$，说明 $p^*=0$ 是稳定不动点，它是方程 $p^b=p$ 的一个解；另一个解 $p^*=1$ 是个不稳定不动点，它就是临界点 $p_c=1$。

利用重正化变换可以求出临界指数。在临界点附近可以把重正化变换展开为

$$p' \equiv R_b(p) = R_b(p_c) + R_{b'}(p_c)(p - p_c) + \cdots$$

注意到 $R_b(p_c) = p_c$，即得

$$(p' - p_c)/(p - p_c) = R_{b'}(p_c)$$

而根据指数律(16-35)，有

$$\frac{\xi(p')}{\xi(p)} = \frac{|p' - p_c|^{-\nu}}{|p - p_c|^{-\nu}} = \left[\frac{1}{R'_b(p_c)}\right]^{\nu}$$

另外，在重正化变换之下，由于尺子变长 b 倍，关联长度缩短了 b 倍。因此

$$\frac{\xi(p')}{\xi(p)} = \frac{1}{b}$$

比较以上两式，即得到临界指数为

$$\nu = \frac{\ln b}{\ln R'_b(p_c)} \tag{16-43}$$

在这里有 $b=2$，$R_{b'}(p_c) = bp^{b-1}(1) = b$，于是可得

$$\nu = 1 \tag{16-44}$$

这里所作的重正化变换是在实空间进行的，称为**实空间重正化方法**。其步骤分为三步：选取适当的标度变换，研究重正化变换的不动点，找到临界点；分析相关参数的临界行为，求临界指数。这种方法是卡丹诺夫和威尔孙在 20 世纪 70 年代提出并用于相变理论，突破了平均场理论，得到与实验一致的临界指数，现在成为研究临界现象的一种重要理论方法。

习　题

16-1　试把周期驱动的 Duffin 方程化作动力学方程的标准型。

16-2　考虑系统 $\begin{cases}\dot{x} = y + x^3 \\ \dot{y} = -x + y^3\end{cases}$，试确定原点的稳定性。

16-3　通过重新标度 x，t 和 u，证明 KdV 方程可写成一般形式 $u_t + auu_x + bu_{xxx} = 0$。

16-4　证明 KdV 方程具有时间和空间平移不变性。

16-5　试确定虫口模型中周期 3 窗口的 μ 的取值范围。

16-6　通过数值计算，研究 $\mu=4$ 时虫口模型的变化特征。分别设定初值为 0.5，$0.5+10^{-2}$ 和 $0.5+10^{-4}$，考察初值的微小变化对长期行为($n=100$)的影响。

16-7　通过数值计算并画图，观察倍周期混沌和阵发混沌之间的异同。

16-8　利用公式(16-41)计算康托尔集合和科赫曲线的分维。

16-9　从边长为 1 的立方体构造一个三维分形并计算其分维。

16-10　证明一维座逾渗模型中，s 座集团出现的概率(16-36)也满足指数律(16-35)。

参 考 文 献

1. 东南大学等七所工科院校编(马文蔚、谢希顺、周雨青等改编). 物理学(第五版)下册. 北京：高等教育出版社,2006

2. 姚启钧(华东师大《光学》教材编写组改编). 光学教程(第二版). 北京：高等教育出版社,1989

3. 赵凯华,陈熙谋.新概念物理教程——电磁学(第2版).北京:高等教育出版社,2003

4. 张三慧.大学物理学(第三版)电磁学.北京：清华大学出版社,2008

5. 郭硕鸿. 电动力学(第三版).北京：高等教育出版社,2008

6. 徐游. 电磁学(第二版).北京：科学出版社,2004